复旦大学中东研究系列丛书

海湾地区合作的理论与实践研究

喻 珍 著

Theory and Practice of
the Gulf Regional Cooperation

中国社会科学出版社

图书在版编目（CIP）数据

海湾地区合作的理论与实践研究 / 喻珍著 . —北京：中国社会科学出版社，2022.12
（复旦大学中东研究系列丛书）
ISBN 978 - 7 - 5227 - 1038 - 9

Ⅰ.①海… Ⅱ.①喻… Ⅲ.①国际合作—研究—中东 Ⅳ.①D815.3

中国版本图书馆 CIP 数据核字（2022）第 220146 号

出 版 人	赵剑英
责任编辑	赵　丽
责任校对	王　晗
责任印制	戴　宽

出　　版	中国社会科学出版社
社　　址	北京鼓楼西大街甲 158 号
邮　　编	100720
网　　址	http://www.csspw.cn
发 行 部	010 - 84083685
门 市 部	010 - 84029450
经　　销	新华书店及其他书店

印　　刷	北京君升印刷有限公司
装　　订	廊坊市广阳区广增装订厂
版　　次	2022 年 12 月第 1 版
印　　次	2022 年 12 月第 1 次印刷

开　　本	710×1000　1/16
印　　张	20
插　　页	2
字　　数	303 千字
定　　价	108.00 元

凡购买中国社会科学出版社图书，如有质量问题请与本社营销中心联系调换
电话：010 - 84083683
版权所有　侵权必究

复旦大学中东研究系列丛书
编委会

孙德刚　邹志强　张楚楚　廖　静　张屹峰

殷之光　王新生　张家栋　徐以骅　邱轶皓

孙遇洲　严立新　范丽珠　李安风　杜东辉

总　　序

中东处于印度文明、中华文明、斯拉夫文明、欧洲文明和非洲文明的交汇地带，是世界三大一神教的发祥地，也是世界文明的摇篮，与国际体系转型和大国兴衰结下了不解之缘。21世纪以来，美国和欧洲大国在中东事务中仍发挥主导作用，非西方大国日益走近中东舞台的中央，打破了西方对中东事务的垄断，中东地区多极化进一步发展。

域外大国站在全球看中东，地区国家站在中东看全球，域内外国家频繁互动，形成了千丝万缕的安全、政治、经贸和文化联系。变化的世界、变化的中东和变化的中国呼唤国内外中东区域与国别研究者从重大现实问题出发，而不是从抽象的概念出发，探索学术真理，形成新的知识谱系。

在数千年的历史长河中，中国与中东各民族往来密切，是一种"面对面"的交流；近代西方海洋强国崛起后，西方成为世界权力的中心，中国与中东各民族都把与西方的关系放在首位，由"面对面"到"背靠背"。"中东"是近代西方的概念，由英国人提出，美国海军上校阿尔弗雷德·塞耶·马汉在《海权对历史的影响1660—1783》中较早使用了"中东"概念，体现出西方中心主义。站在新的历史起点，中国中东学者既要传承知识，也要生产知识；既要吸收国外的优秀成果，又要形成中国中东研究的叙事话语。

"一带一路"倡议提出以来，中国与中东政治、经贸、文化和安全联系日益密切，中东在中国整体外交中地位不断上升。中国政府高度重视中东区域与国别研究，支持中东研究者紧跟学术前沿，大胆探索新领域，尝试新方法。中国在中东推进"一带一路"，中东国家"向东看"，双方再次从"背靠背"到"面对面"，迫切需要中国中东研究者把论文写在祖国大地上，写在中东大地上。

在中国中东学会、国内外中东研究机构和复旦大学的共同支持下，复旦大学中东研究中心于2020年成立。"中心"发挥我校政治学、哲学、宗教学、历史学、社会学、外国语言文学、经济学等学科群优势，对接复旦大学国际问题研究院中长期发展规划，利用学科点现有平台和队伍优势，培养掌握对象国语言、了解当地国家社情、具有世界情怀的中东研究专业化人才，为学科建设、人才建设和智库建设贡献力量。"中心"与国内外中东研究机构密切合作，推动中国特色中东学建设，构建中东研究跨学科知识体系，打造上海、"长三角"、全国及全球中东研究学术共同体。

为此，我们推出"复旦大学中东研究系列丛书"。"丛书"突显中国眼光，重视中东的本地关怀，在中东政治与军事、民族与宗教、历史与社会、能源与经济、科技与法律、中东区域组织、伊斯兰国际关系、大国中东战略、中国中东外交等领域探讨中东重大理论与现实问题，为中东和平与发展贡献真知灼见，为中国特色中东学建设贡献复旦的力量。恳请国内外专家学者和广大读者一如既往关心和支持复旦大学中东研究中心，积极为"丛书"赐稿，共同推动中东研究学术共同体建设。

孙德刚研究员
复旦大学中东研究中心主任
复旦大学中东研究系列丛书主编

前　　言

冷战结束以来，海湾地区相继发生了海湾战争、伊拉克战争、伊朗核危机、也门内战和巴林街头政治等冲突，也经历了沙特等国与伊朗断交以及卡塔尔与沙特等国从断交到复交。海湾地区油气储量丰富，地理位置显要，是世界上最具战略价值的发展中地区之一，也是和平赤字与发展赤字最突出的地区之一，但学界和政界在研究、观察该地区时都不同程度地出现了合作和冲突议题的割裂：研究海湾地区安全形势的学者重点关注该地区持久而具有特色的"冲突形态"，忽视了积极变化的趋势；而研究海合会的学者则强调、甚至高估海合会国家在全球政治、经济中的影响力，忽视了海合会国家仍然面临的传统地区安全和政治合作困境，以及该地区内国家与中国、印度等新兴经济体在全球互动新态势。这样割裂的研究视角已越来越难以帮助全面理解海湾地区局势及其对中东地区局势的影响。

本书试图弥合研究海湾地区国际关系中冲突与合作的割裂，运用历史分析和过程追踪等方法，在厘清海湾地区的冲突与合作逻辑的前提下，把安全议题与发展议题作为一个整体，重点研究冷战后海湾地区合作及其对该地区国际关系的重要影响，以进一步深化对这一议题的研究，从而为中国更有效地开展与海湾国家的全方位合作提供借鉴。

本书在导论部分提出研究问题，即为什么要研究"冲突缠身"的海湾地区的合作。在梳理了中东地区合作和海湾地区合作的研究现状后，指出既有海湾地区国际关系研究中存在合作与冲突的"割裂"现象，不利于理解冷战后海湾地区的局势发展。

第二章构建了本书的分析框架，具体阐述了海湾地区冲突与合作的逻辑和地区分析层次，并根据海湾地区8国3方的地区格局，建立了海湾地区冲突与合作的互动框架。

第三章以1971年阿联酋建国、1981年海合会成立和2003年伊拉克战争为时间节点，回顾二战结束至今海湾地区合作的历史进程，提出海合会的成立在六个成员国和伊朗、伊拉克之间划定了一条制度边境，但如果不能吸引非成员国有效参与多边合作机制，将制约海合会多边机制的完善。

第四章具体分析海湾地区合作的动力问题。本章根据海湾地区的特点和域内国家属性，将地区内合作动力分为国家和非国家行为体两部分。地区内因素主要分析海湾国家政府在推动地区合作中的主导作用，以及海合会和地区内移民在海湾地区合作中的作用。其中地区外因素主要探讨冷战后在海湾拥有广泛利益、并对该地区的安全起至关重要作用的美国和欧盟，以及试图"重返中东"的俄罗斯。该部分提出美国和欧盟与海合会进行的不对称合作，是海湾地区合作的外部条件。

第五章从经济、安全和政治三个方面，对海湾地区合作议题和制度设计进行分析，并对海湾地区合作的效果加以评估。海湾地区的政治合作主要集中在海合会国家以集体身份和伊朗、伊拉克展开合作，以寻求实现该地区最低限度的稳定。而经济合作是海合会进展最快的合作领域，也是伊朗、伊拉克寻求加大与海合会合作的重要原因。在安全合作领域，所有海合会国家都处在美国的防务保护伞之下，在除总人力之外的其他军事资源方面赶超了伊朗的传统军事优势，并和伊朗、伊拉克形成了大致稳定的地区安全"三角关系"。对海湾地区合作的绩效分析表明：在安全方面，随着海合会一体化的发展，成员国政府获得了更多的政治合法性，但因为与伊朗、伊拉克之间合作机制的缺失，海湾国家仍在进行军备竞赛。在经济方面，地区合作巩固了除伊拉克之外的其他海湾国家的对外发展战略，已对其内部发展模式产生了影响，并朝着营造总体稳定的地区环境的方向发展。

第六章探讨了21世纪海湾国家对中东地区国际关系的塑造。这

前　言

一章重点分析了海合会通过正式邀请约旦和摩洛哥这两个中东君主国家加入，可能实现的"地理外溢"；沙特、科威特、阿联酋和卡塔尔从20世纪60年代开始参与国际援助，并以通过提供援助的方式影响中东地区局势；卡塔尔利用半岛电视台以隐蔽的方式在第一波"阿拉伯之春"期间对阿拉伯世界和西方国家公众开展战略传播，塑造了当前的中东地区叙事话语；阿联酋奉行"威胁平衡"政策，与沙特形成二元领导结构，利用军事硬实力干预地区冲突，以经济援助为杠杆影响埃及、海湾国家、非洲之角乃至巴尔干地区的地缘政治。

结论部分总结了本书的主要发现，强调海湾地区合作有其独特的地区特征。本书通过研究提炼出海湾地区的冲突和合作的主要特征：在没有一个涵盖地区内所有国家的有效机制的情况下，作为一个整体的海合会处于美国的安全保护下，与美国合作遏制伊朗，但同时和伊朗进行有限的多边与双边互动；伊朗在冷战后实行"务实主义"外交，并对地区战略进行不断调整。长期奉行"结伴不结盟"的中国可以和美国、欧盟、俄罗斯和其他域外力量合作，帮助建立涵盖海湾8国的多边对话机制，以保障"一带一路"倡议在海湾地区乃至整个中东地区的顺利推进，以海湾地区利益共同体和安全共同体为两翼，最终实现建立海湾地区命运共同体的长远目标。

目　　录

第一章　导论 ………………………………………………… (1)
　第一节　研究问题 …………………………………………… (2)
　第二节　文献综述 …………………………………………… (6)
　第三节　研究思路 …………………………………………… (24)
　第四节　研究方法 …………………………………………… (26)

第二章　海湾地区合作的整体研究 ………………………… (28)
　第一节　海湾地区的冲突与合作逻辑 ……………………… (28)
　第二节　海湾地区合作的分析层次 ………………………… (39)
　第三节　海湾地区合作的分析框架 ………………………… (58)

第三章　海湾地区合作的历史变迁 ………………………… (66)
　第一节　二战结束前的海湾地区历史 ……………………… (67)
　第二节　冷战时期的海湾地区合作 ………………………… (80)
　第三节　冷战结束后的海湾地区合作 ……………………… (93)

第四章　海湾地区合作的动力分析 ………………………… (112)
　第一节　海湾国家在地区合作中的作用 …………………… (113)
　第二节　海湾地区非国家行为体的作用 …………………… (121)
　第三节　海湾地区合作的地区外影响 ……………………… (134)

1

第五章　海湾地区合作议题和制度进程 ……………………（151）
　　第一节　海湾地区经济合作及制度进程 ………………（152）
　　第二节　海湾地区安全合作及制度进程 ………………（175）
　　第三节　海湾地区合作的绩效分析 ……………………（185）

第六章　海湾国家对中东地区国际关系的塑造 …………（202）
　　第一节　约旦与摩洛哥：海合会的扩员和"地理
　　　　　　外溢" ……………………………………………（202）
　　第二节　"购买"影响力：海湾国家的对外援助 ………（209）
　　第三节　半岛电视台与卡塔尔的公共外交 ……………（223）
　　第四节　多元平衡：阿联酋的对冲战略 ………………（236）

结　论 ……………………………………………………（270）

参考文献 …………………………………………………（277）

致　谢 ……………………………………………………（306）

第一章 导论

在21世纪的前20年，海湾地区仍然是中东地区，乃至世界地缘政治的热点地区之一。① 进入21世纪后，该地区爆发了一系列冲突：2003年的伊拉克战争，伊朗核问题和中东地区内大国围绕着该问题展开的博弈，伊拉克政府军和国际社会在2014—2017年联合打击占领伊拉克的"伊斯兰国"，2017年的卡塔尔外交危机等。而伊朗和沙特间的"冷战式"对抗发展成了在叙利亚、也门等国的代理人战争，进一步加剧了中东地区局势的动荡。该地区的冲突有广泛的国内、地区和国际维度；而且上述冲突的显现性和造成的严重结果使海湾地区外的学者和观察者们高度关注相关冲突议题。

本章首先提出研究问题，即为什么要研究"冲突缠身"的海湾地区的地区合作？为什么该地区在研究者和决策者的眼中是世界上最动荡的地区之一？为什么在欧洲、拉丁美洲、东亚，以及非洲的地区合作都已经进入学界研究视野的时候，对该地区的研究仍被认为是战后地区合作勃兴的"例外"？在提出研究问题后，本书从国内外对国际关系理论及其地区合作研究，对中东地区合作的研究，以及对海湾地区合作的研究这三个方面总结了问题的研究现状。第三、四节分析了研究的总体思路、本书结构和研究方法。

---

① 本书所研究的海湾地区包括巴林、科威特、阿曼、卡塔尔、阿联酋和沙特这六个海合会成员国，加上伊朗和伊拉克；书中的海湾阿拉伯国家包括海合会六国加伊拉克。

第一节 研究问题

从1908年伊朗的第一次中东石油大发现开始,所有的海湾国家在20世纪30年代都被西方石油公司认定为优质产油国,该地区在世界能源供给中占重要的地位。[①] 再加上海湾地区作为连接中东与印度、东非、东亚等国家和地区的关键国际贸易、战略通道,使其被称为是世界上最具战略价值的发展中地区之一。[②] 冷战结束后,[③] 尤其是进入21世纪初期以来,该地区因为伊拉克战争、伊朗核问题、伊斯兰教派冲突、基地组织在阿拉伯半岛的发展,"伊斯兰国"盘踞伊拉克等问题而持续成为国际社会关注的"动荡地区"。再加上作为海湾地区强国的沙特和伊朗,以及其他海合会国家都不同程度地卷入了叙利亚内战、也门问题等塑造中东地区局势、甚至影响世界形势的热点问题,所以内部分裂、冲突频发俨然成为"海湾地区研究热"的主要视角。

1981年,6个海湾阿拉伯君主国家联合成立了海湾阿拉伯国家合作委员会(Cooperation Council for the Arab States of the Gulf,又称海湾合作委员会,下文简称海合会)。海合会在冷战结束后得到了迅速发展,但同时面临多方面的挑战。该地区合作组织在2003年建成了关税同盟,在2008年建成了海合会共同市场;在安全领域,虽然其成

[①] 截至1974年,阿拉伯联合酋长国中只有阿布扎比、迪拜、沙迦(Sharjah)是产油国。参见 Richard F. Nyrop et al.,*Area Handbook for the Persian Gulf States*,Washington, D. C.: American University, 1977, pp. 75, 76;喻珍、黄琳:《中东能源因素与大国关系》,载汪波《中东与大国关系》时事出版社2013年版,第253页。

[②] 根据联合国的地区分类标准,除了北美、欧洲、日本、澳大利亚和新西兰外,其他地区都被称为发展中地区,参见 UN Data, "Composition of Macro Geographical (continental) Regions, Geographical Sub-regions, and Selected Economic and Other Groupings", http://unstats.un.org/unsd/methods/m49/m49regin.htm.

[③] 本书以1991年12月26日,苏联最高苏维埃宣布苏联解体作为冷战结束的标志。根据这一界定,1991年2月28日结束的海湾战争被归类到冷战时期。巴里·布赞(Barry Buzan)也认为中东的后冷战时代应该从海湾战争结束后开始算起。参见:Melvyn P. Leffler and Odd Arne Westad eds., *The Cambridge History of The Cold War* (Volume Ⅲ), New York: Oxford University Press, 2010, p. 513;[英]巴里·布赞,[丹]奥利·维夫:《地区安全复合体与国际安全结构》,潘忠岐、孙霞等译,上海人民出版社2010年版,第191页。

员国签署的《联合防御协定》（Joint Defense Agreement）因为无力阻止伊拉克在1990年入侵科威特而一度形同废纸，但该组织一直在持续进行集体安全机制建设。2011年2月，海合会国家通过"半岛之盾"（Peninsula Shield）集体安全行动，帮助受到"阿拉伯之春"影响的巴林王室稳定了其国内局势，① 此后海合会国家加快了集体安全部队的建设。除了海合会的内部合作，虽然沙特领导的海合会和伊朗的关系在缓和与对峙间摇摆，但伊朗和阿曼、科威特、卡塔尔等海合会成员国间保持着较稳定的经济和双边安全合作。虽然没有得到外界太多关注，但伊朗政府在2007年表明要与所有海湾阿拉伯国家开展自由贸易区（下文简称自贸区）谈判后，2008年卡塔尔时任财政部长代表海合会同意与伊朗进行第一轮自贸区谈判。② 虽然相应谈判后续处于停滞状态，但启动自贸区谈判是伊朗和海合会展开政策协调并进行政府间合作的进展之一。③ 伊拉克战争后，进入后萨达姆时代的伊拉克也接受了来自海合会、伊朗的援助并展开了其他形式的合作，并在2021年8月和法国一同发起"巴格达峰会"（Baghdad summit）以调停伊朗和沙特间的矛盾。④

在冷战后海湾国家冲突与合作交织的现实情况中，美国、沙特等利益攸关方的决策界都不同程度地出现了对该地区合作和冲突议题的割裂，这种割裂突出地表现在压倒性地表述或研究冲突或合作中的某一方面。例如，2016年4月5日，美国负责政治事务的时任副国务卿托马斯·香农（Thomas A. Shannon, Jr.）在对参议院外交委员会发表的证词中表示：2015年签署的《联合全面行动计划》（Joint Compre-

---

① "GCC Troops Dispatched to Bahrain to Maintain Order", Al Arabiya, March 14, 2011, https://www.alarabiya.net/articles/2011%2F03%2F14%2F141445.html.

② "Gulf States Set to Start FTA Talks with Iran", bilaterals.org, September 11, 2008, https://www.bilaterals.org/?gulf-states-set-to-start-fta-talks&lang=en.

③ [美]罗伯特·基欧汉：《霸权之后：世界经济政治中的合作与纷争》，苏长和、信强、何曜译，上海人民出版社2006年版，第52页。

④ "Baghdad Conference to Establish Cooperation, Partnership in Region", Al-Monitor, August 30, 2021, https://www.al-monitor.com/originals/2021/08/baghdad-conference-establish-cooperation-partnership-region#ixzz7C5DZFVtJ.

hensive Plan of Action，下文简称伊核协议）并不意味着美国与伊朗之间"深刻差异"的解决，还反复提醒其他国家伊朗在中东地区进行的"破坏性活动"（destabilizing activities），并指出"是伊朗三十年来导致中东地区不稳定的威胁和行动使其孤立于世界大部分国家之外"。① 而沙特也针对伊朗提出了类似的"警示"。2016 年 4 月 7 日，美国时任国务卿约翰·克里（John Kerry）和沙特时任外交大臣阿德尔·朱拜尔（Adel Al-Jubeir）在巴林的共同致辞中表示："如果伊朗想和海合会国家建立正常关系，必须改变其侵略性政策并遵守'好邻居原则'，停止干涉海合会国家和地区内其他国家事务。"② 如果利益攸关方政府的相关声明可以被解读为特定的"政治立场"，及其在危机事件发生时的紧急声明，③ 那么学术界在研究海湾地区国际关系时出现的合作与冲突议题的割裂，更表明了这一问题的严重性。

1981 年海合会成立后，尤其是伴随着该组织从 20 世纪 90 年代开始的快速发展，在地区研究和国际关系学对海湾地区国际关系的研究中，出现了以海合会为界的冲突和合作研究的割裂。这种割裂不是指学界在研究海合会及其成员国和伊朗、伊拉克时，完全忽视了前者内部存在的矛盾、冲突，或者完全忽视了前者与后者之间的合作；而是观察者把海合会等同于海湾地区合作或海湾地区一体化，在讨论包括伊朗、伊拉克在内的海湾地区的冲突与合作时，更多地只关注冲突。例如，以色列学者约瑟夫·科斯特纳在 2009 年出版的《海湾地区的冲突与合作》一书中，主要探讨了 1980—1988 年的两伊战争、1990—1991 年的伊拉克—科威特冲突，美国从 20 世纪 70 年代开始与伊朗、伊拉克的对抗，以及沙特、伊拉克从 20 世纪 90 年代打击基地

---

① Congress. gov, "S. Hrg. 114 – 802 — Examining the JCPOA (Joint Comprehensive Plan of Action)", 2015 – 2016, https：//www. congress. gov/event/114th-congress/senate-event/LC59321/text? s = 1&r = 97.

② U. S. Department of State, "Remarks with Saudi Foreign Minister Adel Al-Jubeir", April 7, 2016, http：//www. state. gov/secretary/remarks/2016/04/255599. htm.

③ 影响沙特外交大臣发表这一对伊朗声明的最直接事件是：2016 年 1 月 4 日，沙特在其驻德黑兰的大使馆遇到袭击后，一系列的外交争端导致沙特宣布和伊朗"断交"，两国迄今为止没有恢复正常外交关系。

组织的反恐战争等典型案例。科斯特纳具体分析了海湾地区冲突产生的原因、过程和冲突间的相互作用。虽然书名中包括了"合作"一词，但本书的实际关注点还是集中在冲突上，只是把合作视为冲突的解决手段或单纯的应对手段。① 类似对海湾地区冲突的强调也出现在阿尔申·阿迪布－穆加达姆研究海湾地区国际政治的书中，他指出该地区仍处在阻碍共有规范（communitarian norm）的制度化中，并指出该地区仍处在"威胁地区内人民生命的历史性（暴力）运行周期（historically ciphered cycle）中"，② 因此冲突成为理解海湾地区国际关系的落足点。而以克里斯蒂安·科茨·乌尔里奇森为代表的学者在研究海湾国家在全球秩序中的转型及相关问题时，把海合会等同于海湾国家，并将其视为越来越自信的地区大国和影响力中心；而所谓的"海湾时刻"（Gulf moment）也用来专指沙特、卡塔尔、阿联酋等海合会成员国在 21 世纪初的国际政治、经济、文化中取得的进展。③

上述研究分别反映出研究海湾地区安全形势的学者聚焦在该地区持久而具有特色的"冲突形态"上，忽视了该地区的积极变化；④ 而研究海湾地区的学者则过分强调，甚至过分乐观地判定海湾国家在全球政治、经济中不断提升的影响力，⑤ 忽略了海湾国家仍然面临的传

---

① Joseph Kostiner, *Conflict and Cooperation in the Gulf Region*, Wiesbaden: VS Verlag für Sozialwissenschaften, 2009.

② Arshin Adib-Moghaddam, *The International Politics of the Persian Gulf: A Cultural Genealogy*, Abingdon and New York: Routledge, 2006, p. 5.

③ Kristian Coates Ulrichsen, *The Gulf States in International Political Economy*, New York: Palgrave Macmillan, 2016, p. 1; Kristian Coates Ulrichsen, "The Gulf Goes Global: The Evolving Role of Gulf Countries in the Middle East and North Africa and Beyond", December 2013, https://www.files.ethz.ch/isn/175434/The%20Gulf%20goes%20global_%20the%20evolving%20role%20of%20Gulf%20countries%20in%20the%20Middle%20East%20and%20North%20Africa%20and%20beyond.pdf, p. 8.

④ Robert Looney, "Why has the Middle East been so Slow to Globalize?", *Review of Middle East Economics and Finance*, Vol. 3, Issue 3, December 2005, p. 174; Sheila Page, *Regionalism Among Developing Countries*, London: Macmillan Press Ltd., 2000, p. 47.

⑤ Kristian Coates Ulrichsen, "The Gulf Goes Global: The Evolving Role of Gulf Countries in the Middle East and North Africa and Beyond", December 2013, https://www.files.ethz.ch/isn/175434/The%20Gulf%20goes%20global_%20the%20evolving%20role%20of%20Gulf%20countries%20in%20the%20Middle%20East%20and%20North%20Africa%20and%20beyond.pdf, p. 9.

统地区安全、政治问题，以及该地区内国家与中国、印度等新兴经济体在全球影响力上逐渐拉开的距离。

海湾地区研究中出现的冲突与合作的割裂，已经越来越难以帮助全面理解海湾地区局势及其对中东地区乃至世界局势的影响。2017年的卡塔尔外交危机，更加凸显了海湾地区冲突与合作的"割裂"研究的局限性。

在海湾战争结束后，随着萨达姆·侯赛因领导的伊拉克在海湾战争中被击败，再加上伊朗在1989年后转变了以意识形态为主导的地区战略，海湾地区基本结束了伊朗、伊拉克和海合会国家三方相互视为敌人的"霍布斯式"地区无政府文化，进入了"洛克无政府文化"时代。这突出地表现在：海湾地区内8个国家对于相互主权维持现状的态度；虽然相对军事实力仍然很重要，但安全在该地区已经不再像冷战时期那样稀缺，海湾国家之间在海湾战争后就没有再爆发过直接的国家间战争。

因此，在后冷战时代的背景下，尤其是在21世纪初期，如何理解海湾地区的地区局势？该地区局势是否较冷战结束前发生了根本性转变？8个海湾国家间的互动是否影响了这些国家在中东地区事务甚至国际事务中的立场、行为？如果这种影响的确存在，那么在多大程度上促使地区内国家改变了其行为？要了解后冷战背景下，尤其是21世纪初期的海湾地区局势，就需要在关注地区内国家仍存在冲突，并缺乏覆盖地区内所有国家的地区合作机制的同时，重视该地区内国家已通过各种正式和非正式的信息交流论坛等集体方式解决冲突，也要注意到该地区内国家间正在增强的合作和信任。本书认为，海湾国家间在冷战后不断加强的地区合作，不仅影响了地区内8个国家之间的互动，也影响了地区内国家行为体与中东地区内其他国家，以及中东地区外其他国际行为体的互动，并成为影响中东地区局势的重要变量。

第二节　文献综述

虽然从20世纪80年代开始，伴随着欧洲地区合作进入新的发展阶段，发展中世界地区主义的发展，和曾被称为"南北合作范例"的北美自由贸易区的建立，国际关系学对地区合作的研究进入了蓬勃发展阶段，但中东地区合作一直是相对被忽视的议题。

英国学者希拉·佩奇在2000年出版的著作《发展中国家间的地区主义》一定程度上可以代表学术界在20世纪90年代末对各地区合作的总结。佩奇比较分析了包括欧盟、北美自由贸易区，由阿根廷、巴西和巴拉圭在1997年成立的南锥体共同市场，安第斯集团，中美洲共同市场，拉丁美洲一体化协议，美洲自由贸易区，非洲的南部非洲发展共同体，南部非洲关税联盟，以及亚太地区的加勒比共同体，东南亚国家联盟（下文简称东盟），澳大利亚—新西兰更紧密经济关系贸易协定（New Zealand Closer Economic Relations Trade Agreement）和亚太经济合作组织（下文简称亚太经合组织）大量的地区合作案例。佩奇研究了上述地区合作的历史，内部贸易、地区内管理和投资自由化，以及和地区外其他国家、地区的关系等，其研究成果是一部研究地区经济合作的较全面著作。但佩奇认为中东地区的地区合作缺乏信息，其自由化和贸易流也很有限，因此不予讨论。这一评价也可以代表当时研究地区主义的学者对中东地区合作的态度。[1]

进入21世纪后，地区主义成了研究地区合作时最常用的术语之一，对世界各个地区的地区主义的实证研究也进入了新的繁荣阶段。国际学术界关于地区主义的最著名的一套系列丛书是由蒂莫西·肖（Timothy M. Shaw）主编的"新地区主义系列"丛书。该丛书把全球各地区看作无数非均质的（interdisciplinary）中观互动，重点研究地区关系和地区制度（institution）。截至2021年底，这一系列已经出版了81本著作，其中关于中东地区合作的研究著作只有5本，要少于非洲地区主义研究（15本），欧洲地区研究（12本）

---

[1] Sheila Page, *Regionalism Among Developing Countries*, London: Macmillan Press Ltd., 2000, p. 47.

和美洲地区研究（12本）。①

综上所述，国际关系学者在研究地区合作时，尤其是地区主义研究中存在着对中东地区合作的相对忽视。海湾地区合作是中东地区合作的组成部分，因此本书在综述研究现状时，先梳理主要的中东地区合作研究文献，再具体分析关于海湾地区合作的现有研究成果。

一　中东地区合作的研究成果

中东国家间的地区合作始于1945年成立的阿拉伯国家联盟（下文简称阿盟）。② 中东国家还进行了一系列的其他地区合作实践。1968年，科威特、利比亚（当时的利比亚王国）和沙特在贝鲁特签署协议成立了阿拉伯石油输出国组织，并把该组织总部定在科威特，该组织现有11个成员国。③ 1974年的第四次中东战争结束后，代表阿拉伯议会的议会团体成立了阿拉伯议会联盟，以促进阿拉伯国家间的政治、专业合作。所有的阿盟成员国都是该组织的成员。④ 1981年成立的海合会和1989年成立的阿拉伯马格里布联盟（下文简称马格

---

① 这套"新地区主义"丛书是在原"地区主义的国际政治经济学"（International Political Economy of New Regionalisms Series）系列丛书的基础上继续组织编写的，其中研究中东地区合作的分别是：Bassel F. Salloukh and Rex Brynen eds., *Persistent Permeability?: Regionalism, Localism, and Globalization in the Middle East*, Burlington, VT: Ashgate, 2004; Cilja Harders and Matteo Legrenzi eds., *Beyond Regionalism? Regional Cooperation, Regionalism and Regionalization in the Middle East*, Aldershot: Ashgate Publishing Limited, 2008; Nele Lenze and Charlotte Schriwer eds., *Converging Regions: Global Perspectives on Asia and the Middle East*, Farnham, Surrey: Ashgate, 2014; Spyridon N. Litsas and Aristotle Tziampiris eds., *The Eastern Mediterranean in Transition: Multipolarity, Politics and Power*, Farnham: Ashgate, 2015; Leïla Vignal ed., *The Transnational Middle East: People, Places, Borders*, Abingdon and New York: Routledge, 2017.

② 在叙利亚、黎巴嫩和也门投反对票，伊拉克弃权的情况下，阿盟以"未能制止对平民抗议者的暴力"为由通过了一项法令暂停叙利亚政府成员国资格。截至2022年4月，阿盟仍未恢复叙利亚的成员国资格。参见"Arab League Suspends Syria as Global Pressure Rises", Reuters, November 12, 2011, https://www.reuters.com/article/us-arabs-syria-idUSTRE7AB0CP20111112.

③ OAPEC, "About Us: History", http://www.oapecorg.org/Home/About-Us/History.

④ Economic and Social Commission for Western Asia, United Nations, "Arab Inter-Parliamentary Union", https://www.unescwa.org/arab-inter-parliamentary-union.

里布联盟）都是中东地区的次区域合作组织，其成员国都是地理邻近的阿拉伯国家。1997年，14个阿拉伯国家签署协议成立了大阿拉伯自由贸易区，协议的主要条款涉及逐步取消成员国间制造业贸易的关税和非关税壁垒。①

除了中东国家间的地区合作项目外，涵括大多数中东国家的主要跨地区合作还包括：现在有57个伊斯兰国家成员国的伊斯兰合作组织。该组织在1969年成立，原名伊斯兰会议组织，并在2011年正式更名。此外，从1995年开始，欧盟通过和阿尔及利亚、埃及、以色列、约旦、黎巴嫩、利比亚、摩洛哥、巴勒斯坦、叙利亚、突尼斯和土耳其等位于地中海沿岸的中东国家建立了欧盟—地中海伙伴关系（Euro-Mediterranean Partnership）。该伙伴关系的主要目标是建立一个欧洲—地中海自由贸易区，旨在消除欧盟和南地中海国家间的贸易和投资壁垒。② 综上所述，中东地区已经以阿拉伯国家为核心，以伊斯兰国家为主，建立了涵括除以色列以外的所有地区内国家的地区合作框架。相关地区合作议题已经涵括安全、经济、政治、社会等各个方面。例如，仅和联合国贸易与发展会议（下文简称联合国贸发会议）建立合作关系的阿拉伯国家政府间组织就有14个，其组织功能涵括旅游、货币、农业发展、渔业、工业发展和矿业、劳工问题等多个方面。③

虽然中东国家间地缘相近性高，又一直保持着相对高水平的社会、文化和宗教同质性以及频繁的政治、经济和军事互动，但与欧洲、东亚等其他较为成功的地区合作相比，中东地区的结构性地区合

---

① Ministry of Economy & Trade, Republic of Lebanon, "Greater Arab Free Trade Area (GAFTA)", http://www.economy.gov.lb/en/what-we-provide/trade/foreign-trade-department/international-agreements/gafta/.

② 2012年后，欧盟暂停了推进和叙利亚签署的联合协定草案。参见：European Commission, "Countries and Regions: Euro-Mediterranean Partnership", https://ec.europa.eu/trade/policy/countries-and-regions/regions/euro-mediterranean-partnership/.

③ United Nations Conference on Trade and Development, "United Nations Conference on Trade and Development", July 1, 2013, https://unctad.org/system/files/official-document/tdigolistd10_en.pdf, pp. 1 – 2.

作和一体化程度较低。而且,该地区不像拉丁美洲国家和撒哈拉以南的非洲国家一样通过地区合作促进了符合西方国家标准的政治自由化或地区内民主,因此该地区的地区合作被一些地区主义研究者们称为地区主义的"黑洞"。①

(一) 中东地区合作的国外研究成果

从20世纪80年代开始,随着中东地区合作实践的蓬勃发展,国际学界对这一议题的研究逐渐增多,大致可以分为研究阿拉伯一体化和中东地区一体化这两类议题的研究。

第一类研究是研究阿拉伯地区合作或阿拉伯一体化的论著。迈克尔·哈德森在1979年编著的《阿拉伯的未来:关键问题》一书中,曾提出"阿拉伯地区政治一体化谜题"(integration puzzle in Arab regional politics)的观点,即"尽管阿拉伯一体化在政治层面上失败了一次又一次,但团结的理想仍然存在"。②哈德森在1999年编著的《中东困境:阿拉伯政治、经济一体化》一书中,以1991年海湾战争为分水岭,较系统地分析了变化中的阿拉伯地区系统、阿拉伯政治一体化和经济一体化。虽然该书因为成书时间较早,没有涵括后续的阿拉伯地区一体化的实践发展;但该书的作者们试图结合但不局限于卡尔·多伊奇等早期地区一体化研究学者的研究成果,提炼阿拉伯一体化的一般规律。例如,哈德森认为阿拉伯国家"体系"还未准备好融合为一个统一的民族国家,它距离所谓"纯粹的"均势体系也相去甚远,无论这种均势是权力平衡带来的,抑或是威胁平衡带来的,其特征都是国家通过安全困境的"黑暗演算"来定义相互间的关系。他提出介于两者之间的关系既可能以安全和经济政策的协调为特征,比如特定的时间和特定的地点等,表明在决策过程中存在某种相互依赖;也可能以合作为特征,即阿拉伯国家的政府在互不侵犯主权的情

---

① Cilja Harders and Matteo Legrenzi eds. , *Beyond Regionalism? Regional Cooperation, Regionalism and Regionalization in the Middle East*, Aldershot: Ashgate Publishing Limited, 2008, p. 1.

② Michael C. Hudson ed. , *The Arab Future: Critical Issues*, Washington, DC: Georgetown University Center for Contemporary Arab Studies, 1979.

况下，通过订立不同期限的条约或联盟来实现共同追求。而保罗·诺布尔（Paul Noble）提出用合作而不是一体化来分析阿拉伯世界的地区合作，因为"合作可以出现在各种框架中，从非正式的共同战线/结盟或联盟/通过正式的联盟或国际组织进行的权力协调，到国家间的直接联合（正式一体化）。这种合作可以在任何级别上发展，从特定的国家到整个地区系统。"[1]

西尔维亚·费拉波利在《阿拉伯地区主义》一书中用后结构主义理论（Post-structuralist theory）[2]再次划分了阿拉伯地区的地理、政治和社会历史边界，并结合案例分析了阿拉伯地区的经济地区主义，资本、劳动力的流动，以及阿拉伯媒体和阿拉伯社区塑造"阿拉伯"观念的内容，认为"注定失败的阿拉伯地区"（doomed Arab regionalism）是一种常见的偏见。[3]

第二类研究关注中东地区的地区主义。国际学术界在研究中东地区合作时通常运用主流预设假定——地区主义和地区化可以促进特定地区的政治自由化甚至民主化。阿里·恰尔舍勒奥卢和米内·埃德尔等在1998年编著的书中，运用"两层博弈论"（two-level game）[4]作为分析框架研究中东地区的地区经济合作。恰尔格鲁等强调国内因素对于理解中东地区冲突与合作的重要性，也强调国内与国际动态的互动本质。他们认为任何地区合作项目都必须包括动员经济和社会群体，最重要的是"支持民主化"；相关地区合作若没有国内支持者推动其政府，而仅靠政府内部的协议将很难持续。他们提出中东国家间经济合作和政治合作有限的主要原因是：大多数中东国家都缺乏充分

---

[1] Michael C. Hudson ed., *Middle East Dilemma: The Politics and Economics of Arab Integration*, New York: Columbia University Press, 1999.

[2] 后结构主义国际关系理论是在20世纪80年代末发展起来的。该理论秉持话语本体论，强调话语在世界政治中的作用，认为世界是一种话语建构。参见孙吉胜《后结构主义国际关系理论视域下的身份与对外政策》，《国外理论动态》2017年10期。

[3] Silvia Ferabolli, *Arab Regionalism: A Post-Structural Perspective*, Abingdon and New York: Routledge, 2014.

[4] 两层博弈论是罗伯特·帕特南在1988年提出的，由博弈论衍生而来的解决国家间国际冲突的政治模型。参见：Robert D. Putnam, "Diplomacy and Domestic Politics: The Logic of Two-Level Games", *International Organization*, Vol. 42, No. 3, Summer 1988, pp. 427–460.

发展的公民社会和民主化，也缺乏多元的国内经济团体、协会和民间组织。所以，他们的研究导向的结论是："中东地区没有最低限度地融入世界经济，也以最低限度的地区经济合作为特征……所以中东仍然是地区主义的例外。"① 恰尔格鲁等人的研究虽然没有进行地区合作和地区主义间的概念辨析，但他们在研究中把地区主义视为地区合作的进一步发展、推进。

保罗·阿特斯发表了一系列研究沙特、科威特、伊朗等海湾国家及其沙特和伊朗互动的学术论著。1999年，他发表了一篇研究中东地区主义的论文，并被广泛引用。这篇论文一开始指出中东没有地区公民社会，是一个现实主义思维盛行的地区，论文也从经济自由化及其与私有化和政治自由化的关系着手，对海合会和马格里布联盟进行了案例分析。这篇论文的结论是：中东地区的大多数国家都进行了重大而成功的宏观经济调整，但即使这些调整有利于采用一体化政策，也只是启动一体化进程的必要条件而非充分条件；只要大多数阿拉伯国家政府以习惯的方式维护本国利益，那么该地区的地区主义将在很大程度上仍然是一个象征性问题。同时，当以美国为代表的西方单极势力在该地区几乎不受挑战或无法挑战，地区内国家面临对被边缘化的恐惧的情况下，这促使大多数中东国家政府寻求新的一体化形式，但也有部分阿拉伯国家政府则更加坚决地坚持独立发展。他认为海合会和马格里布联盟这类次区域组织将是中东地区合作中最具发展潜力的案例。②

齐尔贾·哈德斯和马特奥·勒格伦齐主编的《超越地区主义》一书被收录进前文提到的"新地区主义系列"丛书。该书运用多元主义理论分析、比较了中东地区和其他地区合作组织的发展，分析了

---

① Çarkoğlu 是土耳其姓氏，翻译来自新华通讯社译名室：《世界人名翻译大辞典》，中国对外翻译出版公司1993年版，第497页；Ali Çarkoğlu, Mine Eder and Kemal Kirişci, *The Political Economy of Regional Cooperation in the Middle East*, London and New York: Routledge, 1998.

② Paul Aarts, "The Middle East: A Region Without Regionalism or the End of Exceptionalism?", *Third World Quarterly*, Vol. 20, No. 5, October 1999, pp. 911 – 920.

"9·11事件"后的中东地区合作和新的阿拉伯地区秩序的出现,地区外行为体和中东地区合作的关系,也用新现实主义理论分析了该地区的地区主义和地区化。该书在案例部分分析了阿盟、海合会等中东地区组织,也研究从20世纪90年代初,以色列企业家及其利益集团和其他中东地区行为体的跨国联系,例如在多边场合、次地区领域和阿拉伯国家进行接触,甚至促成了合作。[1] 而以色列商业精英和阿拉伯国家间建立的非正式接触和商业渠道,一定程度上能帮助理解为什么阿联酋在2020年8月成为首个与以色列建交的海湾国家。

英国学者路易丝·福西特是21世纪初期研究地区主义,尤其是中东地区主义的代表性学者之一。她提出:阿拉伯联合共和国和阿拉伯合作委员会等短期存在的典型案例表明中东国家间合作的脆弱和短暂;[2] 即使是在后冷战时代,该地区的地区合作发展也验证了该地区的无政府状态和美国现实主义范式的盛行。她认为该地区的进步受到外部影响的阻碍,这是其帝国历史、战略脆弱性和资源能力的产物,而且该地区内国家几乎没有机会在地区层面发展合作,也没有机会在国际舞台上有效地投射力量。她提醒学界需要更认真地研究中东国家和社会的结构和现状,而国际关系理论在理解中东地区国际关系时存在局限性,需要采用灵活和多层次的方法。[3]

上述研究中东地区合作的代表性文献存在两方面的局限性。首先,大部分研究把冲突和合作理解成对立关系。但就像罗伯特·基欧汉(Robert Keohane)指出的:虽然合作很难表述,更是一个很难的研究主题,但冲突或合作不是天然对立的,而是存在着微妙的关系。他把行为

---

[1] 这本书迄今为止已经再版到第2版,分别是第一版 Cilja Harders and Matteo Legrenzi eds., *Beyond Regionalism? Regional Cooperation, Regionalism and Regionalization in the Middle East*, Aldershot: Ashgate Publishing Limited, 2008. 第二版是 Matteo Legrenzi ed., *Beyond Regionalism? Regional Cooperation, Regionalism and Regionalization in the Middle East*, Aldershot: Ashgate Publishing Limited, 2016.

[2] 1958—1961年,埃及和叙利亚曾联合组成阿拉伯联合共和国,埃及直到1972年都一直使用该国名。1989—1990年,埃及、伊拉克、约旦和南也门组成了阿拉伯合作委员会(Arab Cooperation Council)。

[3] Louise Fawcett ed., *International Relations of the Middle East* (Third Edition), Oxford: Oxford University Press, 2013, p.185.

体的政策是否会自动促进其他行为体目标的获得作为区分合作、和谐和冲突的标准。① 国际合作是一个过程，各国政府通过政策协调，认为彼此的政策也能促进自身目标的实现的过程；而冲突可以理解为一种状态，其中各国政府视彼此的政策为达到自身目标的障碍，并认为对方对政策协调上的限制因素负有责任。② 以上定义实际上反映出了在国际关系实践中，即使是非常亲密的盟友如英国和美国，或法国与德国之间，同时存在明显的竞争与合作因素。而在那些看上去更多带有冲突性的关系中也包括合作因素，例如有学者指出美国和伊朗在2001年的阿富汗战争中进行了合作。③ 此外，2019年，即使美国和伊朗在爆发了被认为是当年最为动荡、风险最高的国家间对手博弈，但当年12月，两国政府仍交换了战俘，并都对这一合作进行了积极评价。④

第二，虽然地区主义已经是研究地区合作的最常用术语之一，两者在概念上也存在重合，⑤ 但是地区合作不同于地区一体化和地区主义。⑥

---

① conflict 又被译为"纷争"，本书采用的是"冲突"的译法。

② ［美］罗伯特·基欧汉：《霸权之后：世界经济政治中的合作与纷争》，苏长和、信强、何曜译，上海人民出版社2006年版，第53、63页。

③ 美国学者巴尼特·鲁宾等认为伊朗在2001年的阿富汗战争中采取的"积极中立"甚至延伸到了与美国军队的合作，并提出根据来自伊朗的外交消息来源显示伊朗革命卫队成员与美国中央情报局和美国特种作战部队合作，为阿富汗北方联盟的指挥官提供补给和资金。美国和伊朗在此次阿富汗战争中的合作也见于其他论著。参见：Barnett R. Rubin and Sara Batmanglich, "The U. S. and Iran in Afghanistan: Policy Gone Awry", MIT Center for International Studies, October 2008, https: //www. files. ethz. ch/isn/93911/Audit_10_08_Rubin. pdf, p. 3; Chris Farrands, Iamd El-Anis, Roy Smith and Lloyd Pettiford eds., *A New A – Z of International Relations Theory*, London and New York: I. B. Tauris, 2015, p. 66.

④ 斯德哥尔摩国际和平研究所（SIPRI）：《SIPRI年鉴2020：军备、裁军和国际安全》，纽约：牛津大学出版社，第110—111页；"In Prisoner Swap, Iran Frees American Held Since 2016", *The New York Times*, 7 December, 2019, https: //www. nytimes. com/2019/12/07/us/politics/iran-prisoner-swap-xiyue-wang. html.

⑤ 例如，庞中英把地区主义定义为"为国家带头的地区合作工程的理论与实践，它们以政府间对话与合作（包括正式的协定、条约）的形式出现，其与作为一种生产、贸易、投资等带动的自然地区整合不一样。"这一定义很接近政府主导的地区合作。参见：庞中英《地区化、地区性与地区主义——论东亚地区主义》，《世界经济与政治》2003年第11期。

⑥ 关于地区合作不同于地区一体化的研究，参见 Maurice Schiff and L. Alan Winters, "Regional Cooperation and the Role of International Organizations and Regional Integration", World Bank Policy Research Working Paper 2872, July 2002, http: //documents. worldbank. org/curated/en/614491468766832631/101501322_20041117153001/additional/multi0page. pdf.

地区主义研究是随着欧洲国家在二战结束后的成功地区合作实践发展而来的。国际关系中的地区主义理论最早借鉴了国际经济学的研究，即通常把地区主义等同于地区经济一体化，即单个民族国家的经济通过制度而结合为更大规模的、包含多个民族国家的经济集团或者共同体。后来的国际关系研究将地区主义界定为涵括了从宽泛的地区合作安排，到地区合作制度的建立乃至更深层次的一体化的多方面内容。国际关系学早期对地区主义的界定标准则更多地以主权国家建立的地区合作组织作为标准，两者在早期的研究中甚至是对等的。[1] 因此，地区主义是地区合作发展到一定阶段的产物，但不是所有的地区合作都必然发展为地区主义。[2] 而上文提到的研究都有一个预设假定，即地区主义和地区化可以促进地区的政治自由化甚至民主化，因此相关中东地区主义研究把回溯性的欧洲成功经验直接套用到中东地区，又因为中东地区的地区合作没有达到欧盟、东南亚等地区的合作进展而否认其中的积极进展。

因此，已有的相关研究只根据地区化的衡量标准和已有研究理论假设，指出了所谓中东地区的地区合作"谜题"——该地区国家在地理上的接近，相对高度的社会、文化和宗教同质性，以及政治、经济和军事上的互动；但因地区内国家只存在较低程度的制度化地区合作和地区一体化，就忽视该地区内合作，这是一种有待纠正的研究偏见。此外，已有研究在评估中东地区合作项目时，对中东地区合作和一体化案例的分析是分裂的，把合作体制缺陷、中东国家在地区合作中的国内限制和国际干预的主导等都视为中东地区合作和一体化的最明显障碍。

---

[1] 参见 Joseph S. Nye, *International Regionalism: Reading*, Little Brown and Company, 1968; Louise Fawcett and Andrev Hurrell, *Regionalism in World Politics: Regional Organization and International Order*, Oxford University Press, 1995; Bjotn Hettne, *The New Regionalism: Implication for Global Development and International Security*, UNU WIDER, Helsinki, 1994; Stephen C. Calleya ed., *Regionalism in the Post-Cold War World*, Aldershot: Ashgate Publishing Ltd, 2000; Edward Mansfield and Helen Milner eds., *The Political Economy of Regionalism*, New York: Columbia University Press, 1997.

[2] 莫盛凯：《没有地区主义的东亚合作》，《当代亚太》2014 年第 2 期。

(二) 中东地区合作的国内研究成果

国内学者对中东地区合作的研究主要关注中国和中东地区国家合作的机遇和挑战。在国内关于中东地区合作的研究中，冯怀信分析中东地区主义及其发展前景的论文，是国内少数关注世界地区主义的"中东例外论"（Middle East exceptionalism）的论文。他回顾了始于阿盟的中东国家间的多边、双边合作，提出中东地区主义已经处于初始发展阶段，尤其强调中东地区主义发展的滞后性并不能否认该地区已在实际运作中的合作进程及其取得的进展。这篇论文也分析了中东地区主义发展相对滞后的原因和发展前景。[1] 这篇非常有问题意识的论文在写作中也还是不加界定地混用了地区主义、地区合作、地区一体化等概念；论文在指出要避免将欧盟、北美地区一体化经验普遍化、绝对化，直接套用到发展中地区时，仍没能解释为什么在同样存在安全困境、经济结构较单一、地区认同较缺失的情况下，非洲、东南亚等地区的地区化进展仍被认为比中东地区要乐观，尤其是东亚地区合作首先是在东盟次区域内的地域范围内发生，[2] 而同样属于次区域合作的海合会却没有得到类似于东盟等次区域合作组织的肯定。金良祥把阿盟和海合会都归入中东地区的次区域合作组织，认为中东地区没有建立超出阿拉伯国家以外的地区主义，已有的次区域合作组织向外辐射的动力也不足。[3]

国内其他对中东地区合作的研究还包括中东地区经济一体化、中东各地区合作组织，与中国的中东外交相关的研究。冯璐璐分析了中东地区经济一体化中的劳务一体化、金融和资本一体化、生产和贸易合作，一体化组织和经济集团的发展，也分析了中东地区经济一体化发展的模式特征。她还提出中东地区经济一体化的三种发展构想，即

---

[1] 冯怀信：《试析中东地区主义及其发展前景》，《西亚非洲》2005年第6期。
[2] 秦亚青：《关系与过程——中国国际关系理论的文化构建》，上海人民出版社2012年版。
[3] 金良祥：《试析中东地区主义的困境与前景》，《西亚非洲》2017年第4期。

第一章 导论

快速一体化、渐进一体化和双边一体化。[①] 在对所有中东地区组织的研究中，阿盟和海合会是最受国内学者关注的研究对象。[②] 邹志强结合国际政治经济学中的经济效益与安全偏好研究，分析了"阿拉伯之春"对海合会发展的影响，预测海合会的经济合作将进一步向与民生相关的社会经济领域拓展、深化，认为"阿拉伯之春"为海合会的经济合作带来了新的压力和契机。[③] 孙德刚和安然从联盟成员间的相互依赖程度出发，将联盟分为了"异质化联盟"（Heterogeneous Alliance）和"同质化联盟"（Homogeneous Alliance）两类，认为沙特和卡塔尔断交的深层原因在于两国的同质化，即经济结构的相似性、政治诉求的趋同性、威胁认知的错位性和替代联盟的多元性，导致两国在相似国情的表象下，结构性矛盾难以调和。其中沙特和卡塔尔在经济结构上的高度相似性，不仅难以形成利益共同体，反而在经济层面形成竞争关系，直至恶化成外交危机。这一研究对卡塔尔外交危机具有解释力，也有助于进一步理解海合会成员国间的复杂互动。[④]

总的来说，国内对中东地区合作研究除了多见历史研究之外，对中东地区经济一体化的研究还停留在2010年前，这和中东地区合作进展的发展直接相关，也和中国发展与中东国家的合作高度相关。相关研究中的"中国视角"很重要，但中国在中东地区展开多边合作时，同样需要关注该地区已有的合作进展，关注该地区内国家在展开国际合作时的地区特点和偏好。

[①] 冯璐璐：《中东地区经济一体化的发展模式与战略构想》，《山西师大学报（社会科学版）》2005年第4期。其他研究中东地区经济一体化的主要中文文献还包括：刘晖，张晏辉：《世界新秩序中阿拉伯自由贸易区的崛起》，《阿拉伯世界》1998年第2期；杨建荣：《论阿拉伯经济一体化》，《西亚非洲》1998年第4期；陈建明：《埃及与海湾合作委员会国家的经济关系——兼议面临挑战的阿拉伯经济合作》，《西亚非洲》1998年第4期；车效梅：《经济全球化中的中东地区经济一体化》，《山西师大学报（社会科学版）》2004年第2期；赵慧杰：《浅析马格里布地区一体化进程》，《西亚非洲》2008年第10期。

[②] 牛新春：《关于中阿合作机制的思考》，《现代国际关系》2018年第3期；赵军，陈万里：《阿盟视角下的泛阿拉伯主义政治实践》，《世界民族》2017年第1期；陈万里，赵军：《国外阿盟研究：议题、观点与借鉴意义》，《国际研究参考》2016年第5期。

[③] 邹志强：《中东剧变与海合会区域经济合作》，《阿拉伯世界研究》2014年第2期。

[④] 孙德刚、安然：《"同质化联盟"与沙特—卡塔尔交恶的结构性根源》，《西亚非洲》2018年第1期。

二　海湾地区合作的研究成果

英语学术界对海湾地区合作的研究很大程度上局限于对海合会的研究；而国内对海湾地区合作研究关注的是海合会合作进展、冲突，以及沙特和伊朗间的竞争、冲突引发的地区动荡。

（一）对海湾地区合作的国外研究

伊朗外交家和学者赛义德·侯赛因·穆萨维在2020年出版的《波斯湾的安全、和平与合作新结构》一书中，结合其作为大使和官员的参与、对话、采访和个人观察，提出伊朗和沙特之间的正常化和友好关系是可能的，而且这种关系在1979年后的两国关系中也有先例。他提出如果伊朗和沙特间能够实现外交关系正常化和友好，那么该地区的宗派主义和逊尼派—什叶派冲突的弊病将会消退。该书也试图探索通过外交途径解决伊朗和沙特之间现存冲突，并为两国实现可持续的外交关系提供了路线图。[①]

约翰·福克斯主编的《全球化和海湾》一书研究海合会国家应对全球化的问题，书中的主要观点是海合会国家从20世纪70年代被卷入全球化的浪潮，并一直在应对全球化对其社会、经济带来的挑战。除了研究这些国家的地区合作实践外，这本书还探讨了海合会国家的民主，以及在全球化进程中加强阿拉伯意识形态等问题。[②]大卫·海尔德主编的《海湾地区的转型》系统研究了海合会国家在全球化时代面临的政治、经济、安全挑战及其应对。这本书对海合会国家的经济改革、地区移民政策、地区经济合作进行了较详细的

[①] 穆萨维在20世纪90年代至2005年，参与了伊朗一系列重要外交活动。例如，20世纪90年代，他几次帮助德国、美国和黎巴嫩真主党进行斡旋，促成了西方人质的释放。他在2001年伊朗与美国在阿富汗合作打击基地组织和塔利班的行动中发挥了作用，并在2003—2005年担任伊朗核谈判小组的发言人。参见：Seyed Hossein Mousavian, *A New Structure for Security, Peace, and Cooperation in the Persian Gulf*, Kirjastus：Rowman & Littlefield Publishers, 2020.

[②] 这本书把海合会国家等同于"海湾国家"，这也是西方学者研究海湾地区的常见视角。参见 John W. Fox and Nada Mourtada-Sabbah, *Globalization and the Gulf*, New York：Routledge, 2006.

探讨。① 以色列学者约瑟夫·科斯特纳编著的《海湾地区的冲突与合作》研究从20世纪80年代到伊拉克战争结束前的海湾地区冲突与合作。他主要探讨了两伊战争、海湾战争、美国与伊朗、伊拉克的对抗、沙特和伊拉克从20世纪90年代开始的打击基地组织等案例。科斯特纳认为冷战结束后，美国虽然在海湾地区政治、安全局势中发挥主导性作用，但随着时间的推移，其在海湾地区的军事存在又开始变得不确定。因为海湾地区缺乏其他地区外大国对美国构成制衡，所以该地区很大程度上深受美国与伊朗、伊拉克竞争的影响。他较悲观地预测在21世纪初，伊朗仍可能引发海湾地区的安全问题，而海合会国家失去了限制、管理安全威胁或与安全威胁拉开距离的能力。②

与大多数国际关系学者关注海湾地区冲突和矛盾点有所不同的是，关注海湾地区的学者并不把该地区内的伊朗和沙特矛盾作为"既定事实"。例如，劳伦斯·波特在《历史上的波斯湾》一书中结合考古学、历史学资料，论证海湾地区从早期文明进程开始就是一个文化共同体（civilizational unit），也具有内部聚合的力量。波特指出：海湾阿拉伯国家和伊朗间的分歧不是固有的，而是伴随着该地区现代民族国家诞生及其地区外大国介入而出现的。③ 美籍伊朗裔学者希琳·亨特关注两伊战争结束后，伊朗和海合会国家对改善相互关系的国内政治。她指出：当时包括最高领袖阿亚图拉阿里·哈梅内伊（Ayatollah Ali Khamenei）在内的伊朗所有主要政治派别领导人都支持改善与海合会邻国关系的政策；而沙特当时的王储阿卜杜拉·本·阿卜杜拉－阿齐兹·阿勒沙特（Abdullah bin Abdulaziz Al Saud）④ 积极回应了伊朗的积

---

① David Held and Kristian Ulrichsen, *The Transformation of the Gulf: Politics, Economics and the Global Order*, New York: Routledge, 2012.

② Joseph Kostiner, *Conflict and Cooperation in the Gulf Region*, Wiesbaden: VS Verlag für Sozialwissenschaften, 2009, pp. 141, 142, 250.

③ Lawrence G. Potter ed., *The Persian Gulf in History*, New York: Palgrave Macmillan, 2009.

④ 阿卜杜拉从1982年开始任沙特王储，他在2005—2015年任沙特国王。因为他任内的沙特地区政策与本书研究主题高度相关，所以本书中会根据沙特王位的继承情况，出现阿卜杜拉王储和阿卜杜拉国王的不同称谓。

极政策。两国随后在高层互访、伊斯兰事务合作上都取得了进展。亨特也根据历史经验的回溯指出了伊朗和海合会国家关系的两个特点：虽然某些共同因素影响着伊朗与海合会国家的关系，但伊朗与个别海合会国家的关系又有其独特的特点；伊朗与其他海湾国家的关系仍将取决于外部因素的影响，相关外部因素决定了海湾国家间关系的性质，其重要性甚至高于海湾国家间关系的变化。鉴于美国在海湾地区的压倒性优势，美国和伊朗关系以及美国对伊朗的中东地区角色的态度具有决定性作用。①

此外，海湾地区的安全困境、海湾国家间的关系、地区经济、政治议题等都是学界关注的热点问题。例如，克里斯蒂安·科茨·乌尔里克森在2017年编著的《变动中的波斯湾安全动态》一书中分析了"阿拉伯之春"引发的海湾地区政治、经济动荡，以及"伊斯兰国"崛起等一系列事件给海湾8国造成的冲击。书中提出："阿拉伯之春"初期引发的动荡已经让位于一系列混乱和不确定的转变，这些转变造成了海湾国家社会的严重分裂，并在国家内部和国家间引发暴力。②这本书按照海合会、伊朗和伊拉克三方来分析海湾国家，涉及的三方互动也主要集中在冲突方面。

在海合会经济合作进展较迅速的时期，琳达·洛和高木真司等亚洲经济学家对海合会货币同盟建立后的合作前景持乐观判断。③ 而沙德·查米等使用国际货币基金组织的全球经济模型（Global Economy Model）预测也门加入海合会的宏观经济效益。他们认为地区一体化加强了竞争，也将给也门和海合会带来巨大的经济利益。例如，经济

---

① Joseph Kechichian ed., *Iran, Iraq and the Arab Gulf States*, New York: Palgrave, 2001, pp. 427–446.

② Kristian Ulrichsen ed., *The Changing Security Dynamics of the Persian Gulf*, New York: Oxford University Press, 2017.

③ Linda Low and Lorraine Carios, *The Gulf Cooperation Council: A Rising Power and Lessons for ASEAN*, Singapore: ISEAS Publishing, 2011; Shinji Takagi, "Establishing Monetary Union in the Gulf Cooperation Council: What Lessons for Regional Cooperation?", ADBI Working Paper Series, No. 390, October 2012, https://www.adb.org/sites/default/files/publication/156245/adbi-wp390.pdf.

一体化将使也门的 GDP 长期年均增长达到 14%，而海合会成员国的 GDP 长期增长将达到 7%。①

总体而言，除了上文提到的穆萨维和波特的书外，英语学术界对海湾地区合作的研究还是以海合会为界限，区分了海合会、伊朗、伊拉克三方，而且主要关注三方互动中的冲突。就像罗伯特·杰维斯（Robert Jervis）提出的，在观察国际政治中国际无政府状态和安全困境使主权国家间难以达成合作时，应该关注的核心问题不是"为什么会发生战争"，而是"为什么战争没有更经常地发生"。② 已有研究的冲突视角不仅忽略了三方互动中的合作，也无法解释为什么在存在诸多冲突"导火索"的情况下，被视为最主要冲突方的伊朗和沙特间没有爆发大规模直接军事冲突或更激烈的竞争。除了部分亚洲经济学家基于海合会在 20 世纪 90 年代和 21 世纪前 10 年的经济合作进展，而对海合会发展持乐观态度外；英语学术界的现有研究大都把海湾地区及其中东国家视为中东地区安全甚至国际安全的"破坏性因素"，其背后的隐藏逻辑是：该地区内国家间发生冲突或卷入国际冲突，会引发中东地区局势乃至国际能源市场的动荡，并影响地区外大国的中东战略，因此才是值得重视的。国际学术界高度关注海湾地区的冲突，大部分相关研究忽视该地区国家间的积极合作，如把地区内多边、双边合作完全等同于"权力政治"或"进展滞后"。而研究海湾地区经济议题的学者，偏离了政治和经济因素的不可割裂，过分强调其经济成分。上述研究没能回答一些基本的问题：首先，如果该地区的冲突是不可避免且不可调和的，即人们通常认为海湾地区的地区合作仅限于海合会内部，而沙特和伊朗在地区霸权、教派冲突，以及在国际能源市场中都处于全面竞争，那为什么沙特和伊朗间没有爆发大

---

① Saade Chami, Selim Elekdag and Ivan Tchakarov, "What are the Potential Economic Benefits of Enlarging the Gulf Cooperation Council?", *International Economic Journal*, Vol. 21, No. 4, November 2007, pp. 521 – 548.

② ［美］罗伯特·杰维斯：《从均势到协调：国际安全合作研究》，载［美］肯尼思·奥耶编《无政府状态下的合作》，田野、辛平译，上海人民出版社 2010 年版，第 59 页。

规模的直接军事冲突，这一现象是否能用单纯的威慑来解释？其次，学者们根据海合会内部的阶段性进展或停滞，对海合会经济一体化进行乐观判断或批判，但海合会合作进展是非线性的，一定程度上呈现螺旋形发展。已有研究没能对海合会合作进展的起伏提供合理解释，更缺乏系统性。

（二）对海湾地区合作的国内研究

国内对海湾地区的外交、经济、军事、文化及其地区内各国的国别研究的成果颇丰。从成红编著的《中国的中东文献研究综述（1949—2009）》一书中收录的国内学界的中东研究成果来看：无论是从专著，还是论文数量来看，伊朗都是迄今为止最受国内学术界关注的海湾国家，其次是伊拉克；另外，在成红划分的"外交"研究这一部分，海湾战争是已经出版的专著中的绝对研究热点问题；而在中东6个热点问题当中，海湾地区就因为两伊战争、海湾危机与战争、伊拉克战争及其重建、伊朗核问题占据了4个。[1] 这些文献也反映出冲突研究和海湾各国的国别研究占据着国内海湾地区研究的主体。

海合会国家间的经济合作和对外合作，海合会的各项合作议程，机制化建设进展和海合会在中东热点问题上的立场等问题也是国内海湾研究的热点，其中很多启发性的研究成果发表在《西亚非洲》和《阿拉伯世界研究》等代表性刊物上。在学术专著方面，刘月琴在《冷战后海湾地区国际关系》一书中，运用了涉及国家主权、国家利益的借力外交理论、依附理论，以及均衡理论、务实主义理论等国际关系理论，探讨了海湾国家决策，海湾地区国际关系的调整与重组，以及海湾国家与美国、俄罗斯、法国、中国等地区外大国关系等内容。[2] 李意在《海湾安全局势与中国的战略选择》一书中从国际安全、地区安全和国家安全三个层次出发研究了伊拉克战争后的海湾安全局势，也

---

[1] 成红编著：《中国的中东文献研究综述（1949—2009）》，社会科学文献出版社2011年版。关于海湾8国国别研究的专著和论文，分别详见该书的第87—124页、第243—288页；关于海湾战争的著作部分详见第53—60页；关于涉及海湾地区的中东热点地区的论文详见第216—239页。

[2] 刘月琴：《冷战后海湾地区国际关系》，社会科学文献出版社2002年版。

具体分析了海合会面临的非传统安全挑战、伊拉克教派纷争等。①

刘彬的《海湾合作委员会集体身份构建研究》一书运用建构主义的"集体身份"理论，研究海合会国家在合作过程进行社会化互动的形式、内容及其互动中共有制度和规范等内容。该书的第三章把伊朗、伊拉克和美国作为海合会集体身份的"他者"，分析了伊朗和海合会国家的对话和接触。②肖洋在《非传统威胁下海湾国家安全局势研究》一书中所讨论的海湾国家等同于海合会6国，其中关于粮食危机、外籍劳工对海合会6国的人口结构影响等非传统安全问题，以及中国与海合会国家的跨境次区域合作等问题，是21世纪初海湾地区研究中的重要议题。③

总体而言，国内对海湾地区合作的研究主要是依据中国在海湾地区的战略需求衍生出来的，也主要以海合会国家间的经济合作，以及中国与海合会自贸区建设、经济合作的议题为主；在安全领域仍主要采用了冲突视角，高度关注该地区国家间的冲突及其对地区、中国参与中东事务的影响。但中国在中东外交中秉持的是"不选边、不站队、不结盟"的平衡外交理念，也已经和7个海湾国家建立了不同类型的伙伴关系。2016年1月，在中国和沙特把战略友好关系提升为全面战略伙伴关系后，④ 中国和伊朗建立了全面战略伙伴关系。⑤ 2018年，中国和阿联酋建立了全面战略伙伴关系。⑥ 中国还分别和卡塔尔、伊拉克、科威特、阿曼建立了战略伙伴关

---

① 李意：《海湾安全局势与中国的战略选择》，世界知识出版社2010年版。
② 刘彬：《海湾合作委员会集体身份构建研究》，浙江工商大学出版社2020年版。
③ 肖洋：《非传统威胁下海湾国家安全局势研究》，时事出版社2015年版。
④ 中华人民共和国国务院：《中华人民共和国和沙特阿拉伯王国关于建立全面战略伙伴关系的联合声明（全文）》，http：//www. gov. cn/xinwen/2016-01/20/content_ 5034541. htm，2016年1月20日。
⑤ 中华人民共和国国务院新闻办公室：《中华人民共和国和伊朗伊斯兰共和国关于建立全面战略伙伴关系的联合声明》，http：//www. scio. gov. cn/tt/Document/1465737/1465737. htm，2016年1月24日。
⑥ 外交部：《中华人民共和国和阿拉伯联合酋长国关于建立全面战略伙伴关系的联合声明》，http：//www. xinhuanet. com/world/2018-07/21/c_ 1123157001. htm，2018年7月21日。

系。因此，中国学者对这一议题可以突破西方学者构建的冲突视角，在厘清现实的同时，探讨中国与海湾国家拓展、深化多边合作的潜力，并推动中国和中东国家构建新型国际关系。

第三节　研究思路

本书在厘清该地区内国家间冲突的前提下，把冷战后的海湾地区合作为研究重点。围绕着这两个方面的内容，本书将主要研究下列问题：

第一，建立一个研究海湾地区合作的分析框架。框架是用来划定研究的范围，识别研究需要考虑的基本变量和变量简的关系，同时为研究特定对象的重要特征指引分析的方向。这部分主要探讨的内容包括：海湾地区的冲突和合作逻辑；什么是地区分析层次，为什么选择地区分析层次；与地区合作相关的概念辨析；以及本书研究海湾地区合作的理论框架。这一部分是全书立论的最重要论证部分。

第二，研究海湾地区合作的历史及其合作形态。本书把1971年阿联酋的成立视为战后海湾地区合作的起点，也简要回顾了波斯帝国和阿拉伯人间的互动；海湾地区被西方国家殖民的历史，尤其是英国的殖民统治和退出等历史，以提炼影响该地区国家合作和冲突的历史因素和地区语境。本书也以冷战的结束和2003年伊拉克战争作为两个重要的时间节点，分析海湾地区合作的历史进程、其中对海湾国家在冷战结束前10年的互动关系的急剧变化，以期从更宏观的视角动态地把握沙特、伊朗关系，突破把伊朗、沙特关系视为"既定"冲突因素的局限。

第三，研究海湾地区合作起始和发展的动力。本书分析了海湾国家带有的明显发展中国家特点，有助于理解在这些国家参与的地区合作中的政府主导作用；随后分析了作为政府间合作组织的海合会和地区内移民活动对海湾地区合作的影响。同时，考虑到海湾地区深受地区外大国影响的现实，该部分也分析了美国、欧盟和"重返中东"的俄罗斯等重要地区外行为体对海湾地区合作产生的影响及其具体表现。

第一章 导论

第四，地区合作的议题可以大致分为经济、安全和社会事务等，具体到海湾地区合作中，这些议题具体包括了哪些内容，海湾国家围绕这些议题建立了哪些合作机制？

上述四个问题每个都可以单独进行更具体的研究，本书将这四个问题结合起来讨论，只是尝试性分析国际关系冲突和合作视角下的海湾地区合作的总貌。本书研究的重点在于探讨冷战后海湾地区合作"是什么"，"怎么样"和"为什么"。其中，"是什么"主要探讨冷战后海湾地区合作的性质，"怎么样"主要讨论冷战后海湾地区合作的性质，并作初步的绩效分析，"为什么"则主要讨论冷战后海湾地区合作的发展动力及其机制化运动等问题。

在具体结构安排方面，本书将从第二章开始具体讨论上面提到的4个问题。其中第二章主要探讨的内容包括：海湾地区的冲突和合作逻辑；什么是地区分析层次，为什么选择地区分析层次；与地区合作相关的概念；以及本书研究海湾地区合作的分析框架。第三章将回顾二战结束以后，海湾地区合作的历史进程，并结合近年来地区主义理论中的类型学研究，并对海合会这一海湾地区唯一一个地区组织进行具体分析。在梳理了合作历史，探讨了海合会的组织类型后，本书将在第四章对海湾地区合作的动力进行具体分析，其中根据海湾地区的地区特点，将区域内动力分为国家和非国家两大部分，非国家的影响将主要讨论海湾地区自古以来频繁而影响深远的移民因素。而区域外因素则主要探讨冷战后在海湾拥有广泛利益，并具国际影响力的大国——美国、欧盟、俄罗斯。第五章将对海湾地区合作的议题和制度进行分析，并将对海湾地区合作作初步绩效分析，上述内容将主要从政治与安全，经济，以及社会这几个方面来讨论。第六章对21世纪海湾国家对中东局势产生的影响及其主要方式进行了探讨，主要包括对海合会的地理外溢；沙特、阿联酋等海湾援助国向其他中东国家提供的对外援助，卡塔尔通过半岛电视台在阿拉伯世界展开的公共外交；以及在海湾国家中率先与以色列建交，备受外界关注的阿联酋的外交政策等重要内容。结论部分将归纳全书的主要观点，并在此基础上对"一带一路"背景下中国与海湾国家深化合作提出建议。

```
                    ┌──────┐
                    │ 导论 │
                    └──┬───┘
                       ↓
           ┌──────────────────────┐
           │ 海湾地区合作的分析框架 │
           └──────────┬───────────┘
    ┌──────────────┬──┴──────────────┬──────────────┐
┌─────────┐  ┌──────────────────┐  ┌──────────┐
│地区分析层次│ │地区冲突与合作的逻辑│ │ 理论框架 │
└─────────┘  └────────┬─────────┘  └──────────┘
                      ↓
           ┌──────────────────────┐
           │ 海湾地区合作的历史变迁 │
           └──────────┬───────────┘
    ┌──────────────┬──┴──────────────┬──────────────┐
┌──────────┐  ┌──────────┐  ┌──────────┐
│二战结束前的│ │冷战时期的 │ │冷战结束后的│
│海湾地区历史│ │海湾地区合作│ │海湾地区合作│
└──────────┘  └─────┬────┘  └──────────┘
                    ↓
         ┌──────────────────────┐
         │ 海湾地区合作的动力分析 │
         └──────────┬───────────┘
    ┌──────────────┬┴──────────────┬──────────────┐
┌──────────┐ ┌────────────────┐ ┌──────────┐
│海湾国家在地区│ │海湾地区非国家行为体│ │海湾地区合作的│
│合作中的作用 │ │在地区合作中的作用 │ │地区外影响  │
└──────────┘ └────────┬───────┘ └──────────┘
                      ↓
         ┌──────────────────────────┐
         │ 海湾地区合作议题与制度进程 │
         └────────────┬─────────────┘
    ┌──────────────┬──┴──────────────┬──────────────┐
┌──────────┐  ┌──────────┐  ┌──────────┐
│海湾地区经济│ │海湾地区安全│ │海湾地区合作的│
│合作及制度进程│ │合作及制度进程│ │绩效分析    │
└──────────┘  └─────┬────┘  └──────────┘
                    ↓
      ┌──────────────────────────────┐
      │海湾国家对中东地区国际关系的塑造│
      └──────────────┬───────────────┘
  ┌────────────┬────┴────┬────────────┐
┌──────────┐┌──────────┐┌──────────┐┌──────────┐
│海合会的扩容与││"购买影响力":││半岛电视台与卡││多元平衡:阿联│
│"地理外溢" ││海湾国家的对外援助││塔尔的公共外交││酋的对冲战略│
└──────────┘└──────────┘└─────┬────┘└──────────┘
                               ↓
                           ┌──────┐
                           │ 结论 │
                           └──────┘
```

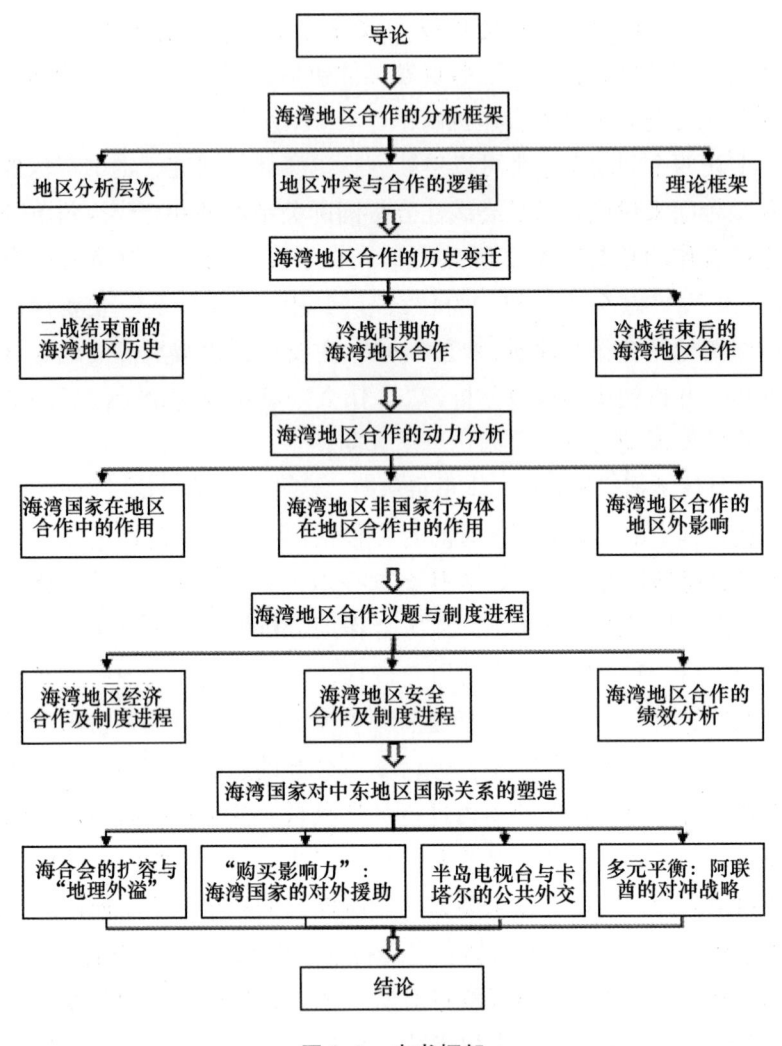

图 1.1　本书框架

第四节　研究方法

本书主要采用案例分析法、历史分析法、层次分析和比较研究方法，同时为了尽量清晰、简明、优雅以及最重要内容的有效呈现，将作一些属性统计。

一 案例分析法

本书主要对作为冷战后海湾地区的主要合作构架的海合会内部的安全、政治、经济等各项合作，及其与伊朗、伊拉克展开的合作进行案例分析。本书在对具体案例的分析时采用了过程追踪的分析方法，充分利用海合会的宪章和英语版本的主要制度性文件等文献来进行文本解读，并对海湾地区存在的其他合作实践进行具体讨论。

二 历史分析法

本书对从冷战结束至今的海湾地区合作进行分析，在分析中拟运用国际学界对于中东地区局势重要时间节点的划定，比如伊朗伊斯兰革命、伊拉克战争等，并结合海湾各合作构架的历史发展对海湾地区合作进行分析。本书也对海湾地区的历史进行了梳理，尤其是把从地理大发现开始到二战结束前的海湾地区历史放进世界历史的范畴进行研究。这也是国际关系学的传统学派最经常运用的研究方法之一。

三 层次分析和比较研究方法

比较的方法也将贯彻本书始终，本书在案例分析中已经涉及了海湾地区合作的各个合作构架间和安全、经济等合作进展的比较分析；虽然没有独立成章，但本书在研究海湾地区合作的具体内容时，不可避免地将其与制度主导的欧洲模式，以及进程主导的东亚地区合作进行比较；而在具体阐述发展理论时，本书也不可避免地对战后的海湾地区和拉丁美洲进行比较，以阐明对相关理论借鉴的适用性问题。

第二章　海湾地区合作的整体研究

　　冷战结束以来对海湾地区国际关系的研究中出现了对冲突与合作研究的割裂，虽然本书研究的主要是地区合作，但用的是"冲突与合作"的整合研究路径，不会刻意选择性地忽略该地区存在的冲突。因为就像约瑟夫·奈指出的："在观察中东局势的时候，如果无视国家间的纷争和外部大国的插手，是绝对可笑的。"[①] 这一章的主要内容是建立海湾地区合作研究的分析框架。本章首先阐述文章的逻辑起点，即国际关系中的冲突与合作。因为本书采用的是冲突与合作的整合研究路径，所以在这一小节将展开讨论海湾地区的冲突与合作，着重探讨在海湾地区"冲突缠身"、地区合作进展相对滞后于中东地区以外其他地区合作的情况下，是否有必要研究该地区的地区合作；第二小节将介绍研究的地区分析层次，即为什么选用海湾地区作为研究层次，并辨析地区和地区合作相关的概念；第三部分则结合海湾地区8国3方的地区格局和海湾地区冲突与合作的互动框架，建立一个全书的分析框架。

第一节　海湾地区的冲突与合作逻辑

　　约瑟夫·奈曾提出"世界政治中存在着永久的冲突和合作逻辑吗？"的问题，他认为从伯罗奔尼撒战争至今，虽然冲突与合作的形

[①] ［美］小约瑟夫·奈、［加拿大］戴维·韦尔奇：《理解全球冲突与合作：理论与历史（第九版）》，张小明译，上海人民出版社2012年版，第15页。

第二章 海湾地区合作的整体研究

式以及导致冲突的问题变化不定,但冲突和合作的逻辑令人惊讶地一成不变。① 冲突和战争一直是国际政治的主题之一,也构成了国际政治的冲突逻辑。在安全困境的威胁下,同盟、维持均势,以及战争与妥协的政策选择等行为就变得极为常见。自威斯特伐利亚体系建立以来,随着民族国家体系与国家主权在全球范围的推广,国家成为国际关系中重要并长期是唯一的分析单元。因此,国家之间的合作与冲突就成为国际关系理论研究的核心议题与理论建构的基础。一定程度上来说,国际关系学是围绕着对国家间冲突与合作的问题才逐渐发展和走向成熟的。②

独立国家一般被定义为"一块轮廓分明并以边界隔离开来的领土,它具有常住人口,处于在宪政上与其他所有政府分离开来的最高政府的管辖之下"。国家间彼此毗连,相互影响,必须找到共存与共处的方式,国家也和其他国际关系行为体形成了一个全球规模的国际体系。③ 不同的国际行为体,在客观条件和主观意愿上必然存在差异;再加上各个国际关系行为体,尤其是国家,要维持自身或国际社会的生存和发展,都需要占有权力、地位、领土、人口、荣誉等重要资源。由于上述资源的稀有性,行为体必然需要进行激烈的争夺,④ 从这层意义上来说,各个行为体的目标对其他行为体而言都是"不相容"的,也说明国家之间必然存在不同程度、不同内容的分歧。罗伯特·基欧汉所界定的"和谐",即每个行为体的政策(不考虑其他行为体的利益)都被其他行为体视为促进它们目标的实现,他和肯尼思·华尔兹都认为在无政府状态的环境中是不存在和谐状况的。⑤ 值

---

① [美]小约瑟夫·奈、[加拿大]戴维·韦尔奇:《理解全球冲突与合作:理论与历史(第九版)》,张小明译,上海人民出版社2012年版,第1、2页。
② 邢瑞磊:《比较地区主义:概念与理论演化》,中国政法大学出版社2014年版,第6页。
③ [加]罗伯特·杰克逊、[丹]乔格·索伦森罗伯特·杰克逊:《国际关系学理论与方法(第四版)》,吴勇、宋德星译,中国人民大学出版社2012年版,第1—2页。
④ 蒲宁、陈晓东:《国际冲突研究》,时事出版社2007年版,第11页。
⑤ [美]罗伯特·基欧汉:《霸权之后:世界经济政治中的合作与纷争》,苏长和、信强、何曜译,上海人民出版社2006年版。

29

得注意的是,差异和分歧的存在并不必然导向冲突,只有当国家之间的不相容目标上升到国家等行为体的外交政策层面,并将这种目标对立的外交政策付诸实施才会导致冲突的发生。①

阿里·恰尔舍勒奥卢等学者认为中东地区是政治动荡和冲突频发的地区,同时也是和平合作、经济自由化和相对民主(relative democratisation)等国际大趋势的例外;该地区国家间的经济合作是有限的,政治合作更是从20世纪90年代才开始。而中东国家间更缺乏协调以及国内政治和中东国家经济结构间的"和谐"等地区合作的重要条件。②恰尔舍勒奥卢所指的冲突既包括海湾战争、阿拉伯—以色列冲突(下文简称阿以冲突)、两伊战争等地区战争,也包括地区军备竞赛,以及对于国家间围绕水资源和石油、天然气资源的争夺,以及地区内国家的国内政治动荡等。③米丽娅姆·索尔利等学者认为中东地区是"冲突缠身的地区"(conflict-ridden region),甚至认为该地区的冲突本身就是国际政治反复出现的特征。④

上述研究成果所提到的中东地区冲突,包括进入国际关系行为体对外政策的一般冲突、国际危机的初级阶段、武装冲突,乃至战争。所谓的一般冲突,是指国际冲突的初级阶段,对立与协调在当事国关系中占据主导地位。一般冲突往往被限制在特定事项涉及的范围内,一般可以通过谈判协商的途径达成协调意见从而使冲突得以缓解。这类冲突也被认为是国际冲突的基本形态,是当代国际社会中最常见的国际冲突存在形式。⑤而武装冲突则是国际冲突发展的较高级阶段。瑞典乌普萨拉大学和平与冲突研究系(Department of Peace and Conflict Research at Uppsala University)把武装冲突界定

---

① 蒲宁、陈晓东:《国际冲突研究》,时事出版社2007年版,第44页。
② Ali Çarkoğlu, Mine Eder and Kemal Kirişci, *The Political Economy of Regional Cooperation in the Middle East*, London and New York: Routledge, 1998, pp. 1, 2, 3, 8.
③ Ali Çarkoğlu, Mine Eder and Kemal Kirişci, *The Political Economy of Regional Cooperation in the Middle East*, London and New York: Routledge, 1998, pp. 7 – 11.
④ Mirjam E. Sørli, Nils Petter Gleditsch and Håvard Strand, "Why Is There So Much Conflict in the Middle East?", *The Journal of Conflict Resolution*, Vol. 49, No. 1, February 2005, p. 141.
⑤ 蒲宁、陈晓东:《国际冲突研究》,时事出版社2007年版,第47页。

为"在其中至少有一方的两派军事武装间,涉及政府或领土的非兼容性争夺(contested incompatibility),这种争夺造成了(每年)战斗死亡至少25人"。① 即使是造成了每年战斗死亡总计25人以上的武装冲突,也仍然隐含一个含义或观念:冲突可以或经常通过协商解决。这一平抑过程需要各方明确其目标,做好排序,参加协商,而不论它们最初怎样看待对方(即它们的相互态度)。卡尔·冯·克劳塞维茨(Karl Philip Gottfried von Clausewitz)认为"战争无非是政治通过其他手段的继续",他称战争是"一种迫使对方服从我们的意愿的暴力行为","是一种为了要达到严重的目的而使用的严重手段"。② 芝加哥大学的昆西·赖特(Quincy Wright)把战争定义为"不同但又相似的实体之间的暴力冲撞"。国家跟争夺地盘的动物一样,有可能会发生"暴力接触"。而战争学家加斯通·布图尔(Gaston Bouthoul)提出战争的有组织性特点,即战争是有组织的集团之间血腥的武装斗争。③ 本书采用的是斯德哥尔摩国际和平研究所界定的"重大武装冲突"的定义。

从1969年开始,斯德哥尔摩国际和平研究所(Stockholm International Peace Research Institute, SIPRI)每年发布《SIPRI年鉴》(SIPRI Yearbook)。该年鉴用"重大武装冲突"(major armed conflict)来代替战争概念,即重大武装冲突被界定为"两国或多国政府的军事力量之间或一国政府和至少一个有组织武装团伙之间所进行的持久的战斗,其对抗造成的死亡超过1000人"。④

本书将从第三章开始研究海湾地区合作的具体内容,因此下文

---

① 所谓的非兼容性指经阐明的、不相容的对立。参见:Nils Petter Gleditsch, Peter Wallensteen et al, "UCDP/PRIO Armed Conflict Dataset Codebook", Version 4 - 2009, https://ucdp.uu.se/downloads/replication_data/2009_c_666956-l_1-k_codebook_ucdp_prio_armed_conflict_dataset_v4_2009.pdf, pp.1, 2.

② [瑞典]彼得·瓦伦斯滕主编:《和平研究:理论与实践》,刘毅译,北京大学出版社2014年版,第119页。

③ [法]夏尔·菲利普·戴维:《安全与战略:战争与和平的现时代解决方案(第二版)》,王忠菊译,社会科学文献出版社2011年版,第116页。

④ Stockholm International Peace Research Institute, *SIPRI Yearbook* 2008, New York: Oxford University Press, p.73.

将结合图 2.1 "国际冲突的谱系图" 对海湾地区和中东地区的地区冲突进行梳理：根据国际冲突发展由高到低的顺序，先从最引人关注的武装冲突和重大武装冲突开始，再分析海湾国家间存在的一般冲突，以及海湾 8 国间存在的差异和分歧。这一节对海湾地区冲突的简略梳理，是在承认该地区存在各种形式的冲突的前提下分析相关合作。

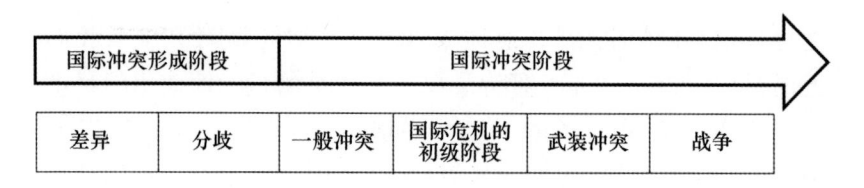

国际冲突形成阶段	国际冲突阶段			
差异	分歧	一般冲突	国际危机的初级阶段	武装冲突	战争

图 2.1 国际冲突谱系图

资料来源：蒲宁、陈晓东：《国际冲突研究》，时事出版社 2007 年版，第 10 页。

索尔利等学者把中东地区称为冲突缠身的地区，这也是很多学者对中东地区的固有印象。但如图 2.2 所示，在 1960—2003 年，全世界所有国家发生了共计 162 场军事冲突，其中有 22 场发生在中东地区，虽然这一数字略高于美洲地区（21 场），欧洲和高加索地区（24 场）的同期水平，但要显著低于亚洲地区（39 场）和撒哈拉以南的非洲（56 场）的冲突数量。[1] 仅从武装冲突数量来看，中东地区并不是世界上冲突发生最多的地区。但中东地区爆发的冲突，例如 1980—1988 年的两伊战争，1991 年的海湾战争，2003 年的伊拉克战争等，其冲突中心都在萨达姆·侯赛因治下的伊拉克，并深刻地影响了海湾地区、中东地区的地区局势，也对整个国际社会造成了严重冲击。

冷战结束后，大多数地区的武装冲突都处于总体下降的趋势，如图 2.2 所示，除了非洲地区在 1996—1998 年出现了较大幅度的重大

---

[1] Stockholm International Peace Research Institute, *SIPRI Yearbook* 2008, New York: Oxford University Press, pp. 145, 146.

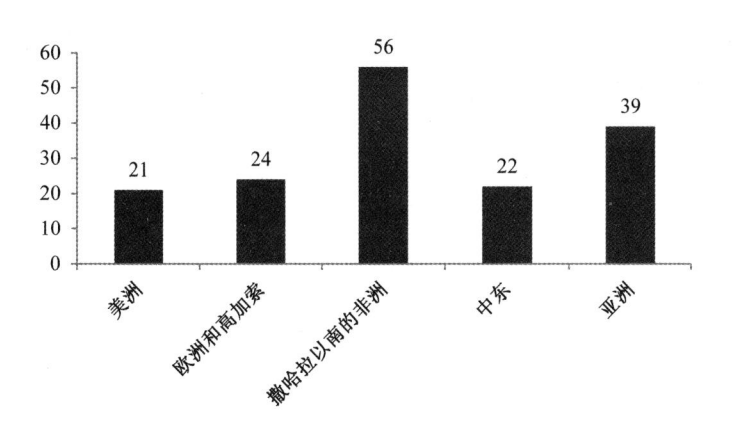

图 2.2　1960—2003 年重大武装冲突的地区分布

资料来源：作者自制，数据来自 Mirjam E. Sørlie et al. , "Why Is There So Much Conflict in the Middle East?", p. 144.

武装冲突数量上升，仅 1998 年和 1999 年，非洲就有 11 场重大武装冲突，其中只有埃塞俄比亚—厄尔特里亚边境战争是国家间战争。2002 年，在伊拉克战争爆发前一年，中东地区的重大武装冲突已经下降到只有 2 场，达到了历史最低水平，其中包括从 1919 年开始的伊拉克政府和伊拉克库尔德人间的冲突。[①]

虽然中东地区重大武装冲突的数量要少于非洲和亚洲，但该地区的冲突烈度较强和持续时间较长，并造成了地区局势、国际安全形势的动荡。例如，从 1948 年持续至今的巴以冲突是战后持续时间最长的冲突之一；两伊战争被认为是最血腥的国家间战争之一；1991 年的海湾战争和 2003 年伊拉克战争是国际参与者最多的战争，而阿富汗、高加索地区，苏丹和非洲之角等中东地区的周边地区和国家也冲突频发。[②] 从 2012 年开始，除了现在正占据国际热点的叙利亚内战和也门内战之外，中东地区还因为其在世界地缘政治和世界能源市场中

[①] Stockholm International Peace Research Institute, *SIPRI Yearbook* 2008, New York: Oxford University Press, pp. 145, 146.

[②] Mirjam E. Sørli, Nils Petter Gleditsch and Håvard Strand, "Why Is There So Much Conflict in the Middle East?", *The Journal of Conflict Resolution*, Vol. 49, No. 1, February 2005, p. 142.

具有极其重要的地位,该地区的冲突在全球化的背景下获得了比亚洲和撒哈拉以南的非洲更多的关注,使其被解读为"最易发冲突的地区"(most conflict prone region)。[1]

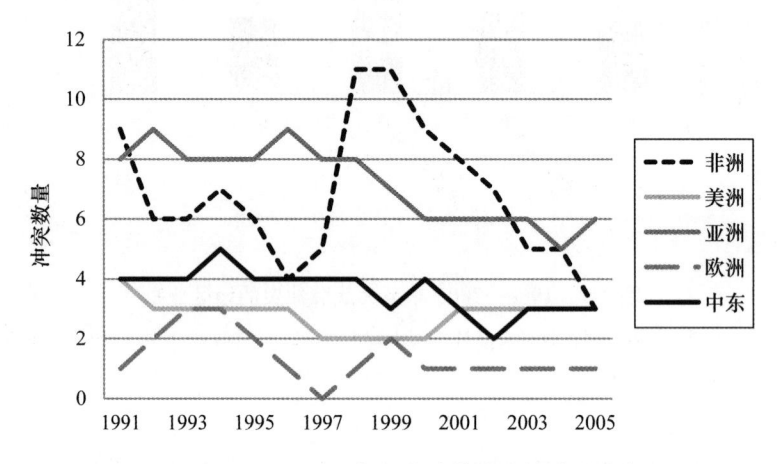

图 2.3　1991—2005 年重大武装冲突的地区分布

资料来源:作者自制,数据来自 Lotta Harbom and Peter Wallensteen, "Appendix 2A. Patterns of Major Armed Conflicts, 1990–2005", in *SIPRI Yearbook* 2006, p. 110.

冲突尤其是大规模武装冲突一定会带来巨大的人员伤亡和物资损失,但战争的结束会在一定程度上缓解交战方的紧张局势。例如,两伊战争给伊朗和伊拉克造成了至少 110 多万人伤亡,数以万计人员失踪,300 多万难民无家可归,直接经济损失达 9000 亿美元;其中伊朗阵亡约 30 万人,受伤约 50 万人,约 1 万人被俘,直接经济损失达到 6000 亿美元。[2] 伊朗和伊拉克最终在 1988 年停火。1990 年 8 月 15 日,伊拉克接受了伊朗提出的关于解决两国冲突的决议,并在 8 月 16 日正式签署了两国间正式的和平协议。[3] 虽然外界普遍认为两伊战争

---

[1] Mirjam E. Sørli, Nils Petter Gleditsch and Håvard Strand, "Why Is There So Much Conflict in the Middle East?", *The Journal of Conflict Resolution*, Vol. 49, No. 1, February 2005, p. 142.

[2] 刘强:《伊朗国际战略地位论:一种全球多视角的解析》,世界知识出版社 2007 年版,第 57 页。

[3] David Lea and Annamiaric Rowe eds., *A Political Chronology of the Middle East*, London: Europa Publications, 2001, p. 80.

加剧了伊朗被海湾阿拉伯国家孤立的形势,但阿斯卡里·侯赛因等学者提出:这场战争可以被视为海湾地区长达13个多世纪的教派冲突开始趋于缓和的重要转折点。① 但随着21世纪初叙利亚战争和也门内战的爆发,以及沙特、伊朗、阿联酋等海湾国家卷入这两场战争,海湾国家卷入的冲突数量又一次上升。例如,根据斯德哥尔摩和平研究所的数据:2019年,全球共有32个国家爆发了活跃武装冲突,各地区冲突数量为:美洲(2);亚洲和大洋洲(7);欧洲(1);中东地区(7);撒哈拉以南非洲(15)。② 2019年,发生在中东地区的7场活跃武装冲突,除了在伊拉克发生的国际化内战外,叙利亚和也门的重大国际化内战都与海湾国家的介入直接相关。此外,伊朗和美国及其海湾盟国间的紧张关系一度被认为可能升级为更严重的国家间军事冲突。例如,斯德哥尔摩和平研究所认为2019年风险最高的国家间博弈发生在伊朗及其在伊拉克、黎巴嫩、叙利亚和也门的盟友,与美国、以色列、沙特和阿联酋所谓"四国特设小组"之间。③

具体到危机产生阶段的一般冲突方面,阿斯卡里·侯赛因总结了海湾地区的冲突:宗教、世俗、种族和部落长期不和;围绕边境以及水、天然气等其他自然资源的争夺;国内政治、社会、经济剥夺和歧视,经济不平等,沉重的军费开支;外国干涉;对过去冲突的复仇等。他认为海湾地区的很多争端是多层面、相互联系的,而且冲突持续时间长,例如有的冲突可以追溯回一千多年前,部分冲突开始于几个世纪或数十年以前。④

具体到海湾地区的8个国家,除去领土冲突外,表2.1根据海湾

---

① Askari Hossein, *Conflicts in the Persian Gulf: Origins and Evolution*, New York: Palgrave and Macmillan, 2013, pp. 35 – 36, 71.

② 斯德哥尔摩国际和平研究所(SIPRI):《SIPRI年鉴2020:军备、裁军和国际安全》,纽约:牛津大学出版社,第21、107页。

③ 其他几场冲突分别是:埃及(高强度、次国家级武装冲突)、以色列(低强度、跨国武装冲突)、利比亚(国际内战)、土耳其(低强度、跨国及次国家级武装冲突)。参见斯德哥尔摩国际和平研究所(SIPRI):《SIPRI年鉴2020:军备、裁军和国际安全》,纽约:牛津大学出版社,第77、110页。

④ Askari Hossein, *Conflicts in the Persian Gulf: Origins and Evolution*, New York: Palgrave and Macmillan, 2013, xv.

地区的教派冲突、种族冲突、部落冲突、政治、经济社会冲突和外交冲突的类型，具体列出了各个国家所卷入的相应冲突。例如，8个海湾国家都面临着不同程度的什叶派和逊尼派的教派冲突，而作为什叶派信仰中心的伊朗和逊尼派信仰中心的沙特，一直是中东地区教派冲突的最核心地带。

表2.1　　　　　　　　　海湾国家部分冲突

	教派冲突	民族冲突	部落冲突	政治、经济社会冲突	外部国家造成的冲突
巴林	什叶派—逊尼派教派冲突	巴林—伊朗争端	阿勒哈利法家族和阿勒萨尼家族	什叶派多数人口和逊尼派少数人口之争	美国
伊拉克	逊尼派—什叶派教派冲突	伊朗—伊拉克争端，伊拉克的库尔德问题	传统部落和城市居民之间	什叶派多数人口和逊尼派少数人口之争，安全、经济困境	美国、英国
伊朗	逊尼派—什叶派教派冲突	伊朗—海合会争端，伊朗的库尔德问题	波斯人、库尔德人、土耳其人、贝都因人	民族多样化、国内民主问题	英国、美国
科威特	—	科威特—伊朗争端	萨巴赫家族和阿勒沙特家族；贝都因人	妇女权利、宗教平等、政治改革	美国介入
卡塔尔	—	卡塔尔—伊朗争端	和巴尼塔米部落	—	美国的军事存在
阿曼	—	阿曼—伊朗争端	苏丹和伊玛目的国家权力之争	苏丹的权力集中，经济发展压力	英国、美国
沙特	什叶派—逊尼派教派冲突	沙特—伊朗争端	阿勒沙特和拉希德家族	性别平等、收入不公平	美国
阿联酋	—	阿联酋—伊朗争端	巴尼亚斯部落和夸瓦斯姆部落	收入平等，社会公正	美国

资料来源：作者自制，数据来自David Lea and Annamiaric Rowe eds., *A Political Chronology of the Middle East*, London: Europa Publications, 2001, pp. 1–30.

海湾地区的部落冲突主要指海合会6国的国王/酋长统治部落间的争夺，尤其是为了争夺国家权力进行的斗争，例如统治巴林的阿勒哈利法（Al-Khalifa）家族和卡塔尔的阿勒萨尼（Al-Thanis）家族间的历史矛盾，科威特的萨巴赫（Al-Sabbah）和沙特的阿勒沙特（Al-Saud）

家族间的矛盾，争夺阿曼统治权的苏丹和伊玛目之争；沙特的阿勒沙特和拉希德（Al-Rasheed）家族，阿联酋的巴尼亚斯（Bani Yas）部落和夸瓦斯姆（Qawasim）部落间存在的权力争夺等。上述部落冲突在二战结束后已经趋于缓和。而伊朗和伊拉克从第一次世界大战结束至今一直面临较为严峻的国内和跨国境的库尔德人问题。[①] 在政治与经济、社会冲突方面，除了卡塔尔的国内局势相对平稳外，其他7个海湾国家都面临不同程度的民族、经济和社会公平等问题。而对该地区内国家冲突造成影响最大的地区外行为体主要是美国和英国，尤其是前者。

如表2.1所示，伊朗和其他海湾阿拉伯国家之间的冲突因素可以被看作是冲突常量，即从利益和谐的角度来看，这些因素涉及地区内国家在过去十几个世纪长期形成的包括文化传统等在内的共有知识，在可预见的未来很难发生根本性的变化。美阿关系全国委员会主席约翰·杜克·安东尼认为，海合会国家在考虑与伊朗关系时，存在几个战略常量：伊朗是一个由波斯人组成的国家，不是阿拉伯国家（民族）；数百万伊朗人说的是波斯语而不是阿拉伯语（语言）。[②] 此外，伊朗和其阿拉伯邻国还存在着与水资源（航道）、油气资源争端相交织的领土争端。从1963年开始，伊朗和科威特围绕着位于伊朗海岸的哈尔克（Kharg）岛和法拉卡（Failaka）岛，以及位于两国海上边境的居鲁士天然气田（Soroosh）、多拉（Al-Dorra/Durra）天然气田展开了争夺，伊朗、科威特、沙特为此展开了多轮三边会谈，伊朗从2001年开始对争议天然气资源进行单独开发；科威特从2003年开始计划与沙特共同开发多拉天然气田，和沙特于2019年12月24日签署了一项合作开发

---

① 库尔德人是中东仅次于阿拉伯、土耳其、波斯的第四大民族，他们生活的区域被称为库尔德斯坦（Kurdistan），分布在土耳其、伊拉克、伊朗和叙利亚四个国家。库尔德人一直保持着自己强烈的民族特性，并一直试图跨越居住的不同国家的边界，建立一个独立的国家。第一次世纪大战后，随着英国、法国等地区外大国的介入，正式形成了所谓的"库尔德问题"（Kurds Issue）。参见汪波《中东库尔德问题研究》，时事出版社2014年版，第1、11—13页；唐志超：《中东库尔德民族问题透视》，社会科学文献出版社2013年版，第7、8页。

② John Duke Anthony, "Strategic dynamics of Iran-GCC Relations", in *Jean-François Seznec and Mimi Kirk eds.*, *Industrialization in the Gulf: A Socioeconomic Revolution*, Abingdon and New York: Routledge, 2011, p. 78.

油气田的谅解备忘录。① 阿联酋从 1971 年建国开始，就和伊朗围绕着阿布穆萨（Abu Musa）岛和大小通布岛（Greater and Lesser Tunbs）爆发了领土争端。迄今为止，除了阿布穆萨岛由两国共同控制之外，大、小通布岛都在伊朗的控制之下，这一争端还没有得到解决。而伊朗和伊拉克间的领土争端包括可以追溯回 1800 年的阿拉伯河（Shatt al-Arab）航道及其附近区域的争端，以及涉及 130 米的边境地带争端。关于阿拉伯河航道的争夺曾是两伊战争爆发的导火索之一，也导致了伊朗和其阿拉伯邻国间就领土问题爆发的唯一一次武装冲突。②

海湾国家间为了安全、权力或其他目标产生了各种差异、分歧，甚至爆发了不同形式的争夺、军备竞赛甚至重大武装冲突。但与此同时，即使是被认为是处于"敌对"的海湾国家间也进行了利益协调、军备控制、甚至妥协。例如，1975 年，伊朗和伊拉克在激烈争夺地区领导权，并于 1969 年因为伊拉克袭击阿拉伯河水道上的伊朗渔船而爆发直接军事对峙的情况下，萨达姆政府和伊朗巴列维王朝签订了建立友好关系的《阿尔及尔协议》（Algiers Accord）。两国在协议中宣布"彻底消除了两个兄弟国家间的冲突"，宣布两国关于阿拉伯河的划界根据航道的最深谷底线（Thalweg Line）来划定，两国还同意结束所谓"颠覆分子的渗透"。③ 在 21 世纪初期，即使是在沙特与伊朗争夺地区主导权的情况下，沙特也从未单独或以海合会的名义和伊朗进行正面军事冲突，只要存在巧妙处理或反击伊朗的可能，海合会国家领导人就会避免正面对抗伊朗。而在海合会内部，卡塔尔保持着和伊朗的密切联系；阿曼更一直保持着和伊朗的密切外交、经济和军事联系，并在 21 世纪初进一步发展了包括联合军事演习和石油、天然气贸易在内的合作；海湾战争结束后，科威特与伊朗的关系稳步提

---

① "Saudi Arabia, Kuwait Call on Iran to Hold Talks on Energy-rich Offshore Area", Al Arabiya News, April 13, 2022, https://english.alarabiya.net/business/energy/2022/04/13/Saudi-Arabia-Kuwait-call-on-Iran-to-hold-talks-on-energy-rich-offshore-area.

② David Lea and Annamiaric Rowe eds., *A Political Chronology of the Middle East*, London: Europa Publications, 2001, pp. 25, 26.

③ Ali Akbar Dareini, *The Rise and Fall of the Pahlavi Dynasty: Memoirs of Former General Hussein Fardust*, Delhi, India: Molital Banarsidass Publishers, 1999, pp. 365–366.

升,并已经签署相关政治、贸易协议。

与其把海湾地区单纯地理解为"冲突缠身"的,或者基于历史认定伊朗和海湾阿拉伯国家的冲突是"不可解决"的,[①] 不如同时关注该地区与冲突相伴的地区合作意愿和现实。因为在海合会的内部合作不断深化的同时,不管是海合会内部,还是伊朗、伊拉克与海合会,都面临着非合作成本增加的问题,因此该地区内的国家具有减少冲突、增加合作的动机。再加上冷战后该地区内国家间不断提高沟通水平,虽然至今还不能完全消除国家间的误解,但使国家之间更容易理解对方的行动。这样不断提高的沟通水平,不但突出地体现在海合会成员国内部,还表现在2003年后,后侯赛因时代的伊拉克与伊朗之间不断提升的双边关系,以及已经启动自贸区谈判的伊朗和海合会等。国际关系领域上对国际合作的讨论主要集中在20世纪八九十年代。21世纪以来,国际关系学界主要关注像气候治理、反恐等具体领域的合作问题。[②] 但令人遗憾的是,关于海湾地区内部国家间的合作,仍局限于海合会的相关研究,该议题甚至还没有完成从更一般意义到具体领域的合作研究框架建构。

第二节 海湾地区合作的分析层次

二战结束后,层次分析(level analysis)[③] 在国际关系学兴起。肯尼思·华尔兹在其1959年出版的《人、国家和战争》中提出分析层次的选择。他认为国际政治研究中存在着"人性是战争的根源","国家的内部结构决定其外部行为"和"战争的根源在于无政府状态

---

① Faisal bin Salman al-Saud, *Iran, Saudi Arabia and the Gulf: Power Politics in Transition 1968–1971*, London and New York: I. B. Tauris, 2003, p. 78.
② 孙杰:《不对称合作:理解国际关系的一个视角》,《世界经济与政治》2015年第9期。
③ 文中与"层次分析"相关的术语和管理学中的"层次分析法"(Analytic Hierarchy Process)都是由美国运筹学家托马斯·塞蒂(Thomas L. Saaty)在20世纪70年代提出的,将数学工具运用到决策中的思维方法。参见许树伯《实用决策方法——层次分析法原理》,天津大学出版社1988年版,第2页。

的国际环境中,每个国家都必须竭尽全力保护自己"这三个基本概念;也存在三个层次,即国际体系层次、国家层次和个人层次。华尔兹从分析国际战争发生的根源开始,进一步强化了国际社会"无政府状态"的基本命题,也使层次分析逐渐成为国际关系的最重要研究视角之一,1960年,戴维·辛格在《国际关系的层析分析问题》中,详细阐述并发展了国际体系(华尔兹所说的国家系统)和民族国家子系统的理论内涵和重要性;而华尔兹又在1979年出版的《国际政治理论》中发展了"三概念"说,进一步提出了比较完整的分析国际关系体系的理论和方法。[①]

虽然层次分析法已成为国际关系学的重要研究方法之一,但不同学者对这一方法涉及的实质性内容和应该分为几个层次有不同的观点。例如,阿诺德·沃尔弗斯(Arnold Wolfers)提出两个层次;而罗伯特·杰维斯在研究决策者的知觉(perceotion)与错误知觉(misperception)时,区分了为决策层次、政府机构层次、国家性质和国内政治运作层次以及国际环境层次这四个层次。[②]詹姆斯·罗斯诺(James Rosenau)区分了个人、角色、政府、社会、国际系统五个层次,这一研究影响了布鲁斯·拉西特(Bruce Russett)和哈维·斯塔尔(Harvey Starr)提出他们从宏观到微观的6个分析层次:世界系统、国际关系、国内社会、国家政府、决策者角色和决策者个人。上述研究都假定某一个层次或某几个层次上的因素会导致某种国际事件或国际行为。上述不同分析层次划分的共同点是利用层次分析法来辨明变量,并在两个或两个以上变量间建立起可供验证的关系假设。在这种假设关系中,层次因素是自变量(原因);而所要解释的某一行

[①] [美]肯尼思·N.华尔兹:《人、国家和战争》,倪世雄等译,上海译文出版社1991年版;[美]肯尼思·华尔兹:《国际政治理论》,信强译,上海人民出版社2008年版;David J. Singer, "The Level-of-Analysis Problem in International Relations", *World Politics*, Vol. 14, No. 1, October 1961, pp. 77–92;秦亚青:《权力·制度·文化 国际关系理论与方法研究文集》,北京大学出版社2005年版,第15页。

[②] [美]罗伯特·杰维斯:《国际政治中的知觉与错误知觉》,秦亚青译,世界知识出版社2003年版,第4页。

为或国际事件是因变量（结果）。①

一 为什么要选择地区分析层次

冷战结束后，原本笼罩在美国、苏联两个超级大国及其阵营主导的国际体系中的地区被"重新发现"。这种对地区层次的重新重视最突出地体现在国际安全领域。整个 20 世纪，各个主权国家都首先将邻国看作是其潜在威胁来源或者保护者。在国家安全领域，各国都紧盯自己的邻国，并寻求确立关于各自所在地区内国家应如何行事的准则与规范。二战结束后，成功的多边安全安排大都是在地区层次上达成的，而且地区的多边安全安排不同于全球层次和其他层次。因此，地区成为战后考察有关维持国际秩序的各种问题最合适的分析层次。②而且除了冷战时期的世界绝大多数地区被两个超级大国的势力所覆盖外，从 1506 年的地理大发现开启殖民全球化时代至今，本身具有全球利益、能够保持全球军事存在的大国数量稀少；而能摆脱地理束缚实现海洋、陆地两极对抗或合作的案例也非常罕见，大多数国家的冲突或联合，或者其发生空间不是全球范围的，或者其影响力不是全球性的。③

大卫·莱克和帕特里克·摩根指出存在国内、地区和国际地区三个分析层次，他们认为在冷战结束后，地区层次在国家间冲突与合作轨迹上更清楚，地区层次也成为学者探索当前安全事务的分析层次。首先，地区在冷战后的国际政治中有了更显著的特征。地区外大国越来越缺乏能力和意愿干涉特定地区的内部事务，更少以支持冲突一方的方式来实施干涉；第二，冷战的结束给地区合作创造了更多的可能性。地区内国家开始迎接自己管理地区间冲突与合作关系的挑战，虽然这种新的可能性也可能导向冲突，但实践见证了越来越多的地区合

---

① 秦亚青：《层次分析法与国际关系研究》，《欧洲》1998 年第 3 期。
② ［澳］克雷格·A. 斯奈德等：《当代安全与战略》，徐纬地等译，吉林人民出版社 2001 年版，第 126 页。
③ 于海洋：《地区概念的引入与地缘政治学的中观层次研究的加强》，《学术论坛》2012 年第 3 期。

作。第三，地区不是和"大"国际体系行为相通的简单的"小"国际体系。①巴里·布赞明确提出需要区分地区层次和全球层次之间的界线。他认为自从去殖民化以来，地区层次的安全在国际政治中已经变得更为独立自主，也更令人瞩目，冷战的结束更大大加速了这一进程；地区层次在国际安全结构中的重要性在日益上升，地区层次即使不是主导的，也是重要的。②

在为什么选择地区层次研究海湾国家间的合作这一问题上，本书的基本观点是：全球层次对理解海湾地区及其地区内国家的政治、经济、安全等合作而言太"大"；不从海湾国家所在的地区环境来考查，就无法厘清某个或数个海湾国家间的互动关系。之所以说全球层次对理解海湾地区及其地区内国家的政治、经济、安全等合作而言太"大"，是因为虽然海湾地区在世界能源市场中具有重要的地位，同时也被称为是世界上最具战略价值的发展中地区之一，但这并不意味着该地区内国家获得了与上述重要地位匹配的国际影响力，甚至该地区在被研究和讨论的同时，常被误解和被冠以各种带偏见的称号。③海湾国家，甚至除中国、印度以外的其他发展中国家在全球经济、政治中的影响力都是一个很具争议的问题。因此，本书选取21世纪初期，发展中国家在全球经济治理中有了更高的参与度的同时，海湾国家与中国、印度等新兴经济体在这一议题上逐渐拉开的距离来验证全球层次对海湾国家而言太"大"的假设。

2007年，中国、印度、巴西、南非、墨西哥作为新兴国家的代表，受邀参加了当年的八国集团峰会，这次峰会上提出的海利根达姆进程（Heiligendamm process）倡议，当时被认为标志着世界上工业化

---

① David A. Lake and Patrick M. Morgan eds., *Regional Orders: Building Security in a New World*, University Park: Pennsylvania State University Press, 1997, pp. 6, 7.
② ［英］巴里·布赞、［丹］奥利·维夫：《地区安全复合体与国际安全结构》，潘忠岐、孙霞等译，上海人民出版社2010年版，第3、10、27页。
③ Louise Fawcett eds., *International Relations of the Middle East* (Third edition), Oxford: Oxford University Press, 2013, p. 1.

程度最高的国家和主要新兴国家关系的未来架构。① 此后，发展中国家在一系列相互关联的全球经济治理中重申改革主张，并取得了阶段性进展：2009年6月，在被认为是"里程碑式进展"的世界金融和经济危机及其对发展的影响问题会议（United Nations Conference on the World Financial and Economic Crisis and Its Impact on Development）及其成果文件中，发展中国家提出了集体改革要求。② 这些改革主张，再加上2010年11月5日，国际货币基金组织（下文简称货币基金组织）执行董事会通过的份额与投票权改革协议，使得发展中国家在全球经济治理中的重大事项决策上有了更大的影响力。③ 在这轮被认为是货币基金组织成立65年的一次最根本性治理改革中，除了中国在国际货币基金组织中的份额从之前3.72%升到6.39%，成为IMF第三大股东国外；中国、俄罗斯、巴西、印度也在基金组织10个最大股东之列。④ 这次改革后，发展中国家在货币基金组织中的份额将达到42.4%，投票权将达到44.8%，这些数字将接近2010年发展中国家分别在世界商品贸易总额和世界经济总产出份额中所占的47%和45%的比例。⑤

在发展中国家整体地位提升，以及中国、印度、巴西等新兴经济体影响力不断扩大的同时，海湾国家与这些国家的差距也不容忽视。

---

① ［加拿大］安德鲁·F.库珀、［波兰］阿加塔·安特科维茨主编：《全球治理中的新兴国家：来自海利根达姆进程的经验》，史明涛、马骏等译，上海人民出版社2009年版，第5页。
② 联合国大会：《世界金融和经济危机及其对发展的影响问题会议成果》，GA-A/63/303，http：//www.un.org/ga/search/view_doc.asp?symbol=A/RES/63/303&referer=http：//www.un.org/ga/econcrisissummit/&Lang=C，2009年7月13日。
③ 谢世清：《国际货币基金组织份额与投票权改革》，《国际经济评论》2011年第2期。
④ 国际货币基金组织对外关系部：《基金组织2008年的份额和发言权改革生效》，新闻发布稿第11/64号，https：//www.imf.org/-/media/Websites/IMF/Imported/external/chinese/np/sec/pr/2011/pr1164cpdf.ashx，2011年3月3日。
⑤ International Monetary Fund, "Quota Formula Review—Data Update and Issues", August 17, 2011, http：//www.imf.org/external/np/pp/eng/2011/081711.pdf, p.9；联合国计划开发署：《2013年人类发展报告》，https：//hdr.undp.org/sites/default/files/hdr_2013_ch.pdf，第44页。

被二十国集团（下文简称 G20）排除在外的伊朗，和古巴、朝鲜、委内瑞拉等国家都公开质疑 G20 的合法性，并要求在联合国大会的框架内进行全球经济治理的讨论。[①] 克里斯蒂安·科兹·乌瑞森等研究海湾地区的学者认为海合会国家是 21 世纪全球秩序转变中的关键行为体，[②] 但在 2011 年 3 月 3 日正式生效的，货币基金组织 2008 年的份额和发言权改革中，沙特的份额从之前的 2.93% 下降到了 2.08%，成为减幅最大的国家，沙特的份额排名也从第 8 位降到了第 12 位。[③] 而蒂莫西·肖（Timothy M. Shaw）等学者提出：沙特虽然拥有经济实力，但不具备中国、印度等新兴国家所拥有的地缘和功能上的外交能力；而印度尼西亚作为世界上最大的伊斯兰国家和 2030 年的世界第 6 大经济体，更应该发挥伊斯兰大国的重要作用。[④]

跟历史上的程序类似，正在进行中的全球经济治理的根本性结构变革的利益份额分配是不公平的。[⑤] 与新兴经济体在当前全球秩序转变当中公认的影响力相比，海湾国家在其中的角色和作用还存在争议。1974—1975 年，沙特和科威特作为主要支持者，促成了国际货币基金组织为面临国际收支平衡问题的石油进口国提供最小条件的贷款；1977 年，沙特帮助建立了补充贷款（Supplementary Financing Facility）；而 1981 年，世界贸易组织（下文简称世贸组织）向沙特货

[①] Thierry Soret, "Governance Arrangements for Global Economic Challenges: Where Do we Stand? A Political Science Perspective", Office of Development Studies United Nations Development Programme, November 2009, https://www.undp.org/content/dam/undp/library/corporate/Development%20Studies/global_governance_context_nov2009.pdf, pp. 7, 8.

[②] Kristian Coates Ulrichsen, "South-South Cooperation and the Changing Role of the Gulf States", *Austral: Brazilian Journal of Strategy & International Relations*, Vol. 1, No. 1, April 2012, p. 104.

[③] Lynge Nielsen, "Classifications of Countries Based on Their Level of Development: How it is Done and How it Could be Done", IMF Working Paper, WP/11/31, 2011, https://www.imf.org/external/pubs/ft/wp/2011/wp1131.pdf, p. 12.

[④] ［加拿大］安德鲁·F. 库珀、［波兰］阿加塔·安特科维茨主编：《全球治理中的新兴国家：来自海利根达姆进程的经验》，史明涛、马骏等译，上海人民出版社 2009 年版，第 38、42 页。

[⑤] ［加拿大］安德鲁·F. 库珀、［波兰］阿加塔·安特科维茨主编：《全球治理中的新兴国家：来自海利根达姆进程的经验》，史明涛、马骏等译，上海人民出版社 2009 年版，第 2 页。

币管理局（Saudi Arabian Monetary Agency）提取了 80 亿美元的特别提款权（special drawing rights），用于资助补充贷款，为面临长期收支平衡问题的国家提供更多的融资途径。① 但海湾阿拉伯国家的这些贡献很少被提及，更没有转换成为直接的国际影响力。因此当时任英国首相戈登·布朗在 2008 年 G20 峰会召开之前访问沙特、阿联酋等海合会国家，试图促成这些国家加大向货币基金组织的注资时，② 阿联酋官员表示如果不获得与其额外注资相匹配的更多发言权，将不会考虑加大注资；沙特在 G20 峰会上也表示不会继续加大注资，并提出沙特首先要关注自己所在的地区，并继续在石油消费国和石油生产国间起到关键的平衡性作用。③

具体到研究海湾地区合作的议题上，按照新现实主义、自由制度主义和建构主义等重视体系层次的国际关系理论，很容易指出该地区的地区合作的明显缺陷，从而极大地忽视了该地区正在进行中的合作现实。④ 在运用新现实主义和实用主义的视角来研究海湾地区合作时，学者们主要关注该地区存在的安全困境，认为已有的地区合作组织不但没能提供集体安全，也没有显著提高地区内的经济一体化水平。不同的国际理论对于海湾地区合作水平较低的原因解释也各不相同，新现实主义和依附理论倾向于关注地区内国家和国际行为体间巨大的权力不平衡（huge power asymmetries），认为正是这种不平衡使得各主权国家在地区内追求各自的国家利益。因此，内部分裂、冲突和缺乏地区性机制建设都可以被看作是外部超级大国干涉，与美国和欧盟的不对称的经济合作，以及均势政治的结果。这样的观点实际上否认了海

---

① Bessma Momani, "The Oil-Producing Gulf States, the IMF and the International Financial Crisis", *World Economics*, Vol. 10, No, 1, January-March 2009, p. 14.
② "Financial Crisis: Gordon Brown says Gulf States will Help Struggling Economies", *The Telegraph*, November 2, 2008, https://www.telegraph.co.uk/finance/recession/3365897/Financial-crisis-Gordon-Brown-says-Gulf-States-will-help-struggling-economies.html.
③ 喻珍：《海湾国家参与全球经济治理》，《复旦国际关系评论》2016 年第 1 期。
④ Cilja Harders and Matteo Legrenzi eds., *Beyond Regionalism? Regional Cooperation, Regionalism and Regionalization in the Middle East*, Aldershot: Ashgate Publishing Limited, 2008, p. 107.

湾国家在海湾地区事务中具有主导地位。自由制度主义者和建构主义学者则更多地关注地区和国内自治。他们认为在中东地区，国家利益比合作利益更重要，有限的地区改革取向、弱机制化的地区合作传统是低水平的地区合作的主要原因。① 上述理论都指出了海湾地区合作存在的很多问题，但它们无法解释为什么即使现在海湾地区的很多合作进展在没能完成预设的合作目标的情况下，该地区的地区合作还是在充满活力地持续发展。而且，海湾地区的合作架构为地区内国家提供了正式和非正式的信息交流论坛，促使各国更多地以集体的方式解决问题，并加强了地区内信任和合作。海合会作为海湾地区唯一的机制化合作组织，一方面在创立之初就借鉴了当时欧共体的组织架构，组织架构也比较清晰；另一方面在制度化议程的推进和制度化协调方面又遵循阿拉伯国家政治协商的传统，即通过占据主导型地位的大国来推动议程，在遇到分歧时通过领导人间的友谊来斡旋、化解，用阿拉伯对话传统来替代真正的主权让渡。新现实主义、自由制度主义和建构主义等主流理论在理解、阐释和预测海湾地区合作上显得力不从心。

因此，从海湾国家在全球政治、经济中与新兴经济体正在拉开的距离，以及关注体系层次的国际关系理论对海湾地区合作的有限解释力来看，选择地区层次及其相关理论来研究海湾地区合作是较合理的。

二 相关概念

与地区合作相关的主要概念首先包括：地区，地区主义，一体化等，上述概念都不是国际关系研究中所独有的，但对这些概念的界定是国际关系学科发展出地区主义理论的研究基础。研究者们对这些概

---

① Ali Çarkoğlu, Mine Eder and Kemal Kirişci, *The Political Economy of Regional Cooperation in the Middle East*, London and New York: Routledge, 1998, p. 51; J. W. Wright and Laura Drake eds., *Economic and Political Impediments to Middle East Peace: Critical Questions and Alternative Scenarios*, Basingstoke, Hampshire, London and New York: Palgrave Macmillan, 2000, pp. 79 – 83.

念的界定也决定了他们构建各自的地区主义理论的基础。

(一) 地区

地区 (region) 首先是指一个特定的地理单元 (geographic unit)。所谓地理单位是指区别于邻近地区或其他地区的，在自然条件方面具有某些同质性特点的地理区域，或是作为一个政府或行政单位的区域。① 由于对地区的界定不同，不同学科对地区的定义和判断也不尽相同。政治学中的地区一般限于民族国家内部。例如，随着长江经济带发展（2014年）、京津冀协同发展（2015年）、粤港澳大湾区建设（2017年）和长江三角洲区域一体化（2018年）上升为中国国家战略，这些中国的国内地区一体化或和"一带一路"倡议一起完善中国改革开放的空间布局。② 而国际关系学研究的地区则一般指跨境地区，即包含了两个或两个以上由共同地形或地理上的天然联系而联合在一起的主权国家。在国际关系学研究中，特定地区的范围会根据不同的划分标准，尤其是与研究对象和议题挂钩的划分标准而扩大或缩小。例如，即使海湾地区这样和其他地区间有着明确地理屏障的次地区，还有可能根据研究和决策议题的拓展而涵括也门；海湾地区所在的中东更是一个划分标准多样的地区。根据研究对象和议题划分的需要，以及不同国际组织或国家对于中东地区国际关系的认识差异，中东地区所涵盖的地理范畴存在很大差异：狭义的中东地区仅包括海湾地区8国，埃及、土耳其、以色列等18个国家；而广义的中东地区还涵括了位于北非的利比亚、突尼斯、阿尔及利亚、摩洛哥，以及位于东非的苏丹和位于西非的毛里塔尼亚这6国，共计24国，这一定义更接近于世界银行等权威国际组织界定的中东北非 (Middle East and North Africa) 地区。在具体的研究中，中东涵括的地理范围在具

---

① U. S. Bureau of the Census, *Geographic Base File System—Establishing a Continuing Program*, Report GE60, No. 4, Washington, D. C.: Bureau of the Census, 1973, p. 57.

② 中华人民共和国发展和改革委员会：《中共中央 国务院印发〈长江三角洲区域一体化发展规划纲要〉》，https://www.ndrc.gov.cn/xwdt/ztzl/cjsjyth1/ghzc/202007/t20200728_1234708.html，2020年7月28日。

体研究中还可能会扩大和缩小。① 例如，世界贸易组织界定的中东地区主要是西亚 13 国：海湾 8 国、也门，再加上以色列、约旦、黎巴嫩、叙利亚和也门；而世界银行和国际货币基金组织界定的中东北非地区，是在前一界定的基础上加上位于北非地区的埃及、阿尔及利亚、摩洛哥、利比亚和突尼斯；以及位于东非的吉布提和欧洲的马耳他，再加上西岸和加沙（即巴勒斯坦）。在部分研究中，巴基斯坦和阿富汗这两个南亚国家也被涵括进"大中东地区"。本书所指的"中东地区"是采用了世界银行的界定标准。②

路易斯·坎托里和史蒂文·斯皮格尔在他们1970年的著作《国际政治中的地区》一书中建立了一个比较地区国际政治的分析框架。他们把地区定义为国际体系的次系统，是介于主权国家和主导系统（dominant system）之间的中间单元。在当时的冷战背景下，他们认为地区内存在的跨国关系不只像一些政治家或学者所认为的，只用于地区内国家两极对抗中提升和外部的有利位置，而是地区成员国自己接受的单元。③ 埃托里和斯皮格尔在致力于发现所有地区的共同特征的同时，又根据地理、历史社会背景和政治经济关系等把五大洲非均等地分为了 15 个有着明显区别的次区域，其中他们所指的中东地区主要是西亚国家加上阿富汗。④ 虽然这一划分方法因为后续各地区政治、经济形势的发展、变化，没有在后来的地区研究中得到完全沿用，但这一研究中运用的比较政治、地区研究以及各社会科学交叉的研究方法影响了后续的研究。这本书中的一些核心观点后续成为学界共识，

---

① 王联：《中东政治与社会》，北京大学出版社 2009 年版，第 4—5 页。

② The World Trade Organization, "International Trade Statistics 2014", http://www.imf.org/external/pubs/ft/reo/2015/mcd/eng/pdf/mreo0515.pdf, p.151.

③ Louis. J. Cantori and Steven. L. Spiegal, *The International Politics of Regions: A Comprehensive Approach*, Eaglewood Cliffs: N. J. Prentice-Hill, 1970, preface ix, x.

④ 埃托里和斯皮格尔把亚洲地区分为中东、东亚、东南亚和南亚四个次区域；把欧洲分为西欧、东欧和苏联三个次区域；把美洲分为北美和拉丁美洲；把非洲分为北非、西非、南非、中非和东非五个次区域；再加上澳大利亚和新西兰所在的西南太平洋次区域。其具体分类标准和各次区域地区结构分析参见：Louis. J. Cantori and Steven. L. Spiegal, *The International Politics of Regions: A Comprehensive Approach*, Eaglewood Cliffs: N. J. Prentice-Hill, 1970, pp. 7 – 40.

第二章 海湾地区合作的整体研究

例如，国家的国内政治不能完全解释国家发展的周边环境；如果国际政治学只关注超级大国间关系的话，就不能完全解释地区国际政治等。

从1963年发表东非经济一体化的论文开始，约瑟夫·奈又分别在1968年发表了论文《比较地区一体化：概念和测量》，在1971年出版了论著《部分和平》等研究地区合作的重要文献。[1]奈在《比较地区一体化》一文中指出当时学术研究中存在一体化等术语含混不清的问题，以及由此引发的界定一体化实践的争议。他还运用欧洲、东非共同市场和中美洲共同市场等不同的具体地区合作案例，概括了地区一体化的三方面内容：经济地区一体化，即跨国经济的形成；社会一体化，即一个跨国社会的形成；政治一体化，即相互依赖的跨国政治的形成。奈还指出地区一体化的规模可能是共变的（covary），也可能在至关重要的方面产生偏离，但最可能发生的是三方面的地区一体化内容呈现此消彼长的发展态势。[2]奈在《部分和平》一书中对当时盛行的"地区组织的发展会促进世界秩序和平"的观点进行了归纳：冷战两极格局下，较弱小的国家以联合来抵制干涉和冲突；地区性组织将成员国纳入一个紧密的经济、社会和文化关系网络，控制甚至组织成员国间的冲突等。[3]奈的上述论著深刻地影响了后续的地区合作研究。

美国学者布鲁斯·拉希特（Bruce M. Russet）[4]被认为是国际关系与外交政策实证分析的研究先锋，他在1976年出版的著作《国际地区与国际体系》一书中对地区概念进行了系统分析，并提出了根据地区的内部属性、各国政府在世界性国家组织中的投票立场，国家间是否

---

[1] Joseph S. Nye, "East African Economic Integration", *Journal of Modern African Studies*, Vol. 1, No. 4, December 1963, pp. 475–502.

[2] Joseph S. Nye, "Comparative Regional Integration: Concept and Measurement," *International Organization*, Vol. 22, No. 4, January 1968, p. 858.

[3] Joseph S. Nye, *Peace in Parts: Integration and Conflict in Regional Organization*, Boston: Little Brown & CO, 1971. p. 26.

[4] 拉希特在方法论、数据收集和经济学在国际关系领域的应用方面，尤其是在理论、政策和道德伦理规范标准之间的分析关系领域都有开创性的著作。

有联系的政治网络、地缘因素等 5 种方式来划分地区。在拉希特提出的划分标准中，自然障碍、地理毗邻等自然地理因素，和经济交往、社会认同、相互依赖、行政管理的便利安排等主观性差异因素都可以作为地区的划分标准。此外，他还具体提出了 5 种明确的地区划分标准：（1）社会和文化相似的地区，即地区内国家在内部属性方面类似；（2）由政治观点和对外政策相似的国家构成的地区；（3）社会和文化相同的地区；（4）政治上相互依赖的地区；（5）经济上相互依存的地区和地理上毗邻的地区。① 拉希特提出的国际地区（international region）概念把国际关系中的地区与政治学、地理学中的"地区"区别开来。但值得注意的是，从 20 世纪 80 年代末开始，国家间相互依赖程度随着全球化的迅猛发展而不断加深，在实际的国家间互动中，这 5 个划分标准实际上相互交织，几乎不可能剥离，尤其是第四项——政治上相互依赖，这几乎可以用在任何国家间集团身上。

拉希特的系统论划分法和上文提到的路易斯·坎托里和斯蒂芬·斯皮格尔的地区划分方法也类似。比如，坎托里和斯皮格尔将地区当作是国际关系中的一个次系统（subordinate system）来归类，他们认为地区次系统"包括一个或两个的相互影响的国家，这些国家间拥有相同的种族、语言、文化、社会和历史的联系。而与次系统外其他国家的互动，以及次系统外国家的态度会加强次系统内部成员的共同身份认同感。"② 此外，他们在研究中引入了政治地区的核心部分（core sector）、边缘部分（peripheral sector）和介入性体系（intrusive sector）这三个概念，为后来的地区主义研究奠定了重要基础。③

威廉·汤普森在其 1994 年出版的《全球政治中的系统与地区：1950—1951 年外交、国际组织与贸易的实证研究》一书中总结了之

---

① Bruce M. Russet, *International Regions and the International System: A Study in Political Ecology*, Chicago: Rand McNally, 1976, p. 11.
② Louis. J. Cantori and Steven. L. Spiegal, *The International Politics of Regions: A Comprehensive Approach*, Eaglewood Cliffs: N. J. Prentice-Hill, 1970, pp. 6 – 7.
③ Louis. J. Cantori and Steven. L. Spiegal, *The International Politics of Regions: A Comprehensive Approach*, Eaglewood Cliffs: N. J. Prentice-Hill, 1970, pp. 7 – 13.

前的地区合作研究成果,并用行为主义研究方法进行了更繁复的研究。例如,汤普森给地区体系归纳了 21 种属性,提出传统地区概念中的地理相连不是地区次系统的必要条件,取而代之的是由国家精英的互动行为在地区构建中的决定性作用。他也总结了构成地区次系统的一系列必要条件,例如至少应该包括两个以上的行为体;行为体间的互动要达到一定的强度,并有一定的规律可循,使得特定部分的变化可以影响其他部分;而且地区次体系的独特性应该得到系统内外的承认等。[1] 汤普森的实证研究有一定借鉴意义,但后续很少有研究者再像汤普森一样去具体划分各地区次系统的 21 种属性。而约瑟夫·奈对地区的定义比汤普森的研究要简洁得多。奈也认可国际性地区的概念,这将国际关系的地区和政治学等其他学科的地区区别开来。奈认为,国际性地区是"由于存在地缘关系,以及一定程度的相互依赖而连接到一起的,一组有限数量的国家"。奈还特别指出,并不存在绝对的地区,所谓的地区地理边界是行为体在互动中根据不同目的而划分的,而且国家并不是划分地区的唯一决定者。[2]

地区的定义也可以以 20 世纪 80 年代中期的新地区主义作为分水岭,这一时间节点之前的地区的定义和研究主要集中在国家、国际体系这些较为传统的角度;而随着新地区主义的兴起,关于地区的定义则更多地运用了建构的研究视角,即认为地区不是天然给定的(given),而是行为体在互动中建构的;地理条件并不是构成地区的必然因素。[3] 这一定义和约瑟夫·奈认为地区构建的相对性的观点很相似,但随着和建构相关的认知(cognition)等术语的引入,则进一步完善了新地区主义的地区界定:成员拥有共同的空间并不是一个认知地区存在的必需条件,地区是可以通过非空间的互动来形成。比

---

[1] Tom Nierop, *System and Regions in Global Politics: An Empirical Study of Diplomacy, International Organization and Trade*, 1950–1951, New York: John Wiley and Sons, 1994, p.7, 13.

[2] Joseph S. Nye, *International Regionalism: Readings*, Boston: Little Brown & Co. 1968, vii.

[3] 卢光盛:《地区主义与东盟经济合作》,上海辞书出版社 2008 年版,第 3 页。

如，作为典型的认知地区的安全共同体（security community）不再强调地理上的毗邻，而强调各成员具有通过和平方式实现改变，通过非暴力方式解决争端的共同意愿。①

希拉·佩奇的研究则代表着20世纪末对地区的概念运用已经远超出传统的地理单位范畴。佩奇在《发展中国家间的地区主义》一书中总结了截至20世纪90年代末的地区国际关系的变化：欧洲、北美、东南亚等地区内贸易份额的迅速增长；全球正式地区组织的数量以前所未有的速度增长，其中包括新组织的产生和旧组织的复兴；出现了很多与世界贸易组织或关税贸易总协定平行的其他合作形式，如北美自由贸易区等地区贸易组织；虽然欧盟成员国在很多方面还是各自行动，但它已经被其他地区集团视为模板。佩奇认为国际体系伴随着国家和组织在一体化不同的阶段或程度的混合而更趋多元化。她将地区定义为国家组成的特定集团，具体指"一组已经创建了一个涵括广泛经济关系在内的法律合作框架的国家，其合作框架包含着合作将无限期持续的意图，以及对于该地区将继续发展和改变的预期"。② 佩奇指出：虽然国家间地理接近或接壤可能使经济交换更便捷、便宜，但相似资源和气候条件也可能造就相邻国家间相似甚至相同的经济特性。虽然大部分地区是位于同一地理单位里，但很多地区真正在地理条件上隔离于其他地区，所以地理相邻不是地区构成的必要条件。③

除了上述概念界定方法，学术界对于地区概念的界定还包括根据行为体分类、数量，地区概念的历史背景及其地区互动内容作为评判标准，或者根据地区内国家的政治、社会、经济和文化等维度进行细分。也有学者把地区划分为宏观、中观和微观三个层次。所谓的宏观地区（macro-region）指的是完全由民族国家所组成的地区，比如欧

---

① Nadine Godehardt and Dirk Nabers eds. , *Regional Orders and Regional Powers*, Abingdon and New York: Routledge, 2011, pp. 5 – 6.
② Sheila Page, *Regionalism Among Developing Countries*, London: Macmillan Press Ltd. , 2000, pp. 6, 8.
③ Sheila Page, *Regionalism Among Developing Countries*, London: Macmillan Press Ltd. , 2000, pp. 5, 57.

盟和东盟等。中观地区（mesoscopic-region）也至少由两个以上的国家组成，属于国际性的地区，但不必然包括这些国家的全部领土范围，比如次湄公河区域；微观地区（micro-region）则是指一个主权国家内部的部分地区，比如西班牙的加泰罗尼亚地区等。[①] 按照这一分类方法，国际关系学研究中的地区几乎全部都是由主权国家组成的，即所谓的宏观地区；微观地区实际上是属于政治学对地区的传统研究范畴；而所谓中观地区的划分在国际关系研究中也常被称为"次区域"。这一分类方法可能导致研究的指向不明或混淆。比如，该分类方法把海湾地区认为是中观地区；但按照其划分标准，涵括8个主权国家的海湾地区应该被划归到宏观地区中。

总的来说，国际关系学对地区的研究具有如下特点：第一，强调国家行为体间的互动，并越来越远离地区被视为地理单位的原始含义，而更多地把地区视为介于国家和国际体系间的中间层次或过渡层次；第二，地区作为功能单位的观念日益突出，而且地区有了重叠性的特点；第三，地区已经更多地超出了经济观念。具体到本书研究的海湾地区究竟是地区，还是中东地区的次区域的问题。根据前面的分析，海湾地区符合地区定义的要素：首先，海湾地区是地理上相邻的8个国家组成，该地区的海岸线由三角洲、沼泽、泥沼地组成，北部边境被伊拉克南部的大沼泽和伊朗胡齐斯坦省（Khuzistan）的沼泽低地所包围，和中东其他次区域间存在明确的地理分界线，早在17世纪就已经以波斯湾地区的名称出现在英国关于该地区的文本记载里。[②] 海湾地区是中东地区的次区域之一；伴随着海湾地区合作的展开，尤其是海合会取得的合作进展，地区内、外的研究者和决策者们都在各自具体的研究中称其为地区合作，因此本书采用海湾地区的术语，而

[①] Elisabetta Nadalutti and Otto Kallscheuer eds., *Region-Making and Cross-Border Cooperation-New Evidence from Four Continents*, Abingdon and New York: Routledge, 2018, pp. 30-33.

[②] 在大部分的文献中，阿拉伯海西北伸入亚洲大陆的海湾通常被称为"波斯湾"，所以本书采用这一名称而不是海合会国家所称的"阿拉伯湾"。这一名称的使用不代表作者在海湾地区研究中的任何的偏好或倾向。

不是海湾次区域。

(二) 概念辨析：地区一体化与地区主义

安德鲁·赫里尔提出在地区化（regionalization）、地区意识和认同（regional awareness and identity）、地区政府间合作、政府主导的一体化，和地区整合（regional consolidation）间存在差异。赫里尔的这篇论文主要是论证地区研究层次和国际社会（international society）理论结合的必要性和合理性，没有更进一步辨析上述概念间的差异。[①] 本书研究的海湾地区合作更接近赫里尔提出的"地区政府间合作"，即在各种问题领域内构建地区跨国机制及其拓展。但地区一体化和地区主义都是学界研究地区合作的两个重要理论视角，所以有必要在这一部分对地区一体化和地区主义的概念作简要辨析，并阐明为什么本书不采用上述两个术语而是采用更宽泛的地区合作这一概念。

首先，虽然有学者把地区一体化追溯回 19 世纪的欧洲国家部分地区间的关税同盟，[②] 但现代意义上的地区一体化一般指二战结束后，欧洲国家通过体制化协议组成更大的国家间治理单位，展开的地区合作实践。而伴随着欧洲地区合作实践发展起来的地区一体化理论在 20 世纪 50 年代中期被学者阐明，并在 20 世纪 60 年代中后期达到研究巅峰。地区一体化作为一体化理论中最核心的概念，一直存在狭义和广义一体化，和一体化到底是进程（process）还是状态（condition）的争议。直到 1976 年，作为研究欧洲一体化专家的厄恩斯特·哈斯还把地区一体化理论称作"混乱的领域"。[③]

前文提到约瑟夫·奈把地区一体化归纳为经济、社会和政治三个

---

① Andrew Hurrell, "One World? Many World? The Place of Regions in the Study of International Society", *International Affairs*, Vol. 83, No. 1, January 2007, pp. 127 – 146.

② Walter Mattli, *The Logic of Regional Integration: Europe and Beyond*, Cambridge: Cambridge University Press, 1999, pp. 1, 3.

③ [日] 山影进:《东盟在地区一体化中的作用：从象征到体系》，见王正毅、[美] 迈尔斯·卡勒、[日] 高木诚一郎主编《亚洲区域合作的政治经济分析：制度建设、安全合作与经济增长》，上海人民出版社 2007 年版，第 151—152 页；Ernst B. Haas, "Turbulent Fields and the Theory of Regional Integration", *International Organization*, Vol. 30, No. 2, Spring 1976, p. 178.

方面,[①] 经济一体化是所有一体化中最受关注的内容。在20世纪90年代以前,大部分中国学者研究的一体化主要集中在地区经济一体化方面。二战结束后的地区一体化参与都带有对经济利益的追求,所以国内较为广泛接受的地区一体化定义是"地理上临近的两个或两个以上国家(地区),以获取地区内国家(地区)间的经济集聚效应或互补效应为宗旨,为促使生产和生产要素在特定地区内的自由流动和有效配置而建立的跨国性经济区域集团。"[②] 从20世纪60年代开始,经济一体化成为和全球一体化并行的世界潮流,世界上大多数国家通过建立或参与地区经济一体化的形式避免被排斥在地区性自贸协定、关税同盟外,从而规避可以避免的经济、贸易损失。除了广受关注的欧洲、东南亚地区的经济地区一体化外,经济一体化议题也是阿盟的重要合作议题,大阿拉伯自贸区也是阿拉伯国家间的地区一体化实践。虽然经济一体化聚焦经济合作议题,但也包含国家间经济政策协调、合作的政治过程。但政治一体化涉及让渡主权的超国家决策、治理制度的构建,迄今为止也只有欧盟真正实践了政治一体化并通过制度建设完成了一系列目标,所以政治一体化很大程度上等同于欧洲政治一体化。而社会一体化被认为是经济和政治一体化发展到一定阶段后,在一体化内部才会出现的跨国社会。即使是已经通过了统一宪法,在社会生活各个方面实现了迄今为止最高程度同步性的欧盟,也还处在构建真正的"欧洲共同意识"的过程中。

本书用地区合作而不是地区一体化来界定迄今为止的海湾地区合作实践,是因为地区一体化是地区合作的特殊形式:一般性地区合作是地区内国家就特定问题进行对话,形成政策协调,不存在决策权转移的问题;而地区一体化是地区合作制度化的表现,是地区内国家在特定的问题和问题领域从传统的国家决策转向将决策权,至少是部分决策权让渡给共同机构。[③] 如果严格按照欧洲一体化实践的经验和地区一

[①] Joseph S. Nye, "Comparative Regional Integration: Concept and Measurement", *International Organization*, Vol. 22, No. 4, January 1968, p. 858.
[②] 庄起善:《世界经济新论》,复旦大学出版社2001年版,第208页。
[③] 门洪华:《地区秩序建构的逻辑》,《世界经济与政治》2014年第7期。

体化理论的核心假设,海湾地区只有海合会6国内部的制度化合作在机构目标设置上接近一体化,这一研究视角将继续把伊朗和伊拉克两国排除在研究之外,这不符合海湾地区已有的多边、双边合作进展;海合会作为海湾地区唯一的正式合作组织,其内部决策和议题推进主要是由沙特或沙特—阿联酋联盟来主导的,而且海合会在经济、安全等合作议题上的制度框架不仅存在争议,在实际运行中也存在违约及难以应对成员国违约的问题,另外在涉及海合会是否真正有独立决策权这一问题上争议更大。所以,与其拘泥用标杆性的欧洲模式来审视海湾地区合作,用地区一体化的标准把海湾地区合作实践严格划分为在进行了"有限"地区一体化的海合会,和未参与一体化的伊朗、伊拉克,从而忽略该地区内国家更广泛的和解、合作进展,不如尝试从海湾地区的地区合作案例归纳出一般性结论、甚至找到理论延展点。[1]

其次,地区主义研究也是伴随着欧洲地区合作实践发展起来的,但直到20世纪90年代(即所谓的新地区主义)才开始成为研究地区合作的常用视角。国际关系学中的地区主义研究最早借鉴了国际经济学的研究,即通常把地区主义等同于地区经济一体化。[2] 国际关系学早期对地区主义的界定,主要以主权国家建立的地区合作组织作为标准,地区主义和地区组织在早期的相关研究中甚至是对等的。[3] 后续的国际关系学研究将地区主义界定为涵括了从宽泛的地区合作安排,到地区合作制度的建立乃至更深层次的一体化的多方面内容。例如,庞中英把地区主义界定为"地缘上接近的、彼此间存在复杂关系的民族国家间的一种通过联合、合作进而开展一体化合作的过程;也是国

---

[1] 刘鸣主编:《中国国际关系与外交理论前沿:探索与发展》,上海社会科学院出版社2016年版,第14页。

[2] Joseph S. Nye, *International Regionalism*: *Reading*, Little Brown and Company, 1968, pp. 3, 4.

[3] 具体见 Louise Fawcett and Andrev Hurrell, *Regionalism in World Politics*: *Regional Organization and International Order*, Oxford University Press, 1995; Bjotn Hettne, *The New Regionalism*: *Implication for Global Development and International Security*, UNU WIDER, Helsinki, 1994; Stephen C. Calleya ed., *Regionalism in the Post-Cold War World*, Aldershot: Ashgate Publishing Ltd, 2000; Edward Mansfield and Helen Milner eds., *The Political Economy of Regionalism*, New York: Columbia University Press, 1997.

家通过政治合作建立国际关系的新制度,并形成一种国家间的安排,从而达到调节地区国际关系的理论与政策"。① 在这一界定中,地区主义不仅包括地区一体化的过程,也是一种理论和政策。而肖欢容在《地区主义理论的历史演进》一书中提出地区主义具有两方面含义:地区主义是一种意识形态和观念信仰,即坚持地区层次的安排是实现国家利益的最有效方法的信仰,它体现了一种秩序价值的追求,而这种秩序可以指特定地区内的秩序,也可以指作为实现世界秩序的一种方法;地区主义也指世界政治中的地区内国家之间的跨国交往与合作现象,这也是国际关系学者们最直接的研究对象。②

肖欢容总结了不同学者对地区主义理解中的三个共同特点:(1)地区主义是一个过程;(2)地区主义是多层次的;(3)地区是由参与的行为者特别是国家行为者自愿建构的。因此,肖欢容界定的地区主义是指在地缘意义上接近的、彼此间有着复杂关系的民族国家之间的一种交往、自愿的联合与合作进而一体化的过程,是国家之间通过合作(建立国际制度或建立国家间的安排)实现调节国际关系的一种组织控制形式。概括地说,地区主义旨在形成一个区域国际体系的广泛的国家间合作运动,这种合作运动在深度上包括了跨国交往、一般功能性组织化合作到程度较深的一体化运动;在广度上又包括经济、政治(安全)与社会(文化)等各个方面。③ 本书采用的就是肖欢容提出的这一定义。

地区主义是国外学者从 20 世纪 90 年代研究地区合作的主要理论视角,国内也有少数用地区主义研究中东地区合作的论文,但这不意味着建立在欧洲经验上的地区主义和建立在东亚地区合作上的新地区主义一定适合直接沿用到海湾地区合作研究中。就像邢瑞磊指出的:在全球化时,地区主义不仅指某地区的国际合作或不同程度的一体化过程,还包括各类非国家行为体积极参与国际事务、发挥影响力的一种政治理念。但尽管地区合作已经成为一种全球范围的常态现象,相

---

① 庞中英:《全球治理与世界秩序》,北京大学出版社 2012 年版,第 94 页。
② 肖欢容:《地区主义:理论的历史演进》,北京广播学院出版社 2003 年版,第 5 页。
③ 肖欢容:《地区主义:理论的历史演进》,北京广播学院出版社 2003 年版,第 6 页。

关理论研究却明显不足。① 根据地区主义的严格标准，海湾地区合作只有海合会是在自愿原则基础上，在秩序追求和合作实践中都接近地区主义，但同时又被诟病为"合作低制度化"，"没有促进地区内公民社会的生成"；而且海湾地区的地区合作，尤其是海合会的建立主要是以海湾6个阿拉伯君主国采取联合的形式对抗当时的伊朗和伊拉克；而且在海湾国家的双边、多边合作进程中都无可回避地受到美国因素介入的影响。所以，海湾地区合作是一种没有地区主义的双边、多边合作，② 该地区内国家间合作和海合会国家间一体化进程等实践在多项并行发展。

第三节　海湾地区合作的分析框架

综上所述，本书把海湾地区合作界定为"由海湾地区的部分或全部国际关系行为体参与，并在其中发挥主要甚至主导性作用而形成的地区合作"。考虑到从第一次世界大战结束至今，海湾地区乃至整个中东地区存在的内、外大国影响力不对称的现实，以及海湾国家在中东地区发挥的重要作用，这一界定虽然在地理范畴上也把地区外大国参与的合作纳入在内，但对合作中由哪些行为体发挥主要甚至主导作用的限定条件，一定程度上能避免把部分海湾国家积极参与的跨区域合作，例如亚太地区合作和其他全球层面的合作，也划入海湾地区合作的范畴。此外，7个海湾阿拉伯国家都加入了阿盟和一系列阿拉伯国家间的政府间组织，但因为埃及等国在这些阿拉伯政府间组织中长期处于领导地位，因此不被纳入海湾地区合作中。

一　海湾地区8国3方的地区格局

如图2.4所示，本书在把海湾8国分为海合会、伊朗、伊拉克三

---

① 邢瑞磊：《比较地区主义：概念与理论演化》，中国政法大学出版社2014年版，第75页。

② 本书关于海湾地区合作没有进入地区主义阶段的评判标准，参见莫盛凯《没有地区主义的东亚合作》，《当代亚太》2014年第2期。

方的基础上；根据海合会成员国对伊朗的不同态度，在海合会内部再区分了3个层次。

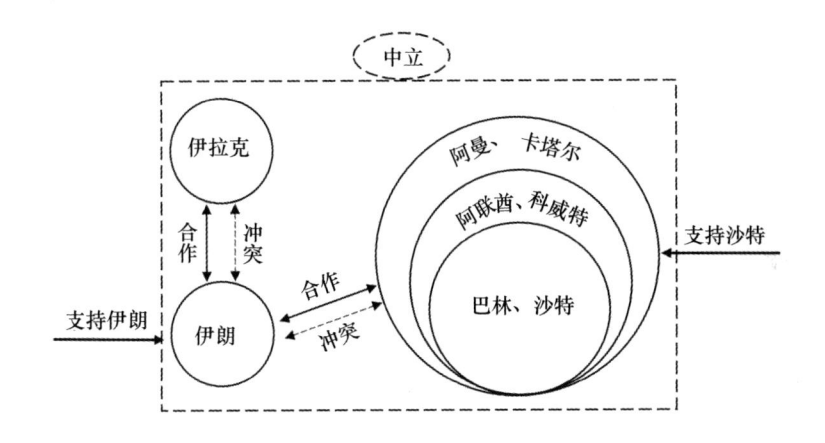

图2.4 伊拉克战争后的海湾地区合作/冲突局势

资料来源：作者自制。

首先，沙特和巴林是对伊朗态度最强硬的两个国家。从冷战结束至今，沙特和伊朗间的关系也在缓和和冲突加剧间不断变化。但整体而言，除了20世纪90年代两国关系出现缓和与明显改善外，沙特对伊朗的政策因为两者间存在的教派冲突、地区领导权争夺等多方面交织的矛盾，沙特为对伊朗态度最强硬的海合会国家。2015年至今，很多分析家认为伊朗和沙特间的争端构成了中东地区分歧的核心主线之一，一些评论人士将这一局面形容为一场中东地区的"新冷战"。[①] 巴林作为海湾国家中的"迷你国家"，虽然也曾和伊朗缓和过关系，但因为伊朗政府公开支持2011年巴林国内什叶派民众的游行示威，两国关系迅速恶化。例如，在2020年12月1日召开的首届"美国—巴林战略对话"（First Bahrain-US Strategic Dialogue）上，巴林外交部部长阿卜杜拉蒂夫·本·

[①] 斯德哥尔摩国际和平研究所（SIPRI）：《SIPRI年鉴2018：军备、裁军和国际安全》，纽约：牛津大学出版社，第11页。

拉希德·阿尔·扎耶尼（Abdullatif bin Rashid Al Zayani）[①]在提到美国和巴林的安全合作时，发表了针对伊朗的激烈措辞，称两国安全问题也将再次面临来自试图破坏中东稳定的各方的挑战，"主要是伊朗的邪恶意图和活动比以往任何时候都更加明目张胆"，指责伊朗的核计划、弹道导弹实验、对其他国家的干涉以及日益公开地卷入冲突。[②]再加上巴林的地区政策很大程度上受到沙特的影响，所以本书认为沙特和巴林是对伊朗态度最强硬的两个海合会国家。

处于第二层次的国家是科威特和阿联酋，这两个国家对伊朗政策的强硬程度介于沙特、巴林和阿曼、卡塔尔之间。从1961年独立至今，科威特与伊朗的关系虽然也因为岛屿争端而经历了多次波动，但整体较为积极。1990年伊拉克入侵科威特后，伊朗政府拒绝接受伊拉克对科威特的占领。1991年2月，伊朗时任总统阿克巴尔·哈什米·拉夫桑贾尼（Akbar Hashimi Rafsanjani）曾公开宣布结束伊拉克入侵科威特的和平倡议。此后，科威特也一直试图成为伊朗和海合会关系的斡旋者。2006年，时任伊朗总统马哈茂德·艾哈迈迪—内贾德（Mahmoud Ahmadi-Nejad）访问科威特并和科威特国王就两国关系举行了会谈。2015年，科威特对伊朗签署伊朗核协议表示欢迎。[③]即使沙特与伊朗的关系从2016年开始恶化，科威特曾召回其驻伊朗大使，但也没有像沙特、巴林等国一样直接驱逐伊朗驻科威特大使或降级两国的外交关系。2017年，科威特时任副首相兼外交大臣萨巴赫·哈立德·萨巴赫（Sabah Khaled Al Sabah）访问伊朗，伊朗时任总统哈桑·鲁哈尼（Hassan Rouhani）随后访问了科威特和阿曼。[④]而阿联酋和伊朗更保持着密切的经济合作，

[①] 2011年4月—2020年2月，扎耶尼担任海合会的第五任秘书长。2020年1月，他被任命为巴林外交部部长。

[②] "First Bahrain-US Strategic Dialogue Launched", Bahrain News Agency, December 1, 2020, https：//www.bna.bh/en/FirstBahrainUSStrategicDialoguelaunched.aspx？cms＝q8FmFJgiscL2fwIzON1％2BDp％2BPbcWCg8C9bP3I2％2FQqmh4％3D.

[③] Khaled Abdulaziz Alsalloum1 and Mohamed Salman Tayie, "The Present and Future of Kuwaiti-Iranian Relations and Their Influence on the Security of the Arabian Gulf", *Asian Social Science*, Vol. 14, No. 1, 2018, pp. 104–105.

[④] "Iran's Rouhani to Visit Oman and Kuwait", Reuters, February 14, 2017, https：//jp.reuters.com/article/iran-gulf-oman-kuwait-idINKBN15T0MN.

前者是后者的最大贸易伙伴；阿联酋国内有近50万伊朗移民，而且迪拜的一些最具影响力的商业家族有伊朗血统，所以阿联酋一度在沙特和伊朗间扮演"中间人"和"平衡者"的角色。①

虽然和伊朗之间保持着各种联系和合作关系，但科威特、阿联酋在海合会整体安全威胁认定上和沙特保持一致。2016年1月，沙特在其驻德黑兰大使馆遭到袭击和后续一系列危机争端后，宣布与伊朗断交。科威特重申支持沙特采取的"一切维护自身安全"的措施，阿联酋政府宣布将其与伊朗外交级别由大使级降至代办级，同时减少伊朗在阿联酋的外交人员人数。② 这两个国家也积极参与了沙特组建的海湾联军在也门的军事行动，其中沙特—阿联酋联盟在卡塔尔外交危机、叙利亚危机、也门内战中起了领导作用。

位于第三圈层的国家是阿曼和卡塔尔，这两个国家都是海合会—伊朗冲突中相对中立的行为体。其中阿曼和伊朗的友好关系可以追溯回20世纪70年代。伊朗巴列维王朝提供的军事援助帮助阿曼前苏丹卡布斯·本·赛义德（Qaboos bin Said Al Said，下文简称卡布斯苏丹）在1976年赢得了佐法尔战争（Dhofar War）。1980年7月，新成立的伊朗伊斯兰政府和阿曼宣布保留两国在巴列维王朝时期签订的所有协定。此后，阿曼一直与伊朗保持友好关系，并一直充当伊朗与美国、沙特等国家间的斡旋者角色。③ 在2013年12月举行的海合会首脑峰会上，阿曼提出要重新考虑海合会与伊朗的对抗行为，并拒绝加入由沙特、卡塔尔、阿联酋主导的，以海合会集体名义对叙利亚、也门等其他中东国家的干涉。④

卡塔尔和伊朗关系被解读为在很大程度上寻求避免冲突，并努力相

---

① 韩小婷：《伊拉克战争后沙特与伊朗关系探析》，《阿拉伯世界研究》2018年第4期。

② "UAE Downgrades Diplomatic Ties with Iran", Islamic Republic News Agency, January 4, 2016, https://en.irna.ir/news/81907090/UAE-downgrades-diplomatic-ties-with-Iran.

③ Anoushiravan Ehteshami, Neil Quilliam and Gawdat Bahgat eds., Security and Bilateral Issues between Iran and its Arab Neighbours, London: Palgrave Macmillan, 2017, pp. 149–163.

④ Basma Mubarak Saeed, "Oman, Iranian Rapprochement and a GCC Union", Al Jazeera Report, January 21, 2014, https://studies.aljazeera.net/en/reports/2014/01/20141218365065800.html.

互适应。1979年后,卡塔尔一直尽量避免激怒伊朗。而且两国共同拥有北方—南帕斯（North-South Pars）天然气田,这是迄今为止世界上已探明的最大天然气田。20世纪90年代后半期和21世纪前10年,伊朗和卡塔尔的关系呈现稳步升温趋势,两国首脑进行了多次国事访问和其他高层外交交流,也加强了在天然气领域的合作。2010年3月,伊朗与卡塔尔签署了一项旨在加强合作打击走私和非法毒品、伪造和洗钱的双边安全协议。① 值得注意的是,在卡塔尔外交危机期间,沙特等国指责卡塔尔和伊朗关系密切,"破坏地区稳定";随后给卡塔尔提出的"13条要求"中就包括"限制与伊朗的外交关系,并关闭伊朗的外交使团"。② 但卡塔尔被海合会其他成员国和部分阿拉伯国家孤立后,反而近一步加强了和伊朗的合作,甚至有学者提出这两国是被"强制和解"。③

综上所述,即使伊朗因素是海合会国家的持续地区安全关切,而且迄今为止还没有建立伊朗和海合会间的正式多边合作机制,但海合会成员国并不是完全一致地和伊朗进行敌对,阿曼、卡塔尔、阿联酋、科威特等海合会国家和伊朗间有各种合作实践和意向。

二 海湾地区冲突与合作的互动框架

查尔斯·霍顿·库利（Charles Horton Cooley）曾指出：人类社会中的冲突是不可避免的,"越是深入地思考,就越能感觉到冲突和合作是不可分割的,它们是社会过程的两个不同状态,而社会过程总是同时包含着冲突和合作的因素。人类生活是一场不断向前的斗争。在这场斗争中,这两个状态中的某一个可能在此时表现得较显著,另一个则可能在彼时表现得较突出,但二者缺一不可。"④ 这一观点包括

---

① Anoushiravan Ehteshami, Neil Quilliam and Gawdat Bahgat eds., *Security and Bilateral Issues between Iran and its Arab Neighbours*, London: Palgrave Macmillan, 2017, pp. 167 – 176.

② "What are the 13 Demands Given to Qatar?", Gulf News, June 23, 2017, https://gulfnews.com/world/gulf/qatar/what-are-the-13-demands-given-to-qatar-1.2048118.

③ Andreas Krieg ed., *Divided Gulf: The Anatomy of a Crisis*, London: Palgrave Macmillan, 2019, pp. 217 – 232.

④ ［美］查尔斯·霍顿·库利：《社会过程》,洪小良等译,华夏出版社2000年版,第28、31页。

两个要点：冲突不可避免；冲突与合作不可分割。这两个要点也常见于很多国际关系学主流理论对这一议题的论述。例如，现实主义认为冲突是国际关系的根本特征，合作是有限的、脆弱的、不可靠的。无论是以汉斯·摩根索为代表的传统现实主义，还是以肯尼思·华尔兹为代表的新现实主义，都以冲突作为国家间关系的基本事实。① 而罗伯特·基欧汉则重视在国际制度背景下分析国际合作。②

如前文提到的，国际合作是一个过程，在这一过程中各国政府实际奉行的政策被其他政府视为能够促进自己目标的实现。随着地区合作的发展，国家间双边或多边的政治、经济、军事、文化合作等，在多数情况下会通过订立条约、协定等方式来保障，但同时也存在一些不存在正式条约，还通过各行为体默契来实现的合作。如表2.2所示，本书引入李少军建立的"冲突—合作模型"来分析海湾国家间的冲突—合作的互动。

表2.2　　　　　　　　海湾国家间冲突—合作互动

互动类型	内容	案例
合作	实现地区一体化	海合会
	结成同盟	海合会
	取得显著合作成果（如签订协议，实现首脑会晤、采取共同行动等）	海合会、伊朗、伊拉克
	采取积极的国内行动（发布、通过积极的法案、法令、政府报告等）	海合会、伊朗、伊拉克
	采取积极的外交行动（互访、会谈、致信、通电话等）	海合会、伊朗、伊拉克
	发表积极言论（表示赞赏、道歉、希望推动接触、消除误会等）	海合会、伊朗、伊拉克
	表示关注（积极意义上，一般评论，带有赞许）	海合会、伊朗、伊拉克

---

① ［美］罗伯特·基欧汉编：《新现实主义及其批判》，郭树勇译，北京大学出版社2002年版，总序第1、2页。

② ［美］罗伯特·基欧汉：《霸权之后：世界政治经济中的合作与纷争》，苏长和、信强、何曜译，上海人民出版社2006年版，第49—64页。

续表

互动类型	内容	案例
冲突	表示关注（消极意义上，一般批评，带有警惕）	海合会、伊朗、伊拉克
	发表消极言论（辩解、表示不满、不信任，一般指责）	海合会、伊朗、伊拉克
	强烈抗议、坚决反对、严正交涉、严厉驳斥	海合会、伊朗
	采取消极行动（通过政府报告、议案，中止交往，实施制裁，显示武力等）	沙特与伊朗断交 卡塔尔外交危机
	采取极端外交行动（如召回大使、断交等）	沙特与伊朗断交 卡塔尔外交危机
	采取军事打击行动	油轮袭击
	发生全面战争	两伊战争

资料来源：作者自制，其中冲突—合作内容参考了李少军《"冲突—合作模型"与中美关系的量化分析》，《世界经济与政治》2002年第4期。

地区内国家的互动可以大致分为7种类型，除了其他地区合作研究中常用的实现地区一体化、结成联盟外，从表达积极意义上的关注到订立协议、实现首脑会晤等，也都是合作的具体内容。以安全领域为例，海合会国家间采取联合行动对付可见的安全威胁，如成员国间交流情况、共同维和、联合海上救援、参加国际斡旋、交流军事技术等是积极安全合作；而海合会和伊朗采取不攻击他国的战略姿态以降低冲突发生的危险性，如战略武器互不瞄准对方、表达不使用武力解决冲突的意愿、相互通知大规模军事演习等，也是一种消极安全合作。① 根据这一模型，海湾8个国家间的合作将不局限于海合会内部。

因此，本书所研究的海湾地区合作是指由海湾地区的部分或全部国际关系行为体参与，并在其中发挥主要甚至主导性作用而形成的地区合作。考虑到从第一次世界大战结束至今，海湾地区乃至整个中东

———————

① 积极安全合作和消极安全合作是阎学通从核国家为无核国家提供"积极保障"和"消极保障"中引申而来的。参见阎学通《美国霸权与中国安全》，天津人民出版社2000年版，第98—99页。

地区存在的内、外大国影响力不对称的现实,以及海湾国家在中东地区事务中的重要作用,这一界定虽然在地理范畴上也把地区外大国参与的合作纳入在内,但对合作中由哪些行为体发挥主要甚至主导作用的限定条件,在一定程度上能避免把部分海湾国家积极参与的跨区域合作也划入海湾地区合作的范畴。

第三章　海湾地区合作的历史变迁

海湾地区位于阿拉伯半岛和伊朗高原之间，西起阿拉伯河口，东南至霍尔木兹海峡，长达 990 公里，宽约 56—338 公里，总面积约 24.1 万平方公里，包括今天的巴林、伊朗、伊拉克、科威特、阿曼、卡塔尔、沙特阿拉伯以及阿联酋这 8 个国家。研究印度洋的学者经常把海湾 8 国，和也门、约旦、以色列一起划入印度洋沿岸的中东地区。而位于波斯湾海峡入口处的霍尔木兹海峡，和马六甲海峡、亚丁湾一起被称为印度洋的"三大咽喉"要道。[①] 也有部分研究把位于阿拉伯半岛西南端的也门也列入海湾地区，但也门南濒阿拉伯海和亚丁湾，西临红海，扼曼德海峡，并不属于波斯湾沿岸国家，所以本书研究的海湾地区不包括也门。

海湾地区的东部海岸线由三角洲、沼泽、泥沼地组成，北部边境被伊拉克南部的大沼泽和伊朗胡齐斯坦省的沼泽低地所包围，这些地理屏障将该地区与中东地区分割开来，使其自古以来就被认为是中东地区文化和帝国的边界地带。从地貌上来看，海湾呈狭长形，从西北到东南走向，其中，伊朗南部沿岸群山重叠，海岸陡峭，岸线平直；北部沿岸为狭长海岸平原。位于海湾地区东南端的霍尔木兹海峡是该地区的入海咽喉地带，并有格什姆、大通布、小通布和阿布·穆萨等岛屿扼守湾口，犹如几道闸门一样构成海湾的天然屏障。因为这些天然的屏障，海湾地区内部生活在相邻地理环境中的人们，从一开始就

[①] ［澳］大卫·布鲁斯特主编：《印度之洋：印度谋求地区领导权的真相》，杜幼康、毛悦译，社会科学文献出版社 2016 年版，总序第 2、5 页。

通过一套历史形成的文化价值和共同的社会秩序纽带联系在一起，进行着频繁的互动。从海湾地区的古代历史开始，该地区至少可以再细分为4个较大的区域和更多更小的次区域。其中包括（1）从阿拉伯河到霍尔木兹海峡的伊朗南部地区；（2）最南端的美索不达米亚；（3）阿拉伯半岛东北部（现代沙特和科威特的东部省份）、巴林以及卡塔尔；（4）阿拉伯半岛东南部，即今天的阿联酋和阿曼。这一组地理分组在文化史上也具有较高的相似度。①

本章主要结合海湾地区秩序来梳理海湾地区合作的历史发展，其中以二战结束、冷战结束和2003年的伊拉克战争作为时间节点。所谓的地区秩序指特定地区内，存在互动关系的相邻国家间权力分配、利益分配、观念分配的结果，而其主要表现形式就是地区制度的创立与运行。值得注意的是，在海合会成立前，海湾地区的地区秩序主要是以国家实力作为基础条件，涵括势力范围、霸权主导等传统的地区秩序。②

第一节 二战结束前的海湾地区历史

所有海湾国家的独立或建国都是在20世纪完成的，阿曼、科威特、卡塔尔和阿联酋四国更是在二战结束后才建国或独立。但有必要简述二战结束之前的海湾地区历史，并分析该地区的地区语境，以帮助解海湾地区合作产生的因素和限制条件，即为什么海湾地区被认为是合作困难的地区；也有助于厘清该地区内国家的互动模式，尤其起主导作用的敌意—友好模式的形成。

一 海湾地区历史

海湾地区是世界上一直有人类居住的最古老的地区之一，并被

---

① Lawrence G. Potter ed., *The Persian Gulf in History*, New York: Palgrave Macmillan, 2009. p. 27.
② 关于地区秩序的概念界定，参见门洪华《地区秩序建构的逻辑》，《世界经济与政治》2014年第7期；门洪华：《东亚秩序论：地区变动、力量博弈与中国战略》，上海人民出版社2015年版，第24页。

认为是人类文明的摇篮之一。约前3700年，美索不达米亚居民就率先建立起永久性的人类城市，并在灌溉农工业的基础上发展出了最早的文字体系和调整当时复杂社会关系的最早法典。① 海湾地区长期遭受外来强权的统治，各个强权帝国所代表的不同意识形态和文化乘势进入该地区，多种文明在该地区交融。因此，海湾地区保留了不同文明的印迹，最具代表性的是基督教文明和伊斯兰教文明，其中后者是塑造今天的海湾地区社会、文化面貌的最重要文明。

前3000年末期，海湾地区建立起可考证的最古老的王国——"海国王朝"（Sea Land）。该王朝的版图从阿拉伯河口一直延伸到巴林群岛，其主要居民可能是巴比伦人和阿拉伯人。前16世纪初，海国王朝灭亡后，海湾地区先后成为加喜特人（Kassite）、胼尼基人、亚述人和巴比伦人轮番争夺交通要冲和贸易通道的战场。尤其是前6世纪后，波斯帝国、希腊城邦和罗马帝国等又在海湾地区展开了新的角逐。前6世纪中叶，波斯帝国兴起于波斯高原的西南部，随后向外扩张。到前5世纪末，波斯帝国已经控制了小亚细亚、叙利亚、巴勒斯坦和埃及的广大地区。波斯帝国也把其领土拓张的范围扩大到了地中海地区，并和希腊城邦间爆发了持续近半个世纪的希波战争。② 226年，萨珊王朝（Sasanian Empire）取代了之前一直统辖海湾地区的安息王朝（Empire of Arsak）。萨珊王朝不仅控制了美索不达米亚，还从260年开始就不断镇压海湾地区阿拉伯人的袭击或起义。③

---

① ［美］塔比特·阿卜杜拉：《伊拉克史》，张旭鹏译，商务印书馆2013年版，第1—2页。

② 希腊城邦和波斯帝国间的一系列战争，一般被认为是前499年波斯攻击纳克索斯（Naxos）岛开始，以雅典和波斯在前449年签订《卡里阿斯合约》（Peace of Callias）宣告结束。参见：Philip de Souza, *The Greek and Persian Wars 499 – 386 BC*, New York and Abingdon: Routledge, 2002; Peter Green, *The Greco-Persian Wars*, Berkeley, Los Angeles and London: University of California Press, 1996.

③ 具体参见：Scott Savran, *Arabs and Iranians in the Islamic Conquest Narrative: Memory and Identity Construction in Islamic Historiography, 750 – 1050*, Abingdon and New York: Routledge, 2018; ［美］埃尔顿·丹尼尔：《伊朗史》，李铁匠译，商务印书馆2010年版，第56—67页。

第三章　海湾地区合作的历史变迁

在 6、7 世纪之间，在阿拉伯半岛创立的伊斯兰教开始了阿拉伯人的新历史纪元，并对世界历史产生了深远的影响。阿拉伯半岛一直是伊斯兰教先知穆罕默德生活、传教的地区，到 631 年底，随着阿拉伯半岛各部落相继皈依了伊斯兰教，穆罕默德基本上实现了阿拉伯半岛的政治统一。632 年，穆罕默德去世后，阿拉伯人开始向半岛外部扩张和征服。从 7 世纪初到 17 世纪，阿拉伯人在伊斯兰的名义下，以阿拉伯半岛为中心，在中东地区先后建立了伍麦叶王朝、阿巴斯王朝等王朝、帝国。伴随着这些帝国的兴衰，伊斯兰教也从一个民族的宗教成为被帝国所征服的，中东不同民族的精神源泉，成为一种政治和文化力量，一种生活方式，在中东乃至世界范围内不断发展和扩大。在伊斯兰教的传播过程中，波斯民族是伊斯兰历史上最早皈依伊斯兰教的非阿拉伯民族，后续兴起了波斯—伊斯兰文明。但阿拉伯帝国扩展过程中的战争极大地加深了阿拉伯和波斯两个民族间的对立，尤其是 637 年，阿拉伯人在卡迪西亚战役（Kaldi Battle）中击败了萨珊王朝，这被认为是波斯历史上"最后一个真正帝国"；而以什叶派立国的萨法维（Safavid）王朝通过强制手段迫使其境内的逊尼派改信什叶派，使两个民族间的对立更加尖锐。[①] 而随着伊斯兰教发展和分化，作为逊尼派信仰中心的阿拉伯半岛和什叶派影响较大的伊朗、伊拉克又成为伊斯兰教派冲突的前沿阵地。伊拉克和伊朗之间爆发的持续了 8 年时间的两伊战争，就是一场典型的阿拉伯民族和波斯民族的战争，在这种战争中，教派对立与长期积累的领土争端、领导人个人恩怨交集在一起。

15 世纪初，葡萄牙人开始涉足海湾地区。[②] 但葡萄牙在该地区的焦点放在霍尔木兹海峡上，因为这是一条连接通往印度、伊拉克的巴

[①] Bernard Lewis, *The Middle East*: *2000 years of History from the Rise of Christianity to the Present Day*, London: Phoenix Press, 2000, p.368；刘昌鑫：《奥斯曼帝国与萨法维王朝的外交关系评析》，《阿拉伯世界研究》2017 年第 4 期。

[②] 钟志成：《中东国家通史：海湾五国卷》，商务印书馆 2007 年版，书中给出的年份是 15 世纪末。

士拉（Basra）和伊朗这三大主要贸易航道的轴线，葡萄牙人能通过这条路线瓦解阿拉伯商人对海湾地区和阿拉伯海地区的贸易垄断。[1] 1501—1515 年，葡萄牙通过具有压倒性优势的战舰等军事力量夺取了霍尔木兹海峡并以此为据点，后续又占领了今天的巴林群岛、卡塔尔、科威特的法拉卡岛（Failaka）等，并把势力范围扩展到了阿拉伯河口一带，最终在海湾地区的沿海地带建立起一个广泛的地区基地网。与此同时，葡萄牙牢牢控制着经过霍尔木兹海峡到伊拉克的巴士拉，以及海湾地区其他重要港口的贸易和运输路线。1507—1750 年间，葡萄牙在海湾地区实施着长达近两个半世纪的高压殖民统治，并因此一直遭到以巴林群岛反殖民斗争为代表的阿拉伯沿岸各部落的激烈反抗。进入 17 世纪 30 年代中期以后，葡萄牙在海湾地区殖民霸权逐渐遭遇以奥斯曼帝国和萨法维帝国为代表的中东强国，和力图进入海湾地区的荷兰、英国等其他西方强国的挑战。1622 年，英国帮助萨法维帝国把葡萄牙赶出了霍尔木兹海峡。[2] 而奥斯曼帝国在 16 世纪 40 年代进入鼎盛时期，对葡萄牙的殖民统治形成威胁。[3] 两者的长期争夺给葡萄牙造成严重损耗，并最终导致葡萄牙在海湾地区殖民统治的溃败。

值得注意的是，在西方强国争夺在海湾地区的主导权时，波斯帝国在 1602—1782 年控制了巴林岛。也是基于这一段历史，虽然巴林在 1783 年从波斯帝国统治下独立，但伊朗在历史上一度声称对巴林群岛拥有所有权。伊朗在 19 世纪提出过两次类似的"主权要求"，又分别在 1906 年 1927 年向英国政府抗议，称"英国政府的一些行为据说违反了波斯对巴林的主权"。1927 年，当时的内志国王阿卜杜勒阿齐兹·阿勒沙特[4]和英国政府在沙特的吉达签署的条约中将巴林指定

---

[1] Lawrence G. Potter ed., *The Persian Gulf in History*, New York: Palgrave Macmillan, 2009. p. 208.

[2] ［美］埃尔顿·丹尼尔：《伊朗史》，李铁匠译，商务印书馆 2010 年版，第 94 页。

[3] 1520—1566 年，奥斯曼帝国在苏莱曼一世（Suleyman I）统治时期进入强盛时期。关于奥斯曼帝国和葡萄牙的海上争夺，参见［英］帕特里克·贝尔福《奥斯曼帝国六百年——土耳其帝国的兴衰》，栾力夫译，中信出版社 2018 年版，第 279—285 页。

[4] 阿卜杜勒阿齐兹在 1932 年建立了沙特，成为沙特第一任国王。

为"与英国政府有特殊条约关系的国家"。①

当历史回顾到这里时，可以开始展开对海湾地区合作条件的讨论了。卡尔·多伊奇从历史上北大西洋国家形成的事例中推演出了地区合作的条件。多伊奇认为地区内国家展开合作是为了维持地区内的势力均衡；但他认为如果不存在地区内权力失衡的话，地区合作将难以得以展开。因此，多伊奇得出结论：一个强大地区中心的存在比地区均势更重要。② 多伊奇论证的强大地区中心国家和地区均势（地区国家间实力对比和权力、利益分配），也可以理解为地区秩序。上文简述的海湾地区历史也就是由海湾地区内、外强国间的战争、外交结盟而形成的地区秩序。例如，在1635年前，英国和荷兰合作在海湾地区击败了葡萄牙，然后两个战胜国为了独占海湾地区又产生了新一轮冲突。此外，萨法维帝国和奥斯曼帝国都是两个中东地区大国，前者和莫卧尔帝国和欧洲大国建立外交关系，展开贸易合作，以增强对奥斯曼帝国的压力；奥斯曼帝国也积极寻求地区外大国的协助以削弱萨法维王朝的实力。③

在上述大国中，英国在海湾地区的长期统治不仅直接主导了该地区的地区秩序，影响了该地区近代国家的形成，而且间接促成了战后海湾地区的第一次真正意义上的地区内合作，即阿联酋的建立。和英国在世界其他的殖民拓展和争夺主导权的形势相似，英国进入海湾地区的时间要晚于葡萄牙和荷兰，却成为对现代海湾地区的国际关系、主要国家的政治、经济社会结构影响最大的外部势力之一。1600年，英国成立了东印度公司后，出于贸易扩张和后续侵略活动的需要，开始逐渐以贸易伴随着地理勘探的方式向海湾地区渗透。英国东印度公

---

① J. B. Kelly, "The Persian Claim to Bahrain", *International Affairs*, Vol. 33, No. 1, January 1957, pp. 51 – 70.

② Karl W. Deutsch, *Political Community and the North Atlantic Area: International Organization in the Light of Historical Experience*, Princeton: Princeton University Press, 1957, pp. 27, 28.

③ [美] 埃尔顿·丹尼尔：《伊朗史》，李铁匠译，商务印书馆2010年版，第94—95页；刘昌鑫：《奥斯曼帝国与萨法维王朝的外交关系评析》，《阿拉伯世界研究》2017年第4期。

司初期从莫卧儿帝国的西海岸向海湾地区运送羊毛、白银、丝绸和香料等货物。① 因为这一时期葡萄牙和荷兰在海湾地区的影响力已经随着他们在全球海权争霸中的落败而衰落，所以英国在海湾地区的主要"争霸"对手变成了法国。以法国 17 世纪末在今天伊朗南部的阿巴斯港（Bandar Abbas）建立了贸易代办处为标志，英、法两国开始了在海湾地区的竞争。英国通过贸易、打击海盗行动，以及和海湾沿岸国家订立协议的复杂方式不断拓展在该地区的影响力。法国在 1756—1763 年的英法战争中战败；1789 年由拿破仑·波拿巴率领远征军入侵埃及，以此切断英国和印度间陆路交通的行动不到 3 年就结束了，随后失去了在海湾地区的所有据点。②

当时英国在海湾地区最重要的战略目标是与其在印度的殖民利益高度相关的。幅员辽阔、人口稠密、物产丰富的南亚次大陆在英国的全球战略中占据着极其重要的地位。而位于阿拉伯半岛东西两侧的海湾地区和红海是英国通往包括印度在内的东方殖民地的必经之路，因此，控制半岛两侧的隘口要地，保障通往印度航线的绝对安全，同时独占海湾地区的贸易利益，成为英国征服印度后对海湾政策的主要内容。

1778 年，英国在海湾地区建立了殖民统治中心。1789 年，英国通过签订附属条约的方式在据守印度洋通往波斯湾入口的马斯喀特建立了一个保护国。1800 年，英国东印度公司和马斯喀特签订的第二项条约允许该公司设立英国永久居民，而包括法国人在内的其他欧洲人则被排除在外。英国通过提供安全保护、订立条约的方式使位于阿拉伯半岛东部和南部的大多数酋长国在不同程度上依赖英国。此外，英国人也在海湾地区镇压了一系列反抗斗争，并对当时的海湾各政治、社会集团采用了分而治之的方式。这种分化方式虽然在一定程度上又加剧了海湾地区已有的领地争夺和包括珍珠等物产的争夺，但客

---

① Robert T. Harrison, *Britain in the Middle East*, 1619 – 1971, London and New York: Bloomsbury, 2016, pp. ix – x.

② 法国在 1789 年入侵埃及被认为是法国大革命及随后发生的英法冲突的产物。参见［美］詹森·汤普森《埃及史：从原初时代至当下》，郭子林译，商务印书馆 2014 年版，第 221—227 页。

观上也帮助塑造了海湾地区更近代的地区版图。① 例如，英国与阿曼、巴林群岛等海湾阿拉伯酋长国签订的《1820 年通用海事条约》(General Maritime Treaty of 1820)，使英国建立的海湾沿海秩序得以"合法化"。该条约是专门为维护英国治下的海湾地区和红海的总体和平而设计的，所以明令禁止各部落在没有明确宣战的情况下随意掠夺和进行海盗行为，违反规定将导致失去生命和财产被没收。此外，属于海湾阿拉伯酋长国的船只被允许携带少量武器，悬挂必要的旗帜供英国船只识别。②

1835 年，英国当时的代理政治驻扎官向阿曼海湾诸酋长国提出采集珍珠期 6 个月内（5 月 21—11 月 21 日）停止海上战争的建议，最终正式出台。因为英语"休战的"(trucial)一词的音译为"特鲁西尔"，所以此后这些酋长国在英语世界中逐渐被称为"特鲁西尔酋长国"、"特鲁西尔阿曼诸国"等类似名称。这些特鲁西尔酋长国就是后来的阿联酋各酋长国的前身。1853 年，英国同特鲁西尔酋长国签订的《海上永久休战协定》(Perpetual Treaty of Maritime Peace) 是 19 世纪后半叶最著名的国际条约之一。1853 年协定和 1847 年条约结合起来，实际上承认了英国对特鲁西尔酋长国的司法统辖权，也构成了英国对特鲁西尔酋长国的一整套殖民管理体系。③ 但就像研究印度洋的澳大利亚学者大卫·布鲁斯特指出的：1858—1947 年，英国在包括海湾地区在内的西北印度洋的统治，是通过英属印度政府的间接统治体系来实现的。④

另一个有待从海湾阿拉伯国家文献中验证的观点是：海湾阿拉伯国家的统治者积极寻求英国的干预和保护，他们寻求的英国参与是外交保护（仲裁和保证统治者之间的和平解决），海上保护（加强定居

---

① 此处是历史回溯，不代表作者对殖民体系的任何认可。
② Robert T. Harrison, *Britain in the Middle East*, 1619 – 1971, London and New York: Bloomsbury, 2016, p. 43.
③ Donald Hawley, *The Trucial States*, London: George Allen & Unwin Ltd, 1970, pp. 126, 129, 135.
④ ［澳］大卫·布鲁斯特主编：《印度之洋：印度谋求地区领导权的真相》，杜幼康、毛悦译，社会科学文献出版社 2016 年版，第 142、143 页。

点和保卫酋长国及其臣民免受海上攻击),和军事保护(保护酋长国领土免受陆地攻击)。作为"对这些请求的回应",英国最终分别在1829年、1835年承担了保卫阿曼和特鲁西尔酋长国的保护责任,在1861年承担了对巴林的保护责任,在1899年承担了对科威特的保护责任,又在1916年承担了对卡塔尔的保护责任。詹姆斯·昂雷认为:英国的"保护国"角色在很大程度上符合了海湾酋长国对保护国职责和权利的期望,这种合作关系是"不列颠治下的和平"(Pax Britannica)在海湾地区"成功和持久的原因"。[①]

英国政府的海湾地区条约网中也包括了现代沙特王国的前身内志王国。后来成为沙特开国国王的内志酋长阿卜杜勒阿齐兹·阿勒沙特从奥斯曼帝国统治下寻求独立并拓张领土的过程中,在1915年12月和英国政府签订了《英国—内志条约》(Anglo-Najd Treaty),规定英国承认沙特家族对内志和哈萨(Hasa)的统治权,给沙特提供贷款、补助金和武器援助;内志把内政和外交置于英国控制下。这一条约标志着内志也成为英国的"保护国",英国也进一步拓展了其海湾条约网。1927年,已经统一汉志和内志的阿卜杜勒阿齐兹·阿勒沙特与英国政府签订了《吉达条约》(Treaty of Jeddah),正式承认汉志和内志的完全独立,并废除了1915年的《英国—内志条约》。[②] 如果说英国对海湾地区各酋长国的"保护"还有美化空间的话,那么英国在1914年对伊拉克的入侵和委任统治就只是对殖民主义的掩饰。例如,1930年签订的《英国—伊拉克条约》(Anglo-Iraqi Treaty)赋予英国否决伊拉克一切外交决策的权利,也赋予英国垄断伊拉克军队的训练和武器购买,以及战时使用伊拉克领土的权力。[③]

[①] James Onley, "Britain and the Gulf Shaikhdoms, 1820 – 1971: The Politics of Protection", Center for International and Regional Studies, 2009, https://www.files.ethz.ch/isn/110431/CIRSOccasionalPaper4JamesOnley2009.pdf, pp. 1 – 50.

[②] 王铁铮、林松业:《中东国家通史:沙特阿拉伯卷》,商务印书馆2000年版,第105,114—115页; Jacob Goldberg, "The Origins of British-Saudi Relations: The 1915 Anglo-Saudi Treaty Revisited", *The Historical Journal*, Vol. 28, No. 3, September 1985, pp. 693 – 703.

[③] [美]塔比特·阿卜杜拉:《伊拉克史》,张旭鹏译,商务印书馆2013年版,第100—115页。

进入20世纪初,随着石油资源的开采和英国人的分化统治,海湾地区已经基本上有了现代国家雏形。在1908年的伊朗石油大发现后,巴林(1932年)、科威特(1938年)、卡塔尔(1940年)、阿布扎比(1958年)和阿曼(1964年)又发现了石油资源。如表3.1所示,伊拉克、伊朗、沙特、阿曼、卡塔尔、科威特等现代意义上的主权国家纷纷建国并独立,海湾国家也先后进入了新的发展阶段。迄今为止,海湾地区仍然是世界上石油和天然气能源最集中的地区之一。截至2020年底,除了巴林不是能源出口国外,其他7个海湾国家的已探明石油储量的世界占比达到48%,已探明天然气储量的世界占比为39.8%。[1]

表3.1　　　　　　　　现代海湾国家基本情况一览表

国家	独立/建国日	初期政体	政体现状	石油储量占世界比例（%）	天然气储量占世界比例（%）
巴林	1971/08	君主立宪	君主立宪	—	—
伊朗	1925/12	君主制	共和制	9.1	17.1
伊拉克	1921/08	君主制	共和制	8.4	1.9
科威特	1961/06	君主立宪	君主立宪	5.9	0.9
阿曼	1951/12	君主制	君主立宪	0.3	0.4
卡塔尔	1971/09	君主立宪	君主立宪	1.5	13.1
沙特	1932/09	君主制	君主制	17.2	3.2
阿联酋	1971/12	君主立宪	君主立宪	5.6	3.2

资料来源:政治发展状况来自王京烈《解读中东:理解构建与实证研究》,第101、102页;能源数据截至2020年底,参见B. P., "Statistical Review of World Energy 2021", https://www.bp.com/content/dam/bp/business-sites/en/global/corporate/pdfs/energy-economics/statistical-review/bp-stats-review-2021-full-report.pdf 整理。

---

[1] BP, "Statistical Review of World Energy 2021", https://www.bp.com/content/dam/bp/business-sites/en/global/corporate/pdfs/energy-economics/statistical-review/bp-stats-review-2021-full-report.pdf, pp. 16, 34.

1947年印度从英国的殖民统治下独立后，海湾地区在英国全球殖民体系中的作用下降；虽然英国对海湾国家仍然有石油资源的需求，但其统治已经遭到越来越多的海湾国家的暴力起义，而国力急剧衰落的英国已经难以承担维持其在海湾地区独占性霸权的军事开支；其次，英国在解决巴勒斯坦问题和苏伊士运河危机中的失败，已经极大地损害了它在整个中东地区的威望，同时也面临来自埃及领导的阿拉伯民族主义和美国的挑战，其中阿拉伯民族主义给英国的海湾殖民带来的影响经常被忽略。在解决了苏伊士运河危机之后，迦玛尔·阿卜杜尔·纳赛尔致力于把英国殖民势力赶出其他阿拉伯地区，他综合运用了阿盟的政治平台，阿拉伯电台对海湾国家阿拉伯民众的影响。阿拉伯民族主义日益增长的影响加剧了地区外反殖民主义者对英国的海湾统治的批评，尤其是通过在联合国大会上的议题推动给英国造成了外交和国际舆论压力。[1] 1968年，主导海湾地区秩序近200年的英国宣布将在1971年从海湾撤军，引发了该地区秩序的又一次动荡。美国迅速填补了英国撤离海湾地区后的外部权力真空。

早在英国独占海湾地区的殖民统治末期，美国已经在海湾地区产油国建立了由自己控制的石油公司：例如，英国在科威特（1934年）、卡塔尔（1935年）、特鲁西尔国家（1935年）和阿曼（1937年）建立了不同程度控股的石油公司；而美国在巴林（1929年）和沙特（1933年）建立美资石油公司。[2]

二 海湾地区的地区语境

所谓的地区语境主要指的是各地区所在的政治、社会环境，本书把海湾地区的（阿拉伯与波斯）民族、（伊斯兰教的什叶派与逊尼

---

[1] James Onley, "Britain and the Gulf Shaikhdoms, 1820 – 1971: The Politics of Protection", Center for International and Regional Studies, 2009, https://www.files.ethz.ch/isn/110431/CIRSOccasionalPaper4JamesOnley2009.pdf, pp. 15 – 18.

[2] James Onley, "Britain and the Gulf Shaikhdoms, 1820 – 1971: The Politics of Protection", Center for International and Regional Studies, 2009, https://www.files.ethz.ch/isn/110431/CIRSOccasionalPaper4JamesOnley2009.pdf, pp. 15 – 18.

派）教派冲突，以及 6 个海湾阿拉伯君主国与伊朗、伊拉克挑战或保卫君主制政体设定为海湾地区的地区语境。

（一）民族、教派冲突

海湾地区的冲突常量中最经常被提及的就是相互交织的民族和教派冲突，这主要指的是阿拉伯民族和波斯民族，即海湾阿拉伯国家和伊朗之间从公元 7 世纪开始的冲突，这一冲突经常被冠以"不能解决"的称号。

海湾地区 8 个国家可以大致分为 2 个主体民族，即阿拉伯民族和波斯民族，其中波斯民族主要居住在现在的伊朗，而其他 7 个海湾国家都是公认的以阿拉伯民族为主体民族的国家。关于民族有很多不同的定义，本书采用的民族定义为：一个历史范畴，是指人类在历史上形成的共同体，虽然在各个不同的发展阶段、规模、表现形式和具体内容存有巨大差别，但共性都非常突出——即具有共同的语言、共同的地域、共同生活方式、共同的民族意识和共同的民族情感，其中共同的民族意识和民族情感是最主要的特征。①

已发现的对"阿拉伯"民族的最早文字表述出现在公元前 9 世纪，对于这一词的语言解释主要有"西方的人"、"沙漠中的人"即贝都因人等。其中"西方"的指向主要是当时生活在美索不达米亚平原（今天的伊拉克）的进行农耕的居民。但现在公认的阿拉伯民族的原始居住地是阿拉伯半岛。② 阿拉伯最早被描述为半定居群体，因为他们游走在阿拉伯半岛的贸易通道上，对农耕民族造成威胁，并因此经常卷入与叙利亚沙漠中的亚述人的冲突。③ 随着伊斯兰教的创立和阿拉伯半岛的伊斯兰化，阿拉伯人在宗教的旗帜下，第一次实现

---

① 王成娟：《阿拉伯人是一个民族吗》，《阿拉伯世界》2001 年第 2 期。

② 阿拉伯半岛位于亚洲西南部，是世界上最大的半岛，南北长约 2240 公里，东西宽约 1900 公里，面积约 322 万平方公里，属于热带荒漠气候，绝对最高气温达到了 50—55℃，是世界上最热的地区之一。海湾地区 8 个国家中除了伊朗和伊拉克外，其他 6 个国家都位于阿拉伯半岛上。参见中国大百科全书出版社编辑部编《中国大百科全书（世界地理）》，中国大百科全书出版社 1992 年版，第 15—16 页。

③ A. A. Duri, translated by Lawrence I. Conard, *The Historical Formation of the Arab Nation: A Study in Identity and Consciousness*, Abingdon: Routledge, 2012, pp. 5, 13.

了阿拉伯各部落的统一,并积极向外扩张,建立起阿拉伯帝国。从阿拉伯帝国建立开始,阿拉伯一直被定义为:凡是在皈依了伊斯兰教后,放弃祖先的语言而采用阿拉伯语的人都是阿拉伯人。① 根据这一定义,阿拉伯国家联盟的 22 个成员国都是自认和国际公认的阿拉伯国家,他们在地理上跨越西亚、东北、东非等区域,但都把阿拉伯语作为官方语言。截至 2020 年,人口达到了约 4.36 亿的阿拉伯民族是海湾地区乃至整个中东地区的第一大民族。② 波斯人则被认为是在公元前 2000 年左右,进入现在伊朗国境的雅利安人的后代,其中说伊朗雅利安语的西伊朗人是波斯人的祖先。③

阿拉伯民族和波斯民族冲突可以大致追溯回 632 年,阿拉伯帝国的第一任哈里发埃布·伯克尔(Abu Bakr)执政时期。经过 20 多年的战争,随着萨珊王朝最后一任国王耶兹德格德三世(Yazdgard Ⅲ)的去世,萨珊王朝灭亡。④ 这次失败被波斯人认为是"永远不能忘怀的巨大灾难"。阿拉伯帝国在波斯人生活的地区推行阿拉伯化和伊斯兰化,波斯人皈依了伊斯兰教,但仍保持着自己的民族和文化,尤其是语言特性。1502 年,波斯历史上最辉煌的王朝——萨拉维王朝建立,因为该王朝秉持的扶持什叶派信仰的政策,阿拉伯民族和波斯民族之间开始加入了教派对立的色彩。⑤ 也是从这一时期开始,什叶派宗教信仰成为后续波斯和伊朗统治者们的旗帜,即强调其民族性和合理性,并确保自身具有不同于周边国家的独立性。⑥ 波斯人和信仰逊尼派的中东各地区其他帝国,如奥斯曼帝国等也在教派冲突的外衣下展开了争夺领土的战争,这些战争不仅加深了什叶派与逊尼派的宗教

---

① 王联:《中东政治与社会》,北京大学出版社 2009 年版,第 34 页。
② The World Bank, "Data: Arab World", https://data.worldbank.org/country/1A.
③ 王新中、冀开运:《中东国家通史:伊朗卷》,商务印书馆 2002 年版,第 45 页。
④ R. N. Frye ed., *The Cambridge History of Iran* (Volume 4), Cambridge and New York: Cambridge University Press, 1975, pp. 4, 22;王新中、冀开运:《中东国家通史:伊朗卷》,商务印书馆 2002 年版,第 143 页。
⑤ Peter Jackson and Laurence Lockhart eds., *The Cambridge History of Iran* (Volume 5), Cambridge and New York: Cambridge University Press, 1986, pp. 189, 351, 352.
⑥ 王新中、冀开运:《中东国家通史:伊朗卷》,商务印书馆 2002 年版,第 200 页。

对立，也恶化了波斯民族和阿拉伯民族的关系。[①] 因此，与其说波斯民族与阿拉伯民族，什叶派和逊尼派之间一开始就存在着不可调和的矛盾，不如说这种对立是由两个毗邻民族间长期的历史征战所塑造出来的。

（二）君主制和共和制

如果说民族和教派对立是伊朗和其他海湾阿拉伯国家间的重要冲突来源之一，那么君主制和共和制的对立，尤其是伊朗曾经对海湾国家君主制的政治合法性的质疑，是造成伊拉克、伊朗和其他海湾君主国家之间冲突的又一个来源，虽然这一冲突因素也随着冷战后伊朗地区政策的转变而趋于缓和。

和其他发展中地区不同，海湾国家都没有卷入20世纪70年代兴起于拉丁美洲地区的第三波民主化浪潮（third wave of democratization），甚至也没有进行最重要的政治过渡。在20世纪后半叶，原本完全处于封建君主统治下的中东地区爆发了共和制浪潮，埃及（1953年）、突尼斯（1957年）、伊拉克（1958年）、也门（1962年）、利比亚（1969年）、阿富汗（1973年）和伊朗（1979年）的国王都先后被推翻，而海湾的6个君主国家的君主仍然维持了统治。海湾地区作为现在世界上君主政体最集中的地区，再加上海湾地区合作主要是由地区内政府主导的，所以君主政体丛立的地区现状，使得君主政体及其各君主国的地区合作成为理解海湾地区语境下冲突与合作的关键因素之一。

1979年，伊朗通过伊斯兰革命推翻了巴列维王朝的君主统治，建立了共和制政体。领导伊朗伊斯兰革命的鲁霍拉·穆萨维·霍梅尼（Ruhollah Musavi Khomeini）坚决反对君主制，并从伊斯兰教历史中推论出了君主制的"不合法性"。霍梅尼提出：无论是在《古兰经》还是圣训中都没有关于实行君主制的记载，相反却有指责君主制的"圣言"，所以"伊斯兰教是根本反对君主制的"。霍梅尼反对君主制的主张不但影响了邻国大量的什叶派穆斯林，而且其反复强调的坚决

[①] 范鸿达：《20世纪阿拉伯人和伊朗人的思想冲突》，《世界民族》2006年第6期。

反对西方势力，消灭社会不公平等社会主张也吸引了对现状不满的逊尼派穆斯林，引发了周边君主国家的国内动乱，这导致了伊朗与海湾君主国家关系的一度急剧恶化。虽然伊朗在20世纪90年代开始减少对海湾国家君主制政体的攻击，但这一段历史和教派矛盾、争夺地区主导权等诸多因素交织在一起，导致伊朗和周边海湾阿拉伯君主国家关系的恶化。

第二节　冷战时期的海湾地区合作

冷战时期，7个海湾酋长国在1971—1972年联合成立了现在的阿联酋；在此基础上，6个海湾阿拉伯君主国在1981年成立了海合会。这两次重要的地区合作奠定了延续至今的海湾地区战略格局。

一　新的"地区国家"阿联酋的成立

1968年初，英国宣布将从海湾撤离后，以往处于英国"保护"下的海湾阿拉伯酋长国面临独立后的政治、经济、安全等方面的生存危机。特鲁西尔各酋长国经过多次磋商，开始明确起来要建立一个旨在将该地区从当时的动荡中拯救出来的新的国家结构。当时的阿布扎比酋长扎耶德·本·苏丹·阿勒纳哈扬（Zayed bin Sultan al Nahayan，下文简称扎耶德总统）访问迪拜，和当时的迪拜酋长拉西德·本·赛义德·阿勒马克图姆（Rashid bin Saeed Al Maktoum）商议联合的问题。他们就建立两个酋长国的联邦达成了共识，在1968年2月18日签订了《阿布扎比—迪拜联合协议》（Abu Dhabi and Dubai Union Agreement），并于次日发表《联合公报》宣布两国建立联邦。该协议规定两个酋长共同承认一系列责任：外交事务、出现的国防和内部安全问题、医疗和教育服务、公民身份和移民，协议还包括两个酋长国进一步巩固联邦的措施和成果，并详细说明将遵守并受协议条款的约束。两位酋长邀请沙迦、阿治曼（Ajman）、乌姆盖万（Umm al-Quwain）、富查伊拉（Fujairah）、哈伊马角的酋长加入联邦，当年也向巴林和卡塔尔发出了加入联邦的邀请。阿布扎比和迪拜的联合协议同时解决了两国间的海上边界划分，帮助迪拜拓展了费斯（Fath）油田。该协议在海湾地区第一次证明阻碍统治者之间进行合作的边界问题也可以通过政治方式解决。①

阿布扎比和迪拜的双边协议对其他海湾国家和英国的海湾地区政策都造成了影响，两国联邦的扩大也经历了一系列讨价还价。继阿布扎比和迪拜正式宣布达成协议后，卡塔尔当时的统治者哈迈德·本·阿里·阿勒萨尼（Ahmad bin'Ali Al Thani）到访阿布扎比时，表示不赞成建立一个将自己排除在外的强大联邦，因为他认为卡塔尔是各酋长国中最富有和最发达的国家，而且卡塔尔和其他海湾国家有牢固的纽带联系。相反，卡塔尔的设想是建立一个独立的国家或者一个在卡塔尔领导下的联邦。阿布扎比和卡塔尔的统治者达成了一项协议，承认卡塔尔和其他酋长国在筹建中的多国联邦的位置。1968年2月28日，上述7个特鲁西尔酋长国和巴林、卡塔尔的首脑在迪拜举行会谈。卡塔尔提交了一份方案：首先由沙迦、阿治曼、富查伊拉、哈伊马角和乌姆盖万组成一个单一的大型酋长国，再由卡塔尔、巴林、阿布扎比和迪拜共同组成一个5个酋长国合并的联邦。卡塔尔的这一提议遭到了沙迦等5个酋长国的反对，因为他们认为不论国土、人口资源，每个酋长国都应该享有平等的权利。②

此次会谈最终达成了一项《迪拜协议》（Dubai Agreement），宣告将组建一个9国联邦，未来的国家名称为阿拉伯联合酋长国。协议的第12条规定拟成立的酋长国通过合作的方式来巩固和增强他们的军事实力；规定以联邦名义设立最高法院；第15条给予每个酋长国特权以管辖联邦政府管辖范围外的地方事务。2月27日，9个酋长国的统治者签署了该协议，并于1968年3月30日生效。这些协议公布后，沙特、科威特、埃及、伊拉克，美国、英国都对这一协议表示欢迎。而伊朗继续坚持自身对巴林群岛拥有主权，反对巴林加入新联

---

① Abdullah Omran Taryam, *The Establishment of the United Arab Emirates*, 1950 – 85, Abingdon and New York: Routledge, 2017, pp. 89 – 90.

② Kristian Coates Ulrichsen, *The United Arab Emirates: Power, Politics, and Policymaking*, Abingdon and New York: Routledge, 2017, pp. 51 – 53.

邦；叙利亚、也门民主人民共和国等中东国家也表示反对。有学者认为：沙特对阿布扎比和迪拜的两国联盟持保守态度，但欢迎9国联盟的建议，一定程度上是自信能通过自身对巴林的影响力来影响新的联邦。① 1969年10月21—25日，拟建的9国联邦召开第二次最高委员会，一致选举阿布扎比酋长为联邦总统，任期2年；选举迪拜酋长为副总统。海湾9国联邦的进程后续由于伊朗对巴林加入联邦持反对意见，和巴林对卡塔尔的祖巴拉（Zubara）等地提出领土要求而发生变化，其直接后果是巴林和卡塔尔宣布退出拟议中的联邦，并独立建国。② 1970年1月，巴林组成了一个12人国务委员会，作为国家的最高行政机构。同年4月，卡塔尔通过临时宪法，组成第一届临时政府。1971年3月1日，英国宣布同海湾各酋长国签订的保护条约在年底终止，巴林和卡塔尔分别在1971年8月14日和1971年9月3日宣布独立。③

1971年12月2日，阿布扎比、迪拜、沙迦、阿治曼、乌姆盖万、富查伊拉6个酋长国的酋长举行会议，宣布阿拉伯联合酋长国正式独立。④ 当天，阿布扎比酋长又被选举为总统，任期延长到了5年，并兼任武装部队总司令；而迪拜酋长任副总统。此后阿联酋联邦的总统和副总统都将由7个成员国首脑通过选举产生，联邦内阁的40名部长分别来自各酋长国的王室，其任命不需要通过选举过程。1972年2月10日，哈伊马角宣布加入联邦，由此形成了由7个酋长国联合组建的联邦国家。随着阿联酋的成立，海湾地区8个国家的国家分布情况就从此稳定下来。而且，本来是前特鲁西尔海岸地区层面上的合作，随着阿联酋的成立及其后续稳定发展，成了国家层面的合作，并

---

① Abdullah Omran Taryam, *The Establishment of the United Arab Emirates*, 1950 – 85, Abingdon and New York: Routledge, 2017, pp. 90 – 93.

② Hassan Ali Radhi ed., *Judiciary and Arbitration in Bahrain: A Historical and Analytical Study*, London: Kluwer Law International, 2003, p. 69.

③ Pirouz Mojtahed-Zadeh, *Security and Territoriality in the Persian Gulf: A Maritime Political Geography*, London and New York: Routledge-Curzon, 2003, p. 140.

④ Abdullah Omran Taryam, *The Establishment of the United Arab Emirates*, 1950 – 85, London and New York: Croom Helm, 1987, p. 142.

被视为阿拉伯世界少有的内部联合自强的成功案例。

虽然由7个酋长国组成，但阿联酋在独立之初仍是个"袖珍国家"：1972年，其人口约34万人，也同时处在沙特、伊朗和伊拉克等地区大国的夹缝中，具有天然的脆弱性。例如，值得注意的是：虽然阿联酋和沙特在海合会内部事务和中东地区事务等多方面保持了高度的政策协同性。但1971—1974年，沙特因为等待边界争端的解决，一直拒绝予以阿联酋外交承认。这一外交承认矛盾直到1975年才解决。[①]但阿联酋的成立解决了英国从海湾地区撤离后，阿拉伯沿岸各酋长国的生存问题：阿布扎比和迪拜的推动和斡旋是联邦得以建立的重要条件，这两个酋长国也负责承担联邦政府的主要经费开支，所以成为各加盟酋长国间的"中心国家"。阿联酋这一联邦制的吸引力和凝聚力还在于：其制度和组织结构体现了加强中央权力的联邦政府与尽可能维持自治权的各酋长国间的妥协，这突出地体现在阿联酋的宪法中。

阿联酋现在实行的是1996年确定的"永久宪法"，[②]包括10个部分的152项条款：第一部分：联邦基本组成部分和目标（第1—12条）；第二部分：联邦的基本社会经济基础（第13—24条），第三部分：自由、权利与公共义务（第25—44条），第四部分：联邦政府（第45—109条），第五部分：联邦的立法、法令以及在其中有管辖权的当局（第110—115条）；第六部分：各酋长国（第116—119条）；第七部分：联邦和酋长国间立法、行政和国际司法管辖权的分配（第120—125条）；第八部分：联邦的财务问题（第126条—第136条）；第九部分：武装部队和安全部队（第137—143条）；第十部分：最后和过渡条款（第144条—第152条）。[③]

---

① ［以］伊曼纽尔·阿德勒，［美］迈克尔·巴尼特主编：《安全共同体》，孙红译，世界知识出版社2015年版，第138页。

② 1971年7月18日，阿联酋联邦最高委员会通过临时宪法，同年12月3日宣布临时宪法生效。1996年12月，联邦最高委员会通过决议把临时宪法确立为"永久宪法"，并确定阿布扎比为阿联酋的永久首都。

③ 阿联酋宪法的权威英语翻译版本参见：Refworld, "Constitution on the United Arab Emirates", https://www.refworld.org/pdfid/48eca8132.pdf.

阿联酋"永久宪法"的第120、121条特别写明了联邦政府拥有的司法权。其中第120条列出的联邦权力包括外交事务、防务和安全事务、邮政、电话和其他通讯服务、航空控制、飞机执照发放、教育、公共安全和货币发行、劳务关系管理、社会安全、银行业，以及界定各酋长国领土内水资源、银行业、建立在伊斯兰宗教、文化传统上的犯罪审判等；第121条则列出印刷和出版也属于联邦政府的管辖权内。虽然宪法第123条规定，联邦的酋长国可与邻近国家或地区缔结有限的地方和行政性质的协定，但这些协定不得违背联邦的利益或违反联邦法律。第124项规定：联邦政府在缔结任何可能会影响任何酋长国的位置的国际条约或协议前，应提前寻求该酋长国的意见，若出现不同意见应提交给联邦最高法院（Union Supreme Court）裁决。① 除了明文列出的联邦权限，1996年宪法也给予了联邦内各酋长国以自治权，即没有写明归属于联邦权限的其余权力都归各酋长国的埃米尔掌控，各酋长国内的自然资源和其他财富都被视为归各酋长国自有，而不划归联邦。另外，阿布扎比、迪拜和沙迦三个酋长国内也像联邦政府一样设立了执行委员会（executive council）和咨询委员会（consultative council）。② 有学者认为阿联酋从建国开始，在国内政治中就追求共识、和解和合作，联邦领导人的领导风格也较灵活并强调"宽容"。③

虽然阿联酋在实践中是一个分权型联邦（decentralized federation），但其独特的历史因素塑造了其不同于当今世界其他联盟的特点。比如，联邦政府各机构的官员除了总统和副总统是在7个成员国的首脑间选举产生，但总统和副总统兼首相一直是由阿布扎比和迪拜两个酋长国的酋长担任。1971—2004年，当时的阿布扎比酋长扎耶德·

---

① Refworld, "Constitution on the United Arab Emirates", https://www.refworld.org/pdfid/48eca8132.pdf.
② 相关分析参见 Ann Griffiths, *Handbook of Federal Countries*, Montreal: McGill-Queen's University Press, 2005, pp. 361, 362.
③ Ibrahim Abed and Peter Hellyer eds., *United Arab Emirates: A New Perspective*, London: Trident Press, 2001, p. 4.

本·苏丹·阿勒纳哈扬任阿联酋第一任总统；2004年11月，其儿子哈利法·本·扎耶德·阿勒纳哈扬（Khalifa Bin Zayed Al-Nahyan）在2004年11月继任阿布扎比酋长，随后当选为阿联酋总统。这两任总统都是每五年通过选举又再次连任。2006年，迪拜新一任酋长穆罕默德·本·拉希德·阿尔·马克图姆（Mohammed bin Rashid Al Maktoum）兼任联邦副总统、国防部长和迪拜酋长。① 这种领导人的长任期既和中东地区普遍存在的终身制领导传统有关，更和阿布扎比和迪拜在7个酋长国间的较强经济和其他权力地位密切相关。阿布扎比不但占阿联酋领土的84%，还和占5%的联邦总领土的迪拜一样，在联邦内部拥有巨大的经济、政治影响力。②

此外，虽然阿联酋联邦政府的内阁成员在不断进行改组，最新一任政府是哈利法总统在2021年9月25日批准成立的。现任内阁成员中除了任包容和共存部长（Minister of Tolerance and Coexistence）的纳哈扬·本·穆巴拉克·阿勒纳哈扬（Nahayan Mabarak Al Nahayan）是在1992年进入内阁外，其余的内阁成员都是在所谓的"后扎伊德时代"（"post-Zayed"era）③进入内阁的，但还是有一定数量的新内阁要员来自阿联酋各酋长国的统治家族。除了根据阿联酋的联邦总统来自阿布扎比，副总统兼总理来自迪拜的政治传统外，新一届政府中的副总理兼内政部长、副总理兼总统事务部长、外交与国际合作部长、包容和共存部长，以及一名国务部长都来自统治阿布扎比的阿勒纳哈扬家族；总理兼国防部长，以及副总理兼财政部长都来自统治迪拜的阿勒马克图姆家族；司法部长来自统治阿治曼的阿勒努艾米（Al Nuaimi）家族④。此外，从2006年至今任内阁事务部长的穆罕默德·

---

① Crown Prince Court, "His Highness Sheikh Khalifa bin Zayed Al Nahyan", https://www.cpc.gov.ae/en-us/thepresident/Pages/president.aspx; The Cabinet, United Arab Emirates, "The Prime Minister: Biography", https://www.uaecabinet.ae/en/biography.

② Ann Griffiths, *Handbook of Federal Countries*, Montreal: McGill-Queen's University Press, 2005, p.360.

③ 即2004年11月2日，扎耶德总统病逝后。

④ The Cabinet, United Arab Emirates, "The UAE Cabinet", March 8, 2022, https://u.ae/en/about-the-uae/the-uae-government/the-uae-cabinet.

本·阿卜杜拉·卡尔卡维（Mohammed bin Abdullah Al Gergawi）曾在迪拜政府担任重要的行政职位。① 同时，阿布扎比和阿联酋在联邦中的领土、经济、政治优势和沙特、卡塔尔相比，又存在较大的差距，这也是海湾地区的联邦联合形式止步于这7个酋长国的重要原因之一。

二 海合会的成立

20世纪70年代的海湾地区局势处在美国尼克松主义的主导下：美国通过"双塔"（twin pillars）政策旨在通过与伊朗和沙特这两个君主国家合作，确保海湾地区的稳定。在1979年前，美国对伊朗的支持力要远大于其对沙特的援助。② 20世纪70年代中后期，包括伊朗和伊拉克在内的海湾国家曾提出许多关于建立地区合作组织的建议。1976年11月，海湾8国曾在阿曼的马斯喀特举行会议，讨论海湾地区合作组织的安排。但海湾国家在地区合作组织安排上存在巨大差异：伊朗提出了海湾地区陆海空三军联合的宏大提议；伊拉克只倾向于达成一项防务条约以保护通过海湾地区的国际航运路线。即使在其他6个海湾国家决定在没有伊朗和伊拉克的情况下继续进行谈判的情况下，也遇到了新的三方分歧：沙特提出签订集体安全协议，科威特支持共同市场和经济一体化，阿曼则支持纯粹的军事联盟。③

外界长期认为海合会的成立是海湾阿拉伯君主国对"两伊问题"的一致反映，但当时的海湾局势与这一判断存在偏差。首先，这一时期海湾国家间关系非常复杂：在海合会成立前，海湾地区8个国家间分成了4个阵营：沙特、伊朗、伊拉克，四个沿海国家（阿联酋、卡

---

① Kristian Coates Ulrichsen, *The United Arab Emirates: Power, Politics, and Policymaking*, Abingdon and New York: Routledge, 2017, pp. 70 – 71.

② Joseph Kostiner, *Conflict and Cooperation in the Gulf Region*, Wiesbaden: VS Verlag für Sozialwissenschaften, 2009, pp. 15, 17.

③ Shahram Akbarzadeh ed., *Routledge Handbook of International Relations in the Middle East*, Abingdon and New York: Routledge, 2019, p. 212.

塔尔、科威特、巴林),以及不属于任何阵营的阿曼。这四方间存在着复杂的矛盾,沙特对卡塔尔有领土要求,伊拉克对科威特有领土要求,伊朗和巴林、阿联酋间存在领土争端。其次,1975 年之后,因为伊拉克的外交政策变得更加务实,而且萨达姆·侯赛因为了争取地区领导地位,把泛阿拉伯主义放在其外交政策的优先位置,所以伊拉克与海湾阿拉伯君主国间的关系逐渐缓和。1979 年,《戴维营协议》签署后,阿拉伯世界对埃及的排斥和来自伊朗"输出革命"的共同威胁也加速了伊拉克与其海湾阿拉伯邻国关系的正常化。第三,海合会的正式成立和初期合作议程的推动面临一系列内部阻碍:海湾地区酋长国间的长期对立,沙特和海湾沿岸酋长国间的中心—外围不平衡,和也门间不确定的关系,以及 6 个国家对伊朗和伊拉克认知仍缺乏共识等。[①]

1979 年,伊朗爆发了伊斯兰革命,推翻了君主制并向其他中东国家"输出革命"、批判君主制和世俗民族主义的治理形式,挑战了海湾君主的统治合法性,并造成了文化、跨国网络等多方面威胁。这一系列事件最终促使 6 个海湾阿拉伯君主国达成了合作共识。这一时期,苏联入侵阿富汗也引发了海湾君主国家对其政权稳定和安全的担忧。伊朗与伊拉克又在 1980 年爆发了战争,标志着美国主导建立下的既有海湾地区秩序的彻底崩溃。鉴于当时伊朗和伊拉克在综合国力,尤其是军事实力上的地区优势,包括沙特在内的其他海湾国家都面临战争外溢的安全威胁。1980 年 11 月,科威特就处于伊朗和伊拉克交战过程中的火箭和迫击炮的攻击范围内。伊朗和伊拉克对海湾地区石油基础设施和通商航行的攻击,表明支撑海湾国家社会稳定和经济发展的石油出口和货物进口在两伊战争期间的脆弱性。

因此,海合会的成立是对海湾地区当时所面临的严重不确定局势的紧急反应。1981 年,在多年的拖延和无法就任何组织形式达成一

[①] Shahram Akbarzadeh ed., *Routledge Handbook of International Relations in the Middle East*, Abingdon and New York: Routledge, 2019, pp. 209 – 213.

致后，海合会6国在不到3个月的时间内以惊人的速度一致同意了海合会的各类组织构想和目标，批准了组织的最终宪章，签署了许多复杂的规则和机构文件，并匆忙宣布该组织的正式成立。1981年5月25日，海湾六个君主国的元首在阿布扎比举行了首脑会议，会上共同签署的海合会《宪章》标志着该地区合作组织的正式成立。海合会在5月26日发表的首脑峰会闭幕公告包括以下几个内容：建立海合会的目的是发展海湾各国之间的合作，加强相互之间的关系，实现协调、一体化和相互联系；公报认为海湾地区的稳定与中东和平、巴勒斯坦问题的公正解决密切相关，必须建立一个独立的巴勒斯坦国；六国首脑重申海湾地区的安全和稳定是海湾国家和人民的责任，拒绝来自任何方面、任何形式的外来干涉，排斥地区内的国际斗争，尤其是外国舰队的存在和建立外国军事基地；六国首脑支持结束两伊战争所进行的努力。①

虽然海合会的成立有面临地区威胁时"紧急提速"的特点，但该组织成立的国际背景是冷战进行到第三个十年之际，当时两极格局在一定程度上得到了缓解，美苏以外的其他国家在对外关系上获得了更多的灵活性，能逐步提升地区自给自足和合作，巩固其国家地位和自主性。② 海合会在《宪章》中自我设定为一个地区性的政治、经济和社会组织，其预设工作范围涵盖了经济、政治、安全、文化、卫生、教育、法律事务、管理、能源、工业、采矿、农业、渔业和畜牧业等几乎所有方面，看似是一个涵盖一切功能的组织。③ 一方面，可以解读为该组织希望利用成员国的资源和力量，实现成员间在一切领域内最大限度的协调、联系、合作和一体化；加强与

---

① Secretariat General of the Gulf Cooperation Council, "Objectives", https://www.gcc-sg.org/en-us/AboutGCC/Pages/StartingPointsAndGoals.aspx.

② Louise Fawcett, "Regionalism in World Politics: Past and Present", in Ariane Kösler and Martin Zimmek eds., *Elements of Regional Integration: A Multidimensional Approach*, Baden-Baden: Nomos, 2008, p. 21.

③ Secretariat General of the Gulf Cooperation Council, "About GCC: The Charter", https://www.gcc-sg.org/en-us/AboutGCC/Pages/Primarylaw.aspx.

密切成员国民间的联系、交往和合作。①但另一方面，海合会在创立时缺乏一个与欧盟委员会类似的共享主权的超国家决策机构；在其《宪章》中只要求协调各成员国间的外交政策和政治合作，但没有设计以条约为基础的明确外交决策权力。而且其成员国政府对各自政治和经济政策的几乎所有方面都负有责任，也不接受任何影响其主权的组织限制。沙特和其他海合会成员国当时仍处在国家构建的关键时期，而且其他5个成员国担心沙特倚仗其在人口、军队规模、地缘政治重要性等各方面的优势，在地区内夺取主导地位甚至建立霸权。所以，在一定程度上为了消除成员国间实力不平衡带来的风险，海合会在成立之初把自己描绘成一个谨慎的、维持现状的实体，目的是保护其成员国和社会不受伊朗和伊拉克战争外溢带来的跨国和非常规威胁。②

海合会的成立也标志着海湾地区的新复杂均势（complex balance）的开端。赫德利·布尔在研究国际秩序时，把均势（balance of power）定义为"一种任何一个大国都不能享有主导地位和不能对他国发号施令的事态"。布尔把均势分为四个方面：简单/复杂均势（simple/complex balance），整体/局部均势（general/local balance），主观/客观均势（subjective/objective balance）和偶发/人为的均势。其中，简单均势指的是两个大国间的军事，比如16、17世纪法国与西班牙/奥地利的哈布斯堡王朝和冷战时期的美国和苏联之间形成的均势。这种均势要求双方实力必须是均等或对等的，而处于劣势地位的一方只有依靠增强自身实力才能获得权力。而复杂均势指的是涉及三个或者三个以上大国的均势，比如法国、普鲁士、英国等强国林立的18世纪中期的欧洲局势，在这种均势情势中，大国之间的权力分布极度不均等，但这并不一定导致最强大的一方处于主导地位，因为其他国家可能联合起来抗衡这个国家。事实上，历史上从来没有出现

---

① Secretariat General of the Gulf Cooperation Council, "Objectives", https://www.gcc-sg.org/en-us/AboutGCC/Pages/StartingPointsAndGoals.aspx.

② Shahram Akbarzadeh ed., *Routledge Handbook of International Relations in the Middle East*, Abingdon and New York: Routledge, 2019, p.213.

过单纯的简单均势或者绝对的复杂均势，简单均势中总是存在着部分虽然对事态发展的影响力较小，但也发挥重要作用的其他大国；而复杂均势可以表现为国家间外交上的同盟。①

具体分析海湾地区的均势时，首先可以发现海湾地区从二战结束至今已经没有一个占绝对主导地位的地区中心大国，海湾国家间的权力斗争既受历史遗留问题和复杂的宗教、民族问题相交织的影响而呈现一定的延续性，比如伊朗和其他海湾阿拉伯国家的关系；也受到不同历史时期的国际形势和地区内国家相对实力对比的影响，比如萨达姆政权在海湾战争开始后主动向伊朗示好，以及沙特在不同时期对伊朗、伊拉克的态度变化等；上述国家间关系变化还受到地区内其他国家的影响，比如阿曼、科威特等国的对伊朗政策等。基于上述原因，海合会的成立把海湾地区内的重要行为体分为了伊朗、伊拉克和海合会三方，这在一定程度上达到了海湾地区内部的局部均势。这种局部均势有助于维持地区内国家的独立地位，确保它们不被单一地区主导国家所兼并或统治。

海合会的成立是各成员国在判断自身均势力量弱于伊朗和伊拉克的情况下，通过合作的形式寻求限制两伊的相对实力；而不是与其中任何一方，甚至同时和两伊进行直接对抗。而且与伊朗、伊拉克追求地区霸权，并和西方国家实行对抗的政策形成鲜明对比的是，海合会国家对西方政策整体相对温和，并和美国、苏联以及其他主要大国都保持了相对有序的合作关系。因此，后续伊拉克和伊朗分别因为海湾战争和伊朗核问题遭到外交孤立和严重经济制裁时，被称为"温和/现状国家/亲美"的海合会国家在稳步发展，② 在20世纪90年代到21世纪前十年的时间内实现了经济的迅速发展，在经济上和伊朗、伊拉克逐渐拉开了差距。

---

① ［英］赫德利·布尔：《无政府社会——世界政治秩序研究（第四版）》，张小明译，上海人民出版社2015年版，第80—84页。

② Raymond Hinnebusch and Jasmine Gani eds. , *The Routledge Handbook to the Middle East and North African State and States System*, Abingdon and New York: Routledge, 2020, p. 252.

三 跨越制度边界的互动

海合会是海湾地区最重要的地区合作组织，在1981年创建之日开始，它就在6个成员国，以及伊朗、伊拉克之间划定了一条制度边境（institutional border），即构建了一套成员国必须遵守而非成员国不必遵守的规则体系。[①] 这里讨论的制度指的是国际制度（international institution），这一术语与国际机制（international regime）和国际组织（international organization）这两个术语相互联系又容易混淆。例如，罗伯特·基欧汉把国际机制和国际组织、国际惯例一起纳入了国际制度，[②] 而莉萨·马丁（Lisa L. Martin）与贝思·西蒙斯（Beth A. Simmons）则指出，截至20世纪90年代，在国际关系的研究话语中，机制已经在很大程度上取代了制度一词的使用，[③] 她们提出把国际制度和国际机制归为一个方面，把国际组织归为另一个方面，因为后者是前者的具体体现。[④] 也有学者提出制度研究方法和机制研究方法存在区别：制度研究方法把国际组织本身作为主要行为体来研究行为，即重点分析组织内部的行为；而机制研究方法把国际组织外的行为体，主要是国家作为国际政治的结果来源，即综合国家行为和在规范和规则影响下，组织行为体现出来的规则和规范的影响。[⑤] 考虑到本书不但探讨海合会本身的内部行为，也把这一组织外的伊朗、伊拉克等国家考虑在内，所以不严格区分国际制度与国际机制的区别。本书把海合会这个由6个海湾阿拉伯国家精心设计的国际组织；经政府

[①] 王玮：《跨越制度边境的互动：国际制度与非成员国关系研究》，上海人民出版社2012年版，第37页。

[②] ［美］罗伯特·基欧汉、约瑟夫·奈：《权力与相互依赖（第四版）》，门洪华译，北京大学出版社2012年版，译者前言第15页。

[③] Beth A. Simmons and Lisa L. Martin, "International Organization and Institution", in Walter Carlsnaes, Thomas Risse-Kappen and Beth A Simmons eds., *Handbook of International Relations*, London, Thousand Oaks and New Delhi: Sage, 2002, p. 194.

[④] ［美］莉萨·马丁、贝思·西蒙斯编：《国际制度》，黄仁伟、蔡鹏鸿等译，上海人民出版社2006年版，英文版前言第3页。

[⑤] J. Samuel Barkin, *International Organization: Theories and Institution (Second Edition)*, New York: Palgrave Macmillan, 2013, p. 39.

同意和认可的，明确的政府间规则；已有地区合作中的地区惯例都纳入该地区的国际机制中。

海合会的建立是其成员国发现仅靠自身难以达到抗衡伊朗、伊拉克这两个地区强国的目标，而海合会该地区合作制度可以使它们获得通过国内制度制定或单独与伊朗、伊拉克的双边谈判或对抗所不能获得的收益。而厄恩斯特·哈斯把国际机制看作是一种国际合作的特殊模式，即如果不能在相互联系的问题领域，通过综合性讨价还价达成普遍协议的话，那就不会有机制，或仅有不稳定的机制。[1] 一旦政策由一项国家制度所代表，就出现了国际制度聚会国家行为的聚合性（convergence）效果。[2] 海合会成立后，其成员国的政治、安全和经济、文化教育等领域的政策将越来越趋向于在组织内部达成一致，甚至采取所谓的共同政策。例如，本文将在第五章中具体展开的海合会关税同盟和海合会共同市场，以及海合会允许成员国劳动力不受限制地在海合会内部流动等都是聚合性效果的典型案例。这实际上使没有加入海合会的伊朗和伊拉克不能享受这一共同机制带来的权利和相应义务。海合会的建立使地区内的国家间互动既可以是海合会成员国与伊朗、伊拉克之间的双边互动，也使伊朗、伊拉克在和海合会国家打交道时经常要遇到一个作为整体的海合会。最典型的案例是与伊朗保持着友好关系的阿曼一直充当伊朗与美国、沙特等国家间的斡旋者角色，伊朗还经常利用与阿曼的友好关系作为间接渠道，与海合会建立直接对话渠道，但阿曼无法阻止作为一个整体的海合会与伊朗间的对立。而且随着海合会的不断发展，伊朗和伊拉克已经无力在海湾地区按照各自认可的政治原则或意识形态构建新的制度框架。与之相对的是，伊朗、伊拉克在与海合会进行跨界互动将不可避免地受到海合会已有规则体系的约束，例如伊朗提出的与海合会整体进行的自贸区谈判。

---

[1] Ernst B. Haas, "Why Collaborate?: Issue-Linkage and International Regimes", *World Politics*, Vol. 32, No. 3, April 1980, pp. 357, 388.

[2] ［美］莉萨·马丁、贝思·西蒙斯编：《国际制度》，黄仁伟、蔡鹏鸿等译，上海人民出版社2006年版，第521、522页。

海合会首先建立起的合作制度会在海湾地区导致路径依赖或制度惯性。这首先是因为国际制度的实施使特定行为方式在地区内获得相当的社会认可，而同时也让与之相对的某些行为方式受到排斥。尽管制度最初规范的对象只是早期参与者，但制度的功效会"外溢"到其他合作领域和后来的参与者当中。海合会成员国作为已有合作架构的受益者，希望国际制度成为其与组织外国家进行跨界互动的规则依据；成员国拥有合作制度方面的先发优势并希望利用这一优势获取更长期的优势。因此，主张用已有国际制度规范跨界互动，保持它们在地区合作制度方面的累积优势就成为海合会成员国自身利益的理想选择。[1]

另一方面，海合会的制度只对成员国拥有规范行为的作用，而对非成员国的伊朗和伊拉克不具有约束力。对于地区安全、政治安全等海合会最重要的目标，如果不能吸引伊朗、伊拉克的有效参与，或至少获得后者对其制度的认可，而仅凭借集体力量以及区域外大国的介入来保持海湾地区局势的"恐怖平衡"，将继续制约海合会制度规则的适用范围，也无益于提高其组织行动能力。在2013年12月的海合会首脑峰会上，阿曼提出要重新考虑海合会与伊朗的对抗作为，并拒绝加入沙特、卡塔尔、阿联酋主导，以海合会的集体名义对叙利亚、也门等其他中东国家实施的干涉。[2] 这一倡议当时在海合会内部引发了激烈争议，但从跨界活动的角度来看是一个有利于地区长期稳定的理性倡议。

第三节　冷战结束后的海湾地区合作

由于地缘政治的发展，和地区内国家在实现政治和经济联盟上存

---

[1] 王玮：《跨越制度边境的互动：国际制度与非成员国关系研究》，上海人民出版社2012年版，第92、93页。

[2] Basma Mubarak Saeed, "Oman, Iranian Rapprochement and a GCC Union", Al Jazeera Report, January 21, 2014, https://studies.aljazeera.net/sites/default/files/articles/reports/documents/201456105791437340man%2C%20Iranian%20Rapprochement%20and%20a%20GCC%20Union.pdf.

在观念分歧，海湾地区至今没有建立一个涵括地区内所有国家在内的共同合作组织。如果说从海合会成立开始，海湾国家已经通过地区合作项目，在多边基础上组织国家间关系的尝试的话，这种尝试又可以具体分为两方面的内容：一是海合会国家倾向于在组织内部把资源和主权置于共同管理之下，并展开更紧密的合作；二是海合会国家与伊朗和伊拉克至今仍主要限于政府间合作。这一小节主要讨论的是海湾地区还是延续了从1981年海合会成立开始的三角格局，以及随着海合会的发展，海湾地区出现的新整合趋势；其次，海合会的合作领域已经从之前的经济、社会等功能性领域向安全方面扩展，伊朗和海合会间的安全合作也已经取得一些积极进展。

本书把2003年伊拉克战争作为研究冷战后海湾地区合作的分水岭。因为伊拉克战争深刻地改变了海湾地区局势，虽然迄今为止海湾地区格局仍保持了8国三方的基本形态，但仍然陷在国内乱局和战后重建中的伊拉克已经不能像萨达姆统治时期一样影响海湾地区局势。

一 伊拉克战争前的海湾地区合作（1991—2003年）

冷战结束初期，海湾地区秩序最明显的变化是：美国加大介入海湾地区事务，尤其是在海湾战争期间驻军和建立军事基地；伊朗处在两伊战争后的战后重建和调整外交政策的关键时期，而伊拉克从20世纪90年代开始遭受了美国及其欧洲盟友的封锁，联合国安理会也通过相关决议对其施加了严厉的经济制裁和武器禁运。从20世纪80年代开始，伊朗和伊拉克的经济增长速度和国家经济实力都逐渐落后于作为一个整体的海合会。这一时期的海湾地区合作是海合会国家在美国对伊朗、伊拉克实施"双重遏制"（Dual Containment）政策，在安全防务上更加依赖美国的情况下，逐渐加快组织内经济合作；而伊朗也逐渐转变其地区政策，开始缓和与海合会国家的关系。

（一）海合会的安全、经济合作及集体对外关系

1983年10月，海合会国家在阿联酋举行了第一次联合军事演习。有分析认为：该组织在成立两年后就把所有成员国的军队集合起来，

第三章 海湾地区合作的历史变迁

在联合指挥下进行训练,是一项相当大的成就。[1] 但海湾战争引发了海合会国家对地区安全的极大忧虑,导致海湾国家纷纷加强了与美国的安全合作。例如,海湾战争结束到伊拉克战争爆发这一段时期,美国把中央司令部前沿总部部署在沙特。截至 2000 年,美国在沙特驻军人数达到了 7500 人。1991 年,美国先后与科威特、巴林签订了《共同防御协定》和《军事合作协定》。1992 年,美国分别和卡塔尔、阿联酋签订了《国防合作协定》和《军事协定》,规定美国在卡塔尔建立永久军事基地并在阿联酋建立军火储存基地。这一系列双边军事协定的签订和军事基地的建立,使海合会国家被完全纳入到美国的安全势力范围内。"9·11"事件爆发时,美国中央司令部部署在海湾地区的军事基地共有驻军 1.85 万—2.1 万人,是美国中央司令部海外军事基地部署最集中的地区。[2]

海湾战争结束初期,海湾国家也通过和其他阿拉伯军事强国的合作,寻求建立阿拉伯国家间的集体安全机制。1991 年 3 月,海合会六国和埃及、叙利亚共同签署了《大马士革宣言》(Damascus Declaration),宣布要建立一支地区联合部队。根据这一宣言,埃及和叙利亚向海湾国家派驻 7 万军事人员。在《大马士革宣言》签约后的几周内,海合会国家对广泛的阿拉伯安全体系失去了热情:首先,随着战争的结束和伊拉克的决定性失败,埃及和叙利亚对海合会国家安全的重要性降低了;而且海合会国家担心埃及和叙利亚在海湾地区的军事存在可能会增加后者的政治影响力,并促使它们干预海合会的国内政治。随后,埃及和叙利亚因为各自在海湾地区的驻军规模争议和各自从该合作计划中获得资金收入的分歧而宣布退出。此后,虽然各方时常重申这一计划,但该宣言从未真正实施过。[3]

---

[1] Yoel Guzansky, *The Arab Gulf States and Reform in the Middle East: Between Iran and the "Arab Spring"*, Basingstoke: Palgrave Macmillan, 2015, p. 32.

[2] 孙德刚:《冷战后欧美大国在中东的军事基地研究》,时事出版社 2015 年版,第 125—126 页;孙德刚:《美国在海湾地区军事部署的"珍珠链战略"》,《阿拉伯世界研究》2015 年第 4 期。

[3] Anwar-Ul-Haq Ahady, "Security in the Persian Gulf after Desert Storm", *International Journal*, Vol. 49, No. 2, Spring 1994, pp. 219–221.

与此同时，海合会开始转向构建组织内部安全和加强成员国间的安全合作。1993年12月20—22日，海合会领导人在利雅得峰会上讨论了整合成员国的防空系统并建立联合预警系统的计划。1997年，海合会国家领导人批准了"合作带"项目，以连接海合会国家武装部队的空军和防空作战中心。该项目的第一期工程在2001年底开工，其作战体系后期得到了不断地进行完善和更新。[①] 2000年12月，海合会国家首脑们在麦纳麦峰会共同签署了共12项条款的《海合会联合防御协议》（Joint Defence Agreement of the Cooperation Council for the Arab States of the Gulf）。该协议的第五条规定了签署协议的目的："会员国应努力日益重视人力资源的建设和发展，实现国家人才的自给自足，实现系统的兼容性和信息交流，以服务于共同防御概念的发展，并面对各种形式和类型的威胁和攻击（包括地面、空中、海洋和导弹袭击以及大规模杀伤性武器）。"该协议的第一条规定了："成员国间承担通过和平手段解决彼此之间或相互之间的一切争端的责任。在与其他国家的关系中，不要以任何不符合《联合国宪章》目标的方式使用或威胁使用武力。"协议的第二、三、四规定了共同防御责任的条款。[②]

其次，海合会也逐步启动了经济领域的合作。虽然海合会在1981年就制定了《1981年共同经济协定》（Unified Economic Agreement 1981），但其前十年的经济合作处于整体停滞状态。2001年12月，海合会最高理事会第22次会议通过了《经济协定》。该协定为了应对海合会成立前二十年中联合行动的发展以及经济领域的国际发展和挑战，提出了一系列合作计划：1. 建立海合会关税同盟；2. 增强成员国与其他国家、经济集团以及国际和区域组织之间

[①] Secretariat General of the Gulf Cooperation Council, "GCC: The Process and Achievements (8th Edition)", April 17, 2013, https://www.gcc-sg.org/en-us/CognitiveSources/DigitalLibrary/Lists/Digital Library/The% 20GCC% 20Process% 20and% 20achievement/7161447 306380. pdf, pp. 36 – 37.

[②] 该条约的权威英语译本参见：Al Meezan（Qatar Legal Portal），"The Joint Defence Agreement of the Cooperation Council for the Arab States of the Gulf（CCASG）", https://www.almeezan.qa/AgreementsPage.aspx?id=1527&language=en.

的国际经济关系,以及提供国际和区域援助;3. 建立海合会共同市场;4. 建立货币和经济联盟;5. 改善成员国投资环境;6. 发展成员国间在工业发展、石油天然气和自然资源开发、农业发展、环境保护和联合项目等领域的一体化;7. 开发人力资源,包括教育、扫除文盲、强制进行基础教育、启动人口战略、劳动力国有化和培训,并增加国民对劳动力市场的贡献;8. 科技研究、科技信息数据库开发和知识产权保护;9. 交通、电信、电子商务等基础设施领域的一体化。此外,《协定》的第8章还规定成立一个司法委员会,对执行《协定》决议所引起的争端作出裁决。① 2001年的经济合作协定继承并发展了《1981年共同经济协定》制定的联合经济行动以及经济一体化与合作计划。

再次,海合会在对外关系领域更趋于作为一个整体,和其他国际行为体签订协议、展开合作。1999年3月,海合会部长理事会第七十届会议通过了和欧洲自由贸易联盟(European Free Trade Association)进行自贸区谈判的决议。当年9月,海合会部长理事会第72届会议上批准了该《决议》的最后草案。2000年5月23日,海合会和欧洲自由贸易联盟签署了关于建立合作委员会的合作文件。海合会最高理事会在2000年12月的第21届会议上批准了该文件。联合合作委员会举行了两次会议,审查了《原则宣言》规定的合作领域和执行手段。② 此外,1988年,在海合会部长级理事会第66届会议上,根据海合会金融和经济合作委员会的建议,同意开始与东南亚国家的经济对话。2000年2月,时任海湾合作委员会谈判总协调员访问了位于印度尼西亚的东盟总部,会见了东盟秘书长并讨论了海

---

① Secretariat General of the Gulf Cooperation Council, "The Economic Agreement 2001", https://www.gcc-sg.org/en-us/CooperationAndAchievements/Achievements/EconomicCooperation/JointActionProcess/Pages/TheEconomicAgreement2001.aspx.

② Secretariat General of the Gulf Cooperation Council, "Regional Cooperation and Economic Relations with other Countries and Groupings: EFTA Countries", https://www.gcc-sg.org/en-us/CooperationAndAchievements/Achievements/RegionalCooperationandEconomicRelationswithotherCountriesandGroupings/Pages/EFTACountries.aspx.

合会和东盟间的合作。①

这一时期,海合会成员国一致同意实施共同对外关税并规定了关税同盟成立的最后期限,确定希望作为一个整体发展与其他阿拉伯国家的合作关系。2001年3月,在海合会部长级理事会第七十八届会议上,各成员国商定了和主要的阿拉伯贸易伙伴对所有商品实行互惠关税减免,商议消除了关税和非关税壁垒以及其他具有类似税种。为执行上述规定,所有海合会成员国在1997年都签署了《大阿拉伯自由贸易区协定》,拟最迟于2007年1月1日前建成大阿拉伯自由贸易区。② 此外,2004年,海合会和黎巴嫩签署了双边自贸区协定。同年,海合会和与叙利亚也签署了类似的自贸区协议,但迄今为止还未生效。海合会也开始和其他阿拉伯国家展开合作对话,协商建立适当的机制来加强和发展经济合作。③

(二)伊朗与海合会关系的改善

在霍梅尼去世前,伊朗开始计划与沙特外的其他海合会国家改善关系。1989年7月,拉夫桑贾尼当选伊朗总统,他把政策重点放到经济发展与战后重建上。拉夫桑贾尼公开承认伊朗"制造了不必要的敌人"。④ 20世纪90年代初,伊朗开始调整其地区政策,并不断释放其试图改善与海合会邻国关系的积极信号。1990年8月2日,伊拉克入侵科威特。当晚,伊朗外交部发布声明谴责伊拉克的侵略,并呼吁伊拉克军队立即撤军。当月,伊朗时任外交部部长阿里·阿克巴尔·

---

① Secretariat General of the Gulf Cooperation Council, "Regional Cooperation and Economic Relations with other Countries and Groupings: ASEAN", https://www.gcc-sg.org/en-us/CooperationAndAchievements/Achievements/RegionalCooperationandEconomicRelationswithotherCountriesandGroupings/Pages/ASEAN.aspx.

② Javad Abedini and Nicolas Péridy, "The Greater Arab Free Trade Area (GAFTA): An Estimation of Its Trade Effects", *Journal of Economic Integration*, Vol. 23, No. 4, 2008, p. 849.

③ Secretariat General of the Gulf Cooperation Council, "Negotiations with Arab Countries", https://www.gcc-sg.org/en-us/CooperationAndAchievements/Achievements/RegionalCooperationandEconomicRelationswithotherCountriesandGroupings/Pages/NegotiationswithArabCountries.aspx.

④ Shireen T. Hunter, "Outlook for Iranian-Gulf Relations: Greater Cooperation or Renewed Risk of Conflict?", in Joseph Kechichian ed., *Iran, Iraq and the Arab Gulf States*, New York: Palgrave, 2001, p. 428.

韦拉亚提（Ali Akbar Velayati）出访阿曼、卡塔尔、阿联酋和叙利亚，表明伊朗反对伊拉克入侵科威特。后续阿曼的卡布斯苏丹呼吁建立一个涵括伊朗在内的海湾安全体系，以对抗伊拉克的侵略行为。在伊朗介入的直接压力下，萨达姆在8月14日写信给拉夫桑贾尼，表示接受伊朗执行联合国安理会第598号决议中的所有条款，[①] 并从8月17日开始和伊朗交换战俘。伊拉克的让步举措使伊朗在一定程度上调解了其与海合会，甚至与国际社会的关系，并在当时的海湾地区危机中发挥更加重要的作用。伊朗在此次危机和战争调解中发挥的积极作用，改善了其与海合会成员国的关系。[②] 1990年12月22—25日，在海合会多哈峰会期间，海合会领导人讨论建立一个涵括伊朗在内的海湾地区安全协议。[③]

1992年，伊朗时任外交部部长韦拉亚提访问沙特并与沙特国王法赫德·阿卜杜勒-阿齐兹（Fahd bin Abdulaziz Al Saud，下文简称法赫德国王）会面。法赫德国王欢迎伊朗参与和沙特的合作，并宣称伊朗和沙特在亚洲、中东和海湾地区发挥了关键作用。当年6月，时任沙特外交部部长沙特·本·费萨尔·本·阿卜杜勒阿齐兹·阿勒沙特（Saud bin Faisal bin Abdulaziz Al Saud）访问德黑兰，并邀请拉夫桑贾尼访问沙特。[④]

约翰·杜克·安东尼在1993年发表的1篇分析文章中，援引来自海合会成员国决策者、分析家、研究人员，或与决策者关系密切，或与伊朗有着长期重要贸易关系的商人等多个群体的访谈意见，指出大部分受访者对伊朗的看法都比两伊战争期间更为积极。虽然海合会

[①] 1987年7月20日，联合国安理会一致通过第598号决议，要求伊朗、伊拉克两国无条件停火。参见：United Nations Digital Library, "Resolution 598（1987）", https://digitallibrary.un.org/record/137345/files/S_RES_598%281987%29-EN.pdf.

[②] Christin Marschall, *Iran's Persian Gulf Policy: From Khomeini to Khatami*, London and New York: Routledge, 2003, pp. 100 – 115.

[③] Kourosh Ahmad, *Islands and International Politics in the Persian Gulf: The Abu Musa and the Tunbs in Strategic Perspective*, London and New York: Routledge, 2008, p. 147.

[④] Kourosh Ahmad, *Islands and International Politics in the Persian Gulf: The Abu Musa and the Tunbs in Strategic Perspective*, London and New York: Routledge, 2008, p. 147.

成员国精英仍然出于战略、经济和政治因素，对伊朗存在负面评价和忧虑；但这些人群普遍认为伊朗的外交政策趋向务实。受访者普遍认为伊朗的伊拉克政策是积极的，例如伊朗支持联合国对伊拉克的决议；而且伊朗拒绝接受萨达姆·侯赛因向伊朗提供的任何经济和其他诱因，以削弱伊朗在其部队占领科威特期间和后对伊拉克的国际禁运；伊朗和新独立的中亚国家发展正常关系，而不是寻求控制后者。在这期间，海合会成员国甚至认为伊朗当时20亿美元的军费开支是因为其军事力量在两伊战争间遭到了严重破坏，而不意味着伊朗试图威胁地区安全。[①]

虽然1994年，伊朗和沙特的双边关系随着沙特突然削减伊朗朝觐名额和两国在石油输出国组织中的争端而出现波动，伊朗和阿联酋间的阿布穆萨和大、小通布岛争端再次成为焦点，但两国后续仍然继续努力改善关系。但在1996年，伊朗被指责卷入巴林国内起义和沙特国内的霍巴大厦（Khobar Towers）住宅群爆炸事件，伊朗和海合会国家的关系再次降温。[②] 1997年，温和、开明的改革派领导人赛义德·穆罕默德·哈塔米（Seyyed Mohammad Khatami）当选伊朗总统后，海合会国家也采取行动推动海合会与伊朗关系正常化。这一时期伊朗和沙特，乃至海合会国家关系改善重要标志是：当年12月，伊朗担任伊斯兰会议组织轮值主席国期间，在德黑兰召开了伊斯兰会议组织峰会。大批阿拉伯国家和伊斯兰国家的国家元首、总理和外交部部长参加了这次会议。沙特的阿卜杜拉王储也参加这次会议，并在到访德黑兰期间和哈梅内伊举行了会谈。[③] 这次会谈标志着哈梅内伊认可哈塔米的对沙特政策，以及当时的伊朗政治精英们放弃了对沙特君主制的负面看法。

[①] John Duke Anthony, "Iran in GCC Dynamics", *Middle East Policy*, Vol. 2, Issue 3, Fall 1993, pp. 107–120.

[②] Shireen T. Hunter, *Iran's Foreign Policy in the Post-Soviet Era*: *Resisting the New International Order*, Santa Barbara, CA: Praeger, 2010, pp. 121–127, 138.

[③] Joanne Maher, *The Middle East and North Africa* 2003 (49*th* Edition), London and New York: Europa Publications, 2002, p. 372.

第三章 海湾地区合作的历史变迁

1998年2月,伊朗前总统拉夫桑贾尼访问沙特阿拉伯和巴林,保持了伊朗和海合会国家关系改善的势头。这次出访期间包括了一项带有特殊意味的访问行程——沙特邀请拉夫桑贾尼访问了其东部的什叶派聚居地,这明确反映了沙特对伊朗态度的改变。1999年5月,哈塔米访问沙特,转达了哈梅内伊与沙特建立更紧密联系的愿望,阿卜杜拉王储随后邀请哈梅内伊访问沙特。1999年5月,时任沙特国防部长苏丹·本·阿卜杜勒阿齐兹·阿勒沙特(Sultan Bin Abdul Aziz Al-Saud)[①]访问了伊朗;2000年4月,伊朗时任国防部长阿里·沙姆哈尼(Ali Shamkhani)访问了沙特,两国政府还讨论了签署双边安全协议等敏感问题。[②]

总体而言,这一时期伊朗和海合会关系因为前者在伊拉克问题上的中立立场和积极斡旋而得到了较大改善。虽然伊朗和沙特、阿联酋等海合会国家的双边关系也出现波折,但各方都保持了克制,后续进行了积极斡旋。这一时期,伊朗和海合会国家,乃至大部分阿拉伯国家间关系发展不平衡的特征更趋明显:伊朗和一些海合会国家关系良好,同时与另一些海合会国家关系紧张或敌对。[③]

这一时期真正影响海合会和伊朗关系发展的矛盾在于双方对海湾地区安全结构的争议。两伊战争结束后,伊朗的地区安全核心关切是建立没有外国军队驻扎的集团安全机制,伊朗和伊拉克都坚持把美国撤军作为达成任何地区安全协议的必要条件;而这一核心诉求与海合会国家对美国军事力量的依赖形成冲突。苏联解体后,伊朗在冷战时期的战略重要性被削弱,因为西方不再将其视为抵御苏联在海湾地区拓展的堡垒。与此同时,伊朗作为潜在地区性大国的地位,加剧了它

[①] 在其2011年去世前,苏丹·本·阿卜杜勒阿齐兹·阿勒沙特在1963—2011年任沙特国防部长,并在2005—2011年间任沙特王储。参见:"Prince Sultan, the Man Behind Saudi Defense", Reuters, October 22, 2011, https://www.reuters.com/article/us-saudi-crownprince-idUSTRE79L0F420111022.

[②] Shireen T. Hunter, *Iran's Foreign Policy in the Post-Soviet Era: Resisting the New International Order*, Santa Barbara, CA: Praeger, 2010, p. 197.

[③] Shireen T. Hunter, *Iran's Foreign Policy in the Post-Soviet Era: Resisting the New International Order*, Santa Barbara, CA: Praeger, 2010, p. 185.

与全球大国关系和其他地区强国的竞争性。这一因素再加上伊朗政府的反西方姿态,使其被西方国家视为海湾地区的"潜在威胁",导致以美国为代表的西方国家对伊朗的态度变得更加强硬。① 所以,美国拒绝接受伊拉克或伊朗参与任何海湾地区合作框架。这种不平衡的地区体系最终导致2003年伊拉克战争的爆发,并继续破坏伊朗和西方国家间的关系。② 而且就像希琳·亨特所指出的,伊朗和海合会国家关系首先取决于对该地区局势起主导作用的地区外大国的影响,美国对这一组多边关系产生的影响比地区内国家间关系的变动更重要。③虽然后续伊朗和海合会国家的关系又经历了不同的发展阶段,但这种伊朗—海合会国家关系模式的潜在连续性,反映了地区外主导大国决定因素对伊朗和海合会关系的持久影响。

(三)伊拉克在海湾战争后寻求与海合会国家和解

1990年8月8日,海合会6国常驻联合国代表给安理会主席致信,要求联合国安理会立即召开会议,审议伊拉克和科威特间的局势。④ 1990年8月,联合国安理会通过了第661(1990)号决议,对伊拉克实施国际制裁。⑤ 遭到严重国际孤立和经济封锁的伊拉克在这一时期形成了对海合会国家的依赖,甚至也形成了对伊朗的一定程度的依赖。虽然科威特和沙特在海湾战争后反对萨达姆·侯赛因政权,但阿曼和卡塔尔对伊拉克境内的因伊拉克战争和国际制裁造成的人道主义危机采取了"同情"政策。阿曼是唯一一个在伊拉克入侵科威

---

① Shireen T. Hunter, *Iran's Foreign Policy in the Post-Soviet Era: Resisting the New International Order*, Santa Barbara, CA: Praeger, 2010, pp. 8 – 9.

② Christin Marschall, *Iran's Persian Gulf Policy: From Khomeini to Khatami*, London and New York: Routledge, 2003, pp. 203 – 204; Kristian Coates Ulrichsen, *Insecure Gulf: The End of Certainty and the Transition to the Post-oil Era*, New York: Oxford University Press, 2015, pp. 29 – 30.

③ Joseph Kechichian ed., *Iran, Iraq and the Arab Gulf States*, New York: Palgrave, 2001, pp. 427 – 446.

④ 联合国安理会:《1990年8月8日巴林、科威特、阿曼、卡塔尔、沙特阿拉伯和阿拉伯联合酋长国常驻联合国代表给安全理事会主席的信》,S/21470, https://digitallibrary.un.org/record/96072/files/S_ 21470 – ZH. pdf, 1990年8月8日。

⑤ 联合国:《1990年8月6日第661(1990)号决议》,S/RES/661(1990), https://digitallibrary.un.org/record/94221/files/S_ RES_ 661%281990%29-ZH. pdf, 1990年8月6日。

特后没有和前者断交的海合会国家，卡塔尔在1992年和伊拉克恢复了外交关系。1995年初，阿曼和卡塔尔两国政府都公开要求放松对伊拉克的制裁。1995年2月，卡塔尔时任外交部部长哈马德·本·贾西姆·阿勒萨尼（Hamad bin Jasim Al Thani）把伊拉克境内的人道主义局势称为"阿拉伯人的耻辱"，卡塔尔官方后续维持了这一立场，并进一步争辩伊拉克的迅速回归将符合阿拉伯国家的最大利益。①

与伊朗通过斡旋海湾危机改善与海合会国家关系形成对比的是，萨达姆政府通过渲染"伊朗威胁"来争取和海合会国家关系的改善。例如，1992年底，伊朗政府开始采取行动单方面控制阿布穆萨岛，伊拉克官员和媒体的定期相关报道加剧了海合会国家对伊朗扩张的恐惧，伊拉克政府也声称自己是"唯一有能力保护阿拉伯国家在海湾地区利益的防御者"。②

伊拉克在海湾战争后寻求与海合会国家的和解，主要是希望能缓解其面临的政治孤立和严厉的国际制裁。这一举措一定程度上也标志着作为一个整体的海合会在和伊拉克关系上取得了一定的主动性。

二 伊拉克战争后的海湾地区合作（2003—至今）

美国通过伊拉克战争彻底推翻了萨达姆政权，极大地缓解了萨达姆政权给海合会国家造成的威胁，而美国在海湾地区的广泛驻军也在很大程度上威慑了伊朗争夺地区霸权的雄心。虽然美国和伊朗间的紧张关系，从长远看像一把悬在海合会国家头上的"达摩克利斯之剑"（Sword of Damocles），③但也使海合会及其成员国获得了更大的地区、

---

① Lawrence G. Potter and Gary G. Sick eds., *Security in the Persian Gulf: Origins, Obstacles, and the Search for Consensus*, New York: Palgrave, 2002, pp. 259 – 260.

② Lawrence G. Potter and Gary G. Sick eds., *Security in the Persian Gulf: Origins, Obstacles, and the Search for Consensus*, New York: Palgrave, 2002, p. 258.

③ 这一比喻源自古希腊传说：狄奥尼修斯国王宴请他的大臣达摩克利斯，并命令其坐在用一根马鬃悬挂的一把寒光闪闪的利剑下，后来这个被用来比喻时刻存在的危险。约翰·肯尼迪在1963年9月25日的联合国大会上，用这个典故来形容人类面临的核威胁。详见 Elizabeth Webber and Mike Feinsilber Merriam, *Webster's Dictionary of Allusions*, Springfield: Merriam-Webster Incorporated, 1999, pp. 524, 525.

国际斡旋空间，并再次适时改善了与伊朗的关系。

（一）伊朗继续寻求与海合会国家改善关系

伊拉克战争结束后，海湾地区合作架构基本建立：虽然仍然是海合会、伊朗和伊拉克的三方格局；但不同于萨达姆时期的伊拉克分别和伊朗以及海合会国家的对抗，伊拉克迄今为止仍处于战后重建中[①]，也处于海湾地区合作的边缘地位。但作为一个整体的海合会与伊朗间的关系不完全等同于伊朗和海合会所有成员国的关系。如前文图 2.4 所示，海合会三个层级是海合会成员国和伊朗间不同的关系状态。例如，阿联酋和沙特在海合会的中东地区内、外政策上的协同性较高，阿联酋和伊朗在涉及宗教、民族、地区重大利益以及"三岛"领土问题方面也存在矛盾和冲突；但两国间一直保持着经贸合作，在伊朗因为核问题遭受制裁时，作为中东地区贸易枢纽中心的阿联酋为伊朗正常的商品进出口发挥了极其重要的贸易中转作用。

伊拉克战争结束后，海湾地区合作开始出现一个明显的新变化，即伊朗更积极寻求与海合会国家展开合作，也一度得到海合会国家的积极回应；伊朗和海合会国家在伊拉克问题、地区安全局势上一度呈现出合作态势。2002 年 8 月，巴林国王哈马德·本·伊萨·阿勒哈利法（Hamad bin Isa al-Khalifa）访问伊朗，两国政府联合发表声明反对任何针对伊拉克的单方面军事行动。当月，沙特时任外交部部长沙特·费萨尔（Saud al-Faisal）和阿曼负责外交事务的部长尤瑟夫·本·阿拉维·本·阿卜杜拉（Yussef bin Alawi bin Abdullah）也先后访问伊朗。[②] 2007 年 12 月，伊朗时任总统穆罕默德·艾哈迈迪－内贾德（Mahmoud Ahmadinejad）受邀参加海合会的首脑峰会，提议海合会国家同伊朗建立安全合作机构并签署相关的安全合作协议。[③]

[①] 2015—2017 年，"伊斯兰国"在伊拉克的肆虐严重破坏了伊拉克已有的战后重建成果，使伊拉克面临更严峻的再次重建任务。

[②] "Iran and Bahrain Oppose Iraq Attack", BBC News, August 18, 2002, http://news.bbc.co.uk/2/hi/middle_east/2201390.stm.

[③] "Iran proposes Gulf security pact", BBC News, December 3, 2007, http://news.bbc.co.uk/2/hi/middle_east/7125268.stm.

2012年10月，内贾德在第一次亚洲合作对话峰会（First Asia Cooperation Dialogue Summit）上直言伊朗不是海合会的威胁。[1] 2012年8月，叙利亚反政府武装——"叙利亚自由军"（Free Syrian Army）绑架了48名伊朗人作为人质。当年10月，伊朗时任外交部部长阿里·阿克巴尔·萨利希（Ali Akbar Salehi）访问卡塔尔，寻求后者的斡旋，最终促使"叙利亚自由军"释放了绑架的伊朗人质。[2]

2013年6月，以温和派立场著称的哈桑·鲁哈尼当选伊朗总统。当年10月，鲁哈尼与继位不久的卡塔尔埃米尔塔米姆·本·哈马德·阿勒萨尼（Tamim bin Hamad Al Thani）通话，协商进一步提升两国关系和拓宽合作，也呼吁海合会成员国和伊朗进行更好的协调与合作，以找到解决地区问题的"政治解决方案"。[3] 鲁哈尼一直向外界发出希望加强和其他海湾国家以及中东国家的联系，共同维护地区稳定的讲话。

2019年9月，鲁哈尼在联合国大会上发表讲话，称伊朗致力于"维护海湾地区的和平与稳定"，并提议建立联盟以共同保障海湾地区的能源安全、航行自由，以及在霍尔木兹海峡内外自由转让石油和其他资源。[4] 伊朗在此次联合国大会上发起了名为"霍尔木兹和平努力"（Hormuz Peace Endeavour）的倡议，并在当年10月邀请海合会国家加入。这项倡议的主要目标包括：鼓励"霍尔木兹共同体"（Hormuz Community）人民间相互了解和发展和平友好关系；合作消除恐怖主义、极端主义和宗派紧张局势，化解冲突，缓和紧张局势，

---

[1] "Iran Poses no Threat to GCC States—Ahmadinejad", Kuwait News Agency, October 17, 2012, https://www.kuna.net.kw/ArticleDetails.aspx?id=2269080&Language=en.

[2] "Iran's Salehi Visits Qatar to Discuss Iranians Seized in Syria", Ahram Online, October 13, 2012, http://english.ahram.org.eg/NewsContent/2/8/55520/World/Region/Irans-Salehi-visits-Qatar-to-discuss-Iranians-seiz.aspx; https://en.mehrnews.com/news/52075/Iran-asks-Qatar-to-help-free-Iranian-pilgrims-kidnapped-in-Syria.

[3] "Emir of Qatar Asks for Broader Ties with Iran in Eid Felicitation Phone Call", Tasnim News Agency, October 15, 2013, https://www.tasnimnews.com/en/news/2013/10/15/167009/emir-of-qatar-asks-for-broader-ties-with-iran-in-eid-felicitation-phone-call.

[4] "At UN, Iran Proposes 'Coalition for Hope' to Pull Gulf Region from 'Edge of Collapse'", UN News, September 25, 2019, https://news.un.org/en/story/2019/09/1047472.

通过和平对话解决争端和冲突、加强沟通和预警；确保能源安全、航行自由、石油自由流动等，为所有行为体提供"霍尔木兹共同体"和其他机构提供的资源；保护"霍尔木兹共同体"环境；提高"霍尔木兹共同体"的全球作用和地位；扩大经贸投资各领域的合作、互动，扩大"霍尔木兹共同体"政府、人民和私营部门各层次的合作、互动。这项倡议的宗旨是"需要承诺尊重彼此的主权和领土完整，尊重我们国际边界的不可侵犯性，尊重和平解决争端"，并"断然拒绝任何武力威胁或使用武力或联合起来互相对抗。"[①] 迄今为止，只有阿曼作出肯定回复，科威特和卡塔尔发出确认信息，而沙特、阿联酋和巴林还没有做出回应。

（二）伊朗核问题对海湾地区合作的影响

关于如何应对一个正在寻求核武器，甚至拥有核武器的伊朗长期都是一个热点命题。被广泛引用的肯尼思·华尔兹的分析称：根据朝鲜的历史经验，伊朗几乎不可能放弃核武器，从而可能引发中东的核武器竞赛。因此对这一问题，最重要的是阿拉伯世界、欧洲、以色列和美国的决策者和公民们要认识到"核武器越多越好"。[②] 在伊朗核问题数次进入危机时，海合会国家表达了忧虑。具体到伊核协议达成对海湾地区合作的影响，迄今为止看来并不一定是积极的。

所有海湾国家都是《不扩散核武器条约》的缔约国。2015年之前，海合会国家在伊朗核问题上很少针对伊朗发表激烈言论。例如，从2004年开始，科威特决策者们曾在和伊朗的高层互访中多次表达对伊朗核问题的关切。2010年1月26日，时任伊朗议会议长阿里·拉里贾尼（Ali Larijani）访问科威特。当时的科威特埃米尔萨巴赫·艾哈迈德·贾比尔·萨巴赫（Sabah Al-Ahmed Al-Jaber Al-

---

[①] General Assembly Security Council, "Letter Dated 9 December 2019 from the Permanent Representative of the Islamic Republic of Iran to the United Nations addressed to the Secretary-General", A/74/581 – S/2019/933, December 10, 2019, https://digitallibrary.un.org/record/3840288/files/A_74_581—S_2019_933-EN.pdf.

[②] Kenneth N. Waltz, "Why Iran Should Get the Bomb: Nuclear Balancing Would Mean Stability", *Foreign Affairs*, Vol. 91, No. 4, July/August 2012, pp. 2-5.

Sabah，下文简称萨巴赫埃米尔）① 明确表示尊重支持伊朗和平使用核能的权利。②

但伊朗的核计划也进一步激发了海湾其他国家追求核能力。20世纪七八十年代，沙特曾研究民用核技术的经济、工业和农业效益，但没有付诸行动。1999年，沙特官员就已经和巴基斯坦政府进行过核技术方面的接洽。2009年，当时任美国国务卿希拉里·克林顿向海合会国家提出了扩大美国在海湾地区的防务保护的提议时，海合会国家没有响应。而随着伊朗核问题的恶化，沙特更加重视发展自身核能力的倡议。2009年，沙特的阿卜杜拉国王对到访的美国中东特使乔治·米切尔（George Mitchell）表示：如果伊朗跨过核门槛，沙特就会进行核武器研发。③ 2011年，沙特曾宣布一项建造不少于16座核电站的雄心勃勃的计划，该计划造价超过1000亿美元。以色列学者尤尔·古赞斯基认为虽然沙特一贯主张在中东地区建立一个无核区，但它和伊朗都没有签署允许国际原子能机构进行更严格核查的《核不扩散协议附加议定书》，也没有签署《全面禁止核试验条约》，因此沙特的核电站修建计划可能给中东地区带来新的核扩散问题。④

2020年8月1日，阿联酋的巴拉卡（Barakah）核电站启用，这是阿拉伯世界第一座投入商业运营的核电站。该核电站的投产标志着阿联酋正式加入全球核能俱乐部。虽然阿联酋宣称巴拉卡核电站致力于保证最高的国际核安全标准，也从2010年开始主动接受、并通过了国际原子能机构核进行法律和监管体系，核安全、核安全、应急准备和不扩散等多方面的设施检查和评估。⑤ 但该核电站的安全技术风

---

① 萨巴赫埃米尔已于2020年9月29日去世。
② "Tehran Seeking Brotherly Ties with Arabs: Larijani", Tehran Times, January 27, 2010, https://www.tehrantimes.com/news/213097/Tehran-seeking-brotherly-ties-with-Arabs-Larijani.
③ "Saudi Nuclear Weapons 'On Order' from Pakistan", BBC News, November 6, 2013 http://www.bbc.co.uk/news/world-middle-east-24823846.
④ Yoel Guzansky, "The Saudi Nuclear Genie is Out", The Washington Quarterly, Vol. 38, Issue 1, January 2015, pp. 93–96.
⑤ 阿联酋通讯社：《巴拉卡核电站1号机组开始运行》，http://www.wam.ae/zh-CN/details/1395302824577，2020年2月17日。

险，尤其是复杂地缘政治导致的较高安全风险，引发外界的担忧。再加上这一核电站的投入使用可能将进一步"激励"土耳其、约旦、埃及等其他中东国家兴建核电站的计划，加剧了外界对海湾地区，乃至整个中东地区的核发展形势的担忧。①

2013年10月，伊朗核问题六国（P5+1）在日内瓦与当年8月上台的伊朗总统哈桑·鲁哈尼选派的谈判代表举行了关于伊朗核问题的首轮对话。11月24日，谈判各方达成了解决伊朗核问题第一阶段措施。2014年6月和11月，关于达成最终全面协议的截止日期两度推迟，在2015年7月又数次延期后，7月14日，这一阶段历时20多个月的谈判结束，各方共同签订了伊核协议。这一全面协议在7月20日得到联合国安理会的一致通过，并于当年10月18日正式生效。这项协议包括解除对伊朗制裁及其行动计划、核技术合作、对协议实施的监控、对伊朗核能力的设限以及联合国安理会决议的草案等关键方面的内容。协议实施后，对伊武器禁运最长将可维持5年，对伊弹道导弹技术转让禁令最迟在8年后取消。国际核查人员能随意获得授权核查伊朗包括军事基地的敏感设施，但伊朗有权对国际核查人员的核查要求提出异议，然后由伊朗和伊朗核问题六国的相关工作人员组成的仲裁机构将对有关争议作出裁决。②

伊核协议的达成不仅标志着核不扩散体系在21世纪初的重大进展，联合国安理会、欧盟、美国之前所有对伊朗的金融、银行制裁，以及美欧对伊朗的武器禁运都将在协议履行期间阶段性地解除，③ 美国财政部估计这些制裁的解除将使伊朗重新获得之前遭受制裁的约

---

① 张林：《阿联酋核电站引发对中东核未来的担忧》，《世界知识》2020年17期。
② 联合国新闻：《联合国：伊核问题六国与伊朗达成伊核问题全面协议》，http://www.un.org/chinese/News/story.asp? NewsID = 24356，2015年7月14日；"Security Council Adopts Resolution Endorsing Iran Nuclear Deal", UN News Centre, July 20, 2015, http://www.un.org/apps/news/story.asp? NewsID = 51455#.
③ "Full text of the Iran Nuclear Deal" "Joint Comprehensive Plan of Action", The Washington Post, July 14, 2015, https://assets.documentcloud.org/documents/2165399/full-text-of-the-iran-nuclear-deal.pdf.

500亿美元的海外资产。① 伊核协议的签署和履行被认为将有利于打破过去三十多年伊朗内政、外交的恶性循环。由于伊朗内政保守，导致其对外交往总体上强硬、僵化，而强硬的对外政策带来的消极结果又进一步推动其内政的僵化，而伊核协议的签订给伊朗内政、外交的交向良性循环变化提供了条件。而且伴随着国际制裁的取消，伊朗有望逐步重返全球金融、银行体系，加快融入国际社会，最终逐渐终结近37年的外交孤立状态，而国际资本涌入伊朗市场将在一定程度上满足国家现代化的需求。②

迄今为止，伊核协议的达成还没有促成伊朗和海合会关系的进一步改善。与之相反，2016年1月，沙特和伊朗关系又一次降到了历史最低点。1月2日，在沙特以"卷入基地组织恐怖袭击"的名义处决了什叶派宗教人士谢赫·尼米尔·尼米尔（Sheikh Nimr al-Nimr）后，沙特驻德黑兰大使馆遭到示威人群的纵火，沙特随即宣布与伊朗断交。③ 这被认为是1988—1991年沙特与伊朗断绝外交关系后，两国关系的又一次最低点。1月10日，海合会6国外长发表声明表示"全力支持沙特对抗伊朗的'恐怖主义行动'"，并抗议伊朗干涉沙特的内政。沙特也敦促阿盟通过了对伊朗的集体抗议。④ 兰登公司分析员阿里瑞扎·内德认为：伊朗和沙特紧张局势的背后原因是沙特担心伊核协议达成后，美国用伊朗来取代其在中东地区盟友的地位，美国与伊朗关系的提升将使前者减少对沙特的依赖。但沙特这种将所有地区问题归结于伊朗的态度并无益于缓解当时国际油价低迷和沙特国内的政治、社会不稳定因素。⑤

---

① The White House, "The Iran Nuclear Deal: Why You Need to Know about the JCPOA", https://obamawhitehouse.archives.gov/sites/default/files/docs/jcpoa_what_you_need_to_know.pdf.

② 李绍先：《伊核协议的影响评估》，《西亚非洲》2015年第5期。

③ "Saudi Arabia Breaks off Ties with Iran After Al-Nimr Execution", BBC, January 4, 2016, http://www.bbc.com/news/world-middle-east-35217328.

④ Ghazanfar Ali Khan, "GCC Hits out at Iran for Meddling in Saudi Affairs", Arab News, January10, 2016, http://www.arabnews.com/saudi-arabia/news/863011.

⑤ Alireza Nader, "Saudi-Iranian Tensions", RAND Corporation, January 22, 2016, http://www.rand.org/blog/2016/01/saudi-iranian-tensions.html

根据伊核协议的一部分，国际社会封锁阻止常规武器进出伊朗的武器禁运原定于 2020 年 10 月 18 日到期。当年 8 月，海合会秘书长纳伊夫·哈吉拉夫（Nayef Al-Hajraf）写信给联合国安全理事会，要求联合国扩大对伊朗的国际武器禁运。这封信指责伊朗政府"对恐怖主义及其对邻国的敌对行动的支持"，以此作为支持延期的理由，并称"德黑兰并没有直接或通过伊朗武装和训练的组织和运动而受到邻国的武装干预"，而针对伊朗的国际武器禁运"必须确保和维护该地区的和平与稳定"。[1]

回顾冷战结束到 2003 年伊拉克战争前的海湾地区合作，可以初步得出海湾地区合作的特征。首先，随着海合会的建立以及海合会国家保持了与西方国家的合作关系，尤其是在伊朗、伊拉克分别因为西方国家的遏制或国际制裁而陷入困境时，作为一个整体的海合会获得了更大的外交斡旋空间；伊朗和伊拉克先后寻求与海合会国家改善关系。其次，海合会国家一方面在联合谴责、引入联合国、西方国家帮助解决伊拉克入侵科威特问题上保持了一致，但其内部对伊朗、伊拉克政策仍存在分歧，主要体现在阿曼和卡塔尔相对温和的地区政策和沙特的相对强硬态度的对比上。再次，学界、决策界高度关注沙特与伊朗间的"全方面对抗"，但两国在面对传统的领土争端（如伊朗和阿联酋间的岛屿争端）时保持了相对克制；在伊朗核问题几度发展为国际危机时，沙特和其他海合会国家也避免在公开场合激怒伊朗。值得注意的是，这一时期沙特和伊朗间最激烈的冲突不是军事冲突，而是极端外交行动。例如，1987 年 7 月，402 名朝圣者（其中 275 名是伊朗人）在麦加发生的冲突中丧生，导致沙特和伊朗间关系的紧张。随后，德黑兰的抗议者占领了沙特大使馆，并放火焚烧了科威特大使馆。一名沙特外交官从使馆窗户坠落后受伤，在德黑兰死亡。沙特指责伊朗推迟将这名沙特外交官送往沙特医院。1988 年，沙特的法赫德国王断绝了与伊朗的

---

[1] "GCC Urges UN to Extend Iran Arms Embargo", Arab News, August10, 2020, https://www.arabnews.com/node/1716951/middle-east.

关系，两国外交关系直到 1991 年才恢复。[1] 以沙特为代表的海合会国家在处理与伊朗的矛盾、分歧时，倾向于采取外交行动而不是军事行动，这样的特点一方面可以被解读为双方间时常爆发外交冲突，但另一方面也表明伊朗和海合会国家都在管控冲突带来的风险，以及规避可能的直接军事冲突。伊朗和沙特从 2020 年 4 月开始举行的"秘密"双边会谈是海湾国家管控地区风险的又一个典型案例。

2019 年，海湾地区爆发了霍尔木兹海峡危机，使地区局势一度趋于紧张。5 月 12 日，包括 2 艘沙特邮轮在内的 4 艘商船在阿联酋近海遭到袭击。沙特指控伊朗在 5 月对沙特的一条输油管道发动无人机和导弹袭击。9 月 14 日，沙特分别位于布盖格（Abqaiq）和胡赖斯（Khurais）的两家沙特阿美公司的炼油厂遭遇无人机袭击，也门胡塞武装事后承认责任。虽然美国和沙特指控伊朗参与其中，但伊朗外交部部长穆罕默德·贾瓦德·扎里夫（Mohammad Javad Zarif）否认了美国的指控。当年 10—11 月，有消息称伊朗和沙特正通过中间人展开对话，紧张局势似乎有所缓和。[2] 12 月，联合国安理会讨论认定"没有任何证据证明伊朗参与布盖格和胡赖斯的袭击"。[3] 从 2020 年 4 月开始，伊朗和沙特举行了四轮"秘密"双边会谈，谈判主要是围绕沙特结束在也门的军事行动和两国外交关系的"解冻"等问题展开。[4] 虽然两国政府一直没有公布相关谈判结果，伊朗又于 2022 年 3 月宣布"暂时停止"和沙特的直接对话，[5] 但伊朗和沙特在恢复外交关系、也门问题和地区局势等问题上都有继续进行直接对话的合作需求。

---

[1] "History of Turbulent Saudi-Iranian Ties", Reuters, May 13, 2014, https://www.reuters.com/article/uk-saudi-iran-relations/history-of-turbulent-saudi-iranian-ties-idUKKBN0DT1AJ20140513.

[2] 斯德哥尔摩国际和平研究所（SIPRI）：《SIPRI 年鉴 2020：军备、裁军和国际安全》，纽约：牛津大学出版社，第 5—6 页。

[3] 参见联合国安理会《第八六九五次会议》，S/PV.8695, https://documents-dds-ny.un.org/doc/UNDOC/PRO/N19/423/06/PDF/N1942306.pdf? OpenElement, 2019 年 12 月 19 日。

[4] "Will Saudi Arabia and Iran Make Peace Over Yemen?", The Washington Post, October 15, 2021, https://www.washingtonpost.com/business/will-saudi-arabia-and-iran-make-peaceover-yemen/2021/10/14/c5b3f72e-2cb4-11ec-b17d-985c186de338_story.html.

[5] "Iran Suspends Expected Talks with Saudi Arabia", Iran International, March 13, 2022, https://www.iranintl.com/en/202203136109.

第四章 海湾地区合作的动力分析

地区合作理论开始于对战后欧洲地区合作这一新现象所提出的重大理论问题：为什么主权至上的民族国家会走上合作道路？其背后的动力是什么？而动力问题也始终是学者研究欧洲地区合作中的核心问题。比如，新功能主义和政府间主义的分歧主要是围绕着成员国政府究竟是否在一体化中发挥着决定性作用而展开的。其中，新功能主义始终重视非国家行为体的作用，把地区组织的秘书处、地区层次的利益集团和社会运动视为一体化向前推动的动力。[①] 成员国也被视为是这一进程中的重要行为体，因为它们设立了最初协定的条款，但是不能完全决定后续发展的方向和程度。国家为了完成一项有限任务，同意分担一定程度的超国家责任，但随后发现履行一项职能会对其他相互依赖的活动带来外部效应，进而出现"外溢"和"非本意"的结果；而这些既要寻求组织利益又有热情的地区官僚，就会寻求利用这种不可避免的"溢出"效应和非本意结果。根据这一理论，地区一体化本质上是一个偶发的、充满冲突的过程。[②]

政府间主义假设了成员国仍然是决定结果的主要行为体，超国家制度的关键决策仍然掌握在成员国手中，而且成员国之间的政治讨价还价决定了合作的特点和合作制度的范围和限度。政府间主义是国际关系学者将现实主义理论运用到欧洲地区合作领域发展起来的，其代

[①] 朱立群：《欧洲地区一体化理论：研究问题、路径和特点》，《国际政治研究》2008年第4期。

[②] ［英］安特耶·维纳、［德］托马斯·迪兹主编：《欧洲一体化理论》，朱立群等译，世界知识出版社2009年版，第64—65页。

表人物斯坦利·霍夫曼一方面承认国际社会的重要变化及其对民族国家的强大挑战。但他认为民族国家在欧洲地区合作进程中起着非常重要的作用，也强调国家利益在战后欧洲国际政治中的重要作用，并强调利益的国内基础。[①] 霍夫曼对于地区合作的理论构建，对于海湾地区的地区合作动力有着相当的解释力，例如重视国家体系（外部力量）的作用，强调民族国家作为主要行为体等。

具体到海湾地区国家在冷战后合作的动力分析，本书区分了三大类的行为体：第一大类是地区内国家，因为海湾8国都具有发展中国家属性，而且国家在地区合作起主导性作用；第二大类是地区内非国家行为体，主要是作为地区合作组织的海合会和该地区内移民作为社会力量在起的作用；第三大类是地区外大国，主要是美国、欧盟，和被认为正在"重返中东"的俄罗斯，对海湾地区合作的不同态度及其产生的影响。

第一节 海湾国家在地区合作中的作用

国家是海湾地区合作的最主要动力，并且带有鲜明的国家主导特色。海湾地区合作的所有方面都受到该地区国家条件的制约和影响。

一 地区内国家的发展中国家属性和地区特点

根据世界银行用最新的（2019年）阿特拉斯法（Atlas method）计算，海湾地区8个国家根据2021年的收入可以分为三个收入群体：高收入国家的海合会6国，其人均国民总收入高于1万2696美元；中高收入（upper-middle income）国家的伊拉克，其人均国民总收入在4096美元至1万2695美元之间；和中低收入（lower-middle income）国家的伊朗，其人均国民总收入在1046美元至4095美元之间。[②] 但海湾8个

[①] Stanley Hoffmann, *The European Sisyphus: Essays on Europe*, 1964–1994, Boulder, CO, and Oxford: Westview Press, 1995, pp. 4, 5.

[②] The World Bank, "Data: World Bank Country and Lending Groups", https://datahelpdesk.worldbank.org/knowledgebase/articles/906519-world-bank-country-and-lending-groups#:~:text=For%20the%20current%202021%20fiscal, those%20with%20a%20GNI%20per.

国家又都是发展中国家,不但具有发展中国家的普遍特征,还面临着发展和转型的迫切要求。首先,虽然沙特是 G20 成员国,但海湾国家的自我定位是发展中国家,所有海湾国家都是 77 国集团和不结盟运动的成员国,在全球政治、经济事务中也都站在发展中世界的阵营中。其次,除巴林以外的海湾国家都获得了巨额的能源财富,但经济都高度依赖于能源生产、加工和出口所带来的收入,所以都面临推动经济多元化发展的压力。因此,世界能源市场的价格波动,尤其是国际原油价格从 2014 年开始遭遇的多轮暴跌,以及世界各主要能源进口国都在不同程度地提高能源利用率、减少因为使用矿石燃料而引发的温室气体等,都极大地加剧了海湾能源出口国促进经济多元化以缓解经济脆弱性的严峻挑战。

对外部行为体而言,虽然海湾地区是世界发展中地区最具战略和经济价值的地区,也是冷战后世界政治中最受关注的主要冲突地区之一。但客观地说,海湾国家在中东地区以外的全球事务中发挥的积极作用都还有限。即使是在 20 世纪 90 年代中后期开始的发展中世界集体崛起中,海湾国家中除了沙特作为 G20 成员国,在世界经济秩序中有了更多的话语权之外,其他海湾国家在国际政治、经济中的话语权都有待提高。

战后所有发展中国家面临的最迫切任务就是"发展"。发展不但包括经济增长,还包括经济结构、社会结构和政治结构等方面的进步或改善。"如何发展"则成为战后学界的争论焦点,在涉及发展中国家的发展时,发展和国家政府间的密切关系被反复强调。通常强调国家(政府)与发展过程中起能动作用的国家被称为发展型国家(developmental state),这类国家被认为具有 4 个突出的特点:(1)经济增长和发展具有优先性;(2)有一个拥有大量自主性的国家官僚系统能制订和完成国家计划;(3)参与市场的同时也接受国家的干预;(4)维系一个维持产业政策的主导机构。[①] 这一国家模式是从东

---

① Meredith Woo-Cumings, *The Developmental State*, Ithaca and New York: Cornell University Press, 1999, pp. 37 – 39.

亚国家飞速的经济增长经验中总结出来的，并逐渐被运用到其他实现了高经济增长率的发展中国家研究中。发展型政府的积极推动是发展中世界集体崛起的重要原因之一，因为一个能力出众、积极主动、认真负责的政府可以凭借长远目标和卓越领导、共同的准则和价值，构建信任和凝聚力的制度，并为公共和私营部门制定相关政策。①

海湾国家在独立或建国后的重要国家发展，首先是地区内产油国获得曾长期由被西方石油公司控制的石油资源的自主权。海合会成员国中的产油国分阶段地逐步实现对本国石油资源的控制。从20世纪60年代开始，海湾国家注重培养本国的技术专家来管理石油公司。例如，科威特在1960年成立了科威特国家石油公司（Kuwait National Petroleum Company），沙特在1962年成立了石油和矿产资源部（Ministry of Petroleum and Mineral Resources）。② 1975年，科威特完全接管了国内的石油公司；1976—1977年，卡塔尔也实现了该目标。③从1947年开始，伊朗开始了中东产油国的第一次石油国有化尝试。虽然历经几次失败，但1973年5月，伊朗和西方石油公司签订新的石油协议：废除1954年的石油协议，把1954年"协议区"内一切石油生产权、行政管理权和设备所有权全部归于伊朗，由伊朗国家石油公司直接管理；将西方石油公司改组为伊朗石油服务公司，作为伊朗国家石油公司的生产承包者，继续在伊朗生产石油，并为伊朗石油工业的发展提供投资。伊拉克政府也在1961年和1972年颁布法令，把其国内的私营石油公司的资本全部收归国有，全部石油业务由本国国

---

① Ziya Öniş, "The Logic of the Developmental State", *Comparative Politics*, Vol. 24, No. 1, October 1991, p. 111.

② 2016年5月，该部已经更名为能源、工业和矿业资源部（Energy, Industry and Mineral Resources），2019年8月该部分被拆分为两个部分，即能源部（Ministry of Energy）和新成立的工业和矿产资源部（Ministry of Industry and Mineral Resources），其中后者是由前私营部分组成，并从2020年1月1日开始正式独立运作。参见："What You Need to Know about Saudi Arabia's New Energy Minister", Al Arabiya, September 8, 2019, https://english.alarabiya.net/en/business/energy/2019/09/08/What-you-need-to-know-about-Saudi-Arabia-s-new-energy-minister.

③ 冯璐璐：《中东经济现代化的现实与理论探讨——全球化视角研究》，西北大学2006年博士论文，第39页。

营公司经营。[①] 此后，海湾国家走上了自己的现代化发展道路。

如表4.1所示，海合会国家普遍在21世纪前10年进入GDP的高速增长时期，其中卡塔尔这十年的GDP年均增速更是达到了13.5%。2009—2015年，海湾国家的GDP增长开始呈现多样化发展：卡塔尔（7.4%）和伊拉克（6.7%）保持了高于世界同期比例和中东地区的增速；沙特（5.0%），阿联酋（4.5%），阿曼（4.3%），巴林（3.9%）的平均增速都高于世界同期比例和中东地区的平均增速。而伊朗因为核问题遭受的国际制裁导致其2009—2016年的GDP年均增长断崖式地下降至仅0.2%的增速。

表4.1　　　海湾国家年均GDP增长比例（1990—2015年）　　　（单位：%）

	1990—2000	2000—2009	2009—2015
巴林	5.0	6.0	3.9
伊朗	2.4	5.5	0.2
伊拉克	10.3	3.9	6.7
科威特	4.9	7.2	3.3
阿曼	4.5	2.8	4.3
卡塔尔	—	13.5	7.4
沙特	2.1	5.9	5.0
阿联酋	4.8	5.3	4.5
中东地区	3.8	5.3	3.3
世界同期	2.9	3.2	2.9

资料来源：作者自制，数据来自 The World Bank，"World Development Indicators 2017"，May 17, 2018, https://elibrary.worldbank.org/doi/pdf/10.1596/26447, pp. 68–72.

所以，在地区地缘政治复杂和经济高度依赖能源出口的情况下，海湾国家是否融入国际金融体系和对外关系对其经济增长产生了重要影响。同样值得注意的是，海合会6国都属于高收入国家，它们在

[①] 喻珍、黄琳：《中东能源因素与大国关系》，载汪波《中东与大国关系》，时事出版社2013年版，第257—259页。

2000—2011年的GDP年增长率都远高于同收入梯度的平均水平1.6%。① 但从海湾国家能源出口占GDP的高比例来看，海湾国家的高经济增长率是建立在国际能源价格持续走高的前提下，而不是发展型国家采用的改革战略产业政策（strategic industrial policy），虽然海湾国家和大部分发展中国家都是出口导向型经济，但海湾国家的出口商品大部分是能源产品。

除了经济发展外，海湾国家的整体国家发展也和其独特的政治体制环境相关的。该地区是当今世界上君主制国家最聚集的地区，而伊朗实行的又是政教合一政治体制。石油财富的积累使海湾国家加快了城市化，建立了福利型社会，但也都面临传统政治体制和迅猛发展、变化的现实社会间的矛盾。

在18、19和20世纪的几次民主革命爆发之前，君主制曾是最传统的政体形式，但到第一次世界大战结束后，世界上只有极少数国家保留了君主制，而海湾地区则是当今世界上君主政体最集中的地区。其中，沙特和阿曼实行的是专制君主制。沙特君主集国王、最高宗教领袖和所有部落酋长的三重作用于一身，行使最高行政权和司法权，沙特至今没有颁布宪法，《古兰经》和圣训就是沙特的国家根本大法，伊斯兰法是该国所有法律的基础，王位在兄弟间传袭、继承；阿曼的国家元首称苏丹，也是世袭传承，苏丹有权任命内阁要员，阿曼国内没有议会，而沙里亚法（Sharia Law）是阿曼国家立法的基础。巴林、科威特、卡塔尔的君主称埃米尔（Emir/Amir），阿联酋内部各酋长国的君主称埃米尔，而他们之间选举出来的国家元首称总统。科威特等国家的埃米尔也是通过世袭制传承的，比如科威特宪法的第4条就明文规定埃米尔必须由穆巴拉克·萨巴赫（Mubarak Al-Sabah）家族后裔世袭。②

根据塞缪尔·亨廷顿的理论，君主国家的政治体制的合法性和

---

① The World Bank, "2013 World Development Indicators", April 18, 2013, http://databank.worldbank.org/data/download/WDI-2013-ebook.pdf, pp. 68 – 72.

② National Assembly of the Republic of Armenia, "Kuwaiti Constitution 1962", http://www.parliament.am/library/sahmanadrutyunner2019/kuveyt.pdf.

权力大部分归属于世袭君主政体中的高度传统化和相关机构。在这些传统社会势力、利益、习惯和制度根深蒂固的社会，要改变或摧毁这些传统势力，就必须将权力集中于现代化的推行者手中。[①] 因此，海湾君主国家在现代社会所面临的主要问题是如何保持独立和政治合法性，同时应对迅速的社会和经济变迁及广泛的政治参与所带来的挑战。这是对海湾君主国家制度能力的一个挑战，其中实现现代化又是一个迫在眉睫的重要挑战。而伊朗和伊拉克这两个共和制国家也面对紧迫的现代化任务，而且这两个国家都有重返国际社会的迫切需求。

海湾国家在应对国内外挑战，推动国内社会、经济发展时又面临艰难的经济产业结构转型和推动经济多元化的艰巨任务。海湾国家的油气产业及石化行业都是资本密集性产业，但不能创造足够的就业机会。例如，海合会国家的油气产业部门贡献了成员国50%以上的GDP，但其雇佣的劳动力不足5%。[②] 所以进入21世纪以来，海湾国家在制定中长期经济和社会发展战略都强调经济多样化的重要性。这些国家制定国家发展策略的目的是促进可持续发展，减少对石油收入的依赖，增加私营部门的就业机会。进入21世纪初期以来，海湾国家都制定了自己的发展规划，例如，沙特的《2025年长期战略》（long-term strategy 2025）、阿曼的《2020愿景》（Vision 2020）、阿曼的《2021愿景》（Vision 2021），沙特、阿联酋和巴林都制订了各自版本的2030年愿景（Vision 2030），卡塔尔也颁布了《2030年国家愿景》（Qatar National Vision 2030）等。而阿联酋先后发布了《阿布扎比2030年经济远景规划》（Abu Dhabi Economic Vision 2030）、《迪拜2021年规划》（Dubai Plan 2021）、《阿联酋2071百年计划》（UAE Centennial 2071）、《先进技术国家计划》（National Innovation Strategy）、《2031国家生活质量战略》（National Strategy for Wellbeing 2031）、《2117火星计划》（Mars

---

① ［美］塞缪尔·亨廷顿：《变化社会中的政治秩序》，王冠华等译，上海人民出版社2008年版，第118页。

② 吴磊、杨泽榆：《阿拉伯国家社会转型中经济发展面临的挑战》，《阿拉伯世界研究》2014年第5期。

2117 Project）等一系列国家发展战略。①

2005年，伊朗也制订了《20年发展愿景规划》，其核心内容是减少伊朗经济对石油的依赖，创造更多的就业岗位，将自身建设成为中东地区政治、经济、科学技术和国防领域最强大的国家。② 而沙特的《2030年愿景》包括96项战略目标，核心是把沙特打造成"阿拉伯和伊斯兰世界的中心，投资强国和连接三大洲的枢纽"。③ 而现在又进入新一轮战后重建的伊拉克发布的发展规划都与重建相关。2018年5月，伊拉克规划部发布了《2018—2022年国家发展计划》，制定的主要战略目标包括：形成良性的政府治理基础；在金融、货币、银行、商业等领域推行经济改革；推动"被解放地区"重建；改善投资环境，强化私营部门的作用；实现与伊拉克经济增长潜力一致的增长率、增加人均收入，减少失业率；为贫困和弱势群体提供安全保障；促进区域均衡发展，在城市规划和区域优势的基础上，促进城市结构与整体发展目标一致等。④

二 国家在海湾地区合作中的主导作用

迄今为止，即使是现在已经发展成超国家地区组织的欧洲地区合作，合作的起始也都是自上而下的政府间合作，而海湾地区合作中的国家主导色彩尤其明显。

首先，海湾地区合作是由海湾国家政府发起的，并由国家掌控合作进程的地区合作。海湾地区合作是在地区内所有国家获得独立的情况下，为了捍卫国家安全、稳定地区秩序自愿开展的合作行动。海湾地区合作很大程度上也是地区内国家的国家意志和能力的体现。海湾

---

① 参见商务部国际贸易经济合作研究院、中国驻阿联酋大使馆经济商务处、商务部对外投资和经济合作司《对外投资合作国别（地区）指南：阿联酋（2020年版）》，http：//www.mofcom.gov.cn/dl/gbdqzn/upload/alianqiu.pdf，第20—21页。
② 姜英梅：《伊朗经济发展道路：探索与转型》，《阿拉伯世界研究》2017年第5期。
③ Kingdom of Saudi Arabia, "Vision 2030", https://vision2030.gov.sa/en.
④ 商务部国际贸易经济合作研究院、中国驻伊拉克大使馆经济商务处、商务部对外投资和经济合作司：《对外投资合作国别（地区）指南：伊拉克（2020年版）》，http：//www.mofcom.gov.cn/dl/gbdqzn/upload/yilake.pdf，第15页。

国家长期受到外来势力的干预甚至殖民统治，直到 1971 年才全部实现独立，因此地区内国家在涉及国家主权和安全的问题上都高度敏感。另一方面，海湾国家间的实力对比在很长时间内有着较大的差距，尤其是伊朗、伊拉克和海合会国家之间，所以海合会国家会首先联合起来展开地区合作。

其次，在合作效用上，海湾地区合作的根本目的在于参与国实现各自的国家利益。一般的观点认为，相似的民族、宗教和历史会有助于利益的趋同和共识的达成，因而有利于地区合作，尤其是发展中国家间地区合作的形成和发展。但这一假设与实际情况不一定相符。[①]比如，拉美地区的地区合作的确发生在相似的天主教宗教背景、西班牙语语言背景和前殖民地文化背景下；而东南亚国家的地区合作是在政体、民族、宗教、文化等各方面存在较大差异的情况下展开的，而后者被认为是更成功的地区合作案例。因为发展中国家推动地区合作的最重要动机是依靠地区集体的力量，通过抱团实现自身的发展和国际地位的提高，因此即使是不同的政治、文化、宗教背景也会服从于集体发展的目标，这也是发展中国家在进行经济一体化时的重要特征。因此，要分析对于相似文化背景不一定是促进地区合作的充分条件这一悖论，需要回到关于地区合作中的参与国的国家利益的分析。国际关系学所讨论的国家利益是指各个主权国家的利益，与之相对的是他国的利益或者国际利益，因此国家利益是各国对外政策的出发点。国家利益的内容非常广泛，比如按利益性质可分为安全利益、政治利益、经济利益和文化利益等几大类；而且国家利益具有综合性的特点，各个利益内容之间是交错的，可以相互促进，有时也彼此矛盾。[②]发展中国家在参与地区合作时，更注重的是国家安全、主权独立和领土完整这些传统的、关乎国家生存的核心国家利益；而一旦安全问题得到一定程度的保障，国家在后续地区合作实践中可能侧重经

---

① 郎平：《发展中国家区域经济一体化框架下的政治合作》，《世界经济与政治》2012 年第 8 期。

② 阎学通、杨原：《国际关系分析（第二版）》，北京大学出版社 2013 年版，第 87 页。

第四章 海湾地区合作的动力分析

济利益。

另外，在研究海湾国家参与地区合作中的国家利益问题时，要考虑到其利益的发展性，即在不同时期、不同国家，对于利益的界定与优先次序并不完全一致。例如，冷战时期的海合会国家展开地区合作，可能更多的是追求通过搭建合作平台来协调政治立场，即"用同一个声音说话"，提升自身在直面伊朗和伊拉克这两个地区强国时的集体利益；而在后冷战时期，当地区威胁大为减弱时，海合会的地区经济合作目标和利益就变得具体和迫切；而伊朗在面临西方国家的外交孤立和严重的经济制裁时，会趋向于与海合会国家改善关系，并努力寻求加入海湾地区合作。国家利益的第三个方面就是其层次性，即国际利益既存在于国家内部，也存在于地区层次乃至全球层次，这三个层次的利益可能是同一的也可能是矛盾的，只有国家利益与地区利益得到较好协调的时候，地区合作才能深化发展。因此，关注地区合作的国家抗衡力和地区抗衡力的平衡问题，对所有地区合作都具有重要意义。

第二节 海湾地区非国家行为体的作用

虽然有国家主导地区合作，但寻找公平的方式来长期分担地区合作的负担和利益是困难的。首先，国家有时因为民族自豪感、政治紧张、缺乏信任、协调成本高、协调行为体数目众多或者是成本—收益的不对称分配，而不愿意进行合作；其次，地区合作协议通常比国家协议更难达成，因为由于没有法院或上诉的更高权力机构，而且在国际层面上，财产权的执行是模糊和薄弱的。因此，国际协议必须自我执行，而这反过来又可能减少可行的合作解决办法；但无论合作是互惠的还是非互惠的，国际合作协定必须自我执行，相关协定通常是更广泛的一揽子计划的一部分，大部分行为体不能立即从中获利，而需要考虑长远收益。

新功能主义在总结欧洲地区合作的基础上提出了一些基本假设，例如，一些行为的后果、社会安排是导致地区合作行为的基本原因；

采取合作行为的单位为了实现某些共同目标，最初的行动将会聚合成建立地区制度的要求。即国家进行地区合作是为了共同解决共同关心的问题，其正常结果应该是建立一个独立的、以服务为导向的组织。这类地区组织既不能扩大任务范围，也不能改变其成员的主权国家属性。如果最初设立的决策机构能够灵活地面对，甚至解决合作中产生的冲突，并且维持共同目标而不断取得令人满意的成绩，就会产生一个自我维持的国际亚体系。① 这一假设符合地区合作组织和地区合作间的关系：前者是地区合作发展到一定阶段的产物，标志着制度性合作的进展；而地区合作组织一旦建立，将成为各参与方的机制化交流平台，汇聚不同行为体的意愿和利益，并通过决策和执行的方式来至少部分实现参与方的预期收益。

一 海合会在推动海湾地区合作中的作用

由于地区内国家数量有限和开展本地区内合作时间较晚等原因，海湾地区不像欧洲和东亚地区一样拥有众多的地区合作组织，海合会是迄今为止海湾地区唯一一个制度化的非国家政治实体，而且因为海合会的合作议题涉及了"一切领域"的合作，所以海合会是海湾地区的超国家治理机构。海合会的组织机构很大程度上受到当时欧共体的影响，由最高理事会（Supreme Council）、部长理事会（Ministerial Council）这两个领导机构，和总秘书处（General Secretariat）、最高理事会顾问委员会和各专业委员会构成。

最高理事会是由六国元首组成的海合会最高权力机构，每年定期举行一次会议（即首脑峰会），如果遇到特别紧急的事件，经任何一个成员国提议并得到其他成员国支持，可召开特别会议。因为海合会成员国间有密切的沟通渠道，所以迄今为止还没有增设过最高理事会的特别会议。1998 年，在阿布扎比举行的首脑会议上，最高理事会决定在两届首脑会议间举行协商会议。为保证协商会议的有效性，必

---

① Philippe C. Schmitter, "A Revised Theory of Regional Integration", *International Organization*, Vol. 24, No. 4, Autumn 1970, pp. 840, 841.

须有三分之二的成员国出席，每个会员国有一票；实质性事项的决议由参加表决的会员国一致通过，但是有关程序事项的决定须经最高理事会多数成员投票通过。① 根据海合会《宪章》第 8 条的规定，最高理事会的主要职能包括：确定海合会的利益范围，制订海合会的基本发展纲要，审查和批准部长理事会提交的报告和建议，审查秘书长提交的研究报告，任命秘书长和修订海合会《宪章》等。这些职能中最重要的是负责确定海合会总体发展政策、审查并批准部长理事会和秘书长提交的报告和建议。② 在实际运作中，最高理事会通常在具体事务上给部长理事会或秘书处以指导性意见或指令，并接受最终的研究建议和报告，而最高理事会每年的最后公报就是海合会对当年最重要合作议题或关键事务的集体政治表态。每一届海合会首脑峰会主办国的常驻联合国代表会向联合国安理会主席递交每次的最终公报。③

海合会国家首脑参加每年的最高理事会会议是其外交传统，但 2017 年卡塔尔外交危机爆发后，该传统曾经连续 3 年被打破。继 2017 年巴林、阿曼、沙特和阿联酋的国家元首缺席当年的最高理事会会议后，卡塔尔埃米尔在接到邀请的情况下，连续缺席 2018 年、2019 年的会议。

卡塔尔埃米尔缺席了 2019 年 12 月在利雅得召开的海合会第 40 次首脑会议，这次会议达成的最后声明没有正面提及海合会内部矛盾，也不涉及对内部成员的指责，但在文本中首先强调"成员国必须执行最高理事会的所有决定和在合作理事会框架内达成的协议"，除了再次声明在反恐问题、伊朗问题、巴勒斯坦问题、对外援助上的主张外，也批准了一系列海合会发展战略：例如，批准了海合会合作理事会国家的 2020 年至 2030 年的文化战略，通过了 2020—

---

① Secretariat General of the Gulf Cooperation Council, "Organizational Structure", https://www.gcc-sg.org/en-us/About GCC/Pages/OrganizationalStructure.aspx.

② Secretariat General of the Gulf Cooperation Council, "About GCC: The Charter", https://www.gcc-sg.org/en-us/About GCC/Pages/Primarylaw.aspx.

③ 联合国安全理事会：《2015 年 12 月 10 日沙特阿拉伯常驻联合国代表给安全理事会主席的信》，S/2015/954，https://documents-dds-ny.un.org/doc/UNDOC/GEN/N15/445/08/PDF/N1544508.pdf? OpenElement，2015 年 12 月 21 日。

2025 年理事会国家在工作和人力领域的联合行动战略；批准了海合会联合防务委员会第十六届会议的决定，强调愿意按照随后的程序和规定执行这些决定；批准建立海湾战略与安全研究学院（Gulf Academy for Strategic and Security Studies）以及给该学院的拨款分配。① 海合会最高理事会在卡塔尔外交危机期间的继续运作，表明了海合会国家在组织内部"斗而不破"的基本默契。

2020 年的第 41 届首脑峰会原定于 12 月在巴林首都麦纳麦召开，但受到中东地区新冠肺炎疫情和卡塔尔外交危机的影响，推迟到 2021 年 1 月 5 月在利雅得举行。海合会国家希望能达成一项协议以结束卡塔尔外交危机。② 卡塔尔埃米尔参加了最终在沙特西北部城市欧拉（Al-Ula）举行的海合会第 41 届首脑峰会。为了纪念分别于 2020 年 1 月和 9 月去世的卡布斯苏丹和科威特的萨巴赫埃米尔，这届峰会也被称为"卡布斯苏丹与沙巴酋长峰会"（Sultan Qaboos and Sheikh Sabah Summit）。6 个海合会成员国和埃及共同签署了《欧拉宣言》，该宣言重申了海合会创始的重要承诺：实现各成员国在各个领域的协调和一体化，最终形成国家联盟；海合会作为一个单一的、统一的经济和政治集团，为实现海湾地区的安全、和平、稳定和繁荣作出贡献。③ 在这次首脑峰会举行的当天，沙特、阿联酋、巴林和埃及宣布全面恢复和卡塔尔的外交、贸易和交通联系。④ 这次首脑峰会被解读为海合会的内部和解，代表持续了 3 年半时间的卡塔尔外交危机的结束。

部长理事会是海合会的执行机构，由六国外长或其他部长组成，

---

① 沙特通讯社：《海湾阿拉伯国家合作委员会最高理事会第四十届会议的最后声明》，https：//www.spa.gov.sa/viewstory.php?lang=ch&newsid=2009934，2019 年 12 月 11 日。

② "Saudi King Calls Gulf Leaders to Attend GCC Summit", Anadolu Agency, December 26, 2020, https：//www.aa.com.tr/en/middle-east/saudi-king-calls-gulf-leaders-to-attend-gcc-summit/2089704.

③ GCC Summit 41 Press Center, "The Al-Ula Declaration", January 5, 2021, https：//gcc41.org/press-releases/the-al-ula-declaration.

④ "Saudi FM: Full Ties Restored Between Qatar and Blockading Nations", Al Jazeera, January 5, 2021, https：//www.aljazeera.com/news/2021/1/5/saudi-says-full-ties-restored-between-qatar-and-embargo-nations.

每3个月召开一次例会。该机构和最高理事会一样预留了应对紧急事件的特别会议召开机制。部长理事会的主席职位也在海合会成员国间轮换，一届任期为6个月。部长理事会主要负责为最高理事会提交由部长会议和其他机构呈递的建议、法案，为首脑会议筹备议程等，并就成员国在经济、社会和文化等领域开展合作、协调提出建议。部长理事会下辖多个议事和执行机构，如国防、工业等专门技术委员会。在海合会的日常运行中，部长理事会根据最高理事会的指导性方针和政策，对具体问题制定行动计划，交付下属委员会或秘书处实施。同时，部长理事会也是一个职权机构，拥有一定程度的决策权，有权围绕特定事项制定相关规章和政策。[1]

海合会总秘书处是总部设在利雅得的常设机构，是海合会所有政策和活动的实际操作者，秘书处下设政治事务、经济事务、军事事务等部门。[2] 总秘书处的秘书长由最高理事会在首脑会议期间根据部长理事会的提名来任命，任期为3年，可连任一届。[3] 2020年2月1日，曾任科威特财政部长的纳伊夫·法拉赫·穆巴拉克·哈吉拉夫（Nayef Falah Mubarak Al-Hajraf）正式就任新一任海合会秘书长。[4]

迄今为止，海湾地区所有通过决议的多边合作议题都限于由海合会成员国在组织内部提出提案。海合会在设立之初就规定：各成员国有权在海合会范围内提交任何议题；各成员国为使自己的提案在海合会组织框架内得以通过并最终成为有效的条款，那些在正式提出前就提案内容同其他成员国进行磋商，事先得到充分讨论并获得较多支持的草案更容易通过。但议题敏感或合作内容复杂的提案则需多次的辩论和修正。就像海合会在其官方网站上列出的合作领域成就中提到的，其成员国已经在经济合作、人类和环境事务领域，安全合作、军事合作、媒体合作，

---

[1] 余泳：《海合会对外关系的政策逻辑考察》，《阿拉伯世界研究》2013年第1期。
[2] Abdul Khaleq Abdulla, "The Gulf Cooperation Council: Nature, Origin and Process", in Michael C. Hudson ed., *Middle East Dilemma: The Politics and Economics of Arab Integration*, New York: Columbia University Press, 1999, pp.154, 170.
[3] 钟志成：《中东国家通史：海湾五国卷》，商务印书馆2007年版，第419—420页。
[4] Secretariat General of the Gulf Cooperation Council, "Secretary General", https://gcc-sg.org/en-us/GeneralSecretariat/Generalsecretary/Pages/Current-New.aspx.

法律和司法合作、政治事务、审计领域合作等领域取得了合作成就，并与包括阿拉伯国家在内的其他国家和组织展开了经济联系，这些都是作为一个整体的海合会在海湾地区合作上取得的成就。

学界在海合会是否已经成为一个真正的地区合作动力来源的问题上仍存在争议：一方面，虽然海合会的组织架构参照了欧盟的机构设置，但因为各成员国在组织初设和发展过程中仍回避主权让渡问题，而且相关合作议题的提出和推进都是由成员国政府主导，相关核心议题和重要议题的所有裁决权也都保留在成员国的部长或国家元首手中，其直接表现就是最高理事会对重大合作事项拥有决定权和终审权；[1] 但另一方面，海合会已经在政治、经济、社会等多个领域取得了合作成就，并在推动协商进程中逐渐把各成员国的共同愿景发展为近一步合作计划的基础。

此外，关于海合会在多大程度上推动了海湾地区合作的争议点还在于海合会是否是沙特的"一言堂"。虽然海合会在《宪章》和结构设置中都强调所有成员国在一切程序和地位上拥有平等的权利，表决权也是实行一国一票制，并在重大实质性议题上强调成员国一致原则，但沙特和其他海合会成员的国家规模和实力间存在巨大差异。沙特的人口约占海合会人口总量的59.7%，其国民生产总值占海合会国家生产总值约48%，[2] 再加上沙特在伊斯兰宗教信仰中的极其重要的地位，和沙特王室在整个海湾阿拉伯部落历史、传统中的领导地位，沙特的意志在很大程度上主导了海合会的进程。但另一方面，有学者以海合会的内部分歧作为案例论证沙特和其他成员国在海合会中的复杂关系，即较小的海合会成员国默许沙特在海合会中担任"天然领袖"，但同时

---

[1] Philippe De Lombaerde, Antoni Estevadeordal and Kati Suominen eds., *Governing Regional Integration for Development: Monitoring Experiences, Methods and Prospect*, Aldershot: Ashgate Publishing Limited, 2008, pp. 3 - 6.

[2] 2019年，海合会6国的总人口是5735万4101人，其中沙特的人口数量为3421万8169人。2017年，海合会按基本价格计算的GDP总量约16396亿740万美元，其中沙特当年的GDP是7873亿730万美元。参见：GCC Statistical Center, "GCC Annual Statistical Yearbook 2019", December 2020, https://gccstat.org/images/gccstat/docman/publications/_ - _ 3 _ 1.pdf, pp. 24, 88.

通过与外部大国建立双边合作来对冲沙特的霸权。有分析称：海合会在 2011 年后的安全合作进展加快，是因为较小成员国判断"阿拉伯之春"对其政权的威胁要大于沙特的组织霸权，所以更积极配合相关合作；但当组织外部威胁减小时，较小的海合会成员国会更加警惕沙特的霸权，从而充分行使议题否决权，维护其在海合会的决策自由。其中最典型的案例是 2011 年，当沙特国王阿卜杜拉在海合会首脑峰会上，呼吁把海合会建设为完全的政治联盟。阿联酋和科威特的回应不明确，但阿曼苏丹表示反对，并暗示如果把海合会建立一个全面政治联盟，阿曼将退出海合会。有海合会国家决策者暗示沙特在这次峰会召开前没有征求其他海合会成员国的意见。2013 年 12 月 7 日，阿曼的外交部部长优素福·本·阿拉维（Youssef bin Alawi）在国际战略研究所举办的麦纳麦对话（Manama Dialogue）论坛上，再次明确表示阿曼拒绝加入沙特提议的建立更紧密的"海合会联盟"。[①]

总体而言，海合会虽然存在内部分歧、甚至一度演变成危机，其合作也以最小限度的主权让渡为特征，但同样的问题也出现在其他地区合作组织的不同合作阶段中；海合会给成员国提供了稳定的集团成员身份、切实推动了成员国间经济、社会和军事等多个方面合作。

二　地区内的社会力量

现在整个海湾地区的民众都只有限参与国家决策，社会民众的意识在地区合作中也同样没有得到充分反映。但即使是欧盟这样的地区合作范本，也存在着严重的民主赤字的问题，并已经成为合作深入发展的重要障碍。[②] 近年来，观察者们高度关注海合会的劳务移民问题及其移民政策，但相对忽视了海湾地区内部的交往历史、传统和现代

[①] "Omani Rejection of GCC Union Adds Insult to Injury for Saudi Arabia", Al Monitor, December 9, 2013, https：//www.al-monitor.com/originals/2013/12/oman-rejects-gcc-union-insults-saudi-arabia.html.

[②] 参见：Petr Kratochvíl and Zdeněk Sychra, "The End of Democracy in the EU? The Eurozone Crisis and the EU's Democratic Deficit", *Journal of European Integration*, Vol. 41, Issue 2, January 2019, pp. 169 – 185.

地区内人员流动也在很大程度上促进了海湾地区合作的进展，并成为不能忽略的社会力量。

海湾地区位于道格拉斯·梅西所称的国际人口迁移的五大体系之一，并连接欧洲体系和亚太体系。[1] 斯蒂芬·卡斯尔斯和马克·米勒区分了中东地区存在的6种主要移民类型，其中传统的人口移动方式指的是到阿拉伯半岛朝觐和贸易的人口流动，在19世纪末、20世纪初出现逐渐加强的国家边境管控前，这一人口流动方式几乎是不受限制的。[2]

阿拉伯半岛是地球上最干旱、水资源最匮乏的地区之一。除了西北部的小面积谷地以及图拜克（At-Tubayq）山外，阿拉伯半岛由广袤的沙漠和狭窄且土壤贫瘠的沿海平原组成。其中，阿拉伯半岛上国土面积最大的沙特虽然拥有波斯湾和红海边长达2640千米的海岸线，但属于极端高温的干、荒漠气候，是世界上面积最大的没有河流的国家。在进入现代社会前，生活在干旱的阿拉伯半岛内陆的居民长期过着逐水草而居的游牧生活。因为绿洲和其他生存资源的有限，各个部落的领地是流动且经常重合的，部落间的联合或者分裂也是常态。当居住地的牧场、水源、牲畜等物质条件不能满足日益增长的人口生活必需时，在阿拉伯半岛就会出现从内陆向海湾沿岸或者海湾对面的伊朗南部沿岸地区迁徙的现象。从前3世纪开始，这几乎成为阿拉伯半岛上的阿拉伯人在不同时期向阿拉伯半岛的沿海地带和伊朗周期性流动交往的规律。上述历史也是海湾阿拉伯酋长国之间经常发生部落冲突的重要原因。

另外，从7世纪到11世纪，随着伊斯兰教的兴起和阿拉伯征服运动的发展，生活在内陆的阿拉伯人开始了广泛的迁徙和征战活动。如果说这些移民行动是海湾地区内部的人口迁徙的话，那在20世纪30年代，伴随着海湾地区石油产业的兴起，海湾阿拉伯国家开始大量接受

---

[1] Douglas S. Massey, "International Migration at the Dawn of the Twenty-First Century: The Role of the State", *Population and Development Review*, Vol. 25, No. 2, June 1999, p. 319.

[2] Stephen Castles and Mark J Miller, *The Age of Migration: International Population Movements in the Modern World (Fourth Edition)*, Basingstoke: Palgrave Macmillan, 2009, p. 161.

来自其他阿拉伯国家和所谓"友好国家"（如土耳其）的移民劳动力则进入到了现代移民阶段。20世纪70年代之前，海合会国家实行自由化的非选择性移民（non-selective）政策，大量引入外籍劳工来缓解本国劳动力不足和劳动参与率低的问题。但从20世纪70年代末开始，高比例的外籍劳工影响了海合会国家的就业市场，外籍劳工大量寄往其派出国的侨汇，对海合会国家的国际收支平衡造成了一定影响；而更大的威胁来自外籍劳工带来的政治管理难题、文化冲突，以及随之而来的日趋尖锐的社会矛盾。① 从20世纪80年代开始，海合会国家基于所谓"降低移民带来的政治动乱"的考虑，加大从南亚和东南亚招募移民劳工以取代来自其他中东国家的劳工。随着海合会国家移民劳工政策的变化，移民接收国接收的高比例南亚和东南亚移民劳工、对劳动移民的依赖性和劳动力移民女性化（feminization of migration）② 等成为中东地区劳务移徙的趋势。2009年，来自南亚国家的移民工人占海合会国家所有移民劳动力的61.8%，占海合会总人口的比例达到了约24.9%。③ 虽然海合会国家收紧了移民政策，但仍是全世界主要的移民接收国。2000—2010年，阿联酋和沙特分别以年均流入移民46.7和17.6万，分别排在世界净移民国的第3位和第9位。④

海合会已经颁布了边境管理和共同的移民政策，海合会成员国的公民可以直接用本国的国民身份证明在海合会6个成员国间自由旅行，并在就业、受教育等方面享受本国国民的待遇。除了共同的移民政策和海合会成员国间的人员自由流动，20世纪这次移民潮的起落更直接促进了海湾阿拉伯国家的普及教育和加强高等教育及职业培训

---

① 肖洋：《非传统威胁下海湾国家安全局势研究》，时事出版社2015年版，第71—72页。

② 移民女性化问题一直存在，中东地区的劳动移民女性化方式主要指从事保姆和家庭护理等"典型女性职业"的女性移民的迁入。

③ S. Irudaya Rajan ed., *India Migration Report* 2012: *Global Financial Crisis*, *Migration and Remittances*, New Delhi and Abingdon: Routledge, 2012, p. 175.

④ The United Nations "International Migration Report 2015", http://www.un.org/en/development/desa/population/migration/publications/migrationreport/docs/MigrationReport2015.pdf, p. 13.

的合作。海合会国家的劳动力短缺主要是因为各国国民数量少,各国当时普遍存在着轻视体力劳动的就业观念,以及宗教因素造成妇女就业率极低等原因,但关键的原因是海湾阿拉伯国家的教育落后,国民受教育程度较低。例如,1957 年,沙特全国只有 21 名大学毕业生,卡塔尔劳动力中只有 70% 的人受过初等教育。[1] 此后,海合会各国都加大对国内教育的投入,向海外大量派遣大批留学生,并兴建国内的教育和科研机构。2007 年,海合会成员国国内的大学数量分别是:沙特(21 所),阿联酋(15 所),巴林(10 所),科威特(6 所),卡塔尔(5 所),阿曼(5 所)。截至 2013 年,沙特和阿联酋国内的大学数量分别上升至 68 所和 33 所,卡塔尔的大学数量上升至 12 所,而巴林和阿曼的大学数量都上升至 11 所,只有科威特国内仍是 5 所大学。[2] 海合会设立了文化部长委员会(GCC Ministerial Committee for Culture)和海合会国家专利办公室(GCC Patent Office)来协调文化、教育事业,沙特、阿联酋等国家的王室成员还以个人或家族的名义设立了面向所有海合会成员国公民的教育基金或奖学金。例如,沙特现任王储穆罕默德·本·萨勒曼·本·阿卜杜勒阿齐兹·阿勒沙特(Mohammed bin Salman bin Abdulaziz Al Saud)在 2011 年成立了米斯克基金会(MiSK Foundation),以"致力于培养和鼓励沙特青年的学习能力和领导力"。[3] 虽然因为更为复杂的宗教和国内政治等因素,海合会迄今为止还没培育出地区内公民社会,但海合会国家间高频度、深层次的人员流动,将为海合会共同意识,甚至最终的海湾地区共同意识的形成打下坚实基础。

---

[1] 王京烈:《论海湾六国移民与人口结构安全》,《西亚非洲》1999 年第 2 期。

[2] 海合会在 2012 年至今公布的统计公报中着重呈现其受教育人数和性别数据,这里的数据分别来自 2 篇学术论文。参见:Siran Mukerji, "Perspectives and Strategies Towards Collaboration in Higher Education in the GCC Arab States of the Gulf", *Asian Journal of Distance Education*, Vol. 6, No. 1, 2008, p. 79; Sultan Ayoub Meo, Abdul Latif Mahesar, Saeed Ahmed Sheikh and et al. , "Research Productivity of Gulf Cooperation Council (GCC) Countries in Scienceand Social Sciences", *Journal of the Pakistan Medical Association*, Vol. 66, Issue 10, October 2016, p. 1308.

[3] Mohammed bin Salman Foundation, "About MiSK", https://misk.org.sa/en/about-misk/.

另外一个同样值得关注的问题是海合会国家和伊朗之间的移民活动及其产生的社会政治影响。自18世纪中叶以来，出现了阿拉伯国家向伊朗迁移的早期移民潮，后期伊朗人向海合会国家迁移，并在阿拉伯国家建立了伊朗社区。这些伊朗社区的成员在伊朗的家乡建立并维持了密集而狭窄的社会网络。这些伊朗移民与来自南亚和东南亚的移民相比，地理上的邻近性、共同的历史纽带以及由此产生的跨国空间使他们享有一定的特权地位。[①]

尽管海合会国家在20世纪80年代开始对伊朗移民采取了严格的移民程序，但伊朗的劳动力流动仍为卡塔尔、阿联酋等国当地人口很少的地区提供了建设力量。伊朗伊斯兰革命后，阿联酋的扎耶德总统亲自推动了伊朗沿海居民移民到阿联酋。扎耶德总统邀请伊朗移民到德尔玛岛（Dalma Island）[②]定居，并向潜在移民保证将促使他们将作为"原住民"融入阿联酋的社会等级。阿联酋人口中约有50万伊朗人，使这一群体成为阿联酋第五大散居移民群体，再加上阿富汗移民和塔吉克移民中的波斯语群体，阿联酋的波斯语社区人数达到了65万。仅在迪拜就有8000多家伊朗移民注册的贸易公司，伊朗在迪拜的累积资产估计超过3000亿美元，这个数字几乎相当于当时迪拜GDP的3.5倍。伊朗移民在阿联酋人口中的庞大规模，长期侨居历史及其经济贡献，意味着该群体是阿联酋社会的重要组成部分。[③]

虽然海合会国家的伊朗移民很难获得公民身份，已经入籍的伊朗人中只有少数人曾担任过重要的政治角色，但他们在海合会国家创建了来源国和移民国间的公共、商业跨国联系。伊朗在海湾国家

[①] Shahnaz Nadjmabadi, "Iranian Migrants in the Arab Countries of the Persian Gulf", *Middle East Institute*, February 2, 2010, https://mei.edu/publications/iranian-migrants-arab-countries-persian-gulf.

[②] 德尔玛岛拥有丰富的地下淡水资源，是阿联酋最早的人类居住地之一。该岛也是珍珠贸易的重要中心，在20世纪初期向阿布扎比市提供了淡水资源。参见 Abu Dhabi Culture, "Dalma Island", https://abudhabiculture.ae/en/experience/cultural-landscapes-and-oases/delma-island.

[③] James Worrall and Alam Saleh, "Persian Pride and Prejudice: Identity Maintenance and Interest Calculations among Iranians in the United Arab Emirates", *International Migration Review*, Vol. 54, Issue 2, June 2020, pp. 2, 19.

创建的许多企业从事至少部分专门对接伊朗的商业活动。海合会国家的伊朗市场提供一系列从伊朗进口的食品，手工艺品和批量生产的产品。海湾国家的伊朗移民大都定期地回国探访，而且经济收入更高的移民向家乡提供的财政支持促进了教育，支持家乡社区的发展和医疗服务。[①]

伊朗移民在海合会国家的积极影响在海湾决策界、国际学术界都还是一个较新的议题，伊朗和海合会国家间长期的移民、经济联系像没有浮出水面的冰山一样"存在但不显见"，但值得注意的是：海合会国家中伊朗移民数量最多，在国家中发挥经济作用最大的阿联酋是所有成员国中最积极推动与伊朗拓展经济合作的国家。而且结合上一章中关于伊拉克战争前伊朗和海合会国家关系发展的内容，分析可以得出：虽然仍然存在岛屿争端，并在伊朗直接控制了争议岛屿以及海湾地区局势没有发生质的变化的情况下，阿联酋在21世纪初调整了其对伊朗政策，甚至成为海合会成员国中最积极推动与伊朗拓展经济合作的国家之一。

2015年，曾任迪拜国际金融中心对外关系负责人和首席经济学家的纳赛尔·赛迪号召建立一个海合会6国和伊朗的合作框架（GCC6+1）。塞迪的这一提议主要是基于海合会国家，尤其是阿联酋将从与伊朗合作中获得的经济福利。他认为已经重启的伊朗核谈判将加强地区和双边关系，海合会和伊朗存在产业互补：伊朗在农业和工业领域具有比较优势，而海合会国家在服务业、物流、基础设施和对外投资方面具有明显优势。从2000年开始，阿联酋向伊朗的出口呈现持续增长态势，并在2008—2009年达到了134亿美元，阿联酋在同伊朗的贸易中享受了相当大的贸易顺差。[②] 虽然纳赛尔·赛迪作出的乐观预测后续因为美国特朗普政府退出伊核协议，和沙特等国与伊

[①] Shahnaz Nadjmabadi, "Iranian Migrants in the Arab Countries of the Persian Gulf", *Middle East Institute*, February 2, 2010, https://mei.edu/publications/iranian-migrants-arab-countries-persian-gulf.

[②] Nasser H. Saidi, "The Economic Consequences of Détente with Iran", HuffPost, July 15, 2016, https://www.huffpost.com/entry/the-economic-consequences_1_b_7802464?guccounter=1.

朗关系的再次急剧恶化而没有实现。但可以预见的是，一旦伊朗和海合会国家关系出现实质性改善，相关合作进展最快速的除了和伊朗保持"传统友好关系"的阿曼外，将是和伊朗有广泛移民网络和较密切贸易联系的阿联酋。

2020年3月，新型冠状病毒在海湾地区的传播从另一个侧面验证了伊朗和部分海合会国家间的频繁跨国人员流动，以及伊朗和海合会国家拓展非传统安全合作的必要性。[①] 截至2020年3月1日，伊朗国内发现987例新冠肺炎确诊病例，包括54例相关死亡病例。此后，至少六个邻国（巴林、伊拉克、科威特、阿曼，以及阿富汗和巴基斯坦）报告来自伊朗的新冠肺炎输入病例。截至2020年2月25日，每天从伊朗通过乘坐国际航班进入阿联酋的乘客为1833人，其中包括2例从伊朗的输入病例；而从伊朗进入阿曼的伊朗乘客为500人，其中发现2例确诊病例。[②] 2020年3月—6月，阿联酋派出4架航班向伊朗运送了约56.5吨紧急援助医疗物资。[③] 2020年8月2日，阿联酋外交部部长阿卜杜拉·本·扎耶德·阿勒纳哈扬和伊朗外交部部长扎里夫举行了视频对话，主要讨论加强双边合作、国际合作以共同应对新冠肺炎疫情等方面。[④]

科威特和卡塔尔也向伊朗提供了抗击新冠肺炎疫情的援助。2020年3月，科威特外长萨巴赫·哈立德·哈默德·萨巴赫在和伊朗外长扎里夫的电话中表示，将向伊朗提供1千万美元的抗疫援助。科威特也通过多边渠道向伊朗提供了援助。2020年伊朗跨部门应对新冠肺

[①] 下文涉及海湾地区新冠肺炎疫情数据均援引自自然科学杂志。包括新冠肺炎在内的全球大流行病必然随着国际航运和跨国人员流动传播，本书不认可任何形式的"疫情源头归罪"言论。

[②] Zian Zhuanga, Shi Zhaob and Qianying Lind et al., "Preliminary Estimation of the Novel Coronavirus Disease (COVID19) Cases in Iran: A Modelling Analysis Based on Overseas Cases and Air Travel Data", *International Journal of Infectious Diseases*, No. 94, 2020, pp. 29 – 30.

[③] Ministry of Foreign Affairs & International Cooperation, United Arab Emirates, "UAE Sends Additional Aid to Iran in Fight Against COVID – 19", June 27, 2020, https://www.mofaic.gov.ae/en/mediahub/news/2020/6/27/27-06-2020-uae-iran.

[④] "UAE Foreign Minister, Iranian Counterpart Discuss Efforts to Contain COVID – 19", Emirates News Agency, August 2, 2020, https://wam.ae/en/details/1395302859870.

炎计划总共需要 11.73 亿美元的援助。截至当年 12 月底，科威特政府认捐了 900 万美元的援助金额，仅次于欧盟委员会（2930 万美元）和日本政府（2250 万美元），占已响应援助资金额份额的 12.2%。[①] 2020 年，在伊朗国内抗疫物资紧张的情况下，卡塔尔向伊朗出口了约 2.53 亿美元的呼吸设备，占当年卡塔尔向伊朗出口货物的 89%。[②] 2021 年 5 月 30 日，卡塔尔发展基金（Qatar Fund for Development）代表卡塔尔运送的第二批约 7 吨的紧急医疗物资抵达伊朗。在此之前，该基金会和卡塔尔驻德黑兰大使馆协调，通过卡塔尔航空公司向伊朗运送了约 2 吨的货物。[③] 阿联酋、科威特、卡塔尔和伊朗在 2020 年抗击新冠肺炎疫情时期的合作将有助于这些国家培育互信和进一步拓宽合作议题。

第三节　海湾地区合作的地区外影响

因为海湾地区在国际政治、经济中具有极其重要的战略价值，以及海湾国家和地区外大国间存在巨大的权力不平衡，所以海湾地区合作必然受到地区外因素的影响。虽然中国和印度自古以来和海湾地区展开了频繁的经贸、文化交流，从 20 世纪 90 年代以来，又因为能源贸易和劳务输出、基础设施建设等经济、劳务合作而成为海湾地区的重要地区外伙伴，而俄罗斯也通过参与伊朗核问题和投资海湾国家的能源产业保持了其在海湾地区的影响力，但美国和欧盟无疑是对海湾地区合作影响最大的区域外力量。关于美国、欧盟，与海合会这三方的任意两方、三方的互动已经有非常详细的研究，本节主要是在海湾地区安全方面，史论结合地探讨美国、欧盟、俄罗斯给海湾地区合作

[①] Financial Tracking Service, "Iran Intersectoral COVID Response Plan 2020", https://fts.unocha.org/appeals/987/summary.

[②] The Observatory of Economic Complexity, "Qatar (QAT) and Iran (IRN) Trade", https://oec.world/en/profile/bilateral-country/qat/partner/irn.

[③] RelifWeb, "Qatar Fund for Development Sends Urgent Medical Aid to the Republic of Iran to Combat the Outbreak of the Covid 19 Epidemic", May 31, 2021, https://reliefweb.int/report/iran-islamic-republic/qatar-fund-development-sends-urgent-medical-aid-republic-iran-combat.

动力方面产生的影响。

海湾地区一直是地区外大国竞争和地缘政治的集结地,也被称为"帝国的十字路口"。1507年,葡萄牙人为了保护本国商船而介入海湾地区,荷兰也因为同样的贸易利益而发展与伊朗的关系。这些外部大国不仅通过主导性军事力量进入该地区,也试图获得对该地区贸易的垄断。从16世纪初开始,海湾地区国家和地区外大国就已经出现了明显的实力不对称。在19世纪殖民统治海湾阿拉伯酋长国时期,英国实际上也承担了保护这些酋长国的安全"责任"。从16世纪开始,海湾地区国家对外关系的主要动力就是安全,尤其是重叠的同盟。这些盟友关系通过保护安全和最大化自治来扩散冲突冲动,在海湾地区的对外关系中发挥了决定性作用。值得注意的是,在海湾地区的地区语境中,对海湾君主国家和1979年前的伊朗而言,国家安全是和统治家族的利益高度结合在一起的。[①]

海湾国家在与外部大国互动时追求安全,而就像前文提到过的,从20世纪80年代初开始,向邻国"输出革命"、质疑君主制的伊朗和同样追求地区霸权的伊拉克成为其他海湾国家"最大的威胁"。在寻求尽量避免与伊朗、伊拉克爆发直接武装冲突的前提下,美国成为了海合会国家最重要的地区外安全合作伙伴。而欧盟为了保障能源安全和地中海区域安全、以及发展贸易等主要原因,在海湾地区合作中扮演了斡旋者的角色。

一 美国对海湾地区合作的影响

美国通过在海湾广泛驻军、向海合会国家出售武器充当海合会国家的外部安全供给者,并通过推翻萨达姆政权,对伊朗实施经济制裁、外交孤立极大地限制了后者的地区霸权,直接塑造了海湾地区的安全局势。

美国学者斯蒂芬·耶提夫指出:1972—2005年,美国在海湾地

[①] Mehran Kamrava, *International Politics of the Persian Gulf*, New York: Syracuse University Press, 2011, pp. 77, 78, 81.

区既不追求均势战略,也不追求霸权战略——事实上,美国根本就不追求宏大战略。相反,美国在海湾地区政策是一种反应性参与,即美国在该地区要对一系列没有预料到的危机作出反应,转变过程中没有宏大的计划、没有大战略甚至没有一致的原则。[1] 耶提夫也质疑了认为美国一直在海湾地区寻求和塑造地区均势的观点,他认为美国不是一直试图使伊朗和伊拉克相互对峙,或通过与海湾地区内最强大的国家保持平衡或通过避免采取可能导致的力量来维持均势。美国有时会代替或支持该地区最强大的国家而不是与之抗衡。美国战后在海湾地区采取了可能会造成或加剧该地区力量不平衡的行动,或追求除均势政策以外的方法。总体而言,均势政策在美国的战后海湾地区政策中并不处于中心位置。[2] 耶提夫的研究把握了美国海湾地区政策的动态变化,但值得注意的是:即使关于美国在中东地区是否存在大战略,或存在哪种类型的大战略上存在争议,但美国主导海湾地区事务的目的是为了实现其利益最大化,是否一直实行均势政策取决于时任美国政府在特定地区、国际局势下的策略选择。简而言之,战略不是最终目的,而是为实现利益最大化服务的。

冷战时期,美国在和苏联争夺中东地区影响力的大背景下逐步拓展其海湾地区影响力。苏联在 1979 年入侵阿富汗后,也扩大了其在中东地区的军事存在。1980 年,苏联在利比亚建立了空军基地和海军基地,其中位于利亚比北部海岸的班加西和的黎波里成为苏联在中东主要的海军基地。[3] 随后,美国宣布成立印度洋和海湾快速反应部队,并加强在阿曼的军事部署。两伊战争期间,伊朗和伊拉克进行了残酷的陆地战争,也在双方海军力量都不强的情况下发动了被称为"油轮战"的海上作战。两国不仅袭击对方港口、石油设施和石油运

---

[1] Steve A. Yetiv, *The Absence of Grand Strategy: The United States in the Persian Gulf*, 1972—2005, Baltimore, Maryland: The Johns Hopkins University Press, 2008, preface x.

[2] Steve A. Yetiv, *The Absence of Grand Strategy: The United States in the Persian Gulf*, 1972—2005, Baltimore, Maryland: The Johns Hopkins University Press, 2008, preface x.

[3] Peter Duignan and L. H. Gann, *The Middle East and North Africa: The Challenge to Western Security*, Stanford, California: Hoover Institutional Press, 1981, p. 128.

输船只,也攻击沙特、科威特等其他海湾国家的海岸和船只,引发科威特要求美国、苏联护航,随后引发美国在阿拉伯半岛海岸驻军、建设军事基地等一系列连锁事件。

1984年3月,伊朗和伊拉克开始袭击对方的港口和石油设施,后续攻击了没有任何武装的民用商船和非军事目标,并针对非交战国和中立国船只进行了攻击和袭扰,严重威胁了海湾地区的航行安全。两伊海战的初始阶段,双方都利用小型舰艇配合陆地战场作战,只进行了一些规模很小的海上战斗,但随后很快发展到进行海上袭击战。伊朗首先袭击伊拉克的巴士拉和法奥(Al Faw)两个港口城市附近的石油中转站;炮击港口设施、袭击石油中转站巴克(Bucks),甚至还组织了一些小规模登陆行动,并短时切断了伊拉克的石油输出,使伊拉克每月损失的外汇收入高达10亿美元。[1] 1984年4—5月,伊拉克为了改变失利战局,开始对伊朗发动了新一轮的袭船战;封锁伊朗的主要石油出口地哈尔克岛(Kharg Island),并频繁攻击和袭扰来往于该岛的油轮,企图逼迫伊朗坐上谈判桌。这些行动又招致伊朗的报复性攻击。由于伊拉克石油输出以地下管道为主,所受损失不大,所以伊朗开始攻击所有支持伊拉克的阿联酋、沙特、科威特等国的商船和油轮。伊朗和伊拉克间的海战不断升级:1984年就有69艘商船和油轮遭到袭击,到1986年达到106艘,其中伊朗发动的袭击增加了三倍多。[2]

科威特的石油出口和几乎所有国内生活、生产物资都依赖往来于霍尔木兹海峡的航运,两伊间的海上混战严重影响了其国民经济和国家安全。随着伊朗扩大其海上袭击目标,科威特仅在1986年就有8艘以上民用船只遭到伊朗的袭击,因此科威特向联合国安理会5大常任理事国都提出租赁船只和护航的请求。1987年3月,科

---

[1] Adam Tarock, *The Superpowers' Involvement in the Iran-Iraq War*, New York: Nova Science Publishers, Inc., 1998, pp.123,124.

[2] Adam Tarock, *The Superpowers' Involvement in the Iran-Iraq War*, New York: Nova Science Publishers, Inc., 1998, pp.123,124.

威特正式请求美国军舰为其商船护航。① 但科威特的国际求援遭到了伊朗的报复,伊朗开始将重点袭击目标锁定为进出科威特各个港口的船只。在这种形势之下,苏联和美国都同意向海湾派遣海军特遣舰队,为科威特商船和油轮护航。苏联和美国的介入使得海湾局势更趋紧张,但也没能阻止伊朗和伊拉克袭船战的继续升级。1987年,海湾地区有178艘商船和油轮遭到了袭击。当年6月30日,美国时任总统罗纳德·里根宣布从7月中旬开始为科威特油轮护航,派遣了一支由50艘舰艇、150余架作战飞机组成的海军特混舰队,并建立了中东联合特遣部队及其司令部。② 美国在这次护航行动期间制订了新的海湾作战行动,借机向海湾地区增兵,将护航范围扩大到所有遭到伊朗攻击的中立国船只,并在实战中驱逐、攻击伊朗舰船。而且美国宣称一旦冲突再升级,将对伊朗的阿巴斯湾和哈尔克岛进行布雷封锁,切断伊朗石油和其他物资的进出口航线;如果伊朗袭击美国设施造成重大破坏或导致人员大量死亡,美国将摧毁其沿海设施及其战略重地哈尔克岛。美国的军事介入帮助维持了当时的海湾地区航行安全。

两伊战争结束后,美国通过在海湾地区的军事网络正式成为主导海湾地区的地区外大国,海湾地区利益与美国保证以色列的生存、安全,美国在中东地区乃至全世界推行民主等重要目标交织在一起,成为其保持全球领导地位的重要战略目标。美国一方面保持了在海湾乃至中东事务上的主导权,另一方面与海湾国家签订双边军事协定并实际驻军,保障自身在中东能源开发的优势及能源运输安全。1976—2007年,美国在海湾地区包括和平时期部署军事力量和发动海湾战争与伊拉克战争的临时军事部署,总开支达到了6.8亿美元。③ 虽然

---

① Adam Tarock, The Superpowers' Involvement in the Iran-Iraq War, New York: Nova Science Publishers, Inc., 1998, pp. 128, 131.

② Farhang Rajaee, *The Iran-Iraq War: The Politics of Aggression*, Gainesville: University of Florida, 1993, pp. 123 – 130.

③ 孙德刚:《大国海外军事基地部署的条件分析》,《世界经济与政治》2015年第7期。

美国在伊拉克战争结束后从沙特撤军，但海湾地区在美国的中东军事部署中的地位仍然是不可撼动的。位于巴林的贾法勒海军基地（Juffair Naval Base）驻扎着美国海军第5舰队司令部（Fifth Fleet and US Naval Forces Central Command），和美军海军中央司令部（U. S. Naval Forces Central Command），其中后者是美国在中东地区的大本营；位于科威特的多哈兵营（Camp Doha）驻扎着美军中央总部所属科威特陆军司令部和约1万多人的科威特联合特遣部队，是美国陆军在中东地区的核心基地和大型后勤基地；而卡塔尔境内的萨勒西亚兵营是美军中央总部陆军司令部的驻扎地，也是美军在中东最大的陆军基地。[1]

伊拉克战争后，美国虽然撤出了在沙特的驻军，在伊拉克的撤军计划也已经完成，但由于海湾地区在美国中东及全球战略中的极其重要的作用，美国还将继续保持甚至加大在海湾地区的军事存在。美国国防部在2010年发布的《四年防务评估报告》（Quadrennial Defense Review Report）中重申了海外驻军对美国维持全球影响力和军事能力的重要作用，并表示要继续保障在基础设施和军事能力上的短期投资，支持在伊拉克等地的军事行动，以保障美国在中东地区的长期目标。[2] 美国也计划重塑防御姿态来保证与军事盟友或伙伴间的互信共同安全关系，并平衡海合会国家对长期驻扎的美军的敏感性。2001年以后，美国默许沙特关闭了该国的苏尔坦亲王（Sultan Prince）军事基地、宰赫兰（Dhaharn）军事基地、海米斯赫谢特（Khamis Mushayt）、利雅得、塔布克（Tabuk）和塔伊夫（Taif）等美国军事基地。[3]

冷战结束后，美国对伊朗和海合会关系起到了破坏性作用。而且

---

[1] 孙德刚：《大国海外军事基地部署的条件分析》，《世界经济与政治》2015年第7期。

[2] United States Department of Defense, "Quadrennial Defense Review Report", February 2010, https：//history. defense. gov/Portals/70/Documents/quadrennial/QDR2010. pdf? ver = vVJYRVwNdnGb_ 00ixF0UfQ%3d%3d.

[3] 孙德刚：《大国海外军事基地部署的条件分析》，《世界经济与政治》2015年第7期。

越是强化伊朗的"地区安全破坏者"角色,就更有利于证明美国在海湾地区驻军和加大军售的"合理性"。美国、俄罗斯、法国是中东地区的前三大武器出口国。2014—2018年,美国、俄罗斯和法国出口的武器分别占中东国家武器进口比例中的54%,9.6%和8.6%。中东地区武器进口量的前四位分别是:沙特(地区占比33%)、埃及(地区占比15%)、阿联酋(地区占比11%)和伊拉克(地区占比11%),其中沙特、阿联酋和伊拉克三国进口了中东地区约55%的武器。① 在当前的中东地区安全局势下,海湾国家的武器进口仍将继续增长。美国商业资讯(Business Wire)转载的一份来自简氏信息集团(Jane's Information Group)的报告称,海合会国家在2019年的国防支出将达到1000亿美元。② 从2009—2013年,到2014—2018年,阿联酋的武器进口总量下降了5.8%,但仍是世界第7大武器进口国。而美国出口的武器占到阿联酋的武器进口总量的64%。2020年10月29日,美国国务院向美国国会提交了一份对阿联酋出口估值达100亿美元,共计50架F—35第五代战斗机的军售议案。这一议案的提出正值阿联酋和以色列实现关系正常化时,所以当时没有遭到来自以色列的强烈反对。③ 2021年12月,阿联酋官员宣布可能退出这一项久拖未决的军售谈判。④

前文曾提到海合会国家支持美国特朗普政府退出伊朗核协议和对伊朗实施的"极限施压"的政策。2020年10月18日,在对伊朗武器禁运到期的当天,美国国务院发表声明称:"9月19日,几乎所有联合国对伊朗的制裁都恢复了,包括重新实施了联合国武器禁运",

---

① 斯德哥尔摩国际和平研究所:《SIPRI年鉴2019:军备、裁军和国际安全》,纽约:牛津大学出版社2020年版,第231页。

② Business Wire, "Gulf States' Defence Spending to Hit Record High Amid Ongoing Regional Conflict, Jane's by IHS Markit Says", September 6, 2018, https://www.businesswire.com/news/home/20180906005357/en/.

③ "US Moves Ahead with Sale of 50 F-35 Fighter Jets to the UAE-Source", Reuters, October 30, 2020, https://www.reuters.com/article/israel-emirates-f35-int-idUSKBN27E2VG.

④ "United Arab Emirates Threatens to Pull Out of $23 Billion F-35, Drone Deal with U.S.", The Wall Street Journal, 14 December 2021, https://www.wsj.com/articles/united-arab-emirates-threatens-to-pull-out-of-23-billion-f-35-drone-deal-with-u-s-11639491997.

而且美国准备制裁对向伊朗供应、出售或转让大量常规武器的任何个人或实体，以及向伊朗提供技术培训、财务支持和服务以及与这些武器有关的其他援助的个人或实体。①

2017年5月，在沙特倡议的基础上，美国提出了中东战略联盟（Middle East Strategic Alliance）的倡议，计划建立一个总部位于利雅得，成员包括美国、海合会、约旦和埃及的联盟，以对抗伊朗和其他安全威胁。2019年4月，埃及退出了这一倡议。②虽然美国国防部官员在公开场合否认了把该倡议视为"阿拉伯版北约"的说法，但美国主导的这一倡议仍是建立在把伊朗作为主要假想敌的基础上的。

虽然特朗普政府对伊朗"极限施压"的政策破坏了国际社会达成伊朗核协议的初衷，但伊朗保障自身国家安全的能力和战略斡旋能力，以及其他大国相对缓和的对伊朗政策，使海湾地区安全形势没有完全失控。2021年11月29日，随着伊朗核协议的谈判在维也纳重启，美国和其他相关利益攸关方将有望通过谈判的方式来取得对伊朗核问题的一些积极进展。③

二 欧盟对海湾地区合作的影响

欧盟在中东地区有地缘政治利益和广泛的安全和经济利益。欧盟对伊朗、沙特的石油资源和卡塔尔的天然气资源存在高度的依赖性，④随着海合会国家和伊朗在欧盟经济、外交中地位的提升，欧盟更加重

---

① US Department of State, "Status of UN Arms Embargo on Iran: Press Statement", October 18, 2020, https://2017-2021.state.gov/status-of-un-arms-embargo-on-iran/index.html.

② U.S Department of Defense, "Middle East Strategic Alliance Effort Aimed at Stabilization", April 30, 2019, https://www.defense.gov/News/News-Stories/Article/Article/1829790/middle-east-strategic-alliance-effort-aimed-at-stabilization/; "The Middle East Strategic Alliance is just Another Marginalised Initiative", Middle East Monitor, August 27, 2019, https://www.middleeastmonitor.com/20190827-the-middle-east-strategic-alliance-is-just-another-marginalised-initiative/.

③ United Nations, "Political Affairs Chief Calls for 'Additional Effort and Patience' to Revive Iran Nuclear Deal, as Security Council Delegates Urge Sides to Negotiate in Good Faith", December 14, 2021, https://www.un.org/press/en/2021/sc14736.doc.htm.

④ European Commission, "Energy Markets in the European Union in 2011, Luxembourg: Publications Office of the European Union", 2012, http://ec.europa.eu/energy/gas_electricity/doc/20121217_energy_market_2011_lr_en.pdf.

视通过加强与海合会、伊拉克的合作,帮助稳定海湾地区局势以及通过与海湾国家的多边合作限制美国的单边主义政策。

欧盟一直致力于将海合会发展成为其在海湾地区的可靠盟友。1988 年,当时的欧共体和海合会签署了《欧共体—海合会合作协议》(EEC-GCC Cooperation Agreement),旨在提升两个地区组织及成员国之间的经济、贸易合作。这份协定提出了三个总体目标:(1)必须通过制度性的机构加强两个组织间的合作关系;(2)不断扩大双方的高科技合作;(3)推动海合会国家的经济多元化发展,并帮助加强其在维持地区和平和稳定中的作用。[1] 这份协议奠定了双方在冷战后合作的基本框架,其中能源合作是双方经济合作项目中的重要部分。欧盟通过欧共体—海合会联合委员会(EEC-GCC Joint Council)的定期政治对话平台,和海合会协同了维护海湾地区稳定的共同立场。[2] 欧盟和海合会的经济合作得到了迅速发展:2006—2016 年,欧盟与海合会的总贸易额增长了 53%,并在 2013 年达到峰值,与国际油价峰值相对应。2016 年,海合会成为欧盟第四大出口市场。2017 年,欧盟与海合会的货物贸易总额为 1437 亿欧元,其中欧盟向海合会出口额达到 998 亿欧元,为欧盟带来了巨大的贸易顺差。[3]

欧盟对伊朗采取"通过贸易实现和平"的政策。在伊朗于 2006 年开始遭受国际制裁前,欧盟曾长期是其第一大贸易伙伴。20 世纪 90 年代,欧盟成员国逐渐恢复了与伊朗的经济合作。1992 年 3 月,西班牙向伊朗提供了价值 3 亿美元的中长期信贷额度协议,力图促进两国间的贸易与合作。英国也恢复了和伊朗的政治对话和经济合作。1996 年,美国政府出台《伊朗和利比亚制裁法案》(Iran and Libya Sanctions Act),以启动对追求核能力的伊朗的制裁。当年 9 月,欧盟通过世贸组织质疑了这一法案。1994—1999 年,正值拉夫桑贾尼政

---

[1] 汪波:《欧盟中东政策研究》,时事出版社 2010 年版,第 36—37 页。
[2] European Commission, "Press Releases Database: Press Release Details", October 22, 2015, http://europa.eu/rapid/press-release_ MEMO-93-25_ en. htm.
[3] European Commission, "Trade Policy: Gulf Region", May 5, 2020, https://ec.europa.eu/trade/policy/countries-and-regions/regions/gulf-region/.

府制订的第二个五年计划期间，42家德国银行给在伊朗投资的德国公司提供了无限量的长期贷款；法国巴黎国家银行（French Banque Nationale de Paris）也提供了价值5亿美元的中期贷款，以促进在伊朗的投资。还有许多欧盟公司拒绝了这一法案，继续与伊朗进行贸易。20世纪90年代末，欧盟和伊朗的经济合作中出现了巨大的贸易逆差。从1998年起，欧盟对伊朗的整体出口减少了100.3亿美元。2004年，欧盟从伊朗的同期净进口量增长60.7亿美元，增幅近一倍。2008年，欧盟对伊朗的贸易逆差达到了58.1亿美元，是欧盟历史上对伊朗的最高贸易逆差。[1] 欧盟国家与美国对伊朗的遏制政策和特朗普执政时期的"极限施压"政策都拉开了距离。在伊朗核问题上，欧盟都始终强调要通过外交努力解决该问题，并在危机爆发时多次充当了伊朗与国际社会的斡旋者。[2] 欧盟积极的海湾地区政策，再加上欧洲地区合作的样板示范效应使得欧盟被海湾国家认为是能与美国抗衡的强有力政治力量。与此同时，欧盟在与海湾国家合作时侧重于影响和规范该地区的国家，并强调责任、义务和利益的对等。欧盟同时也在和伊朗展开关键性对话，并把伊朗国内的人权问题、伊朗核问题和伊朗与哈马斯间的关系等问题上的妥协作为近一步达成政治或经济贸易协议和合作的条件。

虽然迄今为止还没有出现伊朗和海合会正式机制性安全合作，伊朗和海合会国家甚至在2016年出现严重外交危机，但随着伊朗与欧盟等地区外大国关系的改善，海湾地区合作可能又将因为后伊核时代的"外部化"出现新的发展。海合会国家对美国的长期安全依赖，主要是因为这些国家的相对实力较弱，缺乏威慑、缓和以及通过自身能力遏制威胁的能力。而随着伊朗和伊拉克对海合会国家和海湾地区安全威胁性的减小，海合会国家的安全政策目标也有可能从之前的交付安全转变为地区内国家的集体安全。

2018年11月，美国开始重新执行之前对伊朗实施与核武器相

---

[1] Seyed Mousavian, *Iran-Europe Relations: Challenges and Opportunities*, London: Routledge, 2008, pp. 107–108, 120.

[2] 汪波：《中东与大国关系》，时事出版社2013年版，第274、278页。

关的全面制裁。欧盟和除美国以外的其余伊核谈判5方一直致力于实施伊核协议，并继续发展与伊朗的贸易合作，但同时也高度忧虑事态的急剧恶化。欧盟表示支持由E3国家（英国，法国和德国）于2019年1月建立的对伊朗"贸易结算支持机制"，以支持欧洲进出口商和伊朗间的商业贸易。虽然迄今为止欧盟还没有出台与伊朗展开更多实质性合作的正式文件，欧盟议会也仍在指责伊朗国内的"人权侵犯问题"，① 但伊核协议仍在联合国框架下生效，除美国、以色列等少数国家外的国际社会逐步解除对伊朗的制裁，将为欧盟重拾"通过贸易实现和平"的对伊朗政策提供更多的自主空间。

此外，进入21世纪初期以来，欧盟加大了对海湾地区紧张安全局势的危机应对，法国作为欧盟的核心成员国不仅加大了在海湾地区及其周边地区的军事基地建设，也成为欧盟联合海上军事行动的倡导者和推动者。欧盟为了保护边境，打击移民走私，单独进行了一系列地中海海上军事行动。② 2009年5月，法国在阿布扎比建立了第一个永久性军事基地，也被认为是其在海湾地区的第一个战略据点。根据斯德哥尔摩和平研究所2019年提供的数据，大概有650名军事人员部署在阿布扎比的迪哈夫拉空军基地和阿联酋的海军和陆军基地。③ 阿布扎比基地成为法国在后续的海湾地区和印度洋地区军事行动的重要锚点。法国通过在阿联酋的军事基地对叙利亚境内的"伊斯兰国"目标发动了部分空中打击。2019年11月，法国宣布阿布扎比的法国海军基地成为欧洲领导的监测海湾水域的海上任务的驻扎地和指挥中心驻地。④ 2021年8月17日，第一架载有从阿富汗撤离的法国人的

---

① European Parliament, "Fact Sheets on the European Union: Gulf Countries, Iran, Iraq and Yemen", 2020, https://www.europarl.europa.eu/ftu/pdf/en/FTU_5.6.5.pdf, p.5.

② European Council, Council of the European Union, "Strengthening the EU's External Borders", https://www.consilium.europa.eu/en/policies/strengthening-external-borders/.

③ Neil Melvin, "The Foreign Military Presence in the Horn of Africa Region", SIPRI Background Paper, April 2019, https://sipri.org/sites/default/files/2019-04/sipribp1904.pdf, p.7.

④ "French Naval Base in UAE to Host European-led Gulf Maritime Monitoring Mission", The Defense Post, November 25, 2019, https://www.thedefensepost.com/2019/11/25/france-uae-european-maritime-mission-persian-gulf/.

法国军用飞机连夜降落在阿布扎比。①面对 2019 年的霍尔木兹海峡危机，欧盟于 2020 年 1 月在法国的推动下启动了名为"欧洲海上意识"的霍尔木兹海峡护航行动。法国和德国、比利时、丹麦、希腊、意大利、荷兰和葡萄牙都参与了这一护航行动。法国的"库尔贝"（Courbet）号护卫舰是参与霍尔木兹海峡欧洲海上监视任务的第一艘舰船。②

但同时值得注意的是，欧盟及其核心成员国作为海湾地区安全事务的利益攸关者，在加强其在海湾地区海洋安全事务中的军事存在的同时，迄今为止还没有提出欧盟版本的海湾地区安全秩序倡议。

三 俄罗斯对海湾地区合作的影响

冷战结束后，以 1992 年裁撤了驻扎在叙利亚塔尔图斯港（Tartus）的地中海舰队为标志，俄罗斯在中东地区失去了其苏联时期的强大军事、政治影响力。③普京上任后开始积极恢复与海合会国家的联系。2007 年 2 月 11 日，普京在出席了慕尼黑安全会议后，访问了沙特、卡塔尔和约旦。普京的这次中东之行是俄罗斯总统对海湾地区的第一次访问。普京在访问期间与沙特、卡塔尔签订了一系列经贸、能源和信息领域的合作协议。④2009 年 12 月，俄罗斯—阿拉伯合作论坛（Russian-Arab Cooperation Forum）宣告成立，俄罗斯开始在阿盟框架内和阿拉伯国家开展合作。2009 年，俄罗斯与沙特达成一项 20 亿美元的军售协议，向沙特出售 150 架军用直升机、150 多

---

① "Plane carrying French Evacuees from Afghanistan Lands in Abu Dhabi-Minister", Reuters, August 17, 2021, https://www.reuters.com/world/asia-pacific/plane-carrying-french-evacuees-afghanistan-lands-abu-dhabi-minister-2021-08-17/.

② The French Ministry for Europe and Foreign Affairs, "European Maritime Awareness in the SoH (EMASOH): Political Statement by the Governments of Belgium, Denmark, France, Germany, Greece, Italy, the Netherlands, and Portugal (20 January 2020)", https://www.diplomatie.gouv.fr/en/french-foreign-policy/europe/news/article/european-maritime-awareness-in-the-soh-emasoh-political-statement-by-the.

③ 崔铮：《俄罗斯对中东国家的军事外交》，《阿拉伯世界研究》2017 年第 1 期。

④ 赵伟明：《挑战美国地位 重塑大国形象——俄罗斯对中东战略的变化与俄美关系》，《西亚非洲》2007 年第 10 期。

辆 T-90S 主战坦克、250 辆左右的 BMP-3 步兵战车以及一定数量的防空武器系统。俄罗斯在中东军工市场已经超越除美国外的其他中东国家传统武器供应国。①

2019 年 7 月 23 日，俄罗斯向联合国安理会和联合国大会提交了一份名为《波斯湾地区集体安全构想》（Collective Security Concept for the Persian Gulf Region）的倡议文件。②该倡议文件的提出可以看作是俄罗斯"重返海湾地区"的重要标志之一。除了各方应首先遵守国际法，遵守联合国宪章和联合国安理会决议等内容外，该构想强调新机制禁止出于任何原因排斥任何利益攸关方。在操作层面，俄罗斯提出通过循序渐进的方法来建立信任措施，并在该地区提供相互安全保障：首先，建立一个行动小组，以筹备关于海湾地区安全与合作的国际会议。该小组的任务是在未来安全系统的地理范围，在参与者的范围、议程、代表级别、论坛地点等问题上达成一致意见，并负责制定决定草案，包括确定安全性，建立信任和控制措施。各参与方，尤其是海湾国家应承担军事透明度的共同义务，并采取包括举行关于军事理论对话，国防部长的次区域会议，建立热线电话，交换军事演习和军事飞行的初步通知，交换观察员等在内的行动，也放弃在该地区永久部署地区外军队；海湾国家应交换有关武器采购和武装部队的信息，如签署军备控制协定，也可能包括建立非军事区，禁止破坏包括导弹防御武器在内的常规武器的稳定储存，各国减少武装力量等。这份倡议文件中的一些内容是针对美国主导海湾地区局势的现状：例如，"双重标准是不可接受的""放弃在该地区永久部署地区外军队等"等。③这份倡议

---

① 魏敏：《俄罗斯对中东国家的经济外交与大国地位塑造》，《阿拉伯世界研究》2020 年第 2 期。

② The Ministry of Foreign Affairs of the Russian Federation，"Russia's Security Concept for the Gulf Area"，August 24，2021，https：//archive.mid.ru/ru/foreign_policy/international_safety/conflicts/-/asset_publisher/xIEMTQ3OvzcA/content/id/3733575？p_p_id=101_INSTANCE_xIEMTQ3OvzcA&_101_INSTANCE_xIEMTQ3OvzcA_languageId=en_GB.

③ The Ministry of Foreign Affairs of the Russian Federation，"Russia's Security Concept for the Gulf Area"，August 24，2021，https：//archive.mid.ru/ru/foreign_policy/international_safety/conflicts/-/asset_publisher/xIEMTQ3OvzcA/content/id/3733575？p_p_id=101_INSTANCE_xIEMTQ3OvzcA&_101_INSTANCE_xIEMTQ3OvzcA_languageId=en_GB.

文件仍然带有俄罗斯冷战后中东政策的特点,即其政策基调是强调联合国和多边协调机构的作用,通过形成各方相互制衡机制、利用各种矛盾,以凸显其存在和"世界大国"的地位。①

虽然俄罗斯把这一海湾地区安全构想追溯回对20世纪90年代后期制定,并在2004和2007年改进俄罗斯提案的后续行动。俄罗斯在这份《波斯湾地区集体安全构想》中使用了"波斯湾"这一更倾向于伊朗一方的措辞,也并不代表俄罗斯在海湾地区政策上更偏向伊朗。首先,俄罗斯和海合会国家已经建立了紧密的经济合作,尤其是海合会国家主权基金对俄罗斯的投资是其中的关键合作内容。而且和海合会国家的金融合作已经成为俄罗斯经济发展的重要融资来源。2008年以来,海合会主权财富基金加大了对俄罗斯的投资。2012年,科威特投资局(Kuwait Investment Authority)成为首个和俄罗斯直接投资基金(Russian Direct Investment Fund,RDIF)共同投资的海合会主权财富基金。2015年,两个投资基金的投资额达到10亿美元。2015年,RDIF与沙特的公共投资基金(Public Investment Fun)签署总价值约100亿美元的协议,双方建立了长期战略伙伴关系,在基础设施等领域进行共同投资。2016年,巴林主权财富基金玛姆塔拉卡特(Mumtalakat)宣布将投资2.5亿美元与俄罗斯直接投资基金展开合作。② 2016年,阿联酋主权财富投资公司穆巴达拉(Mubadala)与俄罗斯直接投资基金联合进行了20亿美元的投资。阿联酋承诺将把穆巴达拉管理的50亿美元投资到俄罗斯的基础设施项目中。2017年,沙特国王访问莫斯科,双方又达成了价值约21亿美元的投资协议。2013—2019年,RDIF和阿联酋的穆巴达拉公司共同进行了超过45项投资,总价值超过20亿美元。2019年,双方又结合俄罗斯的五年战略发展计划的关键领域,在人工智能,医疗保健,运输和物流等领域签订了六

---

① 姜毅:《评析俄罗斯在中东的机会主义外交》,《西亚非洲》2016年第3期。
② 魏敏:《俄罗斯对中东国家的经济外交与大国地位塑造》,《阿拉伯世界研究》2020年第2期。

项新合作协议。①

当前,伊朗被俄罗斯视为中东地区最为重要的政治伙伴之一。②俄罗斯从 1992 年开始帮助伊朗建设核电站。俄罗斯坚决反对用军事手段解决伊朗核问题,在对伊朗进行制裁方面,俄罗斯也有很大程度的保留。正是由于考虑到俄罗斯的立场,联合国安理会第 1737号和第 1747 号决议要比西方国家提出的草案温和得多。③ 俄罗斯和伊朗在叙利亚问题以及打击"伊斯兰国"问题上立场接近,所以双方展开了相关合作。2016 年 8 月 16 日,俄罗斯轰炸机从伊朗境内的一座空军基地起飞,对叙利亚境内的"伊斯兰国"等极端组织目标实施空中打击。这是俄罗斯首次利用第三国军事基地空袭叙利亚境内的目标,也是伊朗自 1979 年伊斯兰革命以来首次允许外国势力在本国境内进行军事部署,标志着伊朗与俄罗斯的合作达到"最高水平"。④ 但上述政治合作不代表俄罗斯在海湾地区事务上会偏向伊朗。俄罗斯是一个有广泛利益的大国,伊朗核问题,以及伊朗与海合会国家、美国之间的矛盾是俄罗斯在海湾地区乃至中东地区的一个外交筹码。

俄罗斯把伊朗作为外交筹码的典型案例是俄罗斯在伊朗核问题上的立场。伊朗的布什尔(Bushehr)核电厂项目最初是与德国签订的合同,20 世纪 90 年代初美国迫使德国毁约,俄罗斯随后接手该核电站工程。1995 年,叶利钦政府迫于美国的压力停止履行合同,而 2000 年普京在就任总统后恢复了与伊朗的核合作。但外界认为俄罗斯承建布什尔核电厂不是为了帮助伊朗建造核武器,而是借机了解伊朗核计划的详细内幕,同时把该问题作为外交筹码,在必要时与美国做交易。2006 年 7 月 31 日,在俄罗斯的同意下,联合国

---

① "Mubadala, Russian Direct Investment Fund Announce Six New Cooperation Agreements", Emirates News Agency, October 16, 2019, https://wam.ae/en/details/1395302795108.

② 崔铮:《俄罗斯对中东国家的军事外交》,《阿拉伯世界研究》2017 年第 1 期。

③ 赵伟明:《挑战美国地位 重塑大国形象——俄罗斯对中东战略的变化与俄美关系》,《西亚非洲》2007 年第 10 期。

④ 崔铮:《俄罗斯对中东国家的军事外交》,《阿拉伯世界研究》2017 年第 1 期。

安理会通过一项决议,要求伊朗在 8 月 31 日前中止其核活动。①2003 年,俄罗斯发现伊朗的浓缩铀和武器级钚生产能力取得进展后,便逐步停止对伊朗核能力建设的支持。随后,俄罗斯与伊朗的核合作开始有了调整,俄罗斯宣布因为"技术原因"推迟了布什尔核电站的建设。②

近年来,俄罗斯希望与伊朗进一步加强合作。在经济方面,俄罗斯希望能与伊朗在军售、油气联合项目以及伊朗作为俄罗斯联通南亚的交通枢纽这三个方面加深合作。2018 年美国再次对伊朗施行经济制裁后,俄罗斯和伊朗的经贸合作水平有所提高。比如双边贸易额由 2018 年的 17.4 亿美元增至 2019 年的 20 亿美元。2020 年 8 月,俄罗斯计划投巨资在里海沿岸建设新的港口以深化与伊朗的贸易联系,同时宣布当年 9 月在两国间开启永久性航线。虽然俄罗斯和伊朗在经济合作方面取得一些进展,但仍难达到预定目标。伊朗驻俄罗斯大使卡齐姆·贾拉利(Kazem Jalali)指出,除非两国间经济合作得以提升,否则两国间外交和安全合作就难以提升为战略性合作。③

当前,俄罗斯也在积极重建与伊拉克的经济、军事合作。目前,俄罗斯企业在伊拉克的投资额达几十亿美元。伊拉克向俄罗斯采购大量军火,以减轻对美国的军事依赖。2012 年,俄罗斯和伊拉克签署了价值 42 亿美元的军火合同。普京强调伊拉克是俄罗斯在中东地区的"长期、可靠伙伴"。④

综上所述,俄罗斯在海湾国家地区实行的是现实主义外交政策。伊拉克战争结束后,俄罗斯与海合会、伊朗和伊拉克都展开了经济、政治合作。俄罗斯在 2019 年提出的海湾地区集体安全构想是在美国

---

① 邵丽英:《以内政为轴心的外交——普京时期俄罗斯对中东外交政策评析》,《西亚非洲》2007 年,第 47 页。
② 袁胜育:《伊朗核问题与俄罗斯的政策》,《俄罗斯研究》2006 年第 1 期。
③ Middle East Institute, "Russia, Iran, and Economic Integration on the Caspian", December 4, 2020, https://www.mei.edu/publications/russia-iran-and-economic-integration-caspian.
④ 唐志超:《从配角到主角:俄罗斯中东政策的转变》,《俄罗斯东欧中亚研究》2020 年第 2 期。

主导海湾地区局势的情况下，用倡议多边主义合作的方式来加大其参与机遇和影响力。在美国主导海湾地区安全形势、将伊朗排斥在所有海湾地区合作安排的情况下，俄罗斯提出的"不排斥任何利益攸关方""反对双重标准"等倡议具有一定的积极意义。

第五章　海湾地区合作议题和制度进程

　　功能主义和新功能主义都强调合作始于那些基于经济和社会福利需求的非政治的功能性合作议题，而一个合作议题的成功将激励行为体在其他功能性领域展开更多的合作。而且不论合作的原本意图是什么，每一项功能合作间都有外溢的趋势。① 海合会内部的合作议题已经涉及安全、经济和社会等所有方面，但经济和社会的功能性合作的进展更有成效，相关功能性领域的合作成果又激励海合会国家加快了安全合作。冷战结束后，海合会和伊朗、伊拉克在政治、经济、安全方面都展开了合作，其中经济合作相对稳定。海合会在其官方网站的"政治合作"部分列举了19项政治合作议题：为结束伊拉克战争做出贡献、解放科威特、支持也门的团结和稳定、科威特与伊拉克间的局势、支持阿联酋三个被占领岛屿的问题、与伊朗的关系、伊朗核危机、支持巴勒斯坦事业和和平进程、支持叙利亚对被占格兰高地的权利、支持黎巴嫩、索马里事务、苏丹局势、阿拉伯世界的发展与现代化、与友好国家和国际团体的对话、巴林事务、叙利亚问题、利比亚问题、战略对话、缅甸罗兴亚问题。② 上述19项议程中和海湾地区相关的议题，基本都可以划进经济和安全合作领域。因此，本章在分析海湾地区合作议题时主要聚焦海湾地区的经济、安全合作。

---

　　① ［英］安特耶·维纳、［德］托马斯·迪兹主编：《欧洲一体化理论》，朱立群等译，世界知识出版社2009年版，第70页。
　　② 列表中的一些措辞带有特定的政治含义，本书采用了更中立、客观的表述。参见 Secretariat General of the Gulf Cooperation Council, "Political Affairs", https：//www.gcc-sg.org/en-us/CooperationAndAchievements/Achievements/PoliticalAffairs/Pages/main.aspx.

第一节　海湾地区经济合作及制度进程

国际关系学对于地区经济合作的研究直接受益于世界经济和国际经济学对于地区经济一体化的研究。世界经济和国际经济学对于地区经济一体化的研究可以追溯回19世纪的古典关税同盟理论，而对于现代关税同盟的经典分析则主要来自于雅各布·瓦伊纳（Jacob Viner）在其1950年的论文《关税同盟研究》中的两个经典概念——贸易创造（trade creation）和贸易转移（trade diversion）。贸易创造效应和贸易转移效应都是通过签署自由贸易协定或关税同盟协定来实现的，前者关注从地区内生产效率更高的国家进口以前本国生产的同类产品，从而产生福利增大的效应；后者关注从生产效率较低的地区内生产国进口生产效率较高的区域外第三国的同类产品，从而产生福利增大的效应。[1] 国际关系学对地区经济一体化的研究，则主要借鉴贝拉·巴拉萨（Bela Balassa）建立的地区一体化模型，该模型主要讨论的是地区贸易合作带来的贸易创造和贸易转移。巴拉萨认为经济一体化的核心是为所有经济活动建立一个跨越边境的大市场，并将一体化划分为理想类型意义上的不同阶段，各个阶段在一体化程度上有差异，也不必然存在确定的递进关系。[2] 海湾地区的经济合作，是以海合会的机制性合作为中心，而伊朗和部分海合会国家展开了一定规模的双边经济合作，但也一直在主动寻求和海合会展开正式的多边合作。

一　海合会6国的经济合作进展

在海合会建立伊始，6个成员国首脑就通过了一项《统一经济协

---

[1] Denis O'Brien, "Customs Unions: Trade Creation and Trade Diversion in Historical Perspective", *History of Political Economy*, Vol. 8, Issue 4, Winter 1976, pp. 542-545; Michale Michaely, "The Assumptions of Jacob Viner's Theory of Customs Unions", *Journal of International Economics*, Vol. 6, Issue 1, February 1976, pp. 75-93.

[2] 卢光盛：《地区主义与东盟经济合作》，上海辞书出版社2008年版，第14—16页。

定》（Unified Economic Agreement），承诺签署国将建立一个统一的关税体系，在各成员国间实现非歧视原则，以保证在共同边界范围内的资本和劳动力自由流通；协调石油产业的所有方面，协调各自的工业发展规划，并逐步统一投资以实现共同的投资政策。这一协定的签署奠定了海合会内部的经济合作体制基础，并给外界留下了海合会创始目标更偏向于经济的印象。1982年11月，海合会6国在这一协定的指导下，成立了海湾投资公司为海湾地区经济多元化提供财政支援，并于1983年3月正式建成了海湾自由贸易区。截至2020年11月底，海合会的经济一体化已经完成了自贸区（1983年），关税同盟（2003年）和共同市场（2008年）三个关键阶段。

（一）海湾共同市场建立前的海合会经济合作进展

冷战结束后，中东地区建立了一系列旨在促进经济持续增长和市场效应的地区组织和自贸区。1997年，海合会成员国和其他7个阿拉伯国家签署协议，拟最迟于2007年1月1日前建成大阿拉伯自由贸易区。其主要条款是逐步取消自贸区内部制造业贸易的关税和非关税壁垒，并在农产品贸易方面予以优惠。① 从2005年1月1日开始，阿拉伯自由贸易区内所有商品和货物实现零关税。此外，海合会、马格里布联盟，阿拉伯国家合作委员会和欧盟—地中海自由贸易区也都签署了相关协定，计划结束已有的对贸易、投资和劳动力在地区内流动的限制。但由于阿拉伯国家间经济发展不平衡，各国都是出口导向型经济，且出口商品单一，区域内贸易互补性较差，再加上一些国家又分别和世界上其他主要经济体签署了双边自贸区协定，导致中东地区少数已建成的自贸区的内部贸易额很低。②

海合会不仅建成了关税同盟和海合会共同市场，也制定了建立货币同盟的计划。虽然迄今为止海合会货币同盟的计划没有全部完成，但货币联盟的前两步，即各成员国货币盯紧美元，以及各国经济财政合作委员会、货币机构和中央银行行长委员会制定并通过趋同标准、

---

① 约旦（2004年）、也门（2005年）、巴勒斯坦（2005年）和阿尔及利亚（2009年）先后加入该自贸区。

② 王联：《中东政治与社会》，北京大学出版社2009年版，第465—468页。

评估趋同已经完成。同时，因为地区内部贸易关税的降低，提高了劳动生产率和消费水平，海合会国家内部贸易增速加快，合作水平明显提高。关税同盟实施后，2003年海湾国家间贸易额同比增加19.5%，远远超过之前10年约年均6%的增长速度。① 在海合会关税同盟建立后，2003—2014年，阿联酋和其他海合会国家贸易额的增幅达到了405%。② 海合会成员国间劳动力不受限制地在海湾内部流动，各国居民可在任何成员国购买房地产。以关税同盟为基础形成的统一贸易集团，增强了海合会国家与世贸组织谈判时的国际地位。通过经济和贸易联合，海合会已成功融入全球贸易和金融体系。巴林是世贸组织的创始成员方，科威特（1995年）、卡塔尔（1996年）、阿联酋（1996年）和阿曼（2000年）也先后加入世贸组织，并定期接受世贸组织的贸易政策审议。2005年12月11日，沙特也正式加入世贸组织。③ 作为一个充满活力的经济合作平台，海合会增强了成员国抵御外部风险冲击的能力。

美国学者弗雷德·罗森把海湾自由贸易区建立后的海合会经济一体化大致分为4个阶段，即第一次回落期，1983年底—1990年底；

---

① Fred H. Lawson, *Transformations of Regional Economic Governance in the Gulf Cooperation Council*, Qatar: Center for International and Regional Studies Georgetown University School of Foreign Service, 2013, pp. 3, 17.

② Nasser Al-Mawali, "Intra-Gulf Cooperation Council: Saudi Arabia Effect", *Journal of Economic Integration*, Vol. 30, No. 3, March 2015, p. 546.

③ 除了科威特最新的贸易政策报告还是在2012年发布以外，世贸组织秘书处关于其他海合会5国的最新贸易政策报告都是在2021年或2022年发布。具体参见：World Trade Organization, "Trade Policy Review: Kuwait", WT/TPR/S/258, January 4, 2012, https://www.wto.org/english/tratop_e/tpr_e/s258_e.zip; World Trade Organization, "Trade Policy Review: Kingdom of Bahrain", WT/TPR/S/419, October 20, 2021, https://www.wto.org/english/tratop_e/tpr_e/s419_e.pdf; World Trade Organization, "Trade Policy Review: United Arab Emirates", WT/TPR/S/423, February15, 2022, https://docsonline.wto.org/dol2fe/Pages/SS/directdoc.aspx? filename = Q:/WT/TPR/S262-03.pdf&Open = True; World Trade Organization, "Trade Policy Review: Qatar", WT/TPR/S/408, February 9, 2021, https://www.wto.org/english/tratop_e/tpr_e/s408_e.pdf; World Trade Organization, "Trade Policy Review: Oman", WT/TPR/S/418, October 13, 2021, https://www.wto.org/english/tratop_e/tpr_e/s418_e.pdf; World Trade Organization, "Trade Policy Review: Saudi Arabia", WT/TPR/S/407, January 27, 2021, https://www.wto.org/english/tratop_e/tpr_e/s407_e.pdf.

第二阶段，贯穿整个20世纪90年代的地区主义回归期（Renewed Regionalism）；第三阶段，即2001—2007年的所谓"第二次回落期"；第四阶段，从2008年至今的第二次地区主义回归期（Regionlism Redux）。根据这一阶段划分，每次海合会经济一体化陷入低迷阶段，都是因为海合会成员国违反已签署的协定，或海合会为委员会通过的决议，海合会没有能力实施相应的惩罚机制，而其他成员国相继效仿违约行为；而后续都是海合会召开首脑峰会，并由沙特其示范性领导作用使海合会的经济一体化机制按近似于"一步回落，两步向前"的模式发展。①

（二）海湾共同市场建立后的海合会经济合作进展

2008年1月1日，海合会正式启动海湾共同市场，从此海合会6国公民在其中任何一国就业、居住和投资时都将享受与所在国公民的同等待遇。② 同年9月，海合会在建立海湾国家统一货币联盟及海合会中央银行等问题上也取得一致意见，③ 这标志着海合会一体化发展取得了关键进展，此后海合会国家的经济合作进入新一轮快速发展阶段。

2010年12月6日，第31届海合会峰会上签署了《阿布扎比宣言》，宣言强调了海合会国家经济一体化、多样化发展的重要性，提出加快关税同盟建设、消除成员国间关税及非关税壁垒等问题，同时制定了2010—2025年海合会国家全面长远发展战略。④ 在2016年5月举行的第16届海合会领导人磋商会上，海合会宣布将成立经济与发展事务局（Economic and Development Affairs Authority），旨在进一步提升海合会6国的经济合作水平，以更好地应对当时国际油价低迷

---

① Fred H. Lawson, *Transformations of Regional Economic Governance in the Gulf Cooperation Council*, Qatar: Center for International and Regional Studies Georgetown University School of Foreign Service, 2013, pp. 3, 9.
② 韩亲亲：《阿拉伯发展报告（2013~2014）》，社会科学文献出版社2014年版，第9页。
③ 杨力：《从欧元看海合会国家金融货币一体化趋势》，《阿拉伯世界研究》2009年第1期。
④ 程星原：《海合会国家积极开拓经济增长新模式》，《国际资料信息》2011年第4期。

和财政缩水带来的不利影响。① 当年 11 月 10 日，海合会经济与发展事务局在利雅得举行了第一次会议。② 2018 年 12 月，第 39 届海合会首脑峰会通过了《利雅得声明》。该声明敦促海合会成员国严格遵守已通过的经济一体化时间表，全面实施经济协定的各项规定，消除执行联合行动决定所面临的障碍和困难，在 2025 年前实现海合会成员国间的经济统一。该声明指出海合会成员国致力于维护该组织运转，并在政治和经济等领域采取协调一致的行动。③

此外，海合会已经在互联电网、税收、商业法规及支付体系等具体经济合作领域取得了一系列进展。2009 年 12 月，海合会互联电网工程（GCC Electric Grid Interconnection Project）开始运营。2009 年的第一阶段工程完成了巴林、科威特、卡塔尔和沙特四国电网的连接，阿联酋和巴林也分别于 2011 年和 2013 年完成本国电网并入海合会互联电网的工程，该工程目前总容量为 2400 兆瓦。该互联电网的运行被认为能提高电力系统安全性，实现能源结构多样化，也有望通过地区能源部门合作促进和平与稳定。④ 海合会国家也加强了间接税协调。海合会国家的非石油税收收入占非石油 GDP 的比例低于其他石油出口国的平均水平。2012—2015 年，海合会国家的税收收入占总收入的比例约为 4%，占 GDP 的平均比例约为 1.7%，约占非石油 GDP 的 3%。2015 年，为了应对当时国际原油价格的低迷可能带来的预算赤字，海合会国家开始商议共同进行非石油收入的税收改革，并在

---

① "GCC Economic and Development Affairs Authority Revives Common Market", Asharq Al Awsat, June 6, 2016, https://eng-archive.aawsat.com/n-al-rasheed/business/gcc-economic-development-affairs-authority-revives-common-market.

② Ministry of Foreign Affairs, The State of Qatar, "HE Foreign Minister Participates in GCC Economic and Development Authority's Meeting", November 10, 2016, https://mofa.gov.qa/en/all-mofa-news/details/2016/11/10/he-foreign-minister-participates-in-gcc-economic-and-development-authority's-meeting.

③ "Full Translated Text of the Riyadh Declaration", Gulf News, December 9, 2018, https://gulfnews.com/world/gulf/saudi/read-full-text-of-riyadh-declaration-1.1544384331348.

④ Laura El-Katiri, "Regional Electricity Cooperation in the GCC", Emirates Diplomatic Academy, December 2018, https://www.agda.ac.ae/docs/default-source/Publications/eda-insight_fret-iii_regional_electricity_coop_en.pdf.

2016年签署了增值税协议。通过签署这项协议，海合会6国都从2018年1月开始以5%的税率对包括食品、汽车和其他娱乐在内的商品和服务征收增值税，卫生和教育免征增值税。不同海合会国家的消费税实施日期不同，例如沙特和卡塔尔从2017年开始对烟草、能量和软饮料征收消费税。海合会国家在增值税税率和消费税上的税收制度的协调，避免了成员国通过降低税率进行税收竞争，即引入新的税收和采用更高的税率（或更广泛的税基）可能会在短期内导致部分消费、贸易或投资转移到其他国家，特别是在各国税收差异很大的情况下。① 在商业法规领域，在2015年举行的第51届海合会国家贸易合作委员会会议上，海合会决定开展6类商业法律的统一工作，涉及领域包括贸易体系、保护消费者权益法、商业反欺诈法、商标法、反倾销法、赔偿措施、竞争体系等。此外，海合会也计划成立一个专门委员会推动保险法标准制定。② 在信用支付领域，2016年12月，海合会第37届峰会表示海合会将建立海湾信用便利化交流机制，统一海合会支付体系。③

（三）海合会谈判、签署的多边、双边自贸区协定

1984年6月，海合会部长理事会第11届会议批准了启动海湾合作委员会与其他国家和国际经济组织之间直接谈判的原则。1987年，海合会启动了和当时的欧共体和日本的自贸区谈判。截至2020年11月底，海合会已经和新加坡、欧洲自由贸易联盟签署了自贸区协定，④并和中国、日本、东盟等国家或其他地区合作组织正在展开多轮自贸

---

① International Monetary Fund, "Diversifying Government Revenue in the GCC: Next Steps", October 26, 2016, https://www.imf.org/external/np/pp/eng/2016/102616.pdf, pp.6-7, 11-12.
② "GCC States to Unify 6 Commercial Laws", Arab News, May 25, 2015, https://www.arabnews.com/saudi-arabia/news/751771.
③ 金良祥：《试析中东地区主义的困境与前景》，《西亚非洲》2017年第4期。
④ 科威特的官方通讯社——科威特新闻通讯社（Kuwait News Agency）在2004年曾援引叙利亚时任外交部部长的讲话，称海合会和叙利亚的自贸区协定将很快签署，也曾有新闻报道海合会和叙利亚在2005年签署了自贸区协定。但世贸组织"地区贸易协定数据库"（Regional Trade Agreements Database）没有收录该协定的信息，该协定可能是处于签署但未生效，或暂停状态。所以，本书中不具体分析这一份存疑的协定。

区谈判。这一系列自贸区协定的谈判和签署标志着海合会成员国在世界贸易谈判中的集体身份。

2005年12月,海合会最高理事会第26届会议确定由海合会和新加坡进行自贸区谈判。经过四轮谈判,2008年12月,新加坡和海合会在卡塔尔的多哈签署了自贸区协定,[①] 并于2013年9月1日生效。[②] 这是海合会与中东地区以外国家签署的第一个自贸区协议,也是新加坡在中东地区签署的第二份自贸区协定。该自贸区协定涉及货物贸易、原产地、关税程序、服务贸易以及政府采购等方面的合作。协定生效后新加坡将立即给予海合会出口的所有产品零关税待遇;新加坡向海合会出口的95%商品将享受免税优惠。[③] 截至2018年,将有2.7%的关税项目有资格享受同样的免税优惠。根据新加坡2012年的双边贸易数据,39.8亿美元的新加坡商品将有资格立即享受免关税待遇,而价值4910万美元的新加坡商品将在2018年后享受免关税待遇。[④]

2006年2月,海合会与欧洲自由贸易联盟[⑤]的自贸区谈判在利雅得启动。2008年4月24日,双方经过5轮谈判,最终在日内瓦结束谈判。为监督自贸区运行,双方还决定成立联合委员会。2009年6月22日,双方在挪威正式签署了自贸区协定,并于2014年7月1日生效。该自贸区协定包括93项条款和16个附件,涵盖了包括货物贸

[①] Secretariat General of the Gulf Cooperation Council, "Regional Cooperation and Economic Relations with Other Countries and Groupings: Singapore", https://www.gcc-sg.org/en-us/CooperationAndAchievements/Achievements/RegionalCooperationandEconomicRelationswithotherCountriesandGroupings/Pages/Singapore.aspx.

[②] EFTA, "Gulf Cooperation Council (GCC)", http://www.efta.int/free-trade/free-trade-agreements/gcc.

[③] United Nations Conference on Trade and Development, "Free Trade Agreement between the Cooperation Council for the Arab States of the Gulf and the Republic of Singapore", https://investmentpolicy.unctad.org/international-investment-agreements/treaty-files/5428/download.

[④] "Gulf Cooperation Council-Singapore Free Trade Agreement Comes into Force on Sept 1", The Straits Times, September 1, 2013, https://www.straitstimes.com/business/gulf-cooperation-council-singapore-free-trade-agreement-comes-into-force-on-sept-1.

[⑤] 欧洲自由贸易联盟又称小自由贸易区。1960年1月4日,奥地利、丹麦、挪威、葡萄牙、瑞典、瑞士和英国组成了该自贸区,原成员英国、丹麦、葡萄牙、奥地利、瑞典、芬兰已先后退出。

易、服务贸易、政府采购、知识产权、政府和争端解决和竞争等在内的广泛领域。① 该自贸区内的贸易额不断增长：2014年，海合会和欧洲自由贸易联盟的贸易总额为71.44亿欧元，其中海合会向欧洲自由贸易联盟出口额为33.51欧元；2019年双边贸易额增长至143.5亿欧元，其中海合会向欧洲自由贸易联盟出口额为77.65欧元。直接受到新冠肺炎疫情的影响，欧洲自由贸易联盟和海合会在2020—2021年的贸易额同比下降6.2%。②

如表5.1所示，海合会还和其他地区合作组织、国家在进行自贸区谈判。1987年12月，海合会最高理事会第8届会议同意启动与欧盟的正式谈判，以期缔结关于双方合作的初步框架协议。最高理事会授权部长理事会与欧盟进行谈判并签署初步协议。后来，海合会与欧盟间的框架协议于1988年6月15日签署，经最高理事会第9届会议（1988年12月）批准，并于1990年1月生效。1990年6月，海合会部长理事会第35届会议通过了有关与欧盟开始正式贸易谈判并组成谈判小组根据某些相关指令发起谈判的决议。签署了框架协议后，海合会国家与欧盟间的合作关系进入了双轨制：第一轨道是海合会与欧盟建立由双方外交部部长组成的联合理事会，该理事会将举行年度定期会议；第二轨道是建立一个联合合作委员会，以协助联合部长理事会履行其职能。该协定授权联合部长理事会自行决定成立任何小组委员会，以协助理事会履行职能。其中，联合部长理事会在1991年5月在卢森堡举行的第2次会议上，决定成立三个工作组，在工业，环境和能源领域进行合作。此外，双方也在联合国大会会议期间举行年度会议。③

---

① Ministry of Economy, United Arab Emirates, "Free Trade Agreement between the Gulf Cooperation Council (GCC) and the European Free Trade Association (EFTA) States", http://www.economy.gov.ae/english/Ministry/MinistrySectors/ForeignTradeSector/pages/gcc-efta-fta.aspx.

② EFTA, "Trade Between EFTA and the Gulf Cooperation Council", http://trade.efta.int/#/country-graph/EFTA/GCC/2017/HS2.

③ Secretariat General of the Gulf Cooperation Council, "Regional Cooperation and Economic Relations with other Countries and Groupings: Negotiations with the EU", https://www.gcc-sg.org/en-us/CooperationAndAchievements/Achievements/RegionalCooperationandEconomicRelationswithotherCountriesandGroupings/Pages/NegotiationswiththeEU.aspx.

表 5.1　　　　　　　　海合会进行中的自贸区谈判

自贸区名称	谈判情况	谈判进展
海合会—欧盟	1990 年启动，进行了 24 论谈判	2008 年暂停
海合会—中国	2005 年 4 月启动，进行了 9 轮谈判	进行中
海合会—土耳其	2005 年 5 月启动，进行了 4 轮谈判	进行中
海合会—日本①	2006 年 9 月启动，进行了 4 轮谈判	进行中
海合会—巴基斯坦	2006 年 2 月启动，进行了 3 轮谈判	进行中
海合会—印度	2006 年 3 月启动，进行了 2 轮谈判	进行中
海合会—南方共同市场	2006 年 10 月启动，进行了 2 轮谈判	进行中
海合会—澳大利亚	2007 年 7 月启动，进行了 4 轮谈判	进行中
海合会—新西兰	2007 年 7 月启动，进行了 6 轮谈判	进行中
海合会—韩国	2008 年 7 月启动，进行了 4 轮谈判	进行中

资料来源：作者自制，根据海合会秘书处和表中各政府网站信息汇总。

海合会和欧盟的自贸区谈判始于 1990 年。若能完成自贸区建设将给双方带来巨大的经济利益，例如欧盟企业可以直接参与海合会国家的石油、银行、电信、港口服务和其他行业，而海合会国家也可获取欧盟先进的技术，但贸易、政治等问题阻碍了协议的达成，双方的自贸区谈判已从 2008 年开始暂停。② 2010 年 6 月 9 日，一位欧盟消息人

---

① 1987 年，海合会和日本在东京开始举行第一轮非正式会谈，第一回合的正式自贸区谈判于 2006 年 9 月举行。在这些谈判回合中，双方讨论了包括投资、技术转让、培训、能源等各个领域的合作，但没有提出具体建议。在 2009 年 5 月的第四轮自贸区谈判后，双方迄今为止还没有举行新一轮谈判。参见：Secretariat General of the Gulf Cooperation Council, "Regional Cooperation and Economic Relations with other Countries and Groupings: Japan", https://www.gcc-sg.org/en-us/CooperationAndAchievements/Achievements/RegionalCooperationandEconomicRelationswithotherCountriesandGroupings/Pages/Japan.aspx; Ministry of Foreign Affairs of Japan, "Free Trade Agreement between Japan and the Gulf Cooperation Council (GCC) (JGFTA): Chronology and Overview", https://www.mofa.go.jp/policy/economy/fta/gcc_2006_2.html.

② European Commission, "EU Trade Relationships by Country/Region: Gulf Region", https://policy.trade.ec.europa.eu/eu-trade-relationships-country-and-region/countries-and-regions/gulf-region_en.

第五章 海湾地区合作议题和制度进程

士称，尽管海合会与欧盟间自由贸易协定谈判中98%的问题都已解决，但海合会对欧盟出口产品要求征收关税的决定对后者不公平。① 2013年，沙特提出希望对其石化产品出口征收关税，以确保相关产品在海外的"合理销价"；海合会不愿意和欧盟签署关于共享金融与气候变暖等领域信息的合作项目。② 此外，海合会也拒绝了欧盟提出的所谓民主和人权标准的要求，以及关于合作打击恐怖主义和大规模毁灭性武器的条款。③ 尽管自贸区谈判面临很多分歧，但欧盟和海合会都在继续通过多种途径进行斡旋。2017年2月，卡塔尔商会提出希望欧盟与海合会恢复自贸区谈判，以进一步发展两个地区组织的经济合作。④

2005年4月23—24日，为进一步发展双边经贸关系，中国与海合会在利雅得举行了首次自贸区谈判。在此次谈判中，双方建立了自贸区谈判工作机制，制定了谈判工作大纲，并就货物贸易的关税减让等问题进行了磋商。2009年，双方暂停自贸区谈判，直到2016年再次重启谈判。⑤ 迄今为止，双方共进行了9次自贸区谈判。最近一次自贸区谈判于2016年12月举行，双方就贸易、投资、电子商务以及部分遗留问题等内容进行了深入交流。⑥ 2020年11月，双方在中国—海合会部长级视频会议上达成共识：双方应在有效防控疫情前提下，开展疫后经济重建，重启中海自贸区谈判。⑦

---

① Bilaterals, "Difference on Duties Blocks GCC-EU Deal", https：//www. bilaterals. org/? difference-on-duties-blocks-gcc-eu&lang = en.

② Bilaterals, "Gulf States Take Harder Line with EU over Free-trade Agreement", https：// www. bilaterals. org/? gulf-states-take-harder-line-with&lang = en.

③ Bilaterals, "EU-GCC", https：//www. bilaterals. org/? -EU-GCC-&lang = en.

④ Qatar Chamber, "Qatar Chamber Hopes to Resume EU-GCC FTA Talks", February 6, 2013, https：//www. bilaterals. org/? qatar-chamber-hopes-to-resume-eu&lang = en.

⑤ 中国自由贸易区服务网：《中国与海湾六国完成自贸区首轮谈判》，http：// fta. mofcom. gov. cn/article/chinahaihehui/haihehuinews/201005/2720_1. html，2005年5月11日。

⑥ 中国自由贸易区服务网：《中国—海合会自贸区第九轮谈判在沙特利雅得举行》，http：//fta. mofcom. gov. cn/article/chinahaihehui/haihehuinews/201612/33864_1. html，2016年12月20日。

⑦ 中国政府网：《王毅出席中国—海合会部长级视频会议》，http：//www. gov. cn/guowuyuan/2020 - 11/10/content_5560122. htm，2020年11月10日。

2007年，海合会和新西兰开始进行自贸区谈判，并在2009年10月基本完成谈判。谈判的主要内容包括原产地规则、海关程序和合作、卫生和植物卫生措施、服务、政府采购、竞争、知识产权、透明度、体制规定、争端解决、一般例外和最后规定的章节草案等。但由于海合会暂停自贸协定以审查海湾地区的贸易政策和其他政治发展，所以没有完全完成该自贸协定的签署。此后，新西兰多次寻求敲定该自贸协定，海合会也开始准备重新洽谈这一自贸区协定。[①] 2022年3月8日，新西兰贸易和出口增长部长访问海合会秘书处，重新就海合会—新西兰自贸协定进行讨论。[②]

因为受到全球金融危机的影响，海合会从2009年开始一度暂停和多个国家的自贸区谈判，但海合会从2019年开始公开讨论或宣布要重启和其他国家自贸区谈判的意向。2020年12月，阿联酋对外贸易国务部长（Minister of State for Foreign Trade）塔尼·阿尔·泽尤迪（Thani bin Ahmed Al Zeyoudi）在和其他海合会成员国部长举行的会议上，讨论了支持成员国在多边谈判和贸易磋商中的立场，并提出阿联酋政府将帮助加快海合会和世界其他国家和地区组织间的自贸协定谈判。[③] 在2021年的第41届海合会首脑峰会上，海合会最高理事会强调要优先完成自贸区谈判，以加强海合会与其他国家和地区组织的战略和经济关系，实现共同利益。最高理事会要求海合会秘书处提交和中国、印度、巴基斯坦、澳大利亚、新西兰、英国等国家和地区组织进行自贸区谈判进展的定期报告。[④] 沙特穆罕默德王储在2019年访问

[①] New Zealand Foreign Affairs and Trade, "NZ-Gulf Cooperation Council Free Trade Agreement", https://www.mfat.govt.nz/en/trade/free-trade-agreements/free-trade-agreements-under-negotiation/nz-gulf-cooperation-council/.

[②] Secretariat General of the Gulf Cooperation Council, "During His Meeting with New Zealand Trade and Export Growth Minister: GCC Secretary General Discusses Ways to Enhance GCC-New Zealand Economic, Investment Relations", March 8, 2022, https://www.gcc-sg.org/ar-sa/MediaCenter/NewsCooperation/News/Pages/news2022-3-8-3.aspx.

[③] "GCC Ministers Discuss Increasing Free Trade Agreements with Other Countries", Emirates News Agency, December 9, 2020, https://wam.ae/en/details/1395302893910.

[④] "Transcript: Closing Statement of 41st GCC Summit", Al Jazeera, January 7, 2021, https://www.aljazeera.com/news/2021/1/7/closing-statement-of-41st-gulf-cooperation-council.

伊斯兰堡时宣布了海合会恢复和巴基斯坦的自贸区谈判的意向。虽然后续受到新冠肺炎疫情的影响，但海合会和巴基斯坦在2021年3月重启了自贸区谈判。[①] 2022年3月28—31日，海合会和韩国在首尔重启了中断13年的自贸区谈判。[②]

值得关注的是，海合会需要处理双边和多边自贸协定的协调问题。一方面，因为部分成员国单独与美国或其他国家签订了双边条约引发了海合会内部的争议，比如巴林与美国的自由贸易协议导致沙特和巴林之间发生了重大争执。沙特有关官员表示，海合会成员国承诺的对外关税应是一个整体，因此成员国不应该单独和其贸易伙伴达成自贸区协议。[③] 其次，海合会明确规定成员国在和其他国家建立自贸区之前，需要先提交给海合会秘书处进行讨论和批准。这意味着海湾成员国在和其他外部行为体缔结自贸协定时，可能因为利益的不一致而导致矛盾的产生。

（四）海合会经济合作面临的阻碍

虽然2001年，海合会确定了要在2010年建成货币同盟的目标，但这一目标已经推迟到2025年前实现。2004年9月，巴林和美国签订了自贸区协定，虽然两国官员公开表示这是两国关系的新起点，但这一双边协定标志着海合会作为一个整体和美国进行自贸区谈判努力的失败，甚至一度在海合会内部引发严重的信任危机。沙特官员迅速发表言论谴责这一条约，称其是"对海合会经济协定和决定的明显违反"，沙特国王因此拒绝参加当年在巴林举行的海合会第25届首脑峰会。[④] 然而沙特的抗议并没能阻止海合会其他成

[①] "Pakistan, Gulf Countries Resume Free-trade Talks after 13-year Gap", Arab News, April 28, 2021, https://www.arabnews.pk/node/1850441/pakistan.

[②] Ministry of Trade, Industry and Energy, Republic of Korea, "4th Round of Korea-GCC FTA Negotiations", March 31, 2022, https://english.motie.go.kr/en/pc/pressreleases/bbs/bbsView.do? bbs_cd_n=2&bbs_seq_n=946.

[③] 姜桂石、姚大学、王泰：《全球化与亚洲现代化》，社会科学文献出版社2005年版，第205页。

[④] Bessma F. Al-Momani, "Reacting to Global Forces: Economic and Political Integration of the Gulf Cooperation Council", Journal of the Gulf and Arabian Peninsula Studies, Vol. 34, Issue 128, 2008, p. 57.

员国和地区外国家进行自贸区谈判。2005年，阿曼、阿联酋都和美国进行了双边自贸区谈判，① 随后卡塔尔、科威特也和地区外国家进行类似自贸区谈判，沙特政府也缓和了立场。2005年5月，海合会6国的财政部长表示同意海合会成员国与地区外国家建立双边自贸区。② 2006年，阿曼在未告知其他国家的情况下突然表示"因为国内经济原因"暂不加入货币同盟，海合会的经济合作进展又遭遇严重挫折。2007年，科威特宣布取消其货币与美元的单一挂钩转而与一揽子主要国际货币挂钩，③ 增加了海合会国家货币统一的难度。2009年，阿联酋也因为海合会中央银行选址在沙特而宣布退出货币联盟。④ 2017年沙特、阿联酋、巴林三成员国宣布与卡塔尔断交使得海合会一体化进程严重受挫。海合会内部还没能解决因为成员国间经济发展差异、组织内外贸易额悬殊、贸易结构相似度高等问题带来的经济合作进展受限的问题，而且海合会经济合作仍然缺乏约束机制。⑤

二 海合会与伊朗、伊拉克的经济合作

不同于海合会国家间经济一体化有明确的协议及行动时间表，迄今为止海合会与伊朗、伊拉克之间的经济合作更多的是软性约束规范在起作用。所谓的软性约束（soft constraints）是指互动关系不以法律条件为基础，而是以政策文件和政策宣誓为指导；不以刚性规范相约束，而是以目标追求来管理，不以对抗性施压相威胁，而是以对话谈判作为首要政策工具。在现代的国际互动中，欧洲是典

---

① Riad Kahwaji, "Mideast Initiative Called Threat to GCC Unity", Defense News, March 28, 2005.

② 2012年，美国和海合会签署了《美国—海合会贸易、经济、投资和技术合作框架协议》（U. S. -GCC Framework Agreement for Trade, Economic, Investment and Technical Cooperation）。

③ 刘冬：《海湾货币一体化经济基础分析》，《西亚非洲》2009年第2期。

④ "Update 4—UAE Withdraws, Weakens Gulf Monetary Union Plan", Reuters, May 20, 2009, https://www.reuters.com/article/emirates-fxunion-idUSLK36462220090520.

⑤ 杨建荣：《阿拉伯海湾国家经济一体化及面临的挑战》，《国际商务——对外经济贸易大学学报》2007年第1期。

◆ 第五章 海湾地区合作议题和制度进程 ◆

型的刚性规范（hard constraints）的倡导者和实践者，而发展中国家则大都倾向于软性规范。[①] 到目前为止，海合会和伊朗、伊拉克另外两方的合作仍以软性约束为主，阿联酋（2001年）、阿曼（2002年）和卡塔尔（2018年）都已经和伊拉克签署了自贸区协定，[②] 海合会和伊朗也已经启动自贸区谈判。

伊拉克战争结束后，沙特、阿联酋和卡塔尔等国在阿拉伯石油输出国组织合作框架内为伊拉克公民提供了更多的培训和就业机会，也以双边形式为伊拉克提供了大量的经济援助。2004年5月25日，卡塔尔主办了当时联合国推动成立的"伊拉克重建国际捐助委员会"的第2次会议。[③] 2018年2月，科威特主办了第一届"伊拉克重建国际会议"，这被认为是伊拉克和科威特关系改善的一个重要里程碑。伊拉克官员列出约880亿美元的重建资金需求清单，各参会方最终承诺向伊拉克提供300亿美元的援助，其中大部分是信贷安排和投资。科威特的萨巴赫埃米尔承诺将单独向伊拉克提供10亿美元贷款和另外10亿美元的投资。[④] 在美国政府的支持和推动下，作为一个整体的海合会也加强了和伊拉克的政治对话和电力领域的合作。2019年4月，海合会和伊拉克签署了一项《谅解备忘录》，呼吁建立伊拉克和海合会代表间定期政治磋商，就共同关心

[①] Thomas Schiex, "Possibilistic Constraint Satisfaction Problems or 'How to Handle Soft Constraints?'", Proceedings of the Eighth Conference on Uncertainty in Artificial Intelligence, 1992, http://citeseerx.ist.psu.edu/viewdoc/download?doi=10.1.1.48.6010&rep=rep1&type=pdf.

[②] 参见："UAE-IRAQ Sign Free Trade Agreement", Emirates New Agency, November 2, 2001, http://wam.ae/en/details/1395226839046; Al Bawaba, "Oman and Iraq Sign a Free Trade Agreement", April 24, 2002, https://www.albawaba.com/business/oman-and-iraq-sign-free-trade-agreement; The Peninsula, "Qatar and Iraq Sign Agreements and MoUs", December 12, 2018, https://thepeninsulaqatar.com/article/12/12/2018/Qatar-and-Iraq-sign-agreements-and-MoUs.

[③] 联合国新闻：《联合国召开伊拉克重建捐助国会议》，https://news.un.org/zh/story/2004/05/16052，2004年5月25日。

[④] Arab Center Washington DC, "The Future of Iraqi-Kuwaiti Relations: Overcoming a Troubled History", July 10, 2018, http://arabcenterdc.org/policy_analyses/the-future-of-iraqi-kuwaiti-relations-overcoming-a-troubled-history/.

的问题进行定期对话。①

海合会和伊拉克的电力合作是当前的重点合作领域之一。持续多年的大规模武装冲突摧毁了伊拉克包括电网在内的公共基础设施。截至2019年，伊拉克国内20%—30%的能源依靠从伊朗进口的电力和天然气供应。2020年7月，美国国务院发表声明称将"全力支持"海合会互联电网工程连接海合会和伊拉克的电网。② 2021年11月，通过科威特连接海合会和伊拉克电网的工程全部完成。③ 2022年1月25日，沙特和伊拉克又签署了一份连接两国电网的《谅解备忘录》。④ 海合会和伊拉克间的电力合作不仅履行了前者支持伊拉克战后重建的承诺，也在一定程度上减少了伊拉克在能源领域对伊朗的依赖。

2003年以来，海合会国家对伊拉克的商品贸易长期处于贸易顺差。例如，阿联酋和伊拉克的商品贸易额从2005年的21.6万美元增长到了2020年的143亿美元，年均增速约8%。阿联酋对伊拉克商品出口长期处于贸易顺差：2020年，阿联酋向伊拉克的出口额为131亿美元，进口额为11.9亿美元，阿联酋对伊拉克的商品贸易顺差超过119亿美元。当年，阿联酋向伊拉克出口的商品包括广播设备（31.6亿美元）、精炼石油（23.5亿美元）和汽车（8.67亿美元）；而伊拉克向阿联酋出口的主要商品包括精炼石油（9.13亿美元），煤焦油（1亿美元）和汽油（9670万美元）等石化产品。同时，阿联酋和伊拉克的经济合作也促进了后者的经济增长：2005—2020年，

---

① "Iraq, GCC Sign MoU for Enhanced Cooperation: Memorandum is Signed in Baghdad by Iraqi FM and GCC Secretary-general", Anadolu Agency, April 24, 2019, https://www.aa.com.tr/en/middle-east/iraq-gcc-sign-mou-for-enhanced-cooperation/1461918.

② U. S. Department of State, "Statement on U. S. /Iraq/GCC Cooperation", July 16, 2020, https://2017-2021.state.gov/statement-on-u-s-iraq-gcc-cooperation/index.html.

③ Zawya, "Projects: Iraq, Kuwait Power Grid Interconnection Project is Complete-Iraqi Minister", November 11, 2021, https://www.zawya.com/en/projects/projects-iraq-kuwait-power-grid-interconnection-project-is-complete-iraqi-minister-e5pqvwu5.

④ "Saudi Arabia, Iraq Sign Agreement Linking Power Grids", Middle East Monitor, January 25, 2022, https://www.middleeastmonitor.com/20220125-saudi-arabia-iraq-sign-agreement-linking-power-grids/.

伊拉克向阿联酋商品贸易出口的年均增速达到了30.5%。①

进入21世纪以来，伊朗一直积极寻求发展与海合会的经济合作。2007年9月1日，伊朗当时的外交部部长写了一封正式官方信件给海合会，表明伊朗有意愿开展与所有阿拉伯国家的自贸区谈判。2008年9月11日，卡塔尔的财政部副部长卡拉夫·马纳伊（Khalaf Al Manai）代表海合会表示同意与伊朗进行自由贸易区的第一轮谈判。根据伊朗贸易促进组织发布的报告，伊朗向海合会国家的出口在2011年第一季度增长了25%。②

伊朗和海合会国家的双边经济合作经常被外界忽视。2013—2018年，伊朗总出口额由132亿美元升至626亿美元，其主要出口产品为原油、乙烯聚合物和精炼石油等，其最主要的商品出口地是中国、印度和阿联酋。③ 2013—2018年，伊朗商品总进口额由448亿美元增至504亿美元，主要进口产品为汽车、玉米、大米和交通零部件等，其主要进口来源国为中国、阿联酋和印度等国。④ 从上述进出口数据可见，阿联酋是伊朗在中东地区最重要的贸易伙伴。2017年，伊朗从阿联酋进口额约占其当年总进口额比的30%。⑤ 2018年，伊朗向阿联酋出口额为47.3亿美元，主要出口产品为原油（20.7亿美元）、精炼石油（9.71亿美元）和半成品铁（5.5亿美元），占其向阿联酋出口总额的75.8%。此

---

① The Observatory of Economic Complexity, "Iraq (IRQ) and United Arab Emirates (ARE) Trade", https: //oec.world/en/profile/bilateral-country/irq/partner/are? dynamicBilateralTrade Selector = year2005.

② Critical Threats, " GCC-Iran Foreign Relations ", February 15, 2010, https: //www.criticalthreats.org/analysis/gcc-iran-foreign-relations.

③ The Observatory of Economic Complexity, " Iran (IRN) Exports, Imports, and Trade Partners", https: //oec.world/en/profile/country/irn.

④ The Observatory of Economic Complexity, " Iran (IRN) Exports, Imports, and Trade Partners", https: //oec.world/en/profile/country/irn.

⑤ Statista, " Main Import Partners of Iran 2017 ", December 5, 2020, https: //www.statista.com/statistics/294389/iran-main-import-partners/#: ~ : text = Iran% E2% 80% 99s%20main%20import%20partners%20in%20descending%20order%20of, partners%20with% 20Iran%20for%20neither%20imports%20nor%20exports.

外，1997—2018 年，伊朗向阿联酋出口年均增长率达到 14.3%。① 2018 年，阿联酋向伊朗出口商品总额为 91.1 亿美元，主要出口商品为汽车（15.1 亿美元）、空调（4.28 亿美元）和合成长丝织品（4.08 亿美元），占其向伊朗出口总额的 25.78%。阿联酋向伊朗的出口商品还包括橡胶轮胎、电脑、珠宝和大米等商品。在阿联酋和伊朗的双边商品贸易中，前者向后者出口的商品更为多元化。此外，1997—2018 年，阿联酋向伊朗的出口年均增长率达到了 14.3%。② 阿联酋在和伊朗的商品贸易中保持着较高的贸易顺差：2020 年，阿联酋向伊朗出口商品额为 45.3 亿美元，占后者当年总商品进口额的 17.9%，仅次于中国；而伊朗向阿联酋的出口额仅为 3.45 亿美元。③ 除了阿联酋以外，卡塔尔也在加强与伊朗的合作。2014 年，卡塔尔和伊朗基于两国较密切的经济合作，协商进一步扩大贸易，并宣布计划分别在伊朗的布什尔港以及卡塔尔的多哈、鲁怀斯（Al Ruwais）港建立三个新的自贸区。④

此外，虽然伊朗和沙特间存在剧烈的政治摩擦，但两国没有完全断绝经济往来。2016 年，伊朗向沙特出口额为 51.7 万美元，主要是交通零部件、铸铁管件和水果等；沙特向伊朗出口额为 57.6 万美元，出口产品为大型建筑器械（57.6 万美元）。2018 年，伊朗向沙特出口额仅为 14 万美元，出口产品为散装药物（11.2 万美元）和其他塑料制品（2.81 万美元）。1995—2018 年，伊朗向沙特出口年增长率为 -23.9%。1995—2016 年，沙特向伊朗出口年均增长率为 -17%。⑤ 两国

---

① The Observatory of Economic Complexity, "United Arab Emirates (ARE) and Iran (IRN) Trade", https：//oec. world/en/profile/bilateral-country/are/partner/irn.

② The Observatory of Economic Complexity, "United Arab Emirates (ARE) and Iran (IRN) Trade", https：//oec. world/en/profile/bilateral-country/are/partner/irn.

③ The Observatory of Economic Complexity, "Iran", https：//oec. world/en/profile/country/irn? yearSelector1 = exportGrowthYear26.

④ Sanam Vakil, "Iran and the GCC Hedging, Pragmatism and Opportunism", *Chatham House Research Paper*, September 2018, https：//www. chathamhouse. org/sites/default/files/publications/research/2018-09-13-iran-gcc-vakil. pdf, p. 11.

⑤ The Observatory of Economic Complexity, "Saudi Arabia (SAU) and Iran (IRN) Trade", https：//oec. world/en/profile/bilateral-country/sau/partner/irn? dynamicBilateralTradeSelector = year2019.

第五章 海湾地区合作议题和制度进程

的商品贸易未完全断绝,但保持在极低水平。

海合会国家的政界和学术界都提出过建立涵括伊朗在内的新地区合作机制的倡议。2012年开始,海合会和伊朗因为叙利亚问题而产生了新的矛盾。2013年2月11日,卡塔尔时任首相兼外交部部长哈马德·本·贾西姆·本·贾比尔·阿勒萨尼在科威特参加一个包括部分阿拉伯官员在场的学术论坛时,提议建立一个由海合会和伊朗共同组成的组织("GCC6+1"的制度框架)作为对话、磋商和谈判的官方平台。这一提议被解读为卡塔尔政府在非官方活动中试探其他阿拉伯官员的言论。[①] 如上文提到的,2014年,纳赛尔·赛迪撰文倡议建立GCC6+1的合作模式。塞迪的这一提议主要是基于海合会国家将从与伊朗合作中获得的经济福利来考虑。他认为当时已经重启的伊核谈判将加强地区和双边关系,海合会国家将从伊朗的农业和工业潜力中获益,而伊朗将从海合会国家的服务业、物流基础设施和资本投资中受益。他预测如果海合会能改善和伊朗的关系,并最终稳定伊拉克局势,将在这两国的基础设施建设和战后重建中获益1.3万亿美元。[②] 这将极大地提高海合会在地区经济和全球经济中的位置。赛迪还指出,GCC6+1框架的创立将创建一个对话、磋商的官方平台,并开启包括安全、经济和金融关系等领域的广泛问题的谈判。这个官方平台一旦建立,海湾地区有望成为一个"和平、稳定、繁荣的地区",地区内的人民能够凭借巨大的人口、能源、自然资源和金融资源获得巨大的成功;而与其相对的是国民经济军事化、地区内的紧张局势、缺乏互相以及不断上升的冲突危险。GCC6+1的合作框架一旦建成,还将领导海湾地区和中东地区的地缘战略,政治和经济地理学的深度转型。[③]

[①] "Qatar Offers 'GCC+1' to Include Iran", Al Monitor, February 28, 2013, https://www.al-monitor.com/pulse/originals/2013/02/qatar-proposal-gcc-iran.html.

[②] "Dr Nasser Saidi: Iran's New Direction", Arab Business, January 12, 2014, https://gulfbusiness.com/dr-nasser-saidi-irans-new-direction/.

[③] "Dr Nasser Saidi: Iran's New Direction", Arab Business, January 12, 2014, https://gulfbusiness.com/dr-nasser-saidi-irans-new-direction/.

经济发展压力也是伊朗寻求改善与海合会邻国关系，并向海合会的合作机制靠拢的最重要因素之一。20世纪90年代，伊拉克入侵科威特，美国在海湾地区驻军和苏联解体等新的地区、国际形势迫使伊朗重新思考其地区政策。其中苏联解体意味着伊朗不能再依靠苏联来抗衡美国，极大减少了伊朗和西方国家的斡旋空间，也使伊朗在其北部边境，尤其与亚美尼亚、阿塞拜疆和塔吉克斯坦接壤的边境可能面临新的安全威胁。① 如果说伊朗在冷战刚结束时倡议实现海湾地区的稳定和合作是基于安全因素，那么它在21世纪初则主要基于经济因素，积极寻求改善与海合会国家的关系。② 而且，伊朗经济因为美国及其西方盟友从20世纪80年代开始的针对性制裁而遭到严重破坏。2006年开始，伊朗又因为拒绝停止铀浓缩活动而遭受了联合国安理会通过的4轮经济制裁。美国从2012年6月开始展开对伊朗中央银行的新一轮制裁，并一直致力于促使其盟友减少从伊朗的原油采购。而欧盟从2012年6月开始实施对伊朗的制裁包括对伊朗实施石油禁运。③ 截至2013年底，欧盟的这一轮制裁使伊朗的石油日出口量减少到了100万桶，这一数字远低于2011年的250万桶/天。2012—2013年，伊朗因为石油收入的锐减，再加上被切断和国际银行系统的联系，导致了伊朗货币里亚尔（rial）贬值超过50%。仅2013年，伊朗的国家经济规模就缩小了5%，导致大量伊朗企业倒闭或减少运营。受到2018年特朗普政府重启对伊朗全面制裁的影响，尤其是2019年5月美国取消伊朗石油出口豁免并持续加大对伊朗制裁后，伊朗经济在2020年连续第三年陷入衰退，伊朗石油收入下降38.7%，其实际GDP在2019/20财年减少了6.8%。尽管制裁措施扩大到其他关键部门，但由于汇率贬值使生产更具竞争力，伊朗的非石油GDP增长了1.1%。④

---

① Jamal S. Suwaidi, *Iran and the Gulf*: *A Search for Stability*, Abu Dhabi: The Emirate Center for Strategic Studies and Research, 1996, pp. 92, 95.

② Reza Ekhtiari Amiri, Ku Hasnita Binti Ku Samsu and Hassan Gholipour Fereidouni, "Iran's Economic Considerations after the War and its Role in Renewing of Iran-Saudi Diplomatic Relations", *Cross-Cultural Communication*, Vol. 6, No. 3, September 2010, pp. 48, 49.

③ HIS, *Country Intelligence Report*: *Iran*, March 1, 2013, p. 2

④ The World Bank, "Iran's Economic Update — October 2020", October 19, 2020, http://pubdocs.worldbank.org/en/180901603047342752/pdf/5-mpo-am20-iran-irn-kcm.pdf.

第五章 海湾地区合作议题和制度进程

迄今为止，在2015年伊核全面协议达成后，伊朗与海合会的经济合作还没有取得更进一步的实质性进展，但随着针对伊朗的国际制裁的逐渐解除，伊朗有更多的融资渠道加深与之前创建或参与的其他地区合作组织的合作。例如，伊朗利用自身位于海湾地区与南亚地区、中亚地区连接地带的地理优势，在1964年与土耳其、巴基斯坦共同建立了区域合作发展组织，以促进三国之间的经济、技术和文化合作。该组织在1985年更名为经济合作组织。随着阿塞拜疆、阿富汗、吉尔吉斯、塔吉克斯坦和乌兹别克斯坦的加入，这一组织已经成为拥有10个成员国，并在能源、贸易、交通、农业和毒品控制展开合作的跨地区合作组织。[①] 2002—2012年，该组织的内部贸易占成员国对外贸易的比例呈现上升趋势，从2002年的5.3%上升到了2012年8.9%。[②]

如表5.2所示，经济合作组织中经济规模最大的国家是土耳其，占7个成员国国民经济总量的比例超过了45%。而伊朗的对应比例从2020年的27.53%下降至2020年的13%，这一比例的下降首先和伊朗在过去10年GDP总量的不断下降有关，也因为巴基斯坦国民经济的稳步提升。

表5.2　特定年份的经济合作组织成员国的GDP总量和地区占比

	GDP总量（百万美元）			组织内比例（%）		
	2000	2010	2020	2000	2010	2020
阿富汗	2462	15937	19807	0.78	1	1
阿塞拜疆	5273	52903	42607	1.28	3.3	3
伊朗	109592	467790	191718	27.53	26.1	13
哈萨克斯坦	18292	148047	169835	6.53	9.1	11
吉尔吉斯斯坦	1370	4794	7736	0.31	0.3	—
巴基斯坦	73952	177407	263686	11.48	10.9	17

---

① Economic Cooperation Organization, "Brief Introduction", http://www.ecosecretariat.org/in2.htm.

② Economic Cooperation Organization, "Fifteen Years of Cooperation and Development (2000 – 2015)", February 2017, https://www.eco.int/parameters/eco/modules/cdk/upload/content/elib/17/1498622150585bj69kk660mvfh80336pnqi4s87.pdf, p.56.

续表

	GDP 总量（百万美元）			组织内比例（%）		
	2000	2010	2020	2000	2010	2020
塔吉克斯坦	861	5642	8194	0.25	—	1
土耳其	266668	731145	720101	48.83	45.1	47
土库曼斯坦	2905	22583	45231	1.05	1.4	3
乌兹别克斯坦	13760	39333	57707	1.96	2.8	4
总计	495033	1665581	1526622	100	100	100

资料来源：2000—2015 年的数据来自：Economic Cooperation Organization, "Fifteen Years of Cooperation and Development (2000 - 2015)", pp. 15, 16; 2020 年的数据参见 Economic Cooperation Organization, "Annual Economic Report 2020", pp. 18 - 19.

经济合作组织曾计划在 2015 年把组织内贸易占所有成员国对外贸易的比例提升到 20%。[1] 虽然该目标没有按期完成，但对于被排除在海湾地区乃至整个中东地区的经济合作组织之外的伊朗而言，该组织很大程度上保障了伊朗在世界经济合作中的参与度，而且一旦伊朗所遭受的制裁逐步解除，伊朗的经济潜力将在该跨地区合作组织中逐渐显现出来。2017 年，经济合作组织发布了《2025 年愿景》（ECO Vision 2025），提出要在贸易、运输和连通性、能源、旅游、经济增长与生产力、和社会福利与环境等领域实现一系列合作目标。[2]

另外一项引起国际决策界和学术界高度重视的进展是伊朗在加入上海合作组织（下文简称上合组织）上取得的进展。伊朗在 2005 年成为上合组织观察员国，并在 2008 年正式提交加入上合组织的申请。2021 年 9 月，在杜尚别举行的上合组织成员国元首理事会会议上，做出了启动伊朗成为上合组织正式成员进程的决议，沙特、埃及和卡

---

[1] Economic Cooperation Organization, "Fifteen Years of Cooperation and Development (2000 -2015)", February 2017, https://www.eco.int/parameters/eco/modules/cdk/upload/content/elib/17/1498622150585bj69kk660mvfh80336pnqi4s87.pdf, p. 56.

[2] Economic Cooperation Organization, "ECO Vision 2025&Implementation Framework (Annexure)", February 2017, http://www.eco.int/parameters/eco/modules/cdk/upload/content/general_content/3624/1506486491201cflnbtm0acra83f5arho4dgc65.pdf.

塔尔获得对话伙伴国地位。① 上合组织已经是一个范围覆盖中东、中亚、东亚等欧亚大陆主要地区，人口总数约占全球总人口的41%，各国GDP之和超过全球的20%的重要地区组织，② 位于西南亚地区的伊朗加入上合组织后将有利于发挥其在南亚地区和中亚地区事务中的影响力，一定程度上缓解伊朗面临的西方国家的外交孤立；③ 而且上合组织正在扩大和深化的金融、贸易、投资、工业、交通、能源、农业、数字经济等领域的合作，以及制定、实施有利于上合组织成员国经济社会可持续发展的联合计划和项目，④ 将有利于伊朗打破西方国家实施的经济制裁，帮助伊朗实现经济、社会发展。

三 海合会经济合作中的遵约问题

研究海合会经济合作的学者对于海合会的一个主要批判在于其成员国对共同经济协定的违约，因此得出海合会合作机制是"最低程度的机制"的结论。⑤ 在一个日益复杂和相互依赖的世界中，国际协定的谈判、选择和执行是每一个国家对外政策活动中的重要组成部分。但不能仅凭经验来验证国家在国际体系中遵守或违背协定的行为。因为国家一般会遵守其签署的协定，但又可能随时会违背协定。按照前文对于研究对象，即协定的界定，在海湾经济合作中已经签订并能用来检验是否遵约的，至今只有海合会成员国间的经济协定。海合会的经济一体化进展中发生了成员国的违约行为。这一问题可以用奥瑟·奥尔森提出的成本—收益原则来解释，即如果条约提供的公共物品对

---

① 上海合作组织：《上合组织在吸收伊朗成为正式成员问题上取得新进展》，http：//chn. sectsco. org/news/20220315/823265. html，2020年3月15日。
② 田文林、焦滋媛：《伊朗加入上合组织有何意味》，《世界知识》2021年第21期。
③ "Iran's Membership in SCO Ends West's Isolation Strategy", Islamic Republic News Agency, September 23, 2021, https：//en. irna. ir/news/84481483/Iran-s-membership-in-SCO-ends-West-s-isolation-strategy.
④ 具体参见上海合作组织《上海合作组织成员国政府首脑（总理）理事会第二十次会议联合公报》，http：//chn. sectsco. org/load/802620/，2021年11月25日。
⑤ Fred H. Lawson, *Transformations of Regional Economic Governance in the Gulf Cooperation Council*, Qatar：Center for International and Regional Studies Georgetown University School of Foreign Service, 2013, p. 5.

于一个或一批成员国的受益大于他们为提供这些物品所付出的成本，那么即使其他缔约国有违约行为，他们也将继续承担这种成本。①

1983年5月，海湾部长理事会建议通过共同对外关税，科威特和巴林很快调整海关政策以响应这一进程，但沙特、卡塔尔和阿曼要求用更长时间重新制定其海关政策，阿联酋则直接反对建立新的共同关税体系。1988年，沙特单方面将大部分进口商品的海关税从7%增加到了12%，并将从阿联酋的拉希德港（Port Rashid）进入沙特境内的关税从10%提至20%。海合会国家在面对由于两伊战争带来的巨大经济损失时，都选择绕开海合会机制各自为政。随着海湾战争的结束，海合会依托共同提供经济援助而迎来经济合作的解冻。海合会成员国的财政部长授权创建一项100亿美元的基金来帮助在战争中遭受损失的阿拉伯国家和伊斯兰国家，这一基金由当时组建的海湾发展机构的特别委员会负责管理。1992年6月，海合会部长理事会决定委托沙特中央银行来管理这一新的援助基金，该理事会也宣布在2000年之前不可能建成地区关税同盟。对海合会经济合作形成更严峻挑战的是到20世纪90年代中期，海合会最高委员会和部长级委员会最初的一致决策规则被抛弃，海合会成员国不时拒绝通过那些促进更大规模经济一体化的提案，而只有沙特才有能力和权威使其他成员国同意提案并保证实施计划。而且，在经过20年的时间后，海合会的区域内贸易只从1982年的5%增加到2000年的7%，海合会在这期间的经济一体化努力没有取得显著成效。②

在国际关系中，遵约似乎才是正常的组织判断。因为国际法的最基本原则是：除非出于自愿，否则国家不能受到组织国际法的约束，因为国家不需要加入一个不符合其利益的条约。规划和缔结条约的过程就是为了确保最后的结果将在一定程度代表参与谈判的各个国家的利益调和，所以条约必须是一种折中方案。但事实上，国家在条约谈判

---

① Maucur Olson, *The Logic of Collective Action*, Cambridge, Mass: Harvard University Press, 1971, pp. 33, 36.

② Humayon A. Dar and John R. Presley, "The Gulf Co-operation Council: A Slow Path to Integration?", *World Economy*, Vol. 24, No. 9, 2001, p. 1163.

阶段和遵约的动机并不完全一致；尤其是到了履约阶段，国家或许会找理由设法逃避已承诺将承担的责任。所以，持久存在的条约必须适应经济、技术社会和政治环境中必然存在的变化。[①] 具体到海合会在20世纪80年代不断遭遇违约的《共同对外关税协定》，为了履行这一协定的义务，海合会成员国必须建立、实施一套与之对接的较为成熟的海关和税收制度。但当时阿联酋等部分海合会国家实现国家独立还不到10年，面临联邦制的各种国内讨价还价，缺乏建立有效的国内实施体系所必需的科学、技术、官僚机构和资金。沙特和阿联酋当时的违约行为也和海合会国家当时进、出口经济结构高度相似造成的经济竞争直接相关；更为重要的是，海合会当时刚成立4年，切实履行以地区多边形式订立的条约对其各成员国而言，都还是巨大的挑战。

再加上海合会在20世纪80年代的《共同对外关税协定》首先规定了成员国的政治和经济义务，但没有提供过渡性安排，给沙特和阿联酋的履约带来了压力。在该协定的具体实施中，科威特、巴林用3个月的时间来调整其海关政策完成履约，这两个国家在国土面积、经济规模等方面都远小于沙特，在经济规模方面又小于阿联酋，它们的遵约成本要小于沙特和阿联酋。同时，科威特、巴林又无力承担促使其他海合会成员国遵约的公共物品，例如由自己国家的海关来帮助协调其他国家的海关政策，以及为履约而遭受经济损失的其他成员国提供经济补贴等。因此，一旦沙特和阿联酋不具备遵约能力和意愿，海合会相关协定就会完全陷入停滞。也因为沙特这些经济协定方面的违约行为导致的后果是协定执行的暂时停滞，而并没有导致协定的最终废除。

第二节 海湾地区安全合作及制度进程

海湾地区现有的机制化安全合作还仅限于海合会内部，而以伊朗

---

① [美] 莉萨·马丁、贝思·马蒙斯：《国际制度》，黄仁伟等译，上海人民出版社2006年版，第287页。

作为假想敌发展起来的相关机制已经无法应对海湾地区现在面临的安全威胁。例如，2018年，伊朗的主要地区战略转变为巩固其在中东的影响力，尤其是在叙利亚东北部以及改善与卡塔尔、土耳其的关系，其目的是通过前瞻性的战略防御策略，以避免遭受对手惩罚性措施。因此，当年4月，伊朗恢复了有限的导弹测试并与卡塔尔签署了海上安全协议。①

一 海合会6国的安全合作

虽然海合会的成立直接受到地区安全危机的影响，但其《宪章》中除了关于建立一支快速反应部队——半岛之盾，和1997年建立联合预警的军事通信系统这两个涉及安全的计划，其他都是关于经济、社会一体化的条款。虽然海合会在1987年2月15日就已经通过了《全面安全战略》作为全面安全合作的总框架，但该战略在冷战期间一直没有得到真正的实施。在地区实践层面，海合会在两伊战争这一场发生在"家门口"的战争中起的最大作用是避免使战火烧到成员国内部，并把结束战争的提案交到联合国。1990年伊拉克入侵科威特，根据海合会的《联合防御协定》，其他海合会国家有责任帮助科威特反击伊拉克的入侵，所以海合会最高理事会一致通过决议强烈谴责伊拉克的侵略行径，要求伊拉克立即无条件从科威特撤军，同时决定将半岛之盾部队人数增至1.5万人，并拨款50亿美元用来重建海合会联合军事工业。但当时海合会国家和伊拉克间的军事力量相差悬殊，海合会无力反击出动了14个师，共计10万军队入侵科威特的伊拉克。1991年9月，还没有走出战争阴霾的科威特和美国签订了两国的共同防卫条约，沙特等国家也接受美国派驻军队，所有海合会国家都处在了美国的防务保护伞之下。在海湾战争期间，海合会的立足于三个基点的安全防卫体系初步建成，其三个基点分别为依靠自身力量的海湾防卫轴心，依靠阿拉伯友好国家的阿拉伯防卫轴心和依靠地

---

① Robert Einhorn and Vann H. Diepen, "Constraining Iran's Missile Capabilities", Brookings Institution, March 2019, https://www.brookings.edu/wp-content/uploads/2019/03/FP_20190321_Missile_Program_WEB.pdf.

第五章　海湾地区合作议题和制度进程

区外大国力量的国际防卫轴心。①

1991年的海湾战争让海湾国家再次意识到共同应对地区安全威胁和发展自身安全合作机制的迫切性。1992年5月，海合会成立了高级安全委员会负责处理海湾地区和平和安全问题，并协调于成员国军队间的合作。1993年的海合会首脑会议又通过了关于扩充半岛盾牌部队，成立联合参谋部，并在治安和缉私领域加强安全的建议。但因为一直存在的军事人员匮乏的问题，半岛盾牌部队扩充计划至今未得到有效执行。2000年，海合会成员国领导人在第21届首脑会议上签署了《麦纳麦宣言》的共同防御协定，提倡共同抵御外部威胁，并再次讨论海合会部队的扩充问题。2001年，海合会建立了由成员国国防部长组成的最高防务委员会，确立了海合会防务委员会的每年例会机制；在2009年的科威特峰会上，海合会领导人提出了防御性的局势战略（defensive military strategy）。海合会内部的安全议题一直在反复强调要扩充海合会部队，并不断加强安全合作制度。而且借由2011年2月，海合会部队帮助稳定巴林的国内局势这一次成功的集体安全行动的激励，2012年11月，海合会成员国正式签署了《海合会安全协议》作为成员国间安全合作的正式文件，并计划在巴林增设一个半岛之盾部队永久性的指挥部。②

以伊朗作为假想敌构建起来的海合会安全机制，还不是一个能威慑对手、防御整个海湾地区的有效机制，海合会各国的安全实际上是建立在对美国的军事依赖，和各个国家通过军事采购在军事资源上较伊朗取得巨大领先带来的心理安慰之上的。③ 海合会国家被认为在安全上存在结构性弱点，尤其是当伊朗控制整个波斯湾东海

---

① 钱学文：《论海湾六国安全防卫三轴心》，《阿拉伯世界》1998年第2期。
② Yoel Guzansky, "Defence Cooperation in the Arabian Gulf: The Peninsula Shield Force Put to the Test", *Middle Eastern Studies*, Vol. 50, No. 4, 2014, pp. 648 – 650.
③ 1997—2007年，海合会国家的国家安全支出是伊朗的7倍多，海合会国家签订的新武器进口订单达890亿美元，是海湾战争结束时的16倍多；而伊朗的相关花费是56亿美元。详见 Anthony H. Cordesman, "Security Challenges and Threats in the Gulf: A Net Assessment", CSIS Report, March 2008, https: //csis-website-prod. s3. amazonaws. com/s3fs-public/legacy_ files/files/media/csis/pubs/080324_ gulfthreatanalysis. new. pdf, p. 4.

岸的时候，除沙特外的其他海合会国家都缺乏战略纵深。由于缺乏涵盖整个海湾沿岸的综合防御，在面对伊朗可能的导弹攻击时，海合会各国的海上交通、海上设施、边境、港口和海岸设施都容易受到攻击；伊拉克现在仍处于战后重建和国内冲突当中，因此完全不能作为伊朗任何"西进侵略计划"的屏障。因此，在以伊朗作为假想敌的战争构想中，还没有任何一个海合会国家能真正保护自己。[1]再加上海合会国家在全球能源中的重要地位，导致海合会国家不仅是地区外大国干涉的目标，也使其需要外部的防务支持。此外，每个海合会国家对其面临的现有威胁存在不同的看法，和地区外大国签署了双边安全协定。例如，巴林和美国在1988年签署的《基本军事情报保护协定》(General Security of Military Information Agreement)，在2004年签署的《交叉服务协定》。[2] 2022年1月，巴林和以色列签署了一份安全合作《谅解备忘录》，推动两国间的情报协调，并为两国国防工业的演习和合作提供合作框架。[3]海合会国家间存在分歧的安全议程、缺乏信心、对沙特主导地位的担忧和美国防务保护伞的便利，都导致了海合会内部缺乏继续深化安全合作的意愿。[4]

但海合会和伊朗相比，在集体安全议程设置、寻求国际合作上占据较大优势。例如1992年，海合会最高理事会和部长理事会把阿联酋和伊朗的大通布、小通布和阿布穆萨这三个岛屿设置为议程中的常设项目。海合会成员国支持阿联酋在该岛屿问题上的立场，要求伊朗结束对三个争议岛屿的"占领"，就该问题与阿联酋进行直接谈判，或将该问题提交国际法院。1999年7月3日，第71届海合会部长理事会会议

---

[1] Anthony H. Cordesman, "Security Challenges and Threats in the Gulf: A Net Assessment", CSIS Report, March 2008, https://csis-website-prod.s3.amazonaws.com/s3fs-public/legacy_files/files/media/csis/pubs/080324_gulfthreatanalysis.new.pdf, p. 3.

[2] U. S. Department of State, "U. S. Security Cooperation with Bahrain", June 14, 2021, https://www.state.gov/u-s-security-cooperation-with-bahrain/.

[3] "Israel Signs Security Cooperation Agreement with Bahrain", Al Monitor, February 3, 2022, https://www.al-monitor.com/originals/2022/02/israel-signs-security-cooperation-agreement-bahrain.

[4] Yoel Guzansky, "Defence Cooperation in the Arabian Gulf: The Peninsula Shield Force Put to the Test", *Middle Eastern Studies*, Vol. 50, No. 4, 2014, p. 651.

决定设立一个由沙特、阿曼、卡塔尔和海合会秘书长组成的部长级委员会，其目的是建立一个启动和伊朗直接谈判的机制，以解决伊朗"占领"这三个岛屿的问题。但伊朗后续拒绝接受该委员会提出的要求。此后，海合会一直在国际场合呼吁各国、地区组织和国际组织敦促伊朗接受阿联酋为解决三个岛屿问题提出的倡议和要求。[①]

二 海合会、伊朗与海湾地区安全合作

美国国际与战略问题研究中心研究员安东尼·科德斯曼在2008年的研究报告中曾指出，海湾地区当时面临7个相互交织的现实安全挑战：（1）传统的军事威胁和海合会缺乏团结和任务的矛盾点；（2）不对称战争（asymmetric warfare）以及战争威胁；（3）不稳定的伊拉克；（4）能源和关键基础设施安全；（5）恐怖主义，新萨拉菲派伊斯兰极端主义（Neo-Salafi Islamist extremism）的地区影响，逊尼派—什叶派间的争端及其地区内外影响；（6）阿富汗战争，潜在不稳定的巴基斯坦国内安全形势；（7）海合会国家人口结构，外国劳工和社会变革。[②] 除了仍处于战后重建中的伊拉克以外，海合会国家和伊朗都受到海湾地区现实安全挑战的威胁甚至损害。虽然海湾国家仍陷入周期性军备竞赛的地区安全困境中，海湾国家间军事力量对比情况已经发生了巨大变化。如表5.3所示，伊朗对于海合会的传统军事优势已经只存在于总人力方面。2008年，伊朗较海合会国家在空军人数上占有优势，但伊朗的这一优势不但因为受到海合会军事盟友的空中和导弹攻击的威慑，还会被海合会在空军作战能力上的显著优势所压制。

[①] Secretariat General of the Gulf Cooperation Council, "Support the Issue of the Three Occupied Islands of the United Arab Emirates", https：//www.gcc-sg.org/en-us/CooperationAndAchievements/Achievements/PoliticalAffairs/Majorachievementsinthefieldofforeignpolicy/Pages/Supporttheissueofthethreeoccup.aspx.

[②] Secretariat General of the Gulf Cooperation Council, "Support the Issue of the Three Occupied Islands of the United Arab Emirates", https：//www.gcc-sg.org/en-us/CooperationAndAchievements/Achievements/PoliticalAffairs/Majorachievementsinthefieldofforeignpolicy/Pages/Supporttheissueofthethreeoccup.aspx, p.2.

表 5.3　　　　　　2008 年海湾国家军力资源对比　　　　　（单位：人）

	海军	防空部队	空军	警卫	陆军
沙特	15000	4000	20000	100000	75000
巴林	700	0	1500	0	6000
科威特	2000	0	5000	6400	25000
阿曼	4200	0	5000	6400	25000
卡塔尔	1800	0	1500	0	8500
阿联酋	2500	0	4500	0	44000
海合会共计	26200	4000	37500	106400	175000
伊朗	18000	15000	52000	125000	350000
伊拉克	1100	0	1200	0	163500

资料来源：Anthony H. Cordesman, "Security Challenges and Threats in the Gulf", p. 14.

　　海合会国家在空军武器装备上较伊朗具有优势，而且大多数海合会国家都有先进的地对空导弹，部分海合会国家拥有一定的弹道导弹防御能力并建立了相对完备的战斗管理系统。海合会国家具备了创建完全一体化的空中和导弹防御系统的能力，也有资源部署具有互操作性的空军力量，将能在与伊朗的空对空、空降作战、海空战和战争监控上保持绝对优势。伊朗的海军作战人员人数少于海合会国家，而且大部分伊朗海军装备都已经过时，其潜艇和海岸设施都无力防御空中和巡航导弹攻击。因此，海合会国家在以往最脆弱的海上防御方面，如果能继续保持与美国、英国和法国空军的合作，将有足够的能力应对来自除以色列以外的其他中东国家的安全威胁。而且，美国致力于维护海合会国家在决定性的军事武器和技术优势将有利于防御伊朗和伊拉克军队，尤其是在濒海作战和阻止伊朗获得任何未来的防空武器上，所以美国向海合会出售了先进的武器和技术，并通过联合军演和军事人员训练方式帮助海合会国家培养自己的作战能力。欧洲国家的军售为海合会提供了武器和军事技术补充，海合会也可以向俄罗斯和

第五章 海湾地区合作议题和制度进程

中国等其他主要武器出口国购买武器和技术。[1]

结合表5.3和表5.4，可以得出以下结论：2021年，伊朗共有现役军事人员61万人，该数字远高于海合会6国总计37.48万人的同期数字。但2021年海合会6国在防空部队人数上已经超过伊朗，这主要来自沙特在防空部队人数从2008年的4000人，增加到了1.6万人。

表5.4 　　　　　　　　2021年海湾国家军事人员数量表　　　　　　（单位：人）

	陆军人员	空军人员	海军人员	防空部队人员	其他武装力量	现役军事人员	预备役人员	治安及准军事组织人员
沙特	75000	20000	13500	16000	102500[2]	227000	—	24500[3]
巴林	6000	1500	700	—	—[4]	8200	—	11260[5]
科威特	11500	2500	2000	—	1500[6]	17500	23700	7100[7]
阿曼	25000	5000	4200	—	8400[8]	42600	—	4400[9]
卡塔尔	12000[10]	2000	2500	—	—[11]	16500	—	5000[12]
阿联酋	44000	4500	2500	—	12000[13]	63000	—	—[14]

---

[1] Anthony H. Cordesman, "Security Challenges and Threats in the Gulf: A Net Assessment", CSIS Report, March 2008, https://csis-website-prod.s3.amazonaws.com/s3fs-public/legacy_files/files/media/csis/pubs/080324_gulfthreatanalysis.new.pdf, p.5.

[2] 包括战略导弹部队（Strategic Missile Forces）2500人，沙特国民警卫队（National Guard）10万人，和其他国家派驻在当地的海外军事人员，包括美国部队1800人，以及少量英国、法国、希腊部队。

[3] 包括隶属于沙特内政部的边境警卫部队（Boarder Guard）1万5千人，机构安全部队（Facilities Security Guard）约9000人。

[4] 主要为其他国家派驻在巴林的海外军事人员，包括英国部队1000人、美国部队4700人。

[5] 包括隶属于巴林内政部的警察部队9000人、海岸警卫队260人、国民警卫队2000人。

[6] 包括科威特埃米尔卫队（Emiri Guard）1500人。

[7] 包括科威特国民警卫队6600人、海岸警卫队500人。

[8] 包括阿曼驻外部队2000人，巴林皇家卫队（Royal Household）6400人。

[9] 包括阿曼部落守卫部队（Tribal Home Guard）4000人、警察海湾警备队400人。

[10] 包括数量不明的卡塔尔埃米尔卫队。

[11] 主要为他国派驻的海外军事人员，包括美国部队1万人，土耳其部队300人。

[12] 包括卡塔尔国内安全部队（Internal Security Force）4000人。

[13] 包括阿联酋总统卫队（Presidential Guard）1.2万人；他国派驻的海外军事人员包括美国部队5000人，以及少量英国、法国、澳大利亚、韩国派驻在当地的军事人员。

[14] 包括数量不明的阿布扎比关键基础设施与海岸保护局部队（Critical Infrastructure and Coastal Protection Agency），该部长隶属于阿联酋内政部。

续表

	陆军人员	空军人员	海军人员	防空部队人员	其他武装力量	现役军事人员	预备役人员	治安及准军事组织人员
伊朗	350000	37000	18000	15000	190000①	610000	350000	40000②
伊拉克	180000	5000	3000	5000	—③	193000	—	266000④

资料来源：作者自制，数据来自 The International Institute for Strategic Studies（IISS），*The Military Balance* 2022，Förlag：Routledge，2022，pp. 320-379.

沙特宣称增加防空部队主要是为了应对其他非国家武装力量的空袭，空袭主要指短程地对地导弹和无人机。与此同时，由于伊朗的空军部队人数从2011年的1.8万逐步扩大至2021年的3.7万，海合会和伊朗的空军人数差距缩小至仅为1500人。海合会国家中伊拉克军事人员数量变化最大，伊拉克在2015年恢复了防空部队的建制，截至2021年其防空部队为5000人。而且在过去的10年间，伊拉克的治安部队和准军事组织的规模呈现较大波动：隶属于其内政部的各类治安部队在2013—2014年达到53万人后逐步下降，目前规模仅有8.6万人；而伊拉克的各类民兵组织从2020年的10万人增加至2021年的18万人，呈急速扩大趋势。此外，伊朗军事人员的数量变化也较为明显，例如伊斯兰革命卫队⑤的人员数量从2011年的12.5万增

---

① 包括伊朗伊斯兰革命卫队（Islamic Revolutionary Guard Corps）19万人。
② 包括伊朗执法部队4万人。此外，伊朗执法部队拥有约45万人的动员能力，巴斯基民兵（Basij Force）则拥有60万人的动员能力。
③ 主要是联合国、北约派驻当地的维和部队，包括有美国部队2000人，土耳其部队1000人，以及其他多个国家的维和部队。
④ 包括伊拉克联邦警察部队3.6万人、边境封锁部队5万人，以及各民兵组织约18万人。
⑤ 伊朗伊斯兰革命卫队革命卫队的地面部队约15万人，该部队主要职能为保障国内安全，在和平时期配备的人员较少。革命卫队的海军有2万人以上，其中包括5000名海军陆战队。这支部队配备的船只大多是排水量10吨以下的巡逻艇。而革命卫队的航空部队（Aerospace Force）有1.5万人，这支部队控制着伊朗的战略导弹部队（strategic-missile force）。该部队的主要装备类型有地对地、地对空导弹，中短程防空系统，无人战斗机，以及与无人战斗机配套的制导航空炸弹。革命卫队指挥系统下还包括了伊斯兰圣城军（Islamic Revolutionary Quds Force），人数约5000人，具体构成暂不明。参见：The International Institute for Strategic Studies, "The Military Balance 2020", February 14, 2020, pp. 349-350.

加至 2021 年的 19 万。① 除此之外海湾 8 国的现役军事人员数量没有出现其他剧烈变化。

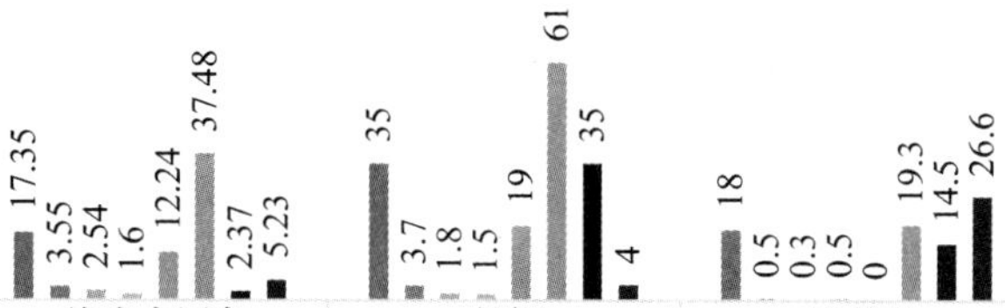

	海合会国家	伊朗	伊拉克
陆军	17.35	35	18
空军	3.55	3.7	0.5
海军	2.54	1.8	0.3
防空部队	1.6	1.5	0.5
其他武装力量	12.24	19	0
现役部队	37.48	61	19.3
预备役	2.37	35	14.5
治安及准军事部队	5.23	4	26.6

(单位：万人)

图 5.1　2021 年海湾国家军事人员数量对比图

资料来源：作者自制，数据来自 The International Institute for Strategic Studies（IISS），*The Military Balance* 2022，Förlag：Routledge，2022，pp. 320 – 379.

图 5.1 的柱状图能更直观地比对海湾 8 国的军事人员数量：虽然截至 2021 年，伊朗在现役军队人数上较海合会国家占据绝对优势，但由于美军在海湾地区的广泛军事存在，伊朗任何较大规模的战备行动都是高度可见的，海合会国家将在第一时间得到广泛的战略预警。另外，伊朗在现代坦克装备上也已经落后，其炮兵力量的大部分库存还是在两伊战争期间购买的；而海合会国家在装甲车综合实力有较大的优势，其在总炮兵力量的弱势因为装备了机动性较强的自行武器得到了弥补。伊朗从 2010 年开始就受到联合国的武器禁运制裁，所以 2014—2018 年，虽然关于伊朗武器进口的公开信息目前难以获得，但据估算，伊朗的武器进口仅占中东地区武器进口总量的 0.9%。虽然伊朗具备有限的主战武器生产

---

① 数据整理自：The International Institute for Strategic Studies（IISS），*The Military Balance* 2011 – 2021.

能力，例如伊朗可以生产弹道导弹，但伊朗的武器装备更新主要依靠对旧式装备，如对20世纪70年代向美国采购的战斗机，进行现代化改造，其武器自主研发能力非常有限。

如表5.5所示，2012—2015年，沙特的军费开支达到了超过10%的年均增幅，仅2015年，其军费开支总额就高达904.1亿美元，其中大量开支是向发达国家购买高科技武器。仅以战斗机为例，2014—2018年美国向沙特交付56架F-15SA第四代战斗机，2019—2023年美国预计将继续对出口98架F-15SA战斗机。2014—2018年，美国对沙特的军火出口增长了474%；[1] 这期间，沙特不仅一直是中东地区军费负担排名第一或第二的国家，也是全世界排名第五位的武器进口国。沙特同时也是美国军火的第一大购买国，其进口份额占美国总军火出口的22%，其购买量是排名第二的澳大利亚的2.8倍。[2]

表5.5　　　　　　　　沙特军费开支（2010—2021年）

年份	总额（亿美元）	同期增比（%）	国民生产总值占比（%）	军费全球排名	军费负担地区排名
2011	543	1.4	7.2	8	—
2012	614.5	13.2	7.7	7	—
2013	704.1	14.6	9.0	4	2
2014	830	17.9	10.7	4	2
2015	885.2	6.7	13.3	3	1
2016	633.4	-28.4	9.9	4	2
2017	706.2	11.5	10.2	3	2
2018	729.1	3.3	9.5	3	1
2019	619.5	-15.0	7.8	5	2
2020	555.4	-10.4	8.4	6	2

资料来源：作者自制，数据来自SIPRI Military Expenditure Database，https://www.sipri.org/databases/milex; Diego Lopes Da Silva, Nan Tian and Alexandra Marksteiner, "Trends in World Military Expenditure 2020", SIPRI Fact Sheet, April 2021, https://www.sipri.org/publications/2021/sipri-fact-sheets/trends-world-military-expenditure-2020.

---

[1] 斯德哥尔摩国际和平研究所（SIPRI）：《SIPRI年鉴2019：军备、裁军和国际安全》，纽约：牛津大学出版社2020年版，第204—209页。

[2] 斯德哥尔摩国际和平研究所（SIPRI）：《SIPRI年鉴2019：军备、裁军和国际安全》，纽约：牛津大学出版社2020年版，第204—209页。

因此，面对更为复杂的海湾地区安全挑战，有必要重视伊朗和作为整体的海合会之间军力对比的变化。因为海合会国家一直宣称：无论是否发展综合作战管理、指挥、控制、监测、侦察和情报，在诸如海岸安全，地雷战和空军、导弹防御等关键区域部署的联合军队都将面对"伊朗的威胁"。这种安全威胁认知也可以解读为是海合会国家争先购买比邻国更先进的武器，而不愿面对构建更广泛的地区安全合作机制，以防损害本国利益的说辞。

第三节 海湾地区合作的绩效分析

功能主义和新功能主义理论没有直接进行地区合作的绩效分析研究，但其解释地区合作变化的核心概念"外溢"也可以用于地区合作的绩效分析。外溢被用来描述驱动地区合作的过程机制，可以大致分为功能/部门外溢（functional or sectional spillover）、政治外溢（political spillover）和地理外溢（geographical spillover）三类。其中，功能外溢用来描述地区合作在内部横向的合作领域，地理外溢被用来描述地区合作对地区外行为体产生吸引力，而政治外溢则指地区成功合作对参与国的国内政治精英产生影响。[①] 即在功能主义的研究逻辑中，能够产生上述三个外溢效应的地区合作就是成功的。本书从地区合作对海湾地区安全、地区经济发展的作用和卡塔尔外交危机对海合会合作的影响这三个方面来分析海湾地区合作的绩效。

一 地区合作对海湾安全的作用

厄恩斯特·哈斯指出：所有的地区合作都是由政治因素驱动的。对于在20世纪70年代才全部实现国家独立，至今仍同时面临地区安全困境和地区外大国试图干涉并主导其地区秩序的海湾国家而言，国家独立、国内政权稳定以及和平的地区形势是最迫切的政治、安全利

[①] 肖欢容：《地区主义：理论的历史演进》，北京广播学院出版社2003年版，第48—49页。

益。一定程度来说，海湾国家在地区合作中发挥的能动作用促进了该地区的政治和安全。

首先，地区合作是地区内国家，尤其是海湾阿拉伯酋长国们在1971年独立之初，很难完全依靠自身的力量来维持作为一个独立实体的政治和经济需要的现实选择，随后的海合会的成立及其各项合作议程的具体发展，乃至20世纪90年代中后期伊朗开始转向寻求与海合会国家的合作，都是地区内国家基于当时的国际、地区形势，及国内政策等因素展开的合作。这些合作体现了海湾国家自主、和平、合作的共同政治利益，并在事实上培养了地区内的合作精神。如表5.6所示，海湾地区已经解决的领土争端主要发生在海合会成员之间。

从奥斯曼帝国解体，西方国家介入中东地区事务开始，海湾地区产生了15起领土和海洋争端，表5.6列举了海湾国家间曾演变为武装冲突或政治争端的主要领土和海洋争端。海湾国家间的绝大多数领土和海洋争端都已经通过和平的方式解决，截至2014年只有2起活跃的相关争端，分别是伊朗和阿联酋围绕着阿布穆萨岛和大小通布岛的岛屿争端，以及沙特和埃及之间围绕着处于蒂朗海峡（Straits of Tiran）最狭窄处的蒂朗岛和塞纳菲尔（Sanifar）岛的岛屿争端。这两个无人居住的岛屿曾长期由埃及控制，这些岛屿争端也曾导致沙特和埃及关系的恶化。2016年4月8日，沙特国王萨勒曼·本·阿卜杜勒阿齐兹·阿勒沙特（Salman bin Abdulaziz Al Saud）访问埃及，两国签署了包括上述两个争议岛屿的海洋划界协议，认定上述2个争议岛屿归沙特所有，随后沙特很快完成了该协议的国内批准。[1] 当年12月，埃及政府批准了移交岛屿的协议，并将其送交给埃及议会批准。[2] 2017年6月14日，

---

[1] Krista E. Wiegand, "Dispute Resolution of Border Disputes in the Arabian Gulf", *The Journal of Territorial and Maritime Studies*, Vol. 1, No. 1, January 2014, p. 35; Askar H. Enazy, "The Legal Status of Tiran and Sanafir Islands", King Faisal Center for Research and Islamic Studies, April 2017, http://www.kfcris.com/pdf/01b7caee30524d724432198c6819bb035988303421a61.pdf, p. 7.

[2] "Egypt Court Backs Government in Red Sea Islands Dispute", Reuters, December 31, 2016, https://www.reuters.com/article/us-egypt-saudi-islands-idUSKBN14K0EI.

埃及议会通过了前一年签署的海洋划界协议，标志着该协议在埃及国内完成了批准。[①]

表 5.6　　　　　　海湾地区的主要领土和海洋争端

争端领土	涉及国家	武装冲突或政治争端时间	斡旋方	争端解决
小伯纳岛（Al Baina Saghir）和卢伯纳－卡毕拉岛（Al BainaAl Kabir）	巴林与沙特	20世纪40年代	—	1958年签署边境协议
祖巴拉（Al Zabarah）和哈瓦群岛（Hawar Islands）	巴林和卡塔尔	1936—2001	国际法院，沙特	两国接受国际法院的裁决
瓦巴（Warba）岛和布比延（Bubiyan）岛	伊拉克和科威特	1961—2013	联合国安理会	1994年伊拉克承认边境、2013年两国签署水道使用协议
哈尔克（Kharg）岛和法拉卡岛（Failaka）	科威特和伊朗	1963—至今	沙特	
艾尔—布莱米绿洲（Al-Buraimi Oasis）及其周边岛屿	阿曼、沙特、阿联酋	1930—1990 1992—2003	—	沙特、阿联酋、阿曼三国分别签订双边协议
两国边境15英里区域	卡塔尔和沙特	1990—2000	—	两国先后签署了两份边境协议
两国边境岛屿、油田	卡塔尔和阿布扎比	1930—1969	—	两国签署协议
阿布穆萨岛和大小通布岛	阿联酋和伊朗	1975—至今		
阿拉伯河航道及其附近区域；130米边境地带	伊朗和伊拉克	1800—至今	联合国安理会	—

资料来源：作者自制，数据来自 Askari Hossein, *Conflicts in the Persian Gulf*, pp. 4-30.

如表 5.6 所示，除了伊拉克—科威特岛屿争端是在联合国安理会的调整下达成，以及巴林—卡塔尔岛屿争端一度被提交给国际法院，

[①] "Egypt's Parliament Approves Red Sea Islands Transfer to Saudi Arabia", Reuters, June 14, 2017, https://www.reuters.com/article/us-egypt-saudi-islands-idUSKBN1951G4.

并最终由国际法院裁决以外;① 其余海湾国家间已经和平解决的领土和海洋争端都集中在阿拉伯国家间,而沙特是这些已解决争端中的争端参与方或斡旋方。包括沙特在内的海湾阿拉伯国家,一直避免通过具有法律约束力的仲裁或裁决方式解决主权争议,也很少寻求调解;即使相关争端有第三方进行斡旋或干预,相关干预者也是另一个阿拉伯国家、领导人或机构,而不是由中立法官组成的仲裁小组或国际法院。② 因此,海湾地区已有的以沙特为核心,通过阿拉伯国家间"直接和坦率的谈判,在双方同意的情况下达成解决方案"的领土和海洋争端解决模式,不能有效地解决阿联酋和伊朗间的岛屿争端。

海合会从成立之日开始,就一直存在对其究竟是一个地区安全,还是经济合作组织的质疑。随着地区合作实践和理论的发展,研究者们已经普遍认可:地区合作的需求不仅仅来自经济方面,也包括政治等其他方面的需求。冷战后海湾地区最明显的整合趋势就是海合会已经能够发挥一定的维护地区稳定的作用。

首先,与单一的政治合作中不可避免地遇到的主权让渡障碍、社会合作文化难以培育相比,经济合作是内容广泛的海湾地区合作中最具实质意义的领域。而海合会近四十年的合作经验表明:即使是在地区经济合作很难真正深入的时期,海合会也是成员国间协同立场、集体发声的最好平台。冷战结束后,随着海合会完成了构建自由区、关税同盟和共同市场的经济一体化进程,它成为整个中东地区最具成效

---

① 1991年7月8日,卡塔尔政府向法院书记官处递交请求书,对巴林国政府提起诉讼,其中涉及两国对哈瓦尔群岛的主权,对迪巴勒(Dibal)和吉塔特杰拉代(Qit'at Jaradah)沙洲的主权权利以及两国海域划界等方面的争端。在争议岛屿问题上,国际法院断定卡塔尔对祖巴拉岛拥有主权,巴林对哈瓦尔群岛拥有主权;在两国争议的海洋划界问题上,国际法院在分别属于两国的海床、底土及上覆水域的海域之间划定了一条单一海洋边界;巴林声称对马希坦岛(Jazirat Mashtan)和乌姆亚立德岛(Umm Jalid)群岛拥有主权,卡塔尔没有对此提出异议。参见:International Court of Justice, "Maritime Delimitation and Territorial Questions between Qatar and Bahrain (Qatar v. Bahrain)", https://www.icj-cij.org/en/case/87;联合国大会:《国际法院的报告:1999年8月1日至2000年7月31日》,A/55/4, https://www.icj-cij.org/public/files/annual-reports/1999-2000-ch.pdf, pp. 9 – 12, 2000年。

② Krista E. Wiegand, "Dispute Resolution of Border Disputes in the Arabian Gulf", *The Journal of Territorial and Maritime Studies*, Vol. 1, No. 1, January 2014, pp. 34, 41, 45.

◈ 第五章 海湾地区合作议题和制度进程 ◈

的地区合作机制，海合会国家的经济规模再加上已有的成功合作的示范效应，使海合会现有的习惯性安排有可能沿用到与其他中东国家的合作中去。

其次，海湾地区合作为该地区国家的政府提供了更多的政治合法性。现代民族国家政府的合法性很大程度上取决于其统治/管理获得的支持的广度，海湾地区是世界政治中最为特殊的地区之一，不管是海合会国家的君主统治，还是伊朗的什叶派信仰政教合一的政体，在伊斯兰政权林立的中东地区都很特殊。而战后政府间地区合作中的最基本原则就是各合作参与方的平等，而且被接纳参与地区合作前提就是各方相继承认其政权的合法性。而地区合作带来的经济、社会发展方面的成就也将为参与国国内政权的政治合法性带来更多的保证。事实上，海湾君主国家能在战后维持长期的国内经济、社会稳定，主要是依托能源出口带来的高经济增长率，和统治者们用能源出口收入增加国民的各项福利。而伊朗在1979年的伊斯兰革命后，由于自身的国家定位及随后因为发展核计划而遭受西方国家的制裁，被隔离在世界经济体制外，也亟须打破被孤立的外交局面。

再次，地区合作极大地促成了海湾阿拉伯君主国家在中东地区，乃至世界政治、经济事务上的统一立场，这种协同立场带来的效应是任何单个海合会成员国参与其他组织都无法得到的。无论是巴林、阿曼，还是作为G20成员国的沙特，或是拥有超过100个主要贸易伙伴的阿联酋，在海合会之外的其他多边合作机制中都没有获得在海合会体制内的影响力，所以在地区、国际多边场合需要借助海合会的集体优势。海合会曲折的经济一体化进展也被解读为是通过稳定的地区经济扩展、协同高油价和繁荣的商业部门来达成的。[1]

---

[1] Linda Low and Lorraine Carios, *The Gulf Cooperation Council: A Rising Power and Lessons for ASEAN*, Singapore: ISEAS Publishing, 2011, pp. 22 – 25.

表 5.7　　　　　海湾国家的军费开支（1997—2007 年）　　　（单位：百万美元）

	1997	1998	1999	2000	2001	2002	2003	2004	2005	2006	2007
伊朗	4996	6165	6060	7972	2232	3189	3189	3720	6590	6759	7310
伊拉克	1982	1382	1488	1488	1488	0①	0	0	0	0	0
巴林	387	427	427	342	355	352	350	191	559	498	550
科威特	3827	3614	3401	3933	3614	3720	3720	1275	4539	3640	4002
阿曼	2126	1913	1710	2232	2551	2445	2657	2764	3210	3410	3298
卡塔尔	1382	1382	1488	1275	1807	2020	2020	2322m	2310	2430	0
沙特	22323	23386	19878	23386	26256	23599	23599	20515	27000	30810	34020
阿联酋	3614	3933	4039	529	2976	2976	2976	2817	2817	9888	10292
GCC	33659	34655	30979	34357	37559	35112	35322	28678	40452	50676	52142

资料来源：Anthony H. Cordesman, "Security Challenges and Threats in the Gulf", p. 16.

最后，关于地区合作促进了海湾地区安全的最大的质疑在于即使有海合会机制，以及伊朗与海合会国家的安全合作，海湾国家仍然是世界上最大的武器进口国。如表 5.7 所示，除了因为伊拉克战争被快速中断了国家政治、军事、文化等正常秩序的伊拉克外，其他海湾国家的军费开支都大幅度增加，尤其是海合会国家与美国从 20 世纪 90 年代开始迅速增加的巨额武器交易。

如表 5.8 所示，在 21 世纪的第 2 个 10 年，海合会国家在军费开支上的数字已经远超过伊朗和伊拉克。基于对这个事实的观察和思考，有学者提出在冷战结束后，中东地区内部开始了新的"冷战"，其中海湾地区的新"冷战"主要指海合会国家对伊朗、伊拉克的战略是通过借助美国提供的安全保护，严密防备伊朗和伊拉克，避免卷入伊拉克的中东地区野心，并刻意切断了与伊朗各方面的联系。②

---

① 表格把 5000 万美元及以下的数据记为 0。
② Hilal Khashan, "The New Arab Cold War", *World Affairs*, Vol. 159, No. 4, Spring 1997, pp. 158 – 160.

表 5.8　　海湾国家的军费开支（2011—2020 年）　　（单位：亿美元）

	2011	2012	2013	2014	2015	2016	2017	2018	2019	2020
沙特	543	614.5	704.1	830	885.2	633.4	706.2	729.1	619.5	555.4
阿联酋①	220.3	217	265.8	250.9	—	—	—	—	193.3	198.3
阿曼	54.6	98	92	85.3	78.2	81.2	68.7	75.8	65.5	66.6
巴林	12.3	13.7	15.1	16.2	15.5	15.7	15.8	15.4	15.6	14.1
卡塔尔②	—	—	—	—	—	—	—	—	64	64.7
科威特	59.1	64	60.5	60.4	60.9	66.6	68.6	72	73.7	69.4
伊朗	157.1	163.5	131.7	131.3	139.6	160.3	180.3	152.6	125.3	121.5
伊拉克③	47.5	43.2	79.6	69.3	94.9	59.4	73.8	62.7	76	69.9

资料来源：作者自制，数据来自 SIPRI，"Military Expenditure by Country, in Constant (2018) US $ m., 1988 – 2019", 2020, https：//www.sipri.org/sites/default/files/Data%20for%20all%20countries%20from%201988%E2%80%932019%20in%20constant%20%282018%29%20USD.pdf.

根据塞缪尔·亨廷顿对 20 世纪世界政治秩序的讨论，海湾君主国家对于安全的考虑不同于其他现代政治组织形式的政府。亨廷顿指出："20 世纪传统的君主政体的稳定所受到的威胁，不是来自外部，而是来自内部。君主被迫推行现代化而试图变革社会，因为他担心自己不这样做，别人就会取而代之……20 世纪的君主为了防止革命而推行现代化。"根据历史经验，即使是在其最鼎盛的时期，专制君主制也不是完全彻底的专制，惯例对专制权力也是一种重要的限制因素。在民主国家中，君主制只有演变为立宪君主制才能延续下去，立宪君主的权限并不仅限于仲裁，而是拥有所谓三位一体的权力（即咨询权、勉励权和告诫权），所以能够对政府施加影响。所以亨廷顿认

---

① 阿联酋的相关数据参见 The International Institute for Strategic Studies（IISS），*The Military Balance 2022*，Förlag：Routledge，2022，p. 524.
② 卡塔尔的相关数据参见 The International Institute for Strategic Studies（IISS），*The Military Balance 2022*，Förlag：Routledge，2022，p. 524.
③ 伊拉克的相关数据中不包括真主党、"正义联盟"运动（Asa'ib Ahl al-Haq）等准军事组织的军费开支。

为现代社会中幸存的君主政体更可能遵循所谓的开明专制学说，即君主凭借其权力，可以按照全民的利益改革社会。国家不仅愈加集权化，而且极富于干涉性。而华尔兹在讨论变化系统中的国家间关系是怎样变化时，提到了国际关系学界对于相互依赖的迷信。有一种被广泛接受的观点认为：随着相互依赖的紧密程度不断提高，和平的机会也将增加。但是紧密的相互联系同时也意味着交往的密切，从而增加了发生偶然冲突的机会。历史上最残酷的内战和血腥的国际战争都发生在高度相似而且紧密联系的人们之间。除非潜在的参战各方具有某种联系，否则战争根本就不可能发生。[①] 具体到讨论海湾国家不断增加的军费开支对地区合作的影响，尤其是否会进一步引发信任危机的问题，这两者之间没有必然的正相关关系。1997—2007年，世界各国的军费开支都在以不同的幅度上涨，增加的军费开支可能是用于新式武器的购买和装备，也可能用于地区安全部队的费用分担。所以，与其担心海湾国家的军费开支的绝对数字的增长，不如更多地完善危机应对机制，以及推动各国军事逐渐在可接受范围地实现军事发展情况的透明化。

二　地区合作对海湾经济的作用

与政治、安全相比，地区合作在经济上的作用可以用直观的经济数据作为评价依据。但经济增长数据与地区合作是否呈正向相关关系，如果是的话，相关程度指数等问题至今仍没有定论。对于海湾地区合作的另外一大质疑就是，在数十年的地区合作后，即使是在合作最紧密的海合会国家内部，各国与区域外国家贸易额也远大于与其他成员国的贸易额，而且海湾国家都是能源出口国家，各国产业结构相似度高，互补性较差。

例如，虽然2008年海湾共同市场的启动降低了海合会国家间的贸易障碍，但海合会国家间贸易额占全部贸易额的比例仍较低。2016年，

[①] ［美］肯尼思·华尔兹：《国际政治理论》，信强译，上海人民出版社2008年版，第147页。

海合会国家间的非石油贸易额仅占海合会内部贸易总额的10%。而且，阿联酋依旧扮演着地区再出口中心的重要角色，在当年850亿美元的内部贸易额中阿联酋和沙特的占比分别排在第一、第二位。[1]

因为从1991年至今，贸易额虽然在持续增长，但占海合会整体贸易额的比重都较低，海合会国家的主要贸易对象是非海合会成员国。所以外界一直认为海合会国家间的贸易相互依存度依旧较低。例如，1991—2008年，海合会国家间出口额占海合会总出口额比重都低于10%，多数年份甚至低于5%。[2] 2010—2015年，海合会内部贸易额由198亿美元增至654亿美元。但在2015年，海合会内部贸易的比例仅占当年海合会1.3万亿美元贸易总额的5%。[3] 因此海合会国家更愿意将经贸沟通和协调的资源用于海合会成员国的外部贸易伙伴，这严重影响了海合会政治、经济一体化的发展。此外，海合会国家还存在内部贸易成本高的问题。有学者指出，虽然海合会成员国在区域内贸易方面领先于中东地区的其他国家，但六国内部贸易成本仍比法国—意大利—西班牙间的贸易成本高出40%。[4] 此外，虽然海合会国家间已大幅降低关税并采用了统一的技术标准，但仍然存在成员国间贸易的非直接贸易壁垒，如补贴行为和过度审核等问题。[5]

虽然存在巨大的地区内外贸易不平衡，但从2010年到2020年，

---

[1] International Monetary Fund, "Trade and Foreign Investment—Keys to Diversification and Growth in the GCC", Policy Papers, 2018, https://www.imf.org/-/media/Files/Publications/PP/2018/pp120618gcc-trade-and-foreign-investment.ashx, p. 9.

[2] 少数例外包括：阿联酋在1991的比重为11%，巴林在1996年的比重为28.4%，阿曼在2007年的比重为13.5%。数据来源：Salem Nechi, "Determinants of Trade Flows among GCC Countries: Potentials, Limitations, and Expectations", *World Review of Business Research*, Vol. 1, No. 5, November 2011, pp. 94–96.

[3] "The Case for Free Trade in the GCC", Arabian Business, August 27, 2015, https://www.arabianbusiness.com/politics-economics/the-case-for-free-trade-in-gcc-604126.

[4] "The Case for Free Trade in the GCC", Arabian Business, August 27, 2015, https://www.arabianbusiness.com/politics-economics/the-case-for-free-trade-in-gcc-604126.

[5] International Monetary Fund, "Trade and Foreign Investment—Keys to Diversification and Growth in the GCC", *International Monetary Fund Policy Paper*, December 6, 2018, https://www.imf.org/-/media/Files/Publications/PP/2018/pp120618gcc-trade-and-foreign-investment.ashx, p13.

海合会国家和伊朗、伊拉克的商品贸易相互依赖程度在不断加深。2010年，当年除了阿联酋（530亿美元）成为伊朗第二大进口来源国以外，伊朗的其他主要贸易伙伴都是海湾地区外国家；当年伊拉克排名前十位的贸易伙伴都是海湾地区外国家；而当年海合会国家内部出口额约为585.4亿美元，居出口目的地的第五位。[①] 2020年，世界商品贸易因为受到新冠肺炎疫情的影响，较上年同期减少了1万4318亿美元，海合会国家的同期商品贸易额减少了730亿美元。[②] 但如表5.9所示，2020年，阿联酋分别是伊朗的第二大出口目的地国和第三来源国，以及伊拉克的第一大出口目的地国；伊拉克分别是伊朗的第二大出口目的地国和海合会的第八大目的地国；而当年海合会国家的内部出口额为592.1亿美元，居该组织出口目的地的第二位。

表5.9　　2020年海合会、伊朗、伊拉克主要贸易伙伴　（单位：十亿美元）

伊朗 出口[③]		伊朗 进口		伊拉克 出口		伊拉克 进口		海合会 出口		海合会 进口	
中国	9.22	中国	8.51	中国	17	阿联酋	13.1	中国	83.43	中国	84.57
伊拉克	8.96	阿联酋	4.53	印度	14.4	中国	10.9	海合会	59.21	美国	31.76
阿联酋	5.95	印度	2.24	土耳其	8.19	土耳其	9.14	印度	55.28	印度	29.74
阿富汗	2.93	土耳其	2.14	韩国	3.78	印度	1.46	日本	45.34	德国	18.45
韩国	2.57	德国	1.68	美国	2.85	德国	1.04	韩国	33.16	日本	15.58
土耳其	2.37	巴西	1.16	意大利	2.27	韩国	0.94	美国	15.33	英国	13.33
印度	2.04	意大利	0.64	希腊	2.05	美国	0.73	新加坡	15.16	意大利	11.39

---

① 伊朗的数据来自 HIS Global Insight, "Country Intelligence Report: Iran", September4, 2012, p.22；伊拉克的数据来自 HIS Global Insight, "Country Intelligence Report: Iraq", September, 4, 2012, pp.17-18.

② World Trade Organization, "World Trade Statistical Review 2021", November 2021, https://www.wto.org/english/res_e/statis_e/wts2021_e/wts2021_e.pdf, p.106.

③ 迄今为止还没找到伊朗在2020年的出口贸易数据，所以该表中采用了世界银行和联合国贸发组织合作开发的"世界整合贸易解决方案数据库"（World Integrated Trade Solution）中2018年的相关统计数据。

续表

伊朗				伊拉克				海合会			
出口		进口		出口		进口		出口		进口	
巴基斯坦	1.25	荷兰	0.39	新加坡	1.62	沙特	0.71	伊拉克	14.2	韩国	10.09
印度尼西亚	0.79	马来西亚	0.32	阿联酋	1.19	约旦	0.66	中国台湾	12.15	法国	9.64
阿曼	0.73	阿根廷	0.29	西班牙	0.88	意大利	0.62	意大利	9.63	土耳其	7.66

资料来源：作者自制，海合会、伊朗、伊拉克2020年的贸易数据来自Observatory of Economic Complexity，"Countries Profiles"，2020，https://oec.world/en/profile/country；伊朗2018年的贸易数据来自World Integrated Trade Solution，"Trade Statistics by Countries-Iran, Islamic Rep"，https://wits.worldbank.org/CountryProfile/en/Country/IRN/Year/2018/TradeFlow/Export/Partner/by-country.

沙特和阿联酋一直是海合会成员国中最重要的两个经济体。2018年，沙特和阿联酋两国的出口额占海合会出口总额的73.04%。[①] 因此，两国在海合会内部的贸易情况基本上也反映出海合会成员国间的贸易情况，所以本书以这两个国家在2018年的贸易数据为例，具体分析海合会的内部贸易。

2018年，沙特出口总额为2630亿美元，主要出口产品为原油及石化产品，主要出口目的地依次为中国、日本和韩国；当年的进口总额为1360亿美元，主要进口产品为汽车和广播器材等，主要进口来源国分别是中国、阿联酋和美国。2018年，沙特向海合会其他成员国的出口额分别为：92.3亿美元（阿联酋）、22.1亿美元（科威特）、10亿美元（阿曼）、1470万美元（卡塔尔）、672万美元（巴林），共计约124.6亿美元，仅占沙特当年出口总额的4.7%。2018年，阿联酋总出口额为2420亿美元，主要出口产品为原油、石化产品和黄金等，主要出口目的地为印度、日本和中国；当年的进口总额为2320亿美元，主要进口商品为黄金、珠宝、广播设备和汽车等，主要进口来源国为中

[①] 本部分2020年数据是根据经济复杂性观察组织（Observatory of Economic Complexity）的国别数据整理。

国、印度和美国。2018年，阿联酋向其他海合会成员国出口额分别为：172亿美元（沙特）、40.7亿美元（科威特）、117亿美元（阿曼）、17.8亿美元（巴林）、5940万美元（卡塔尔），总计为348.094亿美元，占阿联酋当年出口总额的14.38%。虽然该比例高于沙特，但是考虑到阿联酋作为中东地区重要的转口贸易和再出口中心的地位，由阿联酋直接出口到其他成员国的商品额占比会低于该比例。[①]

值得注意的是，从1995—2018年，沙特向阿联酋出口额从6.2亿美元增至92.3亿美元，年均增长率约为12.1%；与此同时，阿联酋向沙特的出口额从3.51亿美元增至172亿美元，年均增长率为18.4%。因此，在海合会经济一体化的进程中，各成员国间的经济联系越来越强。

除了前文已经分析的伊朗与阿联酋的贸易，以及海合会内部贸易额的显著增长以外，海湾地区合作对地区经济增长至少产生以下有利影响。

第一，地区合作将有助于创造和平、合作、稳定的地区宏观环境。虽然这一创造并非完全来自海湾国家内部，甚至大部分原因要归结于国际体系因素和地区外大国的影响，但阿联酋的建立和海合会的成立、发展都改变了该地区的地区格局，并在该地区树立了地区合作的成功范例。而相对稳定的地区环境不但促使地区内国家将精力更多地放到经济建设和经济体制改革上，而且使得海湾国家能依托优惠的经济、金融政策吸引外国投资，大力发展面向全世界的服务产业，其中阿联酋就是典型代表。这一观点得到了国际政治经济学家的支持，比如彼得·罗布森（Peter Robson）认为根据全世界许多国家，包括那些非常小的国家的经验，虽然成为一个经济共同体的成员并非取得国家经济成功的必要条件，但即使是那些没有参加一体化而取得经济成功的国家，也越来越趋向于相信如果成为一个合适集团的成员，可

---

① 阿联酋在2018年的经济数据参见：Observatory of Economic Complexity, "United Arab Emirates (ARE) Exports, Imports, and Trade Partners", https://oec.world/en/profile/country/are.

◈ 第五章 海湾地区合作议题和制度进程 ◈

能会在经济上取得更多的成功。①

第二,地区合作巩固了除伊拉克以外的其他海湾国家的对外发展战略,并对其内部经济发展模式产生了积极影响。尤其是海合会内部,地区经济已经成为各成员国对外发展战略中的重要组成部分。海湾地区合作的这一影响可以用赫特的发展地区主义(development regionalism)来解释。赫特认为发展地区主义是指在一定地理范围内一组国家间的共同努力,其目的是增强整个地区经济的互补和经济总量,以及在功能和领土之间达到平衡。赫特还指出:从间接和更广泛的经济收益的角度来看,发展中世界的地区合作有可能对经济发展产生积极、重要的影响。从发展地区主义的角度来看,海湾地区合作有助于地区内政权的稳定,并由此增强国家间的互信,这一观点更适用于作为整体的海合会与伊朗;也有助于合作行为体在对外交往时的集体讨价还价能力,提高其整体在世界政治、经济中的地位,并通过网络地区化、地区化的生产、贸易、投资、分工、增长三角、为吸纳外资而展开一定程度的政治协调等多种方式,增强各国的动态经济联系;并初步建立其资源管理、优化配置的机制。② 而且,随着地区合作的深入发展,相关收益将促使海湾国家接受更多的地区合作安排。

三 卡塔尔外交危机对海合会合作的影响

国际决策界和学术界高度关注卡塔尔外交危机及其对海合会合作的影响,并将该危机作为海合会机制弱化的论据。但该危机也可以导向另外一个问题:在沙特、阿联酋、巴林这3个海合会国家宣布与卡塔尔断交,并实施制裁和封锁的情况下,为什么一方面沙特等国没有暂停甚至直接开除卡塔尔的海合会成员国资格,就像阿盟在2011年暂停叙利亚政府的成员国资格一样;另一方面,卡塔尔为什么没有宣布直接退出海合会?

---

① [英]彼得·罗布森:《国际一体化经济学》,戴炳然译,上海译文出版社2001版,第6页。

② Stephen D. Krasner, *International Regime*, New York: Cornell University Press, 1983, pp. 186, 226.

卡塔尔外交危机暴露海合会"一致立场"和各成员国保持政策自主性间的矛盾。2017 年，沙特、阿联酋宣布与卡塔尔断交的理由是"卡塔尔资助恐怖组织、利用半岛电视台干涉他国内政、与伊朗发展关系等违背了海合会国家签订的《利雅得补充协定》（Supplementary Riyadh Agreement，下文简称《补充协定》）"。[①] 2013 年，海合会国家签署的《利雅得协定》（下文简称《协定》）包括 3 项内容：1. 不直接或间接干涉海合会成员国的内政；2. 不支持穆斯林兄弟会[②]或任何通过直接安全工作或政治影响威胁海合会国家安全与稳定的组织、团体或个人；对从事反对其国家政权活动的海合会成员国公民，除经其国家同意外，不庇护或允许入籍；不支持反对他们国家的"反常团体"，也不支持敌对的媒体；3. 不支持也门境内任何可能对邻国构成威胁的派别。[③]

而 2014 年 11 月 24 日签署的《补充协定》包括 4 条补充条款：第 1 条强调"不对《协定》及其执行机制的任何条款作出承诺就等于全部违反这些条款"；第 2 条要求各国情报人员执行在 11 月 3 日签署的联合协议；第 3 条重申了不得在国内或国外直接或间接地庇护、雇用或支持任何怀有对海合会成员国有害倾向的个人或媒体机构，并要求各国都承诺采取所有监管、法律和司法措施，打击任何侵犯海合会成员国利益的人；而第 4 条要求成员国信守支持埃及政府的承诺，支持其安全、稳定，并提供财政支持；停止在包括半岛电视台和半岛电视台埃及频道（Al-Jazeera Mubashir Masr）等所有媒体平台上对埃

[①] 孙德刚、安然：《"同质化联盟"与沙特—卡塔尔交恶的结构性根源》，《西亚非洲》2018 年第 1 期。

[②] 穆斯林兄弟会（Muslim Brotherhood，下文简称穆兄会）是由哈桑·班纳（Hassan al-Banna）于 1928 年在埃及创立的一个具有广泛影响力的伊斯兰宗教、政治组织，曾参与武装反对英国在埃及的殖民统治。这一组织因为其质疑世俗统治、反对西方势力的激进政治立场，以及准军事组织（paramilitary wing）的性质，长期被埃及和沙特等中东国家宣布为非法组织。2013 年 9 月，埃及军政府再次解散了其国内的穆兄会，并认定其为"恐怖组织"。"Profile：Egypt's Muslim Brotherhood"，BBC，December 25，2013，http：//www.bbc.com/news/world-middle-east-12313405.

[③] 2018 年 10 月，沙特已经把《利雅得协定》提交给"联合国条约汇编"（United Nations Treaty Collection）托存、注册。参见：The United Nations Treaty Collection，"No. 55378 Riyadh Agreement"，https：//treaties.un.org/doc/Publication/UNTS/No% 20Volume/55378/Part/I-55378-0800000280527ea2.pdf.

◈ 第五章 海湾地区合作议题和制度进程 ◈

及政府的所有直接、间接攻击。①

这两份协定反映了海合会国家试图协同在也门问题、支持埃及塞西政府、反对穆兄会等地区事务上的一致立场,不庇护反对任一成员国政权的反对派并敦促各成员国情报机构和政府采取管控行动,而《补充协定》中的媒体内容则是针对卡塔尔政府及其半岛电视台。这些协定的出台反映出海合会国家内部,尤其是坚决反对穆兄会在海湾地区活动的沙特、阿联酋,和已经与穆兄会保持合作共治关系的卡塔尔间的矛盾,这两方的矛盾还包括前者认为卡塔尔没有"约束、管理"半岛电视台对埃及塞西政府和其他海合会国家领导人的批评;在也门问题、利比亚问题上的分歧等。而产生上述分歧的更深层次原因是卡塔尔和沙特、阿联酋等国在地区安全威胁认知和国家利益判定上存在差异,例如卡塔尔和穆兄会的合作关系,以及半岛电视台在阿拉伯世界的影响力是前者实现国内治理、拓展地区影响力的工具,但被沙特和阿联酋判定为"威胁其国内政权稳定";而卡塔尔在很大程度上也不认同沙特、阿联酋渲染的"伊朗威胁"。

卡塔尔外交危机发生后,阿曼、巴基斯坦和一些欧洲国家都试图斡旋或帮助缓解危机,但科威特和美国被认为是这场危机的主要参与方,其中科威特的斡旋和调解主要是依靠当时在世的萨巴赫埃米尔在海合会国家的个人威望,其调解方式也更多地体现了海合会国家间斡旋、政治沟通的特色。

年龄和在海湾国家的威望赋予了萨巴赫埃米尔在海合会内部干预和讨论最具政治敏感性问题的"背景合法性"。科威特和萨巴赫埃米尔被认为是"最有资格"在卡塔尔外交危机中充当调解人的一方。2017年6月7日,在沙特宣布对卡塔尔实施封锁的第二天,萨巴赫埃米尔访问了沙特。他通过写信、打电话,派遣外交部部长到访其他海合会国家等方式,从政治层面来努力缓解该危机。在2017

---

① 《利雅得补充协定》在2014年签署时被列为"最高机密"文件。2018年10月,沙特也把这份协定给"联合国条约汇编"托存、注册,已成为公开文件。该协定的文本参见: The United Nations Treaty Collection, "A 55378 Supplementary Riyadh Agreement", https://treaties.un.org/doc/Publication/UNTS/No%20Volume/55378/A-55378-0800000280527ec6.pdf.

199

年10月的科威特议会会议上，萨巴赫埃米尔提醒海湾危机"可能升级并导致海合会崩溃"。2019年12月，萨巴赫埃米尔任命时任科威特副外交部部长哈立德·贾拉拉（Khaled Al-Jarallah）[①] 专门负责和卡塔尔埃米尔、沙特王储的联络工作，以确保科威特在危机期间不断干预。萨巴赫埃米尔不仅试图调解和谈判各方之间的冲突问题，也尝试在海合会内部建立对话来讨论相关问题。他在沙特和卡塔尔之间进行幕后外交，以克服阻碍各方进行认真对话的障碍。2017年12月，科威特举办了第38届海合会首脑峰会，但出席会谈的只有科威特和卡塔尔的埃米尔这两国国家元首，其他4个海合会成员国都只派部长或副部长出席。这次会谈仅进行两个小时就结束了，海合会国家甚至没有就首脑会议的具体议程或解决危机的共同方法达成一致。[②] 但在2019年12月的海合会峰会上，在科威特的斡旋下，沙特和卡塔尔实现了当时最接近化解危机的一次会面，尽管最终未能实现真正的和解。与此同时，沙特外交大臣费萨尔·本·法尔汉·阿勒沙特表示，"科威特的调解将继续远离媒体关注和公众视线"。[③]

随着沙特、阿联酋等国对卡塔尔的政治、外交孤立和经济、国土封锁都没有取得成效，这些国家对卡塔尔的强硬政策开始趋向缓和，并以邀请卡塔尔埃米尔参加海合会首脑峰会的方式表现出一定程度的妥协。卡塔尔外交危机折射出海合会仍然困于阿拉伯的象征性政治，[④]

[①] 贾拉拉已于2021年1月28日退休。

[②] "GCC Summit Convenes in Kuwait Absent Four Leaders", Anadolu Agency, December 5, 2017, https://www.aa.com.tr/en/middle-east/gcc-summit-convenes-in-kuwait-absent-four-leaders/990565.

[③] Ibrahim Fraihat, "Superpower and Small-State Mediation in the Qatar Gulf Crisis", *The International Spectator: Italian Journal of International Affairs*, Vol. 55, Issue 2, May 2020, pp. 80–84.

[④] 迈克尔·巴尼特（Michael N. Barnett）认为阿拉伯政治是象征性的政治，因为阿拉伯国家被嵌入了一个共享的规范结构中，在这个结构中他们相互依赖以获得社会认可。而这种对社会认可的依赖反过来又增加了阿拉伯国家对规范规劝和象征性制裁的敏感性。参见：Michael N. Barnett, *Dialogues in Arab Politics: Negotiations in Regional Order*, New York: Columbia University Press, 1998, pp. 39–49.

第五章　海湾地区合作议题和制度进程

即阿拉伯国家领导人往往象征性地进行安全部署，控制彼此的外交政策并把对手排除在"阿拉伯共识"外。而且在政治议题上，海合会国家因为共享阿拉伯国家、海合会成员国身份，所以必须遵从"多数同意，一致通过"的集体规范。

而萨巴赫埃米尔在调解卡塔尔外交危机中的角色，则表明海合会国家领导人在组织内部危机调解中的"合法性"。这种合法性允许萨巴赫埃米尔在海合会国家内部讨论其他外部行为体可能无法讨论的敏感政治问题。这种合法性也赋予作为调解人的萨巴赫埃米尔一种影响争论者的道德力量。此外，合法性转化为冲突各方与调解人之间的信任，最具代表性的就是萨巴赫埃米尔成功地维持了海合会其他国家领导人的信任。2017年5月24日，卡塔尔通讯社遭到黑客攻击后，卡塔尔埃米尔第一时间访问了科威特，和萨巴赫埃米尔举行了会谈；沙特也曾一再表示海湾危机的解决"只能通过科威特的调解和海合会系统"。[①] 而海合会国家围绕卡塔尔外交危机进行的讨价还价和《欧拉宣言》的出台、落实，也是拓展海合会国家集体规范的弹性空间的过程。例如，卡塔尔和伊朗的双边合作在《欧拉宣言》签署后进一步得到了提升。2022年2月21日，伊朗总统易卜拉欣·莱希访问卡塔尔，成为11年间第一位访问卡塔尔的伊朗总统。卡塔尔的塔米姆埃米尔和莱希举行了会谈，就加强两国在经济、投资、能源、旅游等领域的合作和海湾地区的安全与稳定等共同关心的地区和国际问题进行了讨论，并发表了两国联合声明。[②] 莱希的这次访问，以及伊朗、卡塔尔的近期合作没有引发其他海合会国家的反对意见。

[①] Abdulhadi Alajmi, "The Gulf Crisis: An Insight into Kuwait's Mediation Efforts", *International Relations and Diplomacy*, Vol. 6, No. 10, October 2018, pp. 539, 542 – 544; Ibrahim Fraihat, "Superpower and Small-State Mediation in the Qatar Gulf Crisis", *The International Spectator: Italian Journal of International Affairs*, Vol. 55, Issue 2, May 2020, p. 85.

[②] "Joint Statements of HH the Amir, Iranian President", Qatar News Agency, February 21, 2022, https://www.qna.org.qa/en/News-Area/News/2022-02/21/0060-joint-statements-of-hh-the-amir, -iranian-president.

第六章　海湾国家对中东地区
国际关系的塑造

冷战结束至今，海湾地区仍然保持着海合会、伊朗、伊拉克的八国三方的三角格局。除了2003年伊拉克战争后一直处于战后重建的伊拉克之外，其余7个海湾国家在"阿拉伯之春"中都保持了大致稳定，这给海合会及其成员国，以及伊朗进一步扩大其地区影响力提供了新的契机。本章主要选择以下4个重要方面来分析海湾国家对中东地区局势的影响：海合会通过正式邀请约旦和摩洛哥这两个中东君主国家加入海合会的合作机制，在逐步实现"地理外溢"；沙特、科威特、阿联酋和卡塔尔从20世纪60年代开始参与国际援助，并通过援助的方式影响来中东地区局势；卡塔尔利用半岛电视台以较隐蔽的方式在"阿拉伯之春"期间对阿拉伯世界和西方国家公众施加压力，参与塑造了当前的中东地区局势；而阿联酋奉行"威胁平衡"政策，与沙特形成二元领导结构，利用军事硬实力干预地区冲突，以经济援助为杠杆影响埃及、海湾国家、非洲之角乃至巴尔干地区的地区局势。

第一节　约旦与摩洛哥：海合会的
扩员和"地理外溢"

海合会作为海湾地区唯一一个地区合作组织，在三十多年的发展中，已经在经济、安全、政治等各个方面取得了合作进展，并对周边国家产生了吸引力，比如伊朗主动要求与其建立自贸区并展开安全合作等。但迄今为止，海合会还没有进行正式的扩员，其扩员邀请对象

◆ 第六章 海湾国家对中东地区国际关系的塑造 ◆

也是海湾地区外的其他两个君主国家。

一 海合会的外扩计划

海合会并不是一个开放性的地区合作机制。所谓开放性指的是地理开放。在欧盟的起始和发展过程中，其成员国的欧洲地理界线都很明显。无论是最初的6个创始成员国家，1973年第一轮扩大时加入的英国、爱尔兰和丹麦，还是1981—1986年期间，希腊，西班牙和葡萄牙加入的这一轮南扩，以及2004年开始批准中、东欧国家加入，且至今仍在进行的东扩对象都是地理意义上的欧洲国家。虽然1994年欧洲制定的针对中东欧国家申请入盟国家的"哥本哈根标准"中设置了包括经济、政治条件，也要求成员国资格要求申请国具有确保民主、法制、人权、尊重与保护少数民族稳定的制度；具有行之有效的市场经济和应对欧盟内部竞争压力和市场力量的能力；具有履行成员国义务的能力，包括恪守政治、经济和货币联盟等要求，但地理标准仍是其扩员的基础条件。[①] 与欧盟形成显著对比的是持地理开放性的东亚地区合作。东亚地区合作既包括东亚地理范围内的"10+1"和"10+3"，也包括东盟地区论坛、东盟地区峰会等超出东亚地理范围的地区合作机制。而海合会是地区合作中比较少见的，在长期合作中没有接纳新成员国的地区合作机制。海合会组织名称中的"海湾"、"阿拉伯国家"等界定虽然一定程度上限定了海合会的成员国属性，但伊拉克这个同在海湾地区的阿拉伯国家在伊拉克战争前后都没有被列入海合会的扩员计划。

美国布鲁斯金学会萨班中东研究中心的研究员肯尼思·波拉克从地区安全角度分析了海合会基于安全的可能性外扩。波拉克认为，进入21世纪以来，随着美国从伊拉克撤军和对伊朗发展核武器的担忧，海合会国家加快发展自身的防卫能力，加强与美国和其他西方国家的关系，并在整合成员国武装力量上取得了重要进展。海合会主导的地区

[①] European Commission, "Accession Criteria", https://ec.europa.eu/neighbourhood-enlargement/enlargement-policy/glossary/accession-criteria_en.

203

安全结构（regional security architecture）可能带来新的增加优势。他提出海湾地区任何新的安全结构都必须满足以下三个基本目标：（1）必须使海合会国家比以前更安全；（2）地区安全动力必须更精简，而不是更复杂；（3）必须足够灵活、稳健，能承受内、外部的变化，而且必须应对来自海湾地区的两个外部威胁：第一是"潜在好斗的"、拥有核武器并寻求地区霸权的伊朗；第二是未来不确定的伊拉克，伊拉克局势滑回内战的话将损害地区稳定；同时，海湾地区还存在伊拉克重新变得"好斗、激进"，或者和伊朗紧密联合起来的可能性。[1]

从1981年成立开始，海合会被证明对其成员国而言是相对有效的安全结构。但关键问题在于海合会的安全结构是否能在现有的基础上得到加强。安全认同在加强海合会的有效性或作用方面，也许影响最深远的改变是把现在事实上的军事同盟（de facto military alliance）转变为正式的共同防御条约（mutual defense pact）。

海合会的扩员提议对其他中东国家具有吸引力，但对海合会现有成员国而言，最明显的候选国也可能附带一些"负资产"。约旦、摩洛哥和恢复稳定后的伊拉克可能是潜在的新成员国，但这些国家都不同程度地带有现在的海合会国家难以接受的问题。约旦、摩洛哥不是海湾国家，而伊拉克国内的逊尼派人数不占多数。理论上，加入新的成员国，尤其是强大的成员国，可以帮助强化海合会并提高成员国的安全，增强军事力量并增加其外交影响力。根据国际组织扩员的历史经验，尤其是在危机或冲突时刻，联盟都会寻求扩大规模，实现己方同盟规模的最大化。然而，扩大联盟的战略通常会带来额外的"并发症"。尤其是在没有紧迫威胁的情况下，这些"并发症"可能使组织成员国家陷入意图之外的新危机和冲突。因此，在考虑是否发展新成员国时，海合会需要认定新的成员国是安全的净消费国还是净生产国。[2]

海合会在考虑是否扩大时极其重要的因素是大部分潜在候选国都

---

[1] Kenneth M. Pollack, "Security in the Persian Gulf: New Frameworks for the Twenty-first Century", *Middle East memo*, No. 24, June 2012, pp. 1-3.

[2] Kenneth M. Pollack, "Security in the Persian Gulf: New Frameworks for the Twenty-first Century", *Middle East memo*, No. 24, June 2012, pp. 1-3.

第六章　海湾国家对中东地区国际关系的塑造

可能使海合会卷入海湾地区以外的安全、政治问题，而且其风险的可能性可能大于相应收益。而且一些潜在的新会员国可能急剧改变海合会的目标认知，从而损害作为一个整体的海合会和海合会现有成员国的利益。因此，任何超出海湾地区的新安全结构会带来更多的问题。另外，海合会作为正式的地区合作组织是在其成员国拥有较广泛共识基础的情况下运作的，加入任何新的成员国都将不可避免地增加达成共识的难度，尤其是在新成员国和现在成员国之间存在重大分歧的情况下。因此，候选国与海合会原成员国的利益差别，也因为候选国在具体问题上的立场、观点可能与海合会现有成员国截然不同，潜在候选国的加入可能极大地加强海合会决策的复杂性，加入新成员国引发纷争的可能性远大于达成共识的可能性。

2011年6月，海合会外长理事会第119次会议发表声明，主动邀请中东另外两个君主国家约旦、摩洛哥加入海合会。2012年11月，海合会第125届外长理事会又宣布分别与约旦、摩洛哥就建立"战略伙伴关系"达成了为期五年的"共同行动计划"，并承诺在此期间向两国分别提供50亿美元的无偿援助。这些举措被认为是海合会自成立以来的首次组织扩大尝试。

从2011年开始，约旦一直是海合会扩员的主要候选国之一。约旦是一个和西方国家保持着密切联系的世袭阿拉伯君主立宪制国家，其东南部与沙特接壤，信仰逊尼派的阿拉伯人占其人口的绝对多数。约旦也拥有比很多其他阿拉伯国家更强的军事力量，约旦皇家空军和特种部队都处于中东地区的较高军事水平。在经济禀赋上，约旦自然条件恶劣，80%的国土是沙漠且资源贫乏，财政常年赤字，其国民经济长期依靠国际援助、旅游收入和侨汇，所以约旦需要加强和海合会国家的联系，尤其争取更多来自海合会国家的巨额财政援助和稳定的能源供应，其中科威特是约旦的第一大投资伙伴，在约投资总额超过80亿美元。[①] 但海合会国家对于约旦的正式

---

① 商务部国际贸易经济合作研究院等：《对外投资合作国别（地区）指南：约旦（2019年版）》，http://www.mofcom.gov.cn/dl/gbdqzn/upload/yuedan.pdf，第12页。

加入存在很多顾虑。其中最大的疑虑来源于约旦和海合会国家存在的地区安全关切差异：约旦的首要安全关切是其西部邻国以色列、北部邻国叙利亚，国内占人口多数的巴勒斯坦人和约旦国民间的矛盾；因为存在地理距离，它不像海合会国家一样存在直接的"伊朗忧虑"；美国在中东的军事存在及其对海合会国家的军事保护承诺，使约旦相对有限的军事优势不能极大加强海合会的军事实力，而约旦还可能把海合会拖入巴以问题和叙利亚内战。因此，有分析家认为约旦加入海合会的可能收益远大于海合会成员国可能获得的收益。① 虽然部分海合会成员国对约旦的加入存在疑虑，但相关合作一直在稳步推进。2011 年之后，约旦和海合会成员国加强了高层互访，海合会国家也加大了对约旦的国际援助。2018 年 6 月，沙特牵头与阿联酋、科威特在麦加举行峰会，共同宣布为约旦提供 25 亿美元援助，帮助其渡过经济困境。② 2019 年 5 月，阿布扎比的穆罕默德王储和约旦国王阿卜杜拉二世·本·侯赛因举行了会谈，两国就当时的中东地区形势、阿拉伯国家利益和维护海湾地区航行自由等问题协调了立场。③

另一个接到海合会的正式加入邀请的国家是摩洛哥。和约旦一样，摩洛哥也是一个和西方结盟的阿拉伯逊尼派人口占多数的君主国家。虽然摩洛哥国王穆罕默德六世表现出了比其他中东君主国家更多的国内改革意愿，并在 2011 年主动进行了全面宪法改革，但他的目标仍然是控制其国内的社会转变并继续保留君主的权力。除了君主制政体的共同点和有待进一步发展的经济合作外，摩洛哥的加入对海合会的安全合作帮助有限。再加上摩洛哥奉行的是不结盟、灵活、务实、多元的外交政策，在政治议题上的立场和海合会

---

① Kenneth M. Pollack, "Security in the Persian Gulf: New Frameworks for the Twenty-first Century", *Middle East memo*, No. 24, June 2012, pp. 1 – 3.

② 商务部国际贸易经济合作研究院等：《对外投资合作国别（地区）指南：约旦（2019 年版）》，http://www.mofcom.gov.cn/dl/gbdqzn/upload/yuedan.pdf，第 12 页。

③ "GCC-Jordan Strategic Ties Stressed", Bahrain News Agency, May 23, 2019, https://www.bna.bh/en/ConstitutionalCourttoconsiderConstitutionalCaseI/GCCJordanstrategictiesstressed.aspx?cms=q8FmFJgiscI2fwIzONl%2BDkJBg5F2cmcBQ0JMftMglzc%3D.

国家间可能存在差异。例如，2018年，摩洛哥和沙特在也门战争的立场上出现分歧，两国关系转冷。[①]

约旦和摩洛哥的加入将在公众舆论和公众外交领域给海合会带来很大的隐患。因为不论是约旦还是摩洛哥都不是海湾发展的威胁，也没有能力将很大的军事、经济影响力投射到海湾地区，对上述两国的准入将使海合会在对抗外部威胁上更缺乏目的性，从而使该组织只用于维护每个国家的内部现状。而且约旦和摩洛哥与海合会国家的唯一共同点就是同为逊尼派占主导的君主国家，他们没有共同的外部安全威胁，只有共同的内部安全关切，即由国内政治、经济和社会不平等引发的社会动荡。

二 君主政体与海合会的地理外溢

厄恩斯特·哈斯曾用来地理外溢来解释20世纪70年代，英国为什么加强了与欧洲原子能共同体和欧洲经济共同体的合作。[②] 后来的研究者则更多地围绕这个概念作实证研究，具体分析了地区合作组织在什么情况下发展新的成员国，或地理外溢在地区合作的地理和增长的互动中的重要作用。[③] 具体到海湾地区合作，伊朗对于发展与海合会关系的公开意愿表达，和进入洽谈阶段的伊朗—海合会自贸区是海合会地理外溢的重要表现，但考虑到伊朗和海合会关系还受到重返伊核协议的后续发展、沙特的态度和美国可能的干预等诸多地区内、外因素带来的不确定性影响，接下来讨论的地理外溢主要指海合会作为主导积聚力量吸收新的成员国，把合作扩展到现有的海合会地理范围之外。

冷战结束后，海湾地区的地区力量对比发生了显著的变化，一

[①] 商务部国际贸易经济合作研究院等：《对外投资合作国别（地区）指南：摩洛哥（2020年版）》，http：//www.mofcom.gov.cn/dl/gbdqzn/upload/moluoge.pdf，第8页。

[②] Ernst B. Haas, *The Uniting of Europe: Political, Social, and Economic Forces*, 1950 – 1957, Stanford, Calif.: Stanford University Press, 1958, pp. 313 – 317.

[③] Sharon Belenzon and Mark Schankerman, "Spreading the Word: Geography, Policy, and Knowledge Spillovers", *Review of Economics and Statistics*, Vol. 95, Issue 3, July 2013, pp. 888 – 889.

方面是萨达姆治下的伊拉克和发展核力量的伊朗被西方国家制裁，后萨达姆时代的伊拉克之间仍处于艰难的战后政治、社会重建进程当中，另一方面是作为现状国家的海合会国家在稳步地发展，既保障了自己不再处于冷战结束前的被两伊夹击的局面，也逐渐改善了和伊朗的关系，并在伊朗核问题上采取了较为中立的立场。伊朗努力改善与海合会邻国的关系，主要是因为苏联的解体极大地削弱了其与西方斡旋的能力，以及该国面临的外部压力和国内经济挑战；而海合会国家改善与伊朗的关系，则主要是出于维持君主政体稳定的考虑。就像伊朗在冷战后没有能力迅速改变地区政治版图或输出革命一样，海合会国家也没有能力能对伊朗的国内事务施加影响；但伊朗不再输出革命并承认其政权合法性却关系到这些国家统治者们的核心利益。

海合会国家和伊朗的关系改善开始于伊朗地区外交政策的改变。霍梅尼去世后，伊朗的地区政策更多地基于国家利益，而不是意识形态考虑，伊朗开始寻求地区稳定，尤其注重发展同海合会成员国的关系。霍梅尼去世后次月当选伊朗总统的拉夫桑贾尼把改善和海合会的关系作为其外交政策中的重要内容。他发表系列讲话称，伊朗必须停止树敌，并从干涉别国的国家事务中抽身出来。这是在事实上承认了海湾阿拉伯君主国家的政权合法性，并表示输出革命不再是伊朗的政策目标的清晰信号。[1] 1997年5月当选总统的哈塔米积极倡导"文明间的对话"，并领导伊朗真正改善了同海合会邻国的关系。进入21世纪，即使是以在外交上强硬著称的伊朗总统艾哈迈迪·内贾德也在伊朗核危机的背景下，和海合会国家的关系取得了进展。2007年12月初，内贾德和沙特阿卜杜拉国王手牵手走进了海合会多哈首脑会议的会场，并在会议上发表了讲话。虽然伊朗提议的与海合会建立安全合作机构、组建联合部队等提议还远远没有提上正式日程，但基本可以判断出伊朗已经在尝试和海

---

[1] Jamal S. Suwaidi, *Iran and the Gulf: A Search for Stability*, Abu Dhabi: The Emirate Center for Strategic Studies and Research, 1996, pp. 84, 91.

合会建立机制性合作。但伊朗不符合海合会扩员中的君主制政体标准。

如果说海合会在正式扩员时会因为历史和现实战略问题而拒绝伊朗，那么拒绝也门的加入是为了避免由此带来的政治和安全风险。也门和海合会国家都位于阿拉伯半岛上，自古以来就有频繁的人员流动。在海合会正式成立之前，当时处于分裂状态的南、北也门都表达了加入意愿，但没有得到海合会的批准。南、北也门的加入申请被拒的最主要原因是这两个国家都实行共和制政体，其中南也门又是当时中东地区唯一的一个社会主义国家。对海合会来说，南、北也门的加入可能会对其成员国的君主政体和意识形态造成严重挑战。也正是出于这些顾虑，即使南、北也门在1991年实现了统一，并从1996年开始申请加入海合会，海合会也始终将也门拒之门外。直到2001年，海合会才让也门以观察员身份参加相关会议。进入21世纪初期，国内一度呈现无政府混乱状态的也门成为基地组织在阿拉伯半岛上的重要基地，并为此招致了美国数次反恐打击，尤其是也门从2015年开始爆发新一轮内战，海合会同意也门的加入就显得更遥遥无期了。而海合会主动邀请摩洛哥和约旦的加入，与地缘文化相似性、经济结构互补等其他因素相比，共同的君主政体被认为是其最重要的准入标准之一。

第二节 "购买"影响力：海湾国家的对外援助

21世纪初，在中国、印度、巴西等新兴经济体崛起的背景下，积极参与了国际援助，但又不是主导现有国际发展援助体系的经合组织下属的发展援助委员会（Development Assistance Committee，DAC）成员的发展中国家，被称为新兴援助国（emerging donors）。几乎所有学者都会首先提出新兴援助国提供国际援助并不是新现象。例如，奈瑞·伍兹提出：中国从1949年就开始向其他国家提供援助，从20世纪50年代开始就开始援助非洲，只是近年来面对这些国家不断增长的援助，西方开始对新兴援助国及其提供援助模式感到焦虑。① 理查德·曼宁指出：苏联从 1950 年开始，就根据科伦坡计划（Colombo Plan）向印度和其他亚洲国家提供技术援助，1960 年更是取代美国和世界银行赞助埃及修建了阿斯旺水坝，而科威特 1961 年就已经建立了中东第一个基金。所以，与其称这些国家是新兴援助国，不如称它们为非 DAC 援助国。②

20 世纪 90 年代，DAC 成员国提供的国际援助还占世界总量的 95%，但到 2008 年，这一份额就下降到 90% 左右。③ 2014 年，DAC 成员国总共提供了 1352 亿美元的官方发展援助（official development assistance），比 2013 年下滑了 0.5%。④ 而新兴援助国的发展援助则大都呈上升趋势，巴西、中国、印度、印度尼西亚和南非被认为是经合组织的关键伙伴。经合组织估计，中国 2013 年提供用于发展的优惠融资（concessional finance）达到了 30 亿美元，中国还提供人道主义援助。2013 年，印度提供的优惠发展资金达到了 13 亿美元，南非提供了 1.83 亿优惠发展资金。这几个新兴援助国同时还在 DAC2012—13 年的官方发展援助接受国名单上。⑤

在非 DAC 援助国，海湾援助国即沙特、阿联酋、科威特和卡塔尔这 4 个海湾阿拉伯君主国家，尤其是前三个国家因为对国际援助的贡献，及其与 DAC 的密切联系，获得了 DAC 文件中的阿拉伯捐献者（Arab Donors）的专称。海湾阿拉伯国家从 20 世纪 60 年代开始参与

---

① Ngaire Woods, "Whose Aid? Whose Influence? China, Emerging Donors and the Silent Revolution in Development Assistance", *International Affairs*, Vol. 84, No. 6, November 2008, p. 1207.

② Richard Manning, "Will 'Emerging Donors' Change the Face of International Cooperation?", *Development Policy Review*, Vol. 24, Issue 4, July 2006, pp. 371, 372.

③ Paulien Hagedoorn and Gijs Beets, "New Donor Countries", UNFPA/NIDI Resource Flows Project, October 2011, http://resourceflows.org/sites/default/files/RF% 20Report% 20New% 20donor% 20countries% 20_ Oct2011_.pdf, p. 4.

④ OECD, "Development Co-operation Report 2015: Making Partnerships Effective Coalitions for Action", 2015, http://dx.doi.org/10.1787/dcr-2015-en, p. 164.

⑤ OECD, "Development Co-operation Report 2015: Making Partnerships Effective Coalitions for Action", 2015, http://dx.doi.org/10.1787/dcr-2015-en, p. 303.

国际援助,经过半个多世纪的发展,已经成为国际援助体系中的重要贡献力量。

根据世界银行的数据,中东地区的极端贫困率从2011年的2.7%上升至2015年的5%,使每日生活费不足1.9美元的极端贫困人口数量翻了一番,达到1860万人。中东地区也成为这一时期极端贫困率上升的唯一地区。[1] 国家发展、政治剧变,中东国家间的宗教、民族冲突都给中东国家造成了严重的财政负担,并不同程度地加重了各国的人道主义困境,因此大部分中东国家都接受了来自别国或国际组织的援助。而沙特、卡塔尔、阿联酋和科威特这四个富裕的海湾阿拉伯产油国,是中东地区少数几个净援助国,为其他阿拉伯国家和广大发展中国家提供了数额巨大的援助。

一 海合会国家:从受援国到援助国

海合会国家都曾经是受援国:20世纪初,它们曾接受埃及和叙利亚提供的技术援助和赠款,用以促进各自国内的经济发展和国家独立。伴随着1961年科威特阿拉伯经济发展基金(Kuwait Fund for Arab Economic Development,下文简称科威特基金)的成立,科威特成为海湾国家中开展国际援助的先行者。阿联酋在1971年独立后就迅速建立了阿布扎比发展基金(Abu Dhabi Fund for Development)进行对外援助,而1974年成立的沙特发展基金(Saudi Fund for Development)注资规模又大于前两个基金,它在1991年将其资本拓展到约82.6亿美元,占当年沙特发放货币总量的14.3%。[2]

除了以上3个国家基金,在20世纪70年代,海湾国家还成立了4个阿拉伯多边援助组织,分别是1971年成立的阿拉伯经济和社会

---

[1] The World Bank, "Image Poverty and Shared Prosperity 2018: Piecing Together the Poverty Puzzle", October 17, 2018, https://openknowledge.worldbank.org/bitstream/handle/10986/30418/9781464813306.pdf, pp. 27 – 28.

[2] Kristian Coates Ulrichsen, "The Gulf Goes Global: the Evolving Role of Gulf Countries in the Middle East and North Africa and Beyond", *FRIDE and HIVOS Working Paper*, 2013, p. 7.

发展基金（Arab Fund for Economic and Social Development）和阿拉伯非洲经济发展银行（Arab Bank for Economic Development in Africa）这2个地区基金组织，以及分别于1975、1976年成立的，以阿拉伯国家为主要成员的伊斯兰发展银行（Islamic Development Bank）和欧佩克国际发展基金（OPEC Fund for International Development），再加上1987年建立的阿拉伯海湾联合国发展项目组织（Arab Gulf Program for United Nations Development Organizations），主要的海湾援助体系建立并延续至今。①

从设立开始，海湾援助就分为4种主要援助形式：第一类是财政和国际收支援助，这是双边援助的主要形式，也是欧佩克发展基金、伊斯兰发展银行的业务活动；第二类是项目援助，海湾援助国的援助项目涉及几乎所有的国家经济部门，但偏重于支持援助国的基础设施部门，尤其是交通、能源和水利部门；第三类是技术援助，主要指向可行性研究及机构建设方面的咨询服务提供资金；第四类是援助救济、紧急援助，以及慈善用途，前者主要用于减轻受危机影响的国家和地区的饥荒和其他人道主义灾难，后者为文化或宗教目的提供援助，比如修建清真寺，促进朝觐或为伊斯兰的斋月提供食物。②

在海湾援助的起始阶段，海湾援助国家的发展援助就占其国民收入的较大比重。1975—1979年，科威特（1.8%）、沙特（0.5%）和阿联酋（0.27%）的这一数值，已经达到甚至远高于DAC国家的0.24—0.36%的同期比例。③ 经过四十多年的发展，海湾援助的援助规模、援助对象不断扩大，援助方式更趋多元化，与DAC主导的国际援助系统的融合度也越来越高。从1974年开始，科威特基金的援助目标从阿拉伯国家扩展向更广泛的发展中国家。从20世纪80年代初开始，科威特开始将其活动扩展到亚洲的其他地区和非洲国家；90

---

① 喻珍：《国际援助中的海湾援助国》，《国际援助》2015年第1期。
② 穆罕默德·伊麦迪、唐宇华：《阿拉伯国家对发展中国家的援助》，《世界经济评论》1985年第10期。
③ Debra Shushan and Chris Marcoux, "Arab Aid Allocation in the Oil Era", AidData Brief 2, November 2011, http://aiddata.org/sites/default/files/arab-aid-allocation-in-the-oil-era.pdf.

年代，科威特基金把援助对象扩展到了独联体国家和加勒比国家，并将援助划分为了6个地区，把援助的50%给阿拉伯国家，另外50%给非洲、亚洲和其他国家。阿联酋的阿布扎比发展基金也在1974年通过大量扩展资源，把援助对象拓宽到所有的发展中国家。沙特发展基金在建立初始就面向所有发展中国家提供援助项目，到20世纪90年代末，该基金援助了63个国家的330多个项目，其中30%—35%的援助是通过赠款（grant）的方式提供的。[1] 除了援助国范围的扩大，如表6.1所示，海湾3国的对外援助在21世纪前10年继续呈现较稳定的增长态势。2009年，在所有的非DAC捐献国的净贡献排名中，沙特（32.33亿美元）居首位，即使是与DAC国家相比，也能排到全世界第11位意大利（33亿美元）和丹麦（28亿美元）之间，而阿联酋（8.34亿美元）和科威特（2.21亿）分别排全世界第3、9位，其中阿联酋的捐助额与DAC成员国韩国基本持平。[2]

表6.1　　　　海湾3国的官方发展援助（2001—2010年）　　（单位：百万美元）

		2001	2002	2003	2004	2005	2006	2007	2008	2009	2010
科威特	双边ODA	73.43	20.38	113.75	99.12	217.54	156.6	109.1	282.2	220.2	210.6
	多边ODA	—	—	24.04	61.82	0.92	1.3	1.0	1.0	0.9	—
	总计	73.43	20.38	137.79	160.94	218.46	157.9	110.1	283.2	221.1	210.6
沙特	双边ODA	110.42	2410.05	2340.17	1690.01	979.72	1980.1	1525.7	4958.3	2924.6	2870.4
	多边ODA	94.65	94.39	50.68	43.71	46.46	44.8	25.0	20.5	209.1	609.2
	总计	205.07	2477.75	2390.85	1734.08	1026.18	2024.9	1550.7	4978.8	3133.7	3479.6

---

[1] Lin Cotterrell and Adele Harmer, "Diversity in Donorship: The Changing Landscape of Official Humanitarian Aid Donorship in the Gulf States", *HPG Background Paper*, September 2005, https://cdn.odi.org/media/documents/414.pdf, p.7.

[2] Paulien Hagedoorn and Gijs Beets, "New Donor Countries", UNFPA/NIDI Resource Flows Project, October 2011, http://resourceflows.org/sites/default/files/RF%20Report%20New%20donor%20countries%20_Oct2011.pdf.

续表

		2001	2002	2003	2004	2005	2006	2007	2008	2009	2010
阿联酋	双边ODA	486.62	557.54	925.81	484.25	508.4	779.2	2416.18	1258.4	946.6	381.4
	多边ODA	0.57	0.52	0.49	0.52	1.43	3.5	9.4	7.4	—	32.4
	总计	487.19	558.6	926.3	484.77	509.83	782.7	2425.6	1265.8	946.6	413.8

资料来源：作者自制，根据 OECD-DAC，"Aggregate Data on non-DAC countries' Development Co-operation Programmes"，2014 整理，其中 2006—2010 年数据来自 2014 年 12 月的版本。

第一，伴随着发展中国家的群体崛起，非 DAC 成员国在国际援助中的份额在 2008 年已经上升到近 10%，[1] 除了援助总份额以外，大部分非 DAC 国家倾向于通过捐助商品、人力资源和技术援助来提供无条件对外援助，这显著区别于主要通过带有一些限制条件的财政手段提供援助的 DAC 援助国，而海湾援助国的援助模式居于这两者之间。海湾援助国在援助的起始阶段，就主要通过财政手段和赠款来提供援助，而且援助不附加任何购货条件，也不把援助作为促进出口的手段，其援助资金并未流回，这已经成为海湾援助最为显著的特点之一。

第二，不同于大部分非 DAC 国家更倾向于支援基础设施建设和资源部门，而在人道主义援助中的投入较少的特点，沙特、阿联酋和科威特在人道主义援助方面已经处于 DAC 国家的援助水平，卡塔尔的这一数据也在迅速上升中。4 个海湾援助国对全球人道主义的贡献比例从 2000 年的 1% 上升至 2014 年的 7%。这期间，沙特提供了共计 36 亿美元人道主义援助，占海湾援助国总人道主义援助资金的 55%，阿联酋、科威特和卡塔尔分别提供了 15 亿美元、9.22 亿美元

---

[1] Paulien Hagedoorn and Gijs Beets, "New Donor Countries", UNFPA/NIDI Resource Flows Project, October 2011, http://resourceflows.org/sites/default/files/RF%20Report%20New%20donor%20countries%20_Oct2011_.pdf, p.4.

和4.58亿美元的人道主义援助。① 2012年，卡塔尔的人道主义援助额共计3600万美元，占海湾援助国人道主义援助的份额从2011年的4%迅速上升至20%。②

第三，海湾援助国在发展援助和人道主义援助中，都与国际援助体系保持了较强的联系。在官方发展援助方面，沙特、科威特和阿联酋都与DAC建立了伙伴关系，提交援助报告，并定期展开阿拉伯—发展援助委员会发展对话。阿联酋也在2014年7月1日成为DAC第一个观察员国。③ 在人道主义援助方面，海湾援助国都与国际红十字会和红新月会、联合国下属的中央应急基金、联合国难民署以及联合国粮食计划署等主要国际人道主义援助机构建立了紧密联系，并大量注资。

二 海湾援助国进行国际援助的主体动机

在观察国家行为体引人注目的对外援助行为后，研究很自然地过渡到下一个问题：提供援助的主体动机，即援助方为什么会向特定受援方提供援助。伦纳德·达德利和克劳德·蒙马凯特在1976年的论文中，提出了三个双边援助的动机：第一，援助国期望受援国通过支持援助国利益的方式表达感激，其中包括在国际政治领域的支持；第二，受援国可能和援助国展开更多的贸易促进援助国的经济利益；第三，援助国可能关心他们的援助能帮助受援国的居民提高生活水平。④ 这一双边援助动机的三方面涵盖了政治、经济和

---

① François Grünewald ed., "Humanitarian Aid on the Move", Groupe URD Review No. 17, May 2016, https://www.urd.org/wp-content/uploads/2019/04/HEM_17_EN_WEB.pdf, p. 15.

② Global Humanitarian Assistance, "Global Humanitarian Assistance Report 2013", July 17, 2013, http://www.globalhumanitarianassistance.org/wp-content/uploads/2013/07/GHA-Report-20131.pdf, p. 28.

③ OECD, "The United Arab Emirates Becomes the First Participant in the OECD Development Assistance Committee (DAC)", https://www.oecd.org/dac/dac-global-relations/uae-participant-dac.htm.

④ Leonard Dudley and Claude Montmarquette, "A Model of the Supply of Bilateral Foreign Aid", The American Economic Review, Vol. 66, No. 1, March 1976, p. 133.

人道主义动机。具体到中东地区的国际援助时,格尔德·诺尼曼分析了主要援助国对中东国家的援助动机,他认为美国援助中东国家的主要动机是政治性质(即寻求实现、扩大对外政策目标)以及国内经济关切;而当时的西欧援助国援助中东国家的动机主要是经济、政治和历史,其中历史动机指的是西欧国家间与海湾国家的殖民联系。①

在海湾援助国进行国际援助的起始阶段——20世纪70年代,不仅是国际原油价格持续走高的峰值,而且中东产油国通过两轮石油国有化运动,真正掌控了其本国的石油财富。但经济因素并不是海湾援助国的援助起始动因,首先是因为海湾援助国当时的主要贸易对象都是美国、西欧和日本等西方发达工业国家,除了劳务输入外,海湾援助国和其阿拉伯受援国之间的产业互补性或经济相互依赖程度都很低,不存在明显的以援助促进贸易的经济收益前景;其次,海湾援助中在最初发展阶段,赠款占较大比例,比如前文提到的,截至20世纪90年代末,沙特发展基金30%—35%的援助都是通过赠款的方式提供的。

海湾援助的起始动因是伊斯兰的慈善宗教传统和泛阿拉伯主义的结合。海湾援助国所在的阿拉伯半岛腹地(即沙特内陆沙漠)是整个伊斯兰教信仰的中心,伊斯兰教认为人道主义行为和责任是所有穆斯林的宗教义务,《古兰经》和记录先知穆罕默德言行的圣训都用告诫的语气鼓励社会团结和赠与行为。人道主义行为是穆斯林宗教实践的基本要素,而且非穆斯林也可以是援助受益者。②泛阿拉伯主义是一种阿拉伯社会统一的意识形态和政治运动,它在对外援助上的影响突出地表现在从20世纪初开始的阿拉伯国家间相互援助,以及海湾援助国优先援助对象国就是其他阿拉伯国家。

---

① Gerd Nonneman, *Development, Administration and Aid in the Middle East*, London and New York: Routledge, 1988, pp. 83, 85.

② Ashwani Kumar and Jan Aart Scholte et al eds., *Global Civil Society Yearbook* 2009: *Poverty and Activism*, London: SAGE Publication Ltd, 2009, p. 129.

三 通过援助"购买"影响力

虽然中东地区是地区内、外大国的竞技场,但其本质还是个自助的无政府社会,海湾援助国需要以竞争或合作的方式来保障自己的国家利益,而对外援助也是其用来保障国家生存的重要工具。海湾援助国家的共同国家属性可以概括为阿拉伯(民族)、逊尼派伊斯兰(信仰)和君主制(政体),这些因素不但共同构成了海湾援助国家的核心国家利益,也直接影响了其一直以来的对外援助对象偏好。海湾援助中的阿拉伯因素,表现在对阿拉伯国家的援助占其对外援助的高比例。以寻求援助多样化的阿联酋对外援助为例:2009年,阿联酋向全球90多个国家提供了共计超过89.3亿阿联酋迪拉姆的对外援助,其中超过54.9%的援助提供给了中东国家,尤其是阿拉伯国家。当年阿联酋的受援国既包括面临严重发展和人道主义困境的也门(32%)、巴勒斯坦控制地区(10.8%),也包括在当时国际援助中排名较靠后的叙利亚(3.5%)和埃及(1.6%)。[1]

君主制对海湾援助的影响首先表现在海湾援助对其他4个中东君主国家的援助上。巴林和阿曼是海湾援助国的重要援助对象,除了海合会框架内的财政拨款和协同政策,海湾援助国还向巴林和阿曼提供双边援助。2011年3月,在巴林和阿曼国内都爆发了反政府游行示威,国内局势动荡的情况下,海湾援助国迅速分别向这两个国家提供了100亿美元的援助,以帮助其在未来20年提升住房条件和基础设施建设。[2] 就像前文中提到的,2011年5月,摩洛哥和约旦在接受加入海合会的邀请后,海合会宣布向这两个国家提供共计50亿美元的五年发展援助,这一援助计划被解读为海湾援助国试图帮助维持这两

---

[1] Ministry of Foreign Affairs & International Cooperation, United Arab Emirates, "UAE Foreign Aid in 2009", June 1, 2010, https://www.mofaic.gov.ae/-/media/Foreign%20Aids/En/UAE%20Foreign%20Aid%20Report%202009, pp. 15, 16, 22, 24.

[2] Ulf Laessing and Cynthia Johnston, "Gulf states launch $20 billion fund for Oman and Bahrain", Reuters, Riyadh March 10, 2011, http://www.reuters.com/article/2011/03/10/us-gulf-fund-idUSTRE7294B120110310

个国家的君主统治。① 海湾援助国提供的这些援助主要是生存性对外援助（subsistence foreign aid）和威望性援助（prestige foreign aid）的结合，即试图维持现状，防止受援国政权的解体以及国内秩序的崩溃，并寻求与受援国保持或强化彼此间的特殊关系。② 而在第一波"阿拉伯之春"期间，海湾国家向埃及提供的援助则更突出地表现了君主制因素加剧了海湾援助的复杂性。2011年穆巴拉克政权倒台后，沙特和阿联酋给予了埃及武装部队最高委员会以外交承认，并加大了对其的援助。阿联酋在2011年向埃及提供了30亿美元的援助，沙特从沙特发展基金中批准了4.3亿美元的援助，并在2012年7月给埃及7.5亿美元信用额度以保障其石油进口。当穆尔西当选总统后，沙特和阿联酋马上叫停了对埃及的援助。③ 而2013年6月，埃及军队推翻了穆尔西政权后，沙特宣布向埃及提供50亿美元援助。同一天，阿联酋向埃及提供了1亿美元的现金和20亿美元的免息贷款，科威特随后向埃及提供了价值40亿美元的援助包。④ 海湾援助国家对埃及军方和有穆兄弟会背景的穆尔西政权间的鲜明对比，不是因为海湾援助国家与埃及军方有特殊利益，而是海湾援助国家认为穆兄会威胁到了他们的世袭、君主政体。⑤ 有数据显示，从2011年穆巴拉克政权倒台后，6个海湾国家向埃及提供了约920亿美元的援助。塞西从2014年执政以来，阿联酋向埃及提供了约60亿美元的贷款，这些贷款将在2023年底前分期偿还，此外阿联酋还向埃及提供86亿美元贷款，

---

① Jumana Al Tamimi, "Jordan and Morocco to get GCC aid", *Gulf News*, September 13, 2011, http://gulfnews.com/news/gulf/uae/government/jordan-and-morocco-to-get-gcc-aid-1.865667.

② Hans Morgenthau, "A Political Theory of Foreign Aid", *The American Political Science Review*, Vol. 56, No. 2, June 1962, pp. 302, 303.

③ Kristian Coates Ulrichsen, "The Gulf Goes Global: The Evolving Role of Gulf Countries in the Middle East and North Africa and Beyond", *FRIDE and HIVOS Working Paper*, 2013, p. 11.

④ Simon Henderson, "Gulf Aid to Egypt and U.S. Policy", *The Washington Institute*, July 10, 2013, http://www.washingtoninstitute.org/policy-analysis/view/gulf-aid-to-egypt-and-u.s.-policy.

⑤ Sultan Al Qassemi, "The Brothers and the Gulf", *Foreign Policy*, December 14, 2012, http://www.foreignpolicy.com/articles/2012/12/14/Muslim_Brotherhood_Gulf_UAE_Qassemi.

为其购买石油产品提供资金支持。①

基于外交政策工具的内涵,对外援助的给予、增加、减少或停止就成为国家间关系发展变化的强有力政治象征与信号。逊尼派伊斯兰信仰对海湾援助的影响突出地表现在"海湾援助国在阿拉伯之春"期间对逊尼派反对派的支持,海湾援助国对叙利亚反对派的支持就是其中最典型的例子。叙利亚是一个逊尼派占74%的阿拉伯国家,而执政的是以阿萨德家族为首的什叶派,与伊朗的关系密切。所以,虽然叙利亚一直是对抗以色列的前线国家,也被认为是"泛阿拉伯主义最后的堡垒",但海湾君主国家一直寻求推翻阿萨德政权。在叙利亚反对派崛起期间,海湾援助国除了给予反对派政治、外交支持外,还创建了支持反对派的基金,据称每个月有数百万美元的注资,② 另外,海湾国家还给叙利亚反对派提供军事援助,并在援助过程中选择性忽视反政府军中混入的基地组织成员。随着叙利亚内战局势的持续,以及从叙利亚内战中成立并壮大的极端恐怖组织——"伊斯兰国"带来的地区局势持续恶化和人道主义灾难,海湾援助国这一轮基于逊尼派教派因素的对叙利亚反对派的援助,可能成为其政治负累。

四 海湾援助国的官方援助和人道主义援助

2013年,与其他非DAC援助国相比,海湾援助国在原有的基础上又大幅度地提高了发展援助。2013年,沙特的发展优惠资金达到了57亿美元,在2012年的基础上增长了335%;阿联酋这一数字达

---

① Middle East Monitor, "Gulf Countries Supported Egypt with ＄92bn Since 2011", March 19, 2019, https：//www.middleeastmonitor.com/20190319-gulf-countries-supported-egypt-with-92bn-since-2011/.

② William McCants, "Gulf Charities and Syrian Sectarianism", Brookings Institution, September 30, 2013, https：//www.brookings.edu/opinions/gulf-charities-and-syrian-sectarianism/; Karen De Young and Liz Sly, "Syrian Rebels Get Influx of Arms with Gulf Neighbors' Money, U.S. Coordination", The Economist, May 15, 2012, http：//www.washingtonpost.com/world/national-security/syrian-rebels-get-influx-of-arms-with-gulf-neighbors-money-us-coordination/2012/05/15/gIQAds2TSU_story.html.

到 54.02 亿美元，较 2012 年同期增长了 608%；① 而科威特仅通过科威特基金提供的官方援助，就从 2012 年的 1.49 亿上升至 1.86 亿美元。卡塔尔 2013 年的这一数据是 13 亿美元，比 2012 年 5.44 亿美元有了大幅度提高。上述援助基本都是主要通过双边方式提供的，其中 2013 年科威特阿拉伯经济发展基金和阿联酋全部通过双边方式提供，沙特和卡塔尔的双边援助比例分别是 95% 和 99%。② 沙特从 20 世纪 70 年代开始，就一直是世界上最大的双边援助国。以科威特、沙特、阿联酋三个海湾援助国为例，1973—1981 年，双边援助占其官方对外援助的比例高于 90%，1982—1987 年，这一比例降到了 84%，1995—2004 年这一比例为 86%。③ 海湾援助国除了双边途径外，还通过阿拉伯或伊斯兰银行或基金的多边组织，提供优惠资金和非优惠资金。2006 年，伊斯兰开发银行得到了所有海湾多边援助资金的 38%，阿拉伯基金以 30% 的份额紧随其后，而阿拉伯货币基金组织，欧佩克基金和阿拉伯非洲开发银行分别分到了 17%、10% 和 4% 的份额。关于为什么海湾援助国从援助开始就倾向于用双边的形式来进行官方发展援助，艾斯彭·维兰格给出的解释是：海湾国家提供的发展援助是其用来扩展其影响力的针对性战略援助，服务于海湾国家自身的外交政策、商业利益或宗教动机。而且，沙特、阿联酋等国家的大多数阿拉伯双边援助是通过其财政部进行，并不开放公开审查，所以每个阿拉伯援助国的财政部才是阿拉伯地区最重要的援助机构。④

近年来，海湾援助国在人道主义援助的增长速度仍然远高于世界同期增长水平，并已经达到 DAC 国家的援助水平。2014 年，由各国

---

① OECD, "Development Co-operation Report 2015: Making Partnerships Effective Coalitions for Action", Paris: OECD Publishing, 2015, p. 320.
② OECD, "Development Co-operation Report 2015: Making Partnerships Effective Coalitions for Action", Paris: OECD Publishing, 2015, pp. 298, 299, 305, 320.
③ Espen Villanger, "Arab Foreign Aid: Disbursement Patterns, Aid Policies and Motives", 2007, http://www.cmi.no/publications/file/2615-arab-foreign-aid-disbursement-patterns.pdf, pp. 1, 6.
④ Espen Villanger, "Arab Foreign Aid: Disbursement Patterns, Aid Policies and Motives", 2007, http://www.cmi.no/publications/file/2615-arab-foreign-aid-disbursement-patterns.pdf, v, p. 7.

政府提供的人道主义援助达到了187亿美元，比2013年的151亿美元增长了24%，成为过去15年增长最多的一年。[1] 其中，中东国家提供的人道主义援助从2013年的7.64亿美元增长至17亿美元，占到了世界比例的9%，仅海湾4国就贡献了中东地区大多数的人道主义援助，约16亿美元。从2008年开始，沙特成为排名前十位的援助国，2014年成为全世界第6大援助国；而阿联酋也在2014年成为第15大援助国。阿联酋更是创造了从2013年的9010万美元，增加到2014年的3.75亿美元，增长幅度达317%的全世界最快的增长速度。[2] 而沙特2014年对地区危机的反应，化解了数次国际社会对中东地区甚至非洲的人道主义援助危机。2014年7月，沙特通过联合国向伊朗捐献了5亿美元，并将其全年7.5亿美元的人道主义援助资金中的70%拨给了伊拉克，使伊拉克从2013年的受援助情况最糟糕的第三名，跃升成为2014年受援助状况最好的国家，获得了其援助呼吁所需要的198%的资金。2014年9月，世界粮食计划署宣布将暂停向叙利亚难民的粮食援助时，沙特紧急援助了5330万美元用于帮助缓解当时的叙利亚危机。[3] 此外，沙特分别通过世界粮食计划署向埃塞俄比亚和肯尼亚紧急援助了4300万美元和1020万美元。同样的情况发生在对也门的国际人道主义援助方面。2018年，因为阿联酋和沙特的援助贡献，对也门的国际人道主义援助增达到50亿美元，较前年增长了29亿美元，幅度达到145%。2017年，也门获得的援助资金总额中29%来自阿联酋和沙特；2018年，这一比例增加

---

[1] Global Humanitarian Assistance, "Global Humanitarian Assistance Report 2015", June 18, 2015, http://www.globalhumanitarianassistance.org/wp-content/uploads/2015/06/GHA-Report-2015_-Interactive_Online.pdf, p.30.

[2] Global Humanitarian Assistance, "Global Humanitarian Assistance Report 2015", June 18, 2015, http://www.globalhumanitarianassistance.org/wp-content/uploads/2015/06/GHA-Report-2015_-Interactive_Online.pdf, pp.32, 34.

[3] World Food Programme, "Saudi Arabia Donates US $5 Million To Support Conflict-Affected Syrians", May 12, 2014, https://www.wfp.org/news/news-release/saudi-arabia-donates-us5-million-support-conflict-affected-syrians.

到69%。①

2018年,阿联酋提供的人道主义援助占其GNI比例达到了0.55%。2019年,海湾援助国提供的人道主义援助占其GNI比例和世界排名分别为:科威特(0.19%,世界第2位);沙特(0.18%,世界第3位),阿联酋(0.15%,世界第8位)和卡塔尔(0.02%,世界第20位)。②

另外值得注意的是,和一直以来主要通过双边途径提供发展援助不同,海湾援助国的人道主义援助途径多样,而且随着年份和受援对象的不同而有所差异。2010年,沙特56%的人道主义援助直接提供给受影响国家的政府,例如援助遭受洪灾的巴基斯坦。2011年,沙特所有的援助都通过联合国机构赠予,但在2012和2013年,这一比例分别只有15%和8%。2014年,沙特86%的人道主义援助又通过联合国下属机构来捐赠,其中43%通过联合国粮食计划署,将其中的1.49亿美元给了伊拉克,5300万美元给了叙利亚。③ 除了沙特,其他5个海湾国家将其所援助总净额的62%拨给了联合国机构,其中有36%进入世界粮食署,23%捐给了联合国难民署,15%给联合国儿童基金会,还有0.1%进入中央应急基金。此外,还有12%的人道主义援助资金进入国际红十字会、红新月组织以及受到影响国家的政府。④ 海湾国家在不断增加资金用于援助发展与人道主义救助的同时,这些国家面临着不断上升的接收叙利

---

① Global Humanitarian Assistance, "Global Humanitarian Assistance Report 2020", July 21, 2021, https://devinit.org/documents/776/Global-Humanitarian-Assistance-Report-2020.pdf, p.40.

② Global Humanitarian Assistance, "Global Humanitarian Assistance Report 2020", July 21, 2021, https://devinit.org/documents/776/Global-Humanitarian-Assistance-Report-2020.pdf, p.37.

③ Global Humanitarian Assistance, "Global Humanitarian Assistance Report 2015", June 18, 2015, http://www.globalhumanitarianassistance.org/wp-content/uploads/2015/06/GHA-Report-2015_-Interactive_Online.pdf, p.35.

④ Global Humanitarian Assistance, "Global Humanitarian Assistance Report 2015", June 18, 2015, http://www.globalhumanitarianassistance.org/wp-content/uploads/2015/06/GHA-Report-2015_-Interactive_Online.pdf, p.34.

亚难民入境的国际压力。①

伴随着海湾援助的自身发展和发展中国家对外援助的整体发展，对海湾援助的研究也从研究其规模，形式和特点等单纯的案例研究，发展到了与其他国家对外援助的比较研究，以及讨论海湾援助是否构成一种具可借鉴性的发展中国家援助模式。海湾援助因为其持续加大的援助规模、援助对象，以及凸显发展中国家承当国际社会责任、提供另一种非 DAC 模式的援助等，为受援国和国际援助体系带来了巨大的正面效应。但除了阿联酋以外的其他海湾援助国还面临着在高数额、高比例援助下的同时援助的组织化程度低，以及援助效果难以评估的问题。②

第三节　半岛电视台与卡塔尔的公共外交

卡塔尔位于西亚海湾西南沿岸的卡塔尔半岛上，是一个国土面积仅积 11521 平方公里，常住人口仅为 250.5 万人的国家。③ 这个国土面积在全世界排名第 166 位，人口排名第 144 位的"小国"。截至 2019 年底，卡塔尔已探明的石油储量为 25.2 亿桶，占全世界总量的 1.5%，居世界第十四位；已探明的天然气储量为 24.7 万亿立方米，占全世界总量的 13.1%，仅次于俄罗斯（19.9%）和伊朗（17.1%），居世界第三位。④ 从 1935 年开始，卡塔尔凭借其丰富的

---

① "Refugee Crisis: Why Aren't Gulf States Taking Them In?", CNN, September 8, 2015, http://edition.cnn.com/2015/09/08/world/gulf-states-syrian-refugee-crisis/; "Wealthy Gulf Nations Are Criticized for Tepid Response to Syrian Refugee Crisis", The New York Times, September 8, 2015, http://www.nytimes.com/2015/09/06/world/gulf-monarchies-bristle-at-criticism-over-response-to-syrian-refugee-crisis.html?_r=0.

② 阿联酋政府从 2009 年开始发布国际援助的年度报告，是所有新兴援助国中援助信息透明度最高的国家之一。

③ 商务部国际贸易经济合作研究院等：《对外投资合作国别（地区）指南：卡塔尔（2021 年版）》，http://www.mofcom.gov.cn/dl/gbdqzn/upload/kataer.pdf，第 2—3 页。

④ BP, "Statistical Review of World Energy 2021", July 8, 2021, https://www.bp.com/content/dam/bp/business-sites/en/global/corporate/pdfs/energy-economics/statistical-review/bp-stats-review-2021-full-report.pdf, pp. 16, 34.

油气资源,以及从21世纪初期开始大力推动的制造业、建筑和金融服务部门,成为世界上最富裕的国家之一,按照购买力平价(Purchasing Power Parity)计算方法,卡塔尔在2014年以13万4420美元的人均收入位居世界第一位。① 卡塔尔同时还是联合国计划开发署认定的"极高人类发展水平"的国家,2019年的人类发展指数是0.848,居世界第45位。②

除了经济、社会发展外,卡塔尔奉行积极、务实的外交政策,在美国,以及在伊朗、沙特这两个毗邻的地区大国之间采取平衡战略。虽然2017年爆发了卡塔尔断交危机,但卡塔尔的平衡外交在一段时期内被认为是有效的。海湾战争结束后,卡塔尔迅速发展与美国的外交关系,并开始寻求在地区事务和国际事务中发挥更大的作用。2003年,卡塔尔的乌代德空军基地成为美国在中东新的空中作战中心。③

从20世纪90年代中期开始,半岛电视台在阿拉伯世界乃至世界传播领域崛起,以及卡塔尔在2006年成功举办了多哈亚运会,并成功申办了2022年的足球世界杯。在卡塔尔外交危机爆发前,卡塔尔不仅是中东地区冲突的重要调停者和谈判者,在公共外交领域也形成了自己的特点,并对中东地区局势产生了重要影响。

一 半岛电视台的"崛起"

20世纪90年代中期开始,在当时新一任埃米尔哈马德·本·哈利法·阿勒萨尼的领导下,卡塔尔成为受外界瞩目的公共外交实践者。1996年,哈马德埃米尔斥资1.37亿美元创办了卡塔尔半岛电视

---

① World Bank, "Gross national income per capita 2014, Atlas method and PPP", December 29, 2015, http://databank.worldbank.org/data/download/GNIPC.pdf, p.1.
② 联合国发展计划署:《2020年人类发展报告:新前沿—人类发展与人类世》,https://hdr.undp.org/sites/default/files/hdr2020_cn.pdf,第241、343页,2020年12月。
③ Christopher M. Blanchard, "Qatar: Background and U.S. Relations", Congressional Research Service Report, November 4, 2014, https://www.fas.org/sgp/crs/mideast/RL31718.pdf, p.4.

台，并给予该电视台较自由的发展空间。① 在 2011 年发布的《2011—2016 年卡塔尔国家发展战略》中，卡塔尔把半岛电视台国际广播网络的拓展，和成功申办奥林比克运动会和世界杯等一起作为其文化事业的成功案例。②

半岛电视台是阿拉伯世界第一家电视新闻频道，其成立初期每天仅向阿拉伯地区播出 6 个小时的电视新闻节目，在阿拉伯地区外也没有常驻机构。1999 年，半岛电视台开始每天 24 小时不间断播出新闻节目，成为中东地区第一家全天候的新闻频道和世界上第一家全天候的阿拉伯语新闻频道，信号传输覆盖整个中东地区，并向欧洲国家扩展，观众人数达到 3000 万人左右。2003 年，卡塔尔电视台创办了英文频道和英文官方网站；③ 2006 年成为第一家在津巴布韦开设永久办事处的国际媒体，2009 年成为第一家在加沙地区开设办事处的国际电视台，也是在南半球开设最多办事处的国际媒体。④ 迄今为止，半岛电视台在全球拥有超过 140 个国家，2.7 亿户家庭的受众，⑤ 外界用"半岛电视台现象"来描述半岛电视台在阿拉伯世界，甚至非阿拉伯世界日趋引人瞩目的"崛起"⑥。菲利浦·赛伯认为半岛电视台在中东地区，乃至全球媒体转型中发挥了历史性作用，也成功挑战了主要西方媒体的霸权。⑦ 同时，也有很多学者批判性地指出半岛电视台实际上仍是服务于卡塔尔的公共外交目标，在不同的地区、国际事

---

① 胡正荣、关娟娟主编：《世界主要媒体的国际传播战略》，中国传媒大学出版社 2011 年版，第 137 页。

② Qatar General Secretariat for Development Planning, "Qatar National Development Strategy 2011 ~ 2016", March 2011, http：//www. gsdp. gov. qa/gsdp_ vision/docs/NDS_ EN. pdf, pp. 209, 210.

③ 胡正荣、关娟娟主编：《世界主要媒体的国际传播战略》，中国传媒大学出版社 2011 年版，第 134 页。

④ "Al Jazeera English", Al Jazeera, http：//www. aljazeera. com/mritems/Documents/2012/4/23/201242311505850 8734MediaBrochure_ 2012_ 007. pdf.

⑤ "Who We Are", Al Jazeera, http：//www. aljazeera. com/aboutus/

⑥ 关于研究半岛电视台的研究资料汇编，详见 Sara Nasr eds. , *Academic Research About Al Jazeera*: 1996 – 2012, Doha, Qatar: Al Jazeera Center for Studies, 2013.

⑦ Philip Seib, *The Al Jazeera Effect*: *How the New Global Media Are Reshaping World Politics*, Washington, D. C. : Potomac Books, Inc. , 2008, pp. 15, 16.

务中具有"多张脸孔"。

（一）半岛电视台在阿拉伯世界

1995年，哈马德埃米尔在执政后对卡塔尔进行了一系列政治改革，新闻自由是其中的重要一环。当年，卡塔尔取消了媒体审查制度，并取消了负责这一事务的新闻部，[1] 因此半岛电视台从成立至今都是采用的编辑自我审查制度。

在半岛电视台成立前，几乎所有的阿拉伯媒体都是由政府主导，以用于加强对国内政治和社会的控制。半岛电视台虽然由卡塔尔政府提供资助，但其编辑政策和具体管理都独立于政府，这被认为挑战了阿拉伯世界既有的政府控制电视的传统，并威胁了该地区由政府解释新闻的传统，也被认为填补了阿拉伯世界缺乏专业、具可信度的媒体的空白。[2]

外界关注半岛电视台阿拉伯语新闻频道在阿拉伯世界的成功，[3] 但首先奠定了半岛电视台在阿拉伯世界知名度的是其话题广泛、注重互动的谈话节目。例如，政治类谈话节目"不止一种观点"（More than One Opinion），面对面访谈节目"无国界"，由女性主持人主持的女性话题类节目"女性专场"，以及最著名的两个节目："针锋相对"（Opposite Direction）和"宗教与生活"（Religion and Life）等。其中，由叙利亚籍主持人费萨尔·卡西姆主持的"针锋相对"迄今仍是阿拉伯电视史上最受欢迎的节目。节目中，主持人和两位持不同观点的嘉宾就一些在阿拉伯世界称得上敏感的话题，例如女性在社会中的作用、一夫多妻、巴勒斯坦难民，阿拉伯世界的民主和人权等进行现场辩论，[4] 而观众可以通过电话、电子邮件等方式参与讨论。节目的高

---

[1] HUKOOMI, Qatar e-Government, "Media", September 7, 2020, https://hukoomi.gov.qa/en/article/media.

[2] Ezzeddine Abdelmoula, *Al Jazeera and Democratization: The Rise of the Arab Public Sphere*, Abingdon and New York: Routledge, pp. 124, 125.

[3] 宫承波、王维砚：《半岛电视台阿语新闻频道的成功策略探析》，《当代传播》2013年第4期。

[4] Michaelle Browers and Charles Kurzman ed, *An Islamic Reformation?*, Lanham, Maryland: Lexington Books, 2004, p. 21.

关注度在于：不仅讨论的话题在其他阿拉伯国家电视台不会出现，甚至会出现一些批评阿拉伯领导人对美政策的犀利言论。① 而"宗教与生活"是由广受尊敬，又饱受争议的埃及伊斯兰教士优素福·格尔达维主持，这个节目在全世界拥有近6000万观众，影响范围包括印度尼西亚和马来西亚的观众。格尔达维作为穆兄会成员在20世纪70年代被埃及政府驱逐，他同时还是穆斯林在线网站和世界穆斯林学者联盟主席。其支持者认为他是伊斯兰宗教领袖中推动科学、民主、经济发展战略的温和派；② 而阿联酋在2014年11月把格尔达威领导的世界穆斯林学者联盟列入了恐怖组织名单。③ 因为在阿拉伯世界的高收视率和话题性，半岛电视台的谈话节目被认为代表阿拉伯政治舆论的特色，例如彼得·卡赞斯坦和罗伯特·基欧汉引用半岛电视台谈话节目中的观点作为广泛阿拉伯民意的粗略代表，以分析阿拉伯民众的反美倾向。④

2000年10月，第二次巴勒斯坦人起义开始后，半岛电视台从西岸发回了很多独家报道，不仅打破了以色列较巴勒斯坦人在媒体上的传统优势，更成为外界了解这场冲突尤其是巴勒斯坦平民伤亡的窗口。这一系列报道奠定了半岛电视台新闻报道在阿拉伯世界的公信力和影响力，也极大地促进了阿拉伯世界对于巴勒斯坦人民的支持。⑤

（二）半岛电视台现象

1990—1991年的海湾战争后，出现了对CNN效应的不同界定，

---

① Hugh Miles, *Al Jazeera: How Arab TV News Challenged the World*, London: Hachette Digital, 2010, p.39.

② Philip Seib, *The Al Jazeera Effect: How the New Global Media Are Reshaping World Politics*, Washington, D.C.: Potomac Books, Inc., 2008, pp.42-44.

③ "Islamist group rejects UAE terrorism designation", Reuters, November 17, 2014, http://uk.reuters.com/article/uk-qatar-emirates-qaradawi-idUKKCN0J10DL20141117.

④ ［美］彼得·卡赞斯坦、罗伯特·基欧汉：《谁在反对美国》，朱世龙、刘利琼译，中国人民大学出版社2015年版，第186—192页。

⑤ P Philip Seib, *The Al Jazeera Effect: How the New Global Media Are Reshaping World Politics*, Washington, D.C.: Potomac Books, Inc., 2008, p.68；蔡玉民：《半岛电视台：镜头对准中东热点》，《西亚非洲》2002年第1期。

其关注重点包括引人注目的电视画面、突发新闻影响外交政策的决定、CNN 在外交决策和国际关系中的影响力等，[1] 但这一效应的起始毫无疑问是海湾战争开始后，CNN 第一时间持续播放了音频直播，甚至当时的美国国防部长迪克·切尼（Dick Cheney）根据 CNN 的相关报道来跟进联军在巴格达的袭击。[2] 而半岛电视台效应指的是半岛电视台颠覆传统全球新闻流向西方话语传输阿拉伯形象和视野的能力。[3] 半岛电视台的新闻报道开始奠定在阿拉伯世界的公信力和影响力，以及开始引发西方世界的关注，都是从其对中东地区冲突的报道开始的。而且半岛电视台被认为给阿拉伯跨国媒体注入了新的惯例、话语和视觉框架，随后被进入该领域的其他媒体所采用。[4]

1998 年 12 月，在美、英两国对伊拉克实施代号为"沙漠之狐"的空中打击时，半岛电视台作为当时唯一获准进入巴格达采访拍摄的外国电视机构，得以记录了巡航导弹连续袭击巴格达的独家电视画面，被世界各大新闻媒体购买并引用，这是半岛电视台第一次走进西方媒体的视线。[5] 空袭过后，也是半岛电视台首先专访了萨达姆·侯赛因，向外界发出他安全的讯息。[6]

2001 年的阿富汗战争期间，半岛电视台成为进驻阿富汗塔利班控制区的唯一外国电视媒体，成功地垄断了所有出自阿富汗的电视画面和新闻报道，半岛电视台第一个向世界播放了塔利班炸毁巴米扬大佛的录像。[7] 事实上，"9·11 事件"使得半岛电视台与奥萨马·本·

---

[1] Eytan Gilboa,"The CNN Effect: The Search for a Communication Theory of International Relations", *Political Communication*, Vol. 22, No. 1, February 2005, pp. 27, 30, 31.

[2] "The Media Business; CNN Takes an Early Lead in Coverage of the Gulf War", The New York Times, January 16, 1991, http://www.nytimes.com/1991/01/17/business/the-media-business-cnn-takes-an-early-lead-in-coverage-of-the-gulf-war.html.

[3] Tal Samuel-Azran, *Al-Jazeera and US War Coverage*, New York: Peter Lang, 2010, p. 7.

[4] Sam Cherribi, *Fridays of Rage: Al Jazeera, the Arab Spring, and Political Islam*, New York: Oxford University Press, 2017, p. 245.

[5] 宫承波、王维砚：《半岛电视台阿语新闻频道的成功策略探析》，《当代传播》2013 年第 4 期。

[6] 蔡玉民：《半岛电视台：镜头对准中东热点》，《西亚非洲》2002 年第 1 期。

[7] "Footage Shows Buddhas Blast", BBC News, March 19, 2001, http://news.bbc.co.uk/2/hi/south_asia/1229256.stm.

◆ 第六章 海湾国家对中东地区国际关系的塑造 ◆

拉登的"联系"变得愈发引人争议。早在1998年，半岛电视台就曾对本·拉登进行了将近1个小时的专访，并在2000年9月针对美国科尔号军舰的袭击事件后，接到了本·拉登的继续鼓动录像带。在"9·11"事件发生后的第5天，半岛电视台接到了自称是本·拉登发来的否认发动了"9·11"恐怖袭击的传真，但这份否认声明不被美国政府所认可。2001年，在美国对阿富汗展开军事行动2个小时后，半岛电视台又播放了本·拉登对此的第一份声明。① 半岛电视台播放的本·拉登试图挑起反美情绪，鼓吹极端思想的录音、录像在"9·11"事件后引发了美国政府和西方媒体、公众对于半岛电视台的严厉批判，也被阿拉伯国家领导人认为是"冒犯"，半岛电视台一度被称为"本·拉登的喉舌"以及"本·拉登电视台"。②

在2003年4月爆发的伊拉克战争中，CNN仍然占据了战争电视新闻报道的优势，但很多美国网络采用了半岛电视台从巴格达、巴士拉和摩苏尔等伊拉克城市发回的报道。半岛电视台不同于其西方同行，重点关注中东地区对于这场战争的回应，并首先在阿拉伯媒体中使用"入侵部队"来指代参加这次战争的美国军队。③ 半岛电视台利用其多国籍的采访队伍，较为全面地评论了这场战争，其采访对象非常多元化：包括当时的伊拉克执政党复兴社会党成员、库尔德人、反战的欧洲人、阿拉伯民族主义者、美国新保守派等。关于伊拉克战争的报道使半岛电视台网站进入了北美网民的视线，其英文网站每个月有2000万次的访问量，其中近50%的点击来自北美地区。④ 这场战争期间，半岛电视台被阿拉伯人民评为最可信的新闻频道。此后，在

---

① Hugh Miles, *Al Jazeera*: *How Arab TV News Challenged the World*, London: Hachette Digital, 2010, pp. 39. 107 – 109, 120; "A Decade of Growth", Al Jazeera, November 1, 2006, http://www.aljazeera.com/archive/2006/11/20084101156258 13175.html.

② Hugh Miles, *Al Jazeera*: *How Arab TV News Challenged the World*, London: Hachette Digital, 2010, pp. 112, 136.

③ Hugh Miles, *Al Jazeera*: *How Arab TV News Challenged the World*, London: *Hachette Digital*, 2010, pp. 210 – 242.

④ "Al Jazeera English", Al Jazeera, http://www.aljazeera.com/mritems/Documents/2012/4/23/2012423115058508734MediaBrochure_ 2012_ 007. pdf.

229

2010年底发轫于突尼斯的"阿拉伯之春"等历次中东地区重大事件中，半岛电视台都被认为在传播信息、甚至引导公众态度方面起到了重要作用。例如，2011年，纽约时报网站用"半岛电视台时刻"来形容半岛电视台在突尼斯局势等事件中塑造阿拉伯世界共同态度的作用。[1] 虽然对于半岛电视台及其品牌的观点莫衷一是，但半岛电视台已经和CNN、BBC一起成为世界三大国际媒体，也成为分析、研究阿拉伯民众对特定问题舆论的重要研究对象。[2]

二 卡塔尔政府与半岛电视台

从成立之初就以"意见和异见"（opinion and its opposite）[3]为口号的半岛电视台一直强调自身报道的公正和基于事实，[4] 支持者认为它是阿拉伯地区最具代表性的独立媒体，[5] 而非阿拉伯世界对半岛电视台的批评几乎涉及它与基地组织勾结、代表并煽动阿拉伯民众的反美情绪、质疑其公正性等各个方面。在对其公正性的质疑中，不仅半岛电视台的电视节目和网站文章被作为语言学分析的样本，更被视为一种表征政治。[6] 本书将尽量避免对半岛电视台的价值判断，毕竟作

---

[1] "Seizing a Moment: Al Jazeera Galvanizes Arab Frustration", The New York Times, January 27, 2011, http://www.nytimes.com/2011/01/28/world/middleeast/28jazeera.html?_r=0.

[2] John Mark King, "Media, Branding and Controversy: Perspection of Al Jazeera in Newspaper Around The World", Journal of Middle East Media, 2008, pp. 27 – 43.

[3] "意见与异见"也被译为"View and the Other Point of View"，参见Jeremy M. Sharp, "The Al-Jazeera News Network: Opportunity or Challenge for U. S. Foreign Policy in the Middle East?", Defence Technical Imforamtion Center, July 23, 2003, https://apps.dtic.mil/sti/pdfs/ADA476202.pdf, p. 5.

[4] "About Us", Al Jazeera, http://www.aljazeera.com/aboutus/.

[5] Badreya Al Jenaibi, "New Age of Press Democracy in the Middle East: Arabic News Channels: Al-Jazeera", International Journal of Academic Research, Vol. 2, No. 4, July 2010, pp. 385 – 394.

[6] 表征政治被认为是关于不同群体之间对社会实践、事件、社会、生态状况和目标等的意义的竞争。此处引用的论文中的这一术语具体指巴勒斯坦和以色列两个群体之间的竞争。详见Anita L. Wenden, "The Politics of Representation: A Critical Discourse Analysis of an Al Jazeera Special Report", International Journal of Peace Studies, Vol. 10, No. 2, Autumn/Winter 2005, pp. 89 – 112.

者中立是不可能的，选择性是不可避免的，而全面理解世界的完整客观性更是不可能达到的。①

大部分的研究者把半岛电视台看作是卡塔尔政府或统治家族拥有并提供财政支持的媒体；② 也有研究者根据卡塔尔政府否认与半岛电视台的直接联系，以及2001年当哈马德埃米尔提供的为期5年的资金支持到期后，半岛电视台要自负盈亏，认为半岛电视台是独立于卡塔尔政府之外的。③ 而塔勒·塞缪尔-阿兹兰认为半岛电视台是国家支持和私营相结合的媒体，即将媒体的日常管理交付给可信的私人机构，但在涉及国家危机问题时又会恢复国家支持的管理模式。这种管理模式使得这一类型的媒体在和平时期能获得地区或/和全球信誉，用以掩盖其作为国家公共外交工具的真实身份。这种隐蔽的方式能影响公共舆论，并向国外的精英群体施压促使其改变对国家优先政策目标的选择。④ 简而言之，这种打着私营旗号的混合型媒体能在危机时转化为政府的有效公共外交工具。

这种结合首先体现在卡塔尔政府对半岛电视台的注资上：哈马德埃米尔称半岛电视台提供的第一笔启动资金是需要归还的贷款，但当2001年半岛电视台的广告费用只能支付其35%—40%的支出后，他又无条件延长了贷款。据称截至2009年，卡塔尔政府仅提供给半岛

---

① Daniel Chandler and Rod Munday, *A Dictionary of Media and Communication*, Oxford and New York: Oxford University Press, 201, p. 300. Paul Nesbitt-Larking, *Politics, Society, and the Media (Second Condition)*, Ontario: Broadview Press, 2007, p. 318.

② Eli M. Noam, *The International Media Concentration Collaboration, Who Owns the Worlds Media?: Media Concentration and Ownership around the World*, Oxford and New York: Oxford University Press, 2016, p. 907; Mahmoud M. Galander, "Al-Jazeera, Advocacy and Media Value Determinism: Re-conceptualizing the Network's Coverage of the Arab Spring of Revolutions", *Global Media Journal*, Spring 2013, http://www.globalmediajournal.com/open-access/aljazeera-advocacy-and-media-value-determinism-reconceptualizing-the-networks-coverage-of-the-arab-spring-of-revolutions.pdf, p. 3.

③ 宫承波、王维砚：《半岛电视台阿语新闻频道的成功策略探析》，《当代传播》2013年第4期。

④ Tal Samuel-Azran, "Al-Jazeera, Qatar, and New Tactics in State-Sponsored Media Diplomacy", *American Behavioral Scientist*, Vol. 57, Issue 9, September 2013, p. 1293.

电视台英文频道的投资就已经超过了 10 亿美元。① 而 2011 年 9 月—2013 年 6 月，此前从未有过媒体管理经验的卡塔尔王室成员艾哈迈德·本·贾西姆·阿勒萨尼被任命为半岛电视台的台长。② 这一任命被外界认为是半岛电视台和卡塔尔政府密切关系的表现。

虽然得到卡塔尔政府的财政支持，而前者则主要聚焦卡塔尔之外的地区、国际事务，并尽量避免涉及卡塔尔国内的敏感话题。但半岛电视台与作为国家电视台的卡塔尔电视台存在很明显的区别：后者从官方的、支持政府的角度用来广泛报道国内事务和新闻；③半岛电视台对卡塔尔国内事务的回避，与其对周边国家的犀利批评及其由引发的外交事件形成鲜明对比：因为抗议半岛电视台的"冒犯言论"，穆哈迈尔·卡扎菲治下的利比亚曾"永久"撤回驻卡塔尔大使，突尼斯、摩洛哥也曾经召回其驻卡塔尔大使。仅截至 2000 年，卡塔尔政府就接到超过 400 份来自其他阿拉伯国家针对半岛电视台的官方谴责，④卡塔尔政府用"新闻自由"的理由拒绝干涉半岛电视台。但与此同时，卡塔尔政府建立的多哈媒体自由中心发布报告称：卡塔尔的国内媒体环境是明显受限的。卡塔尔至今仍在使用 1979 年颁布的媒体法，其中第 46 条明确规定"卡塔尔埃米尔的人格不得受到任何批评"。⑤

半岛电视台与卡塔尔政府之间的联系不仅可以解释为什么半岛电视台宁愿数次被科威特等国关闭其当地分支机构，仍坚持言论自由，但又从不对卡塔尔政府和领导人发表类似激烈言论，也可以解释半岛

---

① Tal Samuel-Azran, "Al-Jazeera, Qatar, and New Tactics in State-Sponsored Media Diplomacy", *American Behavioral Scientist*, Vol. 57, Issue 9, September 2013, p. 1294.

② "Al Jazeera Director-general Resigns to Take up Government Post", *Reuters*, June 26, 2013, http://www.reuters.com/article/us-qatar-emir-aljazeera-idUSBRE95P13E20130626.

③ Tourya Guaaybess eds., *National Broadcastin and State Policy in Arab Countries*, Basingstoke, New York: Palgrave Macmillan, 2013, p. 42.

④ Martin de Jong, K. Lalenis and V. D. Mamadouh eds., *The Theory and Practice of Institutional Transplantation: Experiences with the Transfer of Policy Institutions*, Dordrecht: Kluwer Academic Publisher, p. 2.

⑤ Qatar Legal Portal, "Law No. 8 of 1979 on Publications and Publishing", https://www.almeezan.qa/LawView.aspx?opt&LawID=414&language=en#Section_ 3118.

电视台在报道地区新闻时的"多张脸孔"。

三 半岛电视台的"多张脸孔"

半岛电视台面临不同阵营的各种相互对立的指责，这一部分主要选取半岛电视台对2011年至今的埃及国内局势的报道作为案例，并结合卡塔尔在这一系列事件中的政策选择，论述半岛电视台的"多张脸孔"实际上是其作为政府支持和私营相结合的媒体在日常的新闻报道，以及特定时期服务于卡塔尔政府外交政策的不同表现。

半岛电视台从2011年1月开始的对埃及国内游行示威的报道，被认为对局势发展起到了重要作用。而在埃及国内局势变化的不同时期，半岛电视台的报道出现了明显的偏向性，本书将这些报道按发布时间大致分为三个阶段。

第一阶段从2011年1月25日到2月11日，即从埃及开始爆发大规模反政府游行示威到埃及时任总统穆巴拉克宣布辞职。这一轮报道伊始，半岛电视台就把穆巴拉克政府视为一个"注定倒台的腐败政权"，把穆巴拉克本人及其家族成员都视为"腐败的一部分"；而聚集在开罗解放广场和其他埃及城镇的抗议者则被视为"寻求社会、政治公正的受害者"。半岛电视台播出的电视画面渲染的是反政府示威活动的和平性质，并首先发送了一系列极具震撼力的画面，如示威者在解放广场附近进行集体祷告时遭到了安全部队的残酷对待；安全部队用骆驼和马驱赶示威者离开解放广场等，这些画面曾一度被作为埃及这一轮抗议活动的象征性画面。与此同时，半岛电视台的画面中没有出现过任何穆巴拉克的支持者。这一将穆巴拉克政权去合法化并合法化示威者的偏见被认为影响了其埃及观众，乃至广泛的阿拉伯观众，并直接推动了穆巴拉克的辞职。[1]

第二阶段从2012年6月24日到2013年7月3日，即从有穆兄会背景的穆罕默德·穆尔西当选总统到他被埃及军方解除职务。半岛电

---

[1] Khalil Rinnawi, "Cyber Uprising: Al-Jazeera TV Channel and The Egyptian Uprising", *Language and Intercultural Communication*, Vol. 12, No. 2, May 2012, pp. 123, 128, 129.

视台对穆尔西的介绍强调他是埃及历史上第一位通过民主选举上台的总统，同时半岛电视台也选择忽视了这一时期的反政府抗议活动。①

第三阶段是 2013 年 7 月至今的后穆尔西时代，半岛电视台回到了支持反政府游行者的报道立场，并且被埃及政府禁播，半岛电视台驻埃及的记者也遭到了拘捕、驱逐以及判刑。在半岛电视台的英文网站上，在以穆尔西为话题的网页上主要包括对穆尔西的"不仁慈"的死刑判决，反思"出错了"的埃及革命，以及质疑埃及是否在"酝酿下一场革命"。② 而半岛电视台美国官网关于穆尔西的报道一直更新至 2021 年 7 月，其主题大致包括：穆兄会支持者遭到"暴力镇压"；塞西政府面临"合法性危机"；国际知名政治人物对穆尔西死讯的"哀悼"等，在观点部分则明确提出不应使穆尔西成为烈士，对其的审判将给未来的埃及带来麻烦。③ 2013 年 8 月，埃及政府以半岛电视台"未获得埃及落地播出以及使用新闻专用设备的许可，属非法运营，且涉嫌播放错误新闻、传播谣言，损害埃及国家安全"等理由关闭了半岛电视台在埃及的分支机构。④ 当年 12 月，埃及当局又逮捕了 3 名半岛电视台记者，并在 2014 年 6 月以"和穆斯林兄弟会勾结"的名义判处三人 7—10 年的监禁。2015 年 2 月，埃及政府驱逐了三人中的澳大利亚籍记者，其余 2 人在 2015 年 9 月的埃及总统特赦中才得到释放。⑤ 在埃及革命的 5 周年之际，半岛电视台网站仍然批评当时埃及政府的统治，并称埃及"新的革命即将到来"。⑥

---

① "Egypt: Al-Jazeera's Cameras Blind to Revolutionaries", Al-Akhbar English, December 6, 2012, http://english.al-akhbar.com/node/14266.

② "Mohamed Morsi", Al Jazeera, http://www.aljazeera.com/topics/people/mohamed-morsi.html.

③ "Mohamed Morsi", Al Jazeera America, http://america.aljazeera.com/topics/topic/people/Mohammed-Morsi.html?page=9.

④ "Egyptian Court Orders Closure of Al-Jazeera Affiliate", The Guardian, September 3, 2013, https://www.theguardian.com/media/2013/sep/03/egypt-shut-down-al-jazeera.

⑤ "Egypt Pardons Al Jazeera Journalists Mohamed Fahmy and Baher Mohamed", The New York Times, September 23, 2015, http://www.nytimes.com/2015/09/24/world/middleeast/al-jazeera-journalists-mohamed-fahmy-baher-mohamed-egypt-pardon.html

⑥ "Another Arab Spring is coming to Egypt", Al Jazeera, January 24, 2016, http://www.aljazeera.com/indepth/opinion/2016/01/arab-spring-coming-egypt-160124051544977.html.

◆ 第六章 海湾国家对中东地区国际关系的塑造 ◆

半岛电视台2011年至今对埃及国内局势的报道被广泛地与卡塔尔的地区政策联系起来,而不仅仅被解读为"客观报道"或"新闻自由之争"。例如,克里斯蒂安·乌里克森认为卡塔尔是"阿拉伯之春"的受益者,其中最重要的收益是卡塔尔的外交政策与西方中心的民主与自由标准结盟。[1] 卡塔尔是少数国内没有受到"阿拉伯之春"波及的阿拉伯国家,而且其与突尼斯、埃及、利比亚、也门等国反对派领导人存在的密切联系,使得这些反对派领导人在各自国家的革命将有利于卡塔尔。再加上,卡塔尔从20世纪90年代开始与穆兄会间的合作,使得其在中东政治运动中能借助后者的组织影响力。这使得卡塔尔在"阿拉伯之春"中能迅速调整外交政策,以支持民主的姿态赢得地区和国际声誉。而半岛电视台在其中发挥的作用,主要是从冲突前线发回选择性的戏剧性画面,因而能以负面方式对阿拉伯世界甚至西方国家的公众舆论施加压力。[2] 半岛电视台对埃及革命的报道就是很明显的"构建偏好",即通过说服、吸引或者利用信息不对称,想办法改变他国的价值判断和目标选择。[3] 即使是在穆尔西政权被推翻后,卡塔尔迫于海湾邻国的压力要求7名穆兄会的公开支持者离境的情况下,[4] 半岛电视台仍然能以"独立媒体"的身份,传播卡塔尔政府和卡塔尔电视台等官方媒体不方便表达的观点。

卡塔尔作为海合会成员国,在海合会的组织框架内以集体的力量对海湾地区,乃至中东各地区产生影响;同时,运用半岛电视台以支持民主的姿态赢得地区和国际声誉,并在第一波"阿拉伯之春"期间对阿拉伯世界甚至西方国家的公众舆论施加压力,一定程度上成为21世

---

[1] Kristian Coates Ulrichsen, *Qatar and The Arab Spring*, New York: Oxford University Press, 2014, p. 100.

[2] Khalil Rinnawi, "Cyber Uprising: Al-Jazeera TV Channel and The Egyptian Uprising", *Language and Intercultural Communication*, Vol. 12, No. 2, May 2012, p. 119.

[3] 周鑫宇:《公共外交的"高政治"探讨:权力运用与利益维护》,《世界经济与政治》2015年第2期。

[4] Zeinab El-Gundy, "Exit Qatar: What's next for Egypt's Muslim Brotherhood?", Ahram Online, September 18, 2014, http://english.ahram.org.eg/NewsContent/1/64/111007/Egypt/Politics-/Exit-Qatar-Whats-next-for-Egypts-Muslim-Brotherhoo.aspx.

纪初塑造中东地区局势的又一股力量。在2017年的卡塔尔外交危机中，沙特等国把关闭半岛电视后台作为考虑停止对卡塔尔"惩罚"的条件，不仅是为了关闭半岛电视台，一定程度也是为了"扭转"卡塔尔外交政策中偏离于海合会对海湾地区、中东地区政策的部分。

值得注意的是，有学者认为从2013年以后，卡塔尔政府利用半岛电视台影响中东地区局势的模式已经发生了改变。卡塔尔政府从2011年开始采取了更强硬的地区政策，如参与了北约在利比亚的军事行动，发展和伊朗的合作等，尤其是卡塔尔外交危机的爆发使其一定程度上成为海湾地区乃至中东地区的冲突"前线国家"，上述外交政策的转变使半岛电视台在卡塔尔政府外交政策中的重要性有所下降；再加上半岛电视台的分支机构在多个阿拉伯国家被封禁及其地区信誉度下降，近一步促使卡塔尔政府削减了对半岛电视台的财政支持。①

第四节　多元平衡：阿联酋的对冲战略

二战结束后，中东地区的主要矛盾是阿拉伯世界同以色列的矛盾，阿以平均每隔数年就爆发一次大规模冲突，如1948年、1956年、1967年、1973年和1982年五次中东战争，阿以热战与美苏冷战相互交织。冷战结束后，尽管埃及和约旦两个阿拉伯国家与以色列建立外交关系，但中东地区总体上处于"冷和平"；其他广大阿拉伯国家坚持"不和解、不承认、不谈判"的"三不原则"，与以色列长期保持"冷战状态"。阿以矛盾是"旧中东"主要矛盾，巴勒斯坦问题是中东最敏感、最核心的问题。

2010年"阿拉伯之春"的爆发拉开了"旧中东"与"新中东"交替的序幕。在大国关系层面，中东出现了"俄进美退"的格局——美国退出伊朗核协议并从叙利亚和伊拉克撤出主要军事力量，俄罗斯巩固在叙利亚和利比亚的军事存在，英国和法国在科威特、阿联酋、

---

① Marwa Maziad, "Qatar in Egypt: The Politics of Al Jazeera", *Journalism*, 2018, pp. 5–7.

◈ 第六章 海湾国家对中东地区国际关系的塑造 ◈

巴林和阿曼等增强军事部署，俄欧填补了美国撤出中东后留下的权力真空。在地区层面，土耳其实施总统制并与沙特、埃及等阿拉伯国家交恶，在叙利亚问题上密切与伊朗的战略合作关系。土耳其和伊朗共同高举"维护巴勒斯坦正义事业"的大旗。在阿拉伯世界内部，阿盟从"碎片化"走向"颗粒化"，巴勒斯坦几乎到了孤军奋战的地步；海合会内部分歧一度恶化，发展到沙特等国与卡塔尔断交，卡塔尔退出欧佩克。

2018年以来，"阿拉伯之春"第二波席卷中东多国，中东国家政治民主化和经济多元化发展面临双重障碍，而新冠疫情的暴发、国际油价持续低迷、全球经济复苏缓慢进一步加剧了中东危机，"新中东"格局初见端倪。2020年8月13日，美国总统特朗普、以色列总理内塔尼亚胡、阿布扎比的穆罕默德王储宣布以色列与阿联酋一致同意实现关系正常化。双方签订《亚伯拉罕协议》，阿联酋放弃在阿盟框架下抵制以色列。两国宣布互设大使馆，互开航班，共同抗击新冠肺炎疫情。作为建交条件，以色列暂停兼并约旦河西岸巴勒斯坦人土地，美国考虑向阿联酋出售F-35战机和"无人机"。[①] 阿联酋与以色列建交，带动了科索沃、巴林、苏丹和摩洛哥与以色列建交，撬动了中东地缘政治旧格局，对阿拉伯、以色列、伊朗和土耳其四大力量之间的互动关系、中东热点问题走向以及域外大国的中东战略产生了深远影响。

阿联酋调整外交政策的背后逻辑是什么？同属海湾地区的君主国，同样面临来自地区内外的挑战和压力，为什么阿联酋能实行更加灵活的外交政策？阿联酋外交政策的调整将如何影响中东地区格局的演变？厘清上述问题，将有助于更深入地把握当前中东地区格局调整的生成机理和演变动力，探讨中东地区国际关系的新态势。

国内研究阿联酋外交政策的成果较少，主要从宏观层面介绍阿联

---

① Kenneth Katzman, "The United Arab Emirates (UAE): Issues for U. S. Policy", Congressional Research Service, RS21852, June 24, 2015, https：//digital. library. unt. edu/ark：/67531/metadc700662/m1/1/high_ res_ d/RS21852_ 2015Jun24. pdf, pp. 4, 12.

酋对外政策①或分析其对外援助。② 国外对阿联酋外交政策的研究主要分为以下两类：第一类采取历史学研究方法，从阿联酋独立前的部落文化、联邦制政治体制的建立为分析起点，考察阿联酋外交政策的决策机制和早期政策；③ 第二类采用政治学研究方法，从地缘政治博弈的角度分析伊朗因素、2013 年前的伊拉克因素等地区安全威胁对阿联酋政权安全的影响，探讨美国与阿联酋不对称相互依赖关系的结构性根源。④

关于2020 年以来阿联酋与以色列建交的动因，学界主要从三个层面展开——"压服战略"、"突围战略" 和 "遏制战略"。第一类学者认为，特朗普在抗击新冠肺炎疫情、提振经济方面乏善可陈，不得不实施 "压服战略"，通过威逼利诱把推动阿拉伯国家与以色列建交作为 "政绩"，以拉高低迷的选情，争取美国基督教福音派和犹太院外集团的支持。⑤ 但是民意测验显示，美国犹太人75% 支持民主党候选人拜登，只有22% 的美国犹太人支持共和党候选人特朗普。⑥ 第二类学者从以色列的 "突围战略" 视角出发，认为内塔尼亚胡政府抓住了 "阿拉伯之春" 后阿盟内部分化的契机，利用阿拉伯国家乱局各个击破、分而治之，取得了连续的外交胜

---

① 黄振编著：《列国志：阿拉伯联合酋长国》，社会科学文献出版社 2010 年版，第 246—281 页。

② 参见李意、喻光龄《海湾阿拉伯国家对外援助的宗教动因》，《宗教与美国社会》2018 年 1 期；姚帅：《阿联酋的对外援助：现状、特点与趋势》，《国际经济合作》2018 年 7 期；丁隆：《阿联酋：世界最慷慨国家的悖论》，《世界知识》2018 年 7 期。

③ 参见 Najat Abdullah Al-Nabeh, "United Arab Emirates (UAE): Regional and Global Dimensions", PhD Thesis. Claremont Graduate School, 1984; Abdullah Omran Taryam, *The Establishment of the United Arab Emirates*, 1950 – 85, London and New York: 1987.

④ William Rugh, "The Foreign Policy of the United Arab Emirates", *Middle East Journal*, Vol. 50, No. 1, 1996, pp. 57 – 70; Hassam Al-Alkim, " UAE Policy toward the Sub-regional Powers", *Middle East Policy*, Vol. 6, No. 4, 1999, pp. 19 – 22.

⑤ 钮松：《阿以关系正常化，谁家欢喜谁家忧》，《新民晚报》2020 年 8 月 20 日，第 21 版。

⑥ "Poll: 75 Percent of US Jews Would Vote for Biden, While 22 Percent for Trump", Jewish News Syndicate, October 19, 2020, https: //www. jns. org/poll-75-percent-of-us-jews-would-vote-for-biden-while-22-percent-for-trump/.

利，摆脱了外交孤立。^① 这种假设很难解释为什么与以色列建交的是阿联酋、巴林和苏丹等国，而先前与以色列关系密切的摩洛哥、科威特、沙特和阿曼相比更加谨慎。第三类学者从均势的角度出发，认为以阿联酋为代表的海湾阿拉伯国家把伊朗视为首要安全威胁，土耳其次之，两国构成的威胁超过了以色列，所以阿拉伯国家联合以色列对抗伊朗和土耳其。^② 但是这种冲突分析范式，难以解释阿联酋外交政策的结构性调整，也难以解释为什么在伊朗和阿联酋、土耳其和阿联酋之间存在地缘政治结构性矛盾的情况下，阿联酋一方面能够缓和与以色列的关系，另一方面可以和土耳其与伊朗保持密切的经济和政治合作关系，甚至向伊朗提供抗疫援助。

以上研究成果鲜有从阿联酋国内政治—国际政治互动的视角，突破内政与外交的藩篱，分析其外交政策调整的国内根源及其对地区格局的影响，也很少剖析阿联酋与以色列关系正常化背后的综合因素与内在逻辑。本书以"阿拉伯之春"爆发 10 年来阿联酋外交转型为研究对象，考察其外交战略调整的理念、政策、手段及影响，认为促进阿联酋（以及后来的巴林、苏丹）与以色列实现关系正常化的根本原因，在于这些国家面临的首要任务从应对外部威胁转向应对内外部经济、社会等综合性问题带来的挑战，导致其外交战略从威胁平衡转向多元平衡，从而在外交上趋利避害、实施对冲战略。

一 对冲战略：阿联酋外交转型的一个解释框架

阿联酋是中东地区最年轻的国家之一，也是"脆弱"的地区强

---

① 参见王晋《以色列外交突围取得重大进展》，《世界知识》2020 年第 19 期；Yoel Guzansky and Zachary A. Marshall, "The Abraham Accords: Immediate Significance and Long-Term Implications", *Israel Journal of Foreign Affairs*, Vol. 14, Issue 3, 2020, pp. 79 – 389.

② 丁隆：《阿以建交，"新中东"的风向标》，《环球时报》2020 年 8 月 15 日；丁隆：《阿以建交开启中东地缘政治新变局》，《人民论坛》2020 年第 10 期；文少彪：《以色列与阿拉伯国家缘何走近》，《解放军报》2020 年 10 月 26 日，第 4 版；Ebtesam Al Ketbi, "Contemporary Shifts in UAE Foreign Policy: From the Liberation of Kuwait to the Abraham Accords", *Israel Journal of Foreign Affairs*, Vol. 14, Issue 3, 2020, 391 – 398；Hassan A. Barari, *The Abraham Accord: The Israeli-Emirati Love Affair's Impact on Jordan*, Amman: Friedrich-Ebert-Stiftung, 2020.

国。从国土面积、人口规模和体量来看，阿联酋是不折不扣的小国；但是从能源储备、人均国内生产总值、政治稳定性、经济多元化和科技创新能力来看，阿联酋又是地区强国。丰富的石油和天然气援助使阿联酋积累了丰厚的能源财富。截至2019年底，阿联酋已探明石油储量约978亿桶，已探明天然气储量5.9万亿立方米，均居世界第8位。[1] 阿联酋主权财富基金达6000亿美元，人均国内生产总值达6.86万美元，国内生产总值总量6960亿美元（按照购买力平价），使其成为中东地区富国和最大投资者之一。[2]

独立后，阿联酋外交政策注重折中、平衡，多以"海合会重要成员"和地区斡旋者的形象出现。但是海湾地区频繁爆发的冲突，迫使阿联酋积极应对多重威胁。[3] 1979年伊朗伊斯兰革命、1980—1988年两伊战争（包括1984—1988年油轮战）、1990—1991年海湾危机、2003年伊拉克战争、2011年巴林骚乱、2014年阿拉伯联军进攻也门和"伊斯兰国"横空出世、2019年海湾地区油轮遇袭、2020年美国斩首伊朗圣城旅指挥官卡西姆·苏莱曼尼等都发生在海湾地区，对阿联酋构成了严重的安全挑战。

充足的石油美元和庞大的主权财富基金是阿联酋外交的重要资产，是阿联酋以经济为手段达到政治目的的重要杠杆。2010年底爆发的"阿拉伯之春"成为阿联酋外交政策转型的起点，"主动谋划、制衡威胁"成为阿联酋外交攻势的重要特点。国际关系学界一般认为，威胁大小受四个因素的综合影响：一、总体实力（敌人实力越强，威胁越大）；二、进攻性力量（敌人进攻性力量越强，威胁越大）；三、地缘临近性（敌人在地缘上越临近，威胁越大）；四、进

---

[1] BP, "Statistical Review of World Energy 2020", June 17, 2020, https://www.bp.com/content/dam/bp/business-sites/en/global/corporate/pdfs/energy-economics/statistical-review/bp-stats-review-2020-full-report.pdf, pp. 14, 32.

[2] Kenneth Katzman, "The United Arab Emirates (UAE): Issues for U.S. Policy", Congressional Research Service, RS21852, June 24, 2015, https://digital.library.unt.edu/ark:/67531/metadc700662/m1/1/high_res_d/RS21852_2015Jun24.pdf, p. 5.

[3] William A. Rugh, "The Foreign Policy of the United Arab Emirates", *Middle East Journal*, Vol. 50, No. 1, 1996, p. 65.

攻意图（敌人进攻意图越强烈，威胁越大）。[①] 在安全威胁面前，主权国家通常有两个选项：制衡（balancing）和追随（bandwagoning）[②]，从而形成两类国家——自主性和依存性。前者主张制衡霸权国，如伊朗和土耳其，后者主张追随霸权国，如以色列、沙特、埃及、约旦。"阿拉伯之春"爆发后，阿联酋一方面追随世界霸权国——美国，另一方面追随地区霸权国——沙特，尤其注重与沙特步调一致、共同应对变化中的中东地区形势。阿联酋积极利用军事和援助两张王牌，以美国—阿联酋联盟（"中东战略联盟"框架下）和沙特—阿联酋联盟（"伊斯兰反恐联盟"框架下）为基础，积极干预地区事务，塑造对自身有利的权力关系。

然而，2018年以来，随着"阿拉伯之春"出现第二波浪潮，阿联酋外交政策再次出现了重大调整。首先，阿联酋缓和与"敌对国家"的关系。尽管阿联酋和伊朗间存在大通布、小通布和阿布穆萨岛屿争端，但是新冠肺炎疫情暴发以来，阿联酋积极与伊朗改善关系，保持和伊朗的经济合作，建立秘密的政治对话渠道，向伊朗提供医疗援助。[③] 其次，与以往依靠军事和经济援助等硬实力不同，阿联酋更加注重依靠外交软实力，如公开表示欢迎也门危机通过政治手段加以解决，不再将推翻胡塞政权视为其也门政策的首要任务。再次，阿联酋曾与沙特一起，将推翻巴沙尔政府作为叙利亚政策的主要任务。鉴于巴沙尔政府已收复境内绝大多数城市和战略要地，阿联酋对其态度也发生改变。2018年，阿联酋宣布重开驻叙利亚大使馆，支持巴沙尔政府重返阿盟，这一系列外交举措标志着阿联酋与叙利亚关系正朝着"握手言和、重归于好"的方向发展。最后，阿联酋更加强调大国平衡，一方面加强与美国的防务合作，另一方面不断加强与中俄等非西方大国

[①] Stephen M. Walt, *The Origins of Alliances*, Ithaca: Cornell University Press, 1987, pp. 22-26.

[②] 哈佛大学的斯蒂芬·沃尔特（Stephen Walt）在"权力平衡"（即均势）的基础上提出了"威胁平衡"这一概念，认为权力是威胁的构成要素之一，但不是全部，否则冷战时期欧亚中小国家都会跟着苏联制衡更强大的美国。

[③] "UAE Sends Supplies to Aid Iran in Coronavirus Fight", Arab News, March 17, 2020, https://www.arabnews.com/node/1642546/middle-east.

开展合作。因此，本书把2018年以来阿联酋这一外交政策新动向归纳为"对冲战略"。

"对冲"原本是金融学和经济学概念，后拓展至社会科学其他学科。在金融学领域，"对冲"是一种为应对当前商业活动中未知的不利价格及利率变动所进行的、旨在避免或最小化金融风险的保险政策，是一种在降低商业风险的同时仍然能在投资中获利的手法。[①] 随着20世纪40年代开始金融市场特别是期货市场的不断发展，经济学家提出并逐渐完善了对冲的理论内涵，霍尔布鲁克·沃金、瓦莱里·扎卡莫林和丰岛由纪[②]等是该领域的主要代表人物。

进入21世纪以来，随着跨学科研究的不断推进，"对冲"逐步成为国别和区域研究、外交学研究、国际安全研究的新范畴。在国际关系语境下，对冲本质上是由国际无政府状态决定的。政治领导人在信息不对称、风险不可预测和前景不确定的背景下，很难准确把握国际格局走势，故领导人常常不是追求利益最大化，而是风险最小化。因此，国际关系视域下的"对冲战略"是指领导人为规避风险，在相互对立的国家和国家集团之间多面下注，避免成为矛盾的焦点和冲突当事方，从而使各种风险相互抵消，以维护国家内与外、现实与未来等整体利益的理念、机制与政策总和。"对冲"理论丰富了国家外交行为研究，和制衡、追随及疏远一道成为研究国家对外战略的重要视角之一。当"对冲"上升到一项国家战略，则成为国际关系领域的重要命题，体现出国家为应对不确定性而采取避险行为，在防范潜在危险的同时试图抓住可能的收益，避免选边站队或结成铁板一块的战

[①] 王栋:《国际关系中的对冲行为研究——以亚太国家为例》,《世界经济与政治》2018年第10期。

[②] 其成果参见: Holbrook Working, "Theory of the Inverse Carrying Charge in Futures Markets", *Journal of Farm Economy*, Vol. 30, 1948, pp. 1–28; Valeri I. Zakamouline, "Efficient Analytic Approximation of the Optimal Hedging Strategy for a European Call Option with Transaction Costs", *Quantitative Finance*, Vol. 6, No. 5, pp. 435–445; Yuki Toyoshima, Tadahiro Nakajima and Shigeyuki Hamori, "Crude Oil Hedging Strategy: New Evidence from the Data of the Financial Crisis", *Applied Financial Economics*, Vol. 23, No. 12, pp. 1033–1041.

◈ 第六章 海湾国家对中东地区国际关系的塑造 ◈

争共同体。①

国际关系和外交学界围绕对冲战略的研究成果丰硕,但是对其背后机理的探讨仍处于探索阶段。首先,对冲战略从实用主义理念出发,趋利避害,对收益和成本进行综合测算,以风险规避为主要偏好;其次,对冲战略的实施必须放在两个冲突方的结构性矛盾下,对冲战略的实施者投资两方,而不像制衡或者追随战略那样只有一个选项;再次,对冲战略不同于"等距离外交",即它与冲突方之间的亲疏关系并非绝对的、机械的均衡;最后,对冲并不一味地制衡威胁,也并非一味地追逐利益,而是"把鸡蛋放入冲突方的不同篮子里",根据利益的权重保持一种动态的平衡,不管哪一方取得优势都能从中受益。

对冲战略对阿联酋近十年的两次外交政策转变具有很强的解释力:例如 2018 年"阿拉伯之春"第二波发生以来,阿联酋在沙特和伊朗阵营对抗中明显站在沙特一边,但同时希望缓和同伊朗的矛盾、避免激怒伊朗;阿联酋与以色列建交,同时强调支持巴勒斯坦正义事业,反对以色列吞并约旦河谷巴勒斯坦人土地;在利比亚问题上,阿联酋支持俄罗斯、法国和埃及对抗土耳其,但更希望俄罗斯和埃及冲锋在前;在叙利亚冲突问题上,阿联酋恢复向叙利亚派驻大使,在美俄之间保持平衡。

2018 年以来,中东地区主要国家对外政策纷纷作出了新一轮重大调整,根据其行为模式来看,大致可分为三种模式:自主型(伊朗、土耳其等)、依附型(以色列、沙特、埃及、约旦等)和对冲型(阿联酋、苏丹、伊拉克、吉布提、摩洛哥等)。第一类制衡霸权国,推行"威胁平衡";第二类追随霸权国,推行"利益平衡";第三类试图在霸权国和挑战国之间两面下注,推行"多元平衡"。"多元平衡"是阿联酋"对冲战略"背后的逻辑,前者是本质,后者是现象;前者是因,后者是果。在"多元平衡"理念下,实施者一方面加强与

---

① 刘丰、陈志瑞:《东亚国家应对中国崛起的战略选择:一种新古典现实主义的解释》,《当代亚太》2015 年第 4 期; John Hemmings and Maiko Kuroki, "Tokyo Trade-Offs: Shinzo Abe's Hedging Strategy Against China", *The RUSI Journal*, Vol. 158, No. 2, pp. 58–66.

盟国和伙伴国的合作（"做加法"），另一方面缓和与冲突方的矛盾（"做减法"），平衡国内目标与国际目标。"多元平衡"的实施方不追求制衡单一威胁或追逐单一利益，而是从全局出发，综合权衡多元威胁和多元收益。明确的制衡可能激怒目标国家，明确的追随可能使国家丧失战略自主性，而对冲的使用旨在通过保持合作姿态，避免加剧紧张局势或导致与目标国家的冲突。[①] 在阿拉伯世界，如果说20世纪50—70年代初埃及依靠"制衡战略"维持政治大国地位，保持在中东和阿拉伯世界的领导权，20世纪70年代中期至"阿拉伯之春"爆发沙特通过"追随美国的战略"，巩固能源大国地位，并维护了在中东和阿拉伯世界的领导权，阿联酋则希望通过创新驱动发展释放活力，在"新中东"阶段依靠"对冲战略"减少不必要的成本和风险，在维护政权稳定的基础上，把自己打造成"中东地区的和平与繁荣之岛"，成为推动中东科技创新、经济增长和社会改革的"火车头"。

表6.2　　　制衡战略、追随战略与对冲战略对比分析

	制衡战略	追随战略	对冲战略
基本理念	制衡霸权国	追随霸权国	在霸权国与挑战国之间两面下注
隐性逻辑	威胁平衡	利益平衡	多元平衡
外交原则	战略自主性	战略依附性	战略灵活性
风险应对	接受风险	规避风险	规避风险
联盟政治	与反霸国家结成统一战线	加入霸权国领导的俱乐部	与霸权国和挑战国同时建立不同程度的合作关系
国际体系观	国际体系的改造者	国际体系的接受者	国际体系的适应者
代表性国家	伊朗、土耳其	以色列、沙特、埃及、约旦	阿联酋、伊拉克、苏丹、吉布提

资料来源：作者自制。

[①] Kei Koga, "The Concept of 'Hedging' Revisited: The Case of Japan's Foreign Policy Strategy in East Asia's Power Shift", *International Studies Review*, Vol. 20, Issue 4, December 2018, pp. 634–638.

第六章　海湾国家对中东地区国际关系的塑造

二　阿联酋奉行对冲战略的动因分析

阿联酋建国后赶上国际高油价，积累了可观的石油美元，展开了卓有成效的经济外交。同时，由于阿联酋是个新成立的酋长国，领导人很少受历史包袱的影响，更容易推动经济和社会改革，也更需要稳定的外部环境。冷战结束以来，阿联酋是中东地区经济转型较为成功的国家之一，其改革力度超过了20世纪80年代的科威特、90年代的阿曼和21世纪初的卡塔尔，从依靠地租经济转向发展航运业和金融业，从传统能源到开发民用核能和太阳能，从建设高科技城到研发火星探测器。阿联酋的经济多元化发展战略给国家带来了活力，人均国内生产总值稳居中东第二位，进入全球高收入国家行列，科技与军事实力大幅度提升，成为中东地区不容小觑的经济、科技和军事强国。

所以从2018年以来，阿联酋外交政策出现调整，如重新向叙利亚派驻大使、支持巴沙尔政府恢复在阿盟的席位；暂停在也门的军事行动；在利比亚冲突问题上退居二线，乐见俄罗斯和埃及制衡土耳其。2020年8月，阿联酋宣布与以色列实现关系正常化，同时向伊朗提供抗击新冠肺炎医疗援助，进一步体现出阿联酋外交政策的灵活性，从战略进攻转向战略守成。阿联酋奉行对冲战略具有深刻的国内、国际原因。

第一，国家脆弱性是新时期阿联酋奉行对冲战略的国情原因。1968年英国结束对苏伊士运河以东地区的殖民统治后，阿联酋于1971年宣告成立，卡塔尔和巴林拒绝加入酋长联合体，使原来设想的"九兄弟"联盟变成了"七兄弟"联盟。[1] 阿布扎比和迪拜将财富分给其他弱小酋长国，才勉强安抚了其他几个酋长国，形成了脆弱的"阿联酋"国家认同。[2] 阿联酋拥有中东地区特殊的政治体制，它是个建立在部落酋长制基础上的联邦制国家。战后海湾地区一直是地区内外大国博弈的焦点，两伊战争、海湾地区的油轮战、伊拉克吞并科

---

[1] Abdullah Omran Taryam, *The Establishment of the United Arab Emirates*, 1950 - 85, London and New York: 1987, p.142.

[2] Khalid S. Almezaini, *The UAE and Foreign Policy: Foreign Aid, Identities and Interests*, London and New York: Routledge, 2012, pp. 30 - 31.

威特、"基地"组织和"伊斯兰国"兴起、穆兄会分支机构向阿联酋渗透、巴林与也门发生"街头政治"以及美国与伊朗围绕核问题剑拔弩张等,都使阿联酋存在严重的不安全感。对于阿联酋来说,"选边站"更容易引发第三国的敌意,甚至沦为大国地缘政治斗争的牺牲品。

第二,领导人决策风格是新时期阿联酋奉行对冲战略的决策原因。一般来说,政治制度(集权政府与分权政府)、领导人对外交政策的兴趣(统领型与撒手型)、决策的时代背景(战争时期与和平时期)、执政风格(小集团决策模式与公开辩论模式)等,决定了领导人在对外政策中的作用。[1] 根据阿联酋 1996 年颁布的"永久宪法",联邦政府在外交事务上具有专属的立法和行政管辖权,即外交决策主要是在联邦层面。[2]

阿联酋外交决策权高度集中,外交政策很大程度上是由总统决定的。其外交政策可大致分为三个时期,即 2004 年前的扎耶德·本·苏丹·阿勒纳哈扬时期(简称"扎耶德时期")、2004—2014 年的哈利法·本·扎耶德·阿勒纳哈扬时期(简称"哈利法时期")、以及 2014 年哈利法中风以来其弟弟穆罕默德·本-扎耶德王储时期("穆罕默德时期")。三任领导人个性特点不同,面临的国内、地区形势不同,所以在具体外交政策上有重大区别。2010 年底"阿拉伯之春"爆发后,哈利法更主张"积极进攻"和"以暴制暴",所以执行"制衡威胁"战略;阿布扎比酋长穆罕默德成为事实上的外交决策最高领导人,他更有韬略,在使用武力、干预地区事务中更有节制,更主张克制、迂回和以柔克刚。在穆罕默德领导下,阿联酋政府宣布 2019 年为"宽容年",邀请梵蒂冈教皇弗朗西斯一世访问阿布扎比,与艾资哈尔大伊玛目艾哈迈德·塔耶伯举行宗教对话。

第三,推进经济多元化发展、打造竞争型知识经济的改革任务是

---

[1] Valerie M. Hudson, and Benjamin S. Day eds., *Foreign Policy Analysis: Classic and Contemporary Theory*, Lanham: Rowman & Littlefield, 2020, pp. 40–41.

[2] 如前文提到的,各酋长国不得违背联邦的利益或违反联邦法律。

阿联酋对冲战略的经济原因。阿联酋对外实施对冲战略旨在为国内政治和经济改革营造良好的环境。21 世纪初期，阿联酋政府大力推进多元化发展战略，重视发展以信息技术为核心的知识经济。2010 年，阿联酋政府发布了《阿联酋 2021 年愿景国家规划》（UAE Vision 2021 National Agenda），旨在打造以创新为基础的竞争型知识经济。2014 年，阿联酋政府发布了《国家创新战略》（National Innovation Strategy），该项战略旨在 7 年内推动可再生能源、运输、教育、健康、技术、水、太空 7 大领域的创新，使阿联酋成为世界上最具创新的国家之一。[①] 2017 年，阿联酋政府制定了《阿联酋第四次工业革命战略》（UAE Strategy for the Fourth Industrial Revolution）并成立专门委员会，旨在建立一个有竞争力的国民经济，以知识、创新和未来为导向，以综合物理、数字和生物技术应用为基础。[②] 为了推进相关发展战略，阿联酋政府提出打造"更灵活主动"新政府的目标。2020 年 7 月 5 日，阿联酋联邦政府通过新一轮重组决议。[③] 联邦政府计划在两年内关闭 50% 的政府服务中心并转换成数字平台，同时将约 50% 的联邦机构整合或在各部委之间合并设立新政府部长职位。此轮政府改组主要包括：把原能源部和基础设施部合并成能源和基础设施部；合并总退休金和社会保障局和社区发展部；把国家媒体委员会、联邦青年管理局合并入文化部；合并国家资格局和教育部。其他联邦政府的主要调整还包括：设立负责国家工业部门的工业和先进技术部（Ministry of Industry and Advanced Technology），并与阿联酋航空标准化与计量局（Emirates Authority for Standardization and Metrology）合并；任命经济部的三位部长，以及负责数字经济、人工智能和远程工

[①] The United Arab Emirates' Government portal, "National Innovation Strategy", https://u. ae/en/about-the-uae/strategies-initiatives-and-awards/federal-governments-strategies-and-plans/national-innovation-strategy, 2020 – 01 – 16.

[②] The United Arab Emirates' Government Portal, "The UAE Strategy for the Fourth Industrial Revolution", January 16, 2020, https://u. ae/en/about-the-uae/strategies-initiatives-and-awards/federal-governments-strategies-and-plans/the-uae-strategy-for-the-fourth-industrial-revolution.

[③] The United Arab Emirates' Government Portal, "The UAE Cabinet", August 10, 2020, https://u. ae/en/about-the-uae/the-uae-government/the-uae-cabinet.

作应用的国务部长,并成立阿联酋政府媒体办公室等。①

为实现上述发展规划,阿联酋开展了更广泛的国际合作。2020年,在韩国的帮助下,阿联酋启用了阿拉伯世界第一座民用核电站——巴拉卡核电站,还将建设一座光伏发电站、一座垃圾和太阳能发电相结合的发电站。通过与以色列关系正常化,阿联酋可以将埃及的苏伊士运河走廊和丰富的劳动力资源、沙特的石油与充沛资金以及阿联酋的商业枢纽地位同以色列的高科技优势有机结合,构建以色列特拉维夫—埃及苏伊士运河经贸走廊—沙特 NEOM 新城—阿联酋迪拜的跨中东商业版图。②

第四,油价下跌和经济增长低迷是阿联酋奉行对冲战略的财政原因。如图 6.1 所示,2000—2006 年,阿联酋的年均国内生产总值增速达到了 8.4%。但受全球金融危机的影响,阿联酋的国内生产总值从 2008 年的 3154.75 亿美元骤减至 2535.47 亿美元,2009 年其国内生产总值增长率为 -5.24%。③ 阿联酋的经济从 2009 年开始恢复,2010—2014 年国内生产总值年均增幅约 5%;但后续受到 2014 年开始的国际能源价格持续下跌及财政支出削减的影响,阿联酋最近几年的经济增长速度在不断放缓。根据阿联酋中央银行的数据,受增值税影响逐渐消退、迪拉姆升值、能源价格下跌、租金下降等因素的影响,2018 和 2019 年,阿联酋非石油产业经济增速分别为 0.7% 和 1%,低于石油行业经济增速 2.5% 和 3.4% 的同期水平。④

阿联酋政府一直实行经济多元化发展、扩大贸易和增加非石油收入在国内生产总值中比重的战略。但迄今为止,阿联酋经济对石油资源依然存在较大的依赖,非石油产业经济增速仍呈现波动,使得有"土豪"之称的阿联酋隐忧浮现,不得不在对外政策上开源节

---

① 阿联酋通讯社:《总统批准阿联酋政府的新架构》,https://www.wam.ae/zh-CN/details/1395302853318,2020 年 7 月 5 日。
② 刘彬:《阿布扎比王储:阿联酋的实际掌舵人》,《世界知识》2020 年第 18 期。
③ The World Bank, "Data: United Arab Emirates", https://data.worldbank.org/country/united-arab-emirates? view = chart.
④ Central Bank of the UAE, "Annual Report 2019", https://www.centralbank.ae/sites/default/files/2020-05/Annual%20ReportENG19.pdf, p. 24.

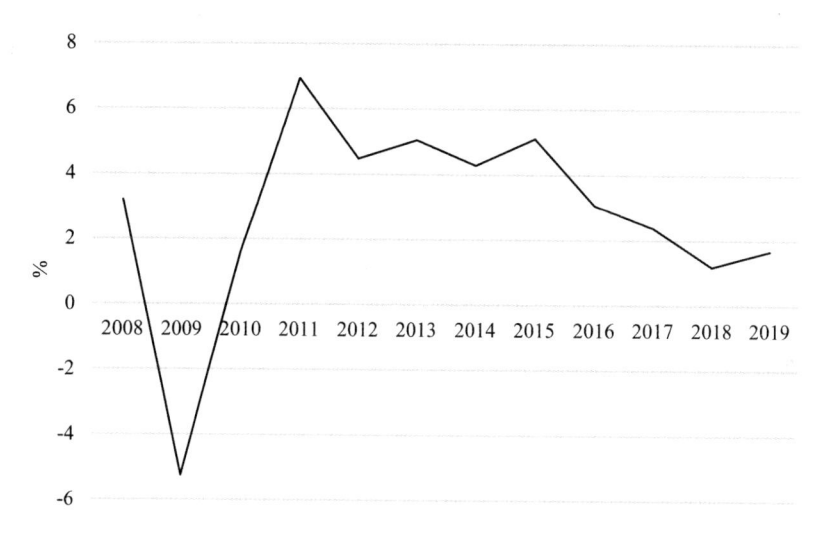

图6.1 2008—2019年的阿联酋国内生产总值年均增长率

资料来源：作者自制，数据从 The World Bank，"DataBank：World Development Indicators"数据库导出。

流，避免树敌过多。国内财政状况的恶化和国际油价下跌，使阿联酋赖以生存的经济杠杆丧失效力，不得不通过外交层面的"止血"来维护政治和经济稳定。在阿拉伯与以色列关系问题上，阿联酋一直谨慎地支持阿以和谈；虽然曾和其他海合会国家一起，拒绝取消对以色列的主要抵制，但阿联酋在公开场合仍然坚定支持巴勒斯坦事业。阿联酋宣布与以色列实现关系正常化这一外交举措，是2010年阿拉伯之春后阿联酋外交政策的重大调整，为国内产业结构调整以应对低油价"常态化"作准备。

第五，"阿拉伯之春"爆发后阿联酋外交乏善可陈是其奉行对冲战略的外交原因。为应对突如其来的中东乱局，阿联酋与沙特结成攻防联盟，两国步调一致、积极塑造，介入中东地区几乎所有热点事务。阿联酋主动谋势、以攻为守，影响力从西亚拓展至东非、东地中海、北非甚至是巴尔干地区，表现出强硬和咄咄逼人的特点，伊朗领导下的什叶派抵抗联盟（伊朗、胡塞武装、伊拉克什叶派武装组织、黎巴嫩真主党等）、土耳其领导下的亲穆兄会联盟（土耳其、卡塔尔、利比亚民族团结政府)、俄罗斯领导下的反美联盟(俄罗斯、叙利亚巴沙尔政府、伊朗和土耳其)均成为阿联酋防范和制衡的对象。

首先,在中东政治事务中,阿联酋在卡塔尔外交危机中持强硬态度,对卡塔尔与土耳其为伍、暗地支持以穆兄会为代表的政治伊斯兰极为不满,故采取打压态度,对穆兄会在阿联酋分支机构——改革党(Al-Islah)的暴恐活动保持高度警惕。穆兄会代表人物优素福·格尔达维和利比亚最著名的伊玛目阿里·萨利比长期在卡塔尔定居,引发了阿联酋的强烈不满。[1]

其次,在中东安全事务中,阿联酋军事介入叙利亚战争、一度强硬地要求推翻巴沙尔政权,参与针对也门胡塞武装的军事行动,支持利比亚哈利法·哈夫塔尔将军领导下的利比亚国民军对抗政治伊斯兰势力——土耳其和卡塔尔支持下的民族团结政府,在厄立特里亚阿萨卜部署军事基地,制衡土耳其在索马里首都摩加迪沙部署军事训练基地。阿联酋还积极充当美国在海湾地区的代言人,反对伊朗推动核计划并试射弹道导弹,反对伊朗插手阿拉伯世界内部事务,成为美国遏制伊朗的"排头兵"。

最后,阿联酋以经济援助为杠杆,培养代理人,影响埃及、约旦、伊拉克和摩洛哥等国的国内局势,构筑反伊朗、反穆兄会国际统一战线。2015年,阿联酋官方发展援助占国民总收入(GNI)的比例为1.09%,居世界第一位。2018年,阿联酋向42个国家支出超过285亿阿联酋迪拉姆,提供的官方发展援助占国民总收入比率为0.93%,连续第六年超过联合国0.7%的官方发展援助目标。[2] 阿联酋还建立了一批具有国际影响的对外援助和慈善机构,如阿布扎比发展基金会、阿联酋红新月会、扎耶德慈善基金会(Zayed Charitable Foundation)等。阿联酋成立对外援助协调办公室(Office for the

---

[1] David B. Roberts, "Understanding Qatar's Foreign Policy Objectives", *Mediterranean Politics*, Vol. 17, Issue 2, July 2012, p. 238.

[2] The United Arab Emirates' Government Portal, "The UAE's aid to Foreign Countries", September 22, 2020, https://u.ae/en/information-and-services/charity-and-humanitarian-work/the-uae-aid-to-foreign-countries。

Coordination of Foreign Aid）后，通过能力建设、信息共享等方式促进各捐赠组织之间的合作。2013 年穆尔西总统被废黜以来，阿联酋一直是埃及最大的援助国。[①] 2015 年，阿联连续第三次成为 ODA 统计的全球十大援助国之一。[②]

阿联酋利用军事干预和经济援助双重手段影响地区形势，应对以伊朗为代表的什叶派政治伊斯兰、以土耳其为代表的逊尼派政治伊斯兰、以"伊斯兰国"和"基地"组织为代表的恐怖主义以及以俄罗斯为代表的反美联盟等构成的多重挑战。"阿拉伯之春"爆发十年来，阿联酋外交政策从以往非对抗的温和形象转向强硬态度，甚至不惜以军事介入的方式卷入地区事务，但伊朗领导下的什叶派"抵抗联盟"和土耳其领导下的逊尼派亲穆兄会联盟未受到根本性削弱。除干预巴林街头政治取得成功外，阿联酋等"阿拉伯联军"干预也门成为"烂尾工程"；伊朗并未屈服于美国的压力；卡塔尔依旧和土耳其亦步亦趋；叙利亚巴沙尔政府巩固了在国内的统治，收复国内绝大部分城市；利比亚民族团结政府在土耳其的支持下成功解围。阿联酋插手地区事务，不仅加大了财政压力，而且没有提升预期的影响力，甚至破坏了"阿拉伯之春"爆发前阿联酋和平、温和的国家形象。阿联酋"威胁平衡"政策代价高昂，不仅未能塑造有利的权力关系、消除安全威胁，而且也门胡塞武装、叙利亚巴沙尔政府和利比亚民族团结政府均巩固实力，卡塔尔也在土耳其的支持下"我行我素"，执行强硬路线。在百年未有之大变局下，阿联酋领导人审时度势，以对冲战略代替以往的制衡战略，其背后是国情因素、决策因素、发展因素、财政因素和外交因素共同作用的结果。通过对外战略调整，阿联酋期望适应新的地区安全形势和国际经济形势，为打造阿联酋发展模式、成为地区和平与繁荣的"绿洲"营造良好的内外部环境。

---

① Rafeef Ziadah, "The Importance of the Saudi-UAE Alliance: Notes on Military Intervention, Aid and Investment", *Conflict, Security & Development*, Vol. 19, Issue 3, June 2019, p. 297.

② Emirates News Agency, "UAE Ranked world's 2nd Largest ODA Donor", April 14, 2016, https://www.wam.ae/en/details/1395294106778.

三 阿联酋对冲战略的实施

如表 6.3 所示，本书把阿联酋对冲战略的实施归纳为两个层面——增加朋友和减少敌人。

表 6.3 "阿拉伯之春"爆发以来阿联酋对外政策的调整

战略选择	遏制战略	对冲战略
时间跨度	2010—2018 年（"旧中东"）	2018 年至今（"新中东"）
时代背景	"阿拉伯之春"第一波	"阿拉伯之春"第二波
隐性逻辑	威胁平衡	多元平衡
大国关系	联美反俄，遏制俄罗斯—伊朗—土耳其三角政治联盟	与美加强军事合作伙伴关系，与中国建立全面战略伙伴关系，与俄建立能源合作伙伴关系
叙利亚政策	对美"一边倒"、推翻巴沙尔政府	重新派驻大使、欢迎叙利亚重返阿盟
伊朗核问题	联合美国、加入"中东战略联盟"，遏制"什叶派抵抗联盟"	与伊朗保持政治对话，向伊朗提供抗疫援助
卡塔尔政策	与沙特等一道对卡塔尔"立体封锁"，遏制土耳其领导下的"亲穆兄会联盟"	适度接触卡塔尔
利比亚政策	军事介入，配合西方推翻卡扎菲政权，支持利比亚国民军进攻民族团结政府	政策超脱，让埃及和俄罗斯充当遏制土耳其的前线力量
巴以政策	维护阿拉伯世界整体利益，支持"两国方案"，坚持"阿拉伯和平倡议"	阿联酋本国利益优先，与以色列关系正常化
巴尔干政策	支持科索沃独立、承认科索沃为主权国家	投资塞尔维亚，在塞尔维亚和科索沃之间开展斡旋

资料来源：作者自制。

"增加朋友"旨在增加外交资源，为国内经济社会改革营造良好的外部环境，"减少敌人"旨在减少外交资源消耗。美欧一直处于阿联酋外交中的优先位置，中国和俄罗斯是新型合作伙伴，是近年来阿联酋拓展全球影响力的重要合作对象。阿联酋《宪法》第十二条规

◆ 第六章 海湾国家对中东地区国际关系的塑造 ◆

定:"阿拉伯联合酋长国的外交政策旨在支持阿拉伯—伊斯兰事业和利益,在《联合国宪法》和国际标准的基础上,增强同所有国家和人民的友谊与合作。"① 自建国之日起,阿联酋先后与英国、美国和法国等西方国家建立密切的安全合作关系。2018 年以来,阿联酋同时与美国、中国和俄罗斯三大国保持军事伙伴、政治伙伴和能源伙伴关系。

巩固与美国的安全伙伴关系是阿联酋外交的重要基础。自 1991 年海湾战争结束以来,美国的军事保护一直是阿联酋安全的基石。1994 年 7 月,美国与阿联酋签订共同防务协定,美国据此在阿布扎比的宰夫拉部署军事基地,并在杰布·阿里部署海军设施,为美国海军提供停靠和补给服务。到 21 世纪初,美国在宰夫拉的驻军约为 1800 人②,成为首个与北约建立正式合作关系的海湾及阿拉伯国家,并向北约派驻大使。截至 2020 年 8 月,美军在该基地达到了 3500 人,法国在宰夫拉军事基地也部署了 600 官兵。美国在阿联酋部署了先进的 F-22 战机、"U-2"和"全球鹰"侦察机;阿联酋也成为美国重要的军火买家和防务合作伙伴。③

美国还帮助阿联酋发展高科技。2014 年 7 月,阿联酋成立"国家航空局",与美国开展密切的航空航天合作。2019 年 9 月,阿联酋向国际太空站派出第一名宇航员。2020 年 7 月,阿联酋与美国联合研制的"希望号"火星探测器在日本种子岛成功发射升空,这也是中东地区首个火星探测器,标志着阿联酋步入航空大国行列。④

---

① "Constitution of the United Arab Emirates", August 13, 2019, https://www.constituteproject.org/constitution/United_Arab_Emirates_2004.pdf.
② Kristian Coates Ulrichsen, *The United Arab Emirates: Power, Politics and Policymaking*, London and New York: Routledge, 2017, pp. 142-143.
③ Kenneth Katzman, "The United Arab Emirates (UAE): Issues for U.S. Policy", *Congressional Research Service*, RS21852, June 24, 2015, https://digital.library.unt.edu/ark:/67531/metadc700662/m1/1/high_res_d/RS21852_2015Jun24.pdf, p. 1.
④ NASA, "NASA, UAE Space Agency Sign Historic Implementing Arrangement for Cooperation in Human Spaceflight", https://www.nasa.gov/press-release/nasa-uae-space-agency-sign-historic-implementing-arrangement-for-cooperation-in-human, 2018-10-04; Emirates Space Agency, "About EMM", https://www.emiratesmarsmission.ae/.

同时，美国敦促阿联酋推动政治民主化进程，国务院官员多次批评阿联酋政府，认为其存在使用酷刑、政府限制言论自由和集会、缺乏司法独立等问题，称美国政府将致力于促进阿联酋民主、法治、媒体独立和公民社会建设。① 美国干涉阿联酋内政，引起王室高层不适与不满。如前所述，从政治制度来看，阿联酋是中东地区为数不多的酋长制联邦国家，或者说是一种部落联邦制国家。在政治体制中，阿联酋既保持阿拉伯—伊斯兰政治文化传统，又引入现代联邦制。在国内政治体制中，阿联酋一直妥善处理"一元"与"多元"的关系，即政府在上层建筑层面既高度重视联邦政府的中央权力，又赋予各酋长国各种自主权；既维护内政和外交权力的高度集中和统一，又在经济、社会与文化层面鼓励多元和包容。副总统兼阿布扎比酋长哈利法和迪拜酋长穆罕默德都强调：西方民主不适合阿联酋政治，因为阿联酋有协商议会（联邦最高委员会和联邦全国委员会），可以发挥参政、议政和执政功能；西方政党政治和选举政治必然导致阿联酋部落社会的分裂和政治伊斯兰势力掌握权柄。②

如果说阿联酋与美国的安全合作是存量，与亚洲大国的经贸和能源合作则是增量。为平衡美国推动所谓阿联酋民主化的压力，阿联酋在美国与非西方大国之间实施对冲战略，进行全球外交布局，与世界其他大国同时建立战略合作关系，中国、日本、韩国和印度等成为阿联酋全球战略的重要组成部分，并在双边经贸合作发展上取得了显著进展。例如，阿联酋是印度第十大投资国，阿联酋在印度投资额达18亿美元，2015年8月，莫迪访问阿联酋，两国的国家安全委员会建立战略对话机制。③ 2019年，阿联酋和韩国把2009年建立的"战略合作伙伴关系"提升为"特殊战略伙伴关系"，除了继续加强在巴

---

① Kenneth Katzman, "The United Arab Emirates (UAE): Issues for U. S. Policy", *Congressional Research Service*, RS21852, June 24, 2015, https://digital.library.unt.edu/ark:/67531/metadc700662/m1/1/high_res_d/RS21852_2015Jun24.pdf, p. 4.

② Kenneth Katzman, "The United Arab Emirates (UAE): Issues for U. S. Policy", *Current Politics and Economics of the Middle East*, New York: Nova Science Publishers, 2015, p. 311.

③ Ministry of External Affairs, Government of India, "India-UAE Relations", February 8, 2012, http://www.mea.gov.in/Portal/ForeignRelation/uae-august-2012.pdf.

拉卡核电站和国防军工方面的合作，还把合作领域拓宽到了高精尖产业的实质性合作。①

阿联酋是中国重要的贸易与投资伙伴，70%的中国制造商品先抵达阿联酋迪拜，再进入中东、非洲和欧洲市场。大约 30 万华人在迪拜经商，4200 家中国企业在迪拜从事商业活动。尽管美国从中阻挠，但是阿联酋积极参与"一带一路"建设，并成为亚投行的创始会员国。② 2018 年 7 月，阿联酋阿布扎比王储访华，与习近平主席举行会谈。2019 年 7 月，在中共十九大结束后，习近平国际访问的第一站便选择了阿联酋，两国宣布建立全面战略伙伴关系。③ 在习近平主席与阿布扎比王储穆罕默德的共同见证下，中核集团董事长余剑锋与阿联酋核能公司总裁哈马迪在北京签署谅解备忘录，与阿联酋国务部长、阿布扎比国际金融中心主席艾赫迈德·阿里·阿尔·沙耶赫签署建设财资及投融资中心合作协议。这是中阿两国企业积极响应习近平提出打造"全面合作、共同发展、面向未来的中国阿拉伯战略伙伴关系"及"中国—阿联酋全面战略伙伴关系"的号召，深化"一带一路"倡议和中阿全面战略合作的具体举措，也是双方探索建立"产融"合作可持续发展模式的创新实践。④ 中国和阿联酋在抗击新冠肺炎疫情的疫苗合作成为两国科技合作的亮点。2020 年 6 月 23 日，中国医药集团有限公司（下文简称国药集团）和总部位于阿布扎比的阿联酋人工智能和云计算公司——42 集团（G42）签署了一项临床合作协议，由后者在阿布扎比卫生部的监督下负责阿联酋的新冠灭活疫苗国际临床（三期）试验（下文简

---

① "The UAE and South Korea: A Shared Path to Prosperity", UAE National News, February 26, 2019, https://www.thenationalnews.com/uae/government/the-uae-and-south-korea-a-shared-path-to-prosperity-1.830375.

② Kristian Coates Ulrichsen, *The United Arab Emirates: Power, Politics and Policymaking*, London and New York: Routledge, 2017, pp. 151–155.

③ 截至 2020 年，中国与阿尔及利亚、埃及、沙特、伊朗、阿联酋五国建立了全面战略伙伴关系。

④ 国家能源局：《中阿签署和平利用核能合作的谅解备忘录》，http://www.nea.gov.cn/2019-07/26/c_138260426.htm，2020 年 7 月 26 日。

称试验）操作。① 7月16日，名为"4号人类试验"的试验在阿布扎比正式启动，并在6个星期的时间内收集了来自125个不同国籍，共计3.1万名疫苗志愿者的临床数据。8月，G42通过阿联酋和巴林卫生机构间的合作，在巴林设立了除阿布扎比和沙迦外的第三个试验中心，将试验拓展到了巴林。② 9月，G42的试验已经涵盖了阿联酋、巴林、约旦和埃及四国，其中在埃及就招募了6千名志愿者。③ 9月，阿联酋政府批准向一线工作人员紧急使用国药集团研发的灭活疫苗。12月9日，阿联酋建康和预防部宣布正式注册国药集团的灭活疫苗。④

阿联酋与俄罗斯积极构建能源供应联盟，是其大国平衡外交的另一表现。阿联酋与美国开展防务合作，同时与俄罗斯开展能源合作，成为其对冲战略的集中体现。在能源政治领域，逊尼派阿拉伯国家如沙特、阿联酋、卡塔尔、阿曼、科威特等是俄罗斯的天然合作伙伴。在2019年1月1日卡塔尔退出欧佩克之前，欧佩克有14个成员国，其中有8个来自中东地区，占欧佩克石油总产量的83%。据统计，俄罗斯和中东国家的石油总储量和总产量分别占世界的60%和50%，天然气总储量和总产量分别占世界的63%和40%。石油和天然气出口收入占俄罗斯国民收入的50%，占海湾阿拉伯国家国民收入的80%左右。⑤ 2019年10月，俄罗斯总统普京正式访问阿联酋，两国

---

① G42, "World's First Phase III Clinical Trial of COVID – 19 Inactivated Vaccine Begins in UAE", July 16, 2020, https：//g42.ai/news/healthcare/worlds-first-phase-iii-clinical-trial-covid-19-inactivated-vaccine-begins-in-uae/.

② G42, "G42 and Sinopharm Launch World's First Phase III Clinical Trial of Covid – 19 Vaccine", June 23, 2020, https：//g42.ai/news/healthcare/g42-sinopharm-phase-3-clinical-trial-vaccine/; G24, "4Humanity Covid – 19 Vaccine Clinical Trials Expand to Bahrain", August 11, 2020, https：//g42.ai/news/healthcare/4humanity-covid-19-vaccine-clinical-trials-expand-to-bahrain/.

③ G42, "G42 Healthcare COVID – 19 Vaccine Trials Expand to Egypt", September 17, 2020, https：//g42.ai/news/healthcare/g42-healthcare-covid-19-vaccine-trials-expand-to-egypt/.

④ The United Arab Emirates' Government Portal, "Sinopharm's COVID – 19 Vaccine", https：//u.ae/en/information-and-services/justice-safety-and-the-law/handling-the-covid-19-outbreak/vaccines-against-covid-19-in-the-uae/sinopharm-covid-19-vaccine.

⑤ Nicu Popescu and Stanislav Secrieru eds., "Russia's Return to the Middle East: Building Sandcastles?", Chaillot Papers, No. 146, July 31, 2018, https：//www.iss.europa.eu/sites/default/files/EUISSFiles/CP_146.pdf, pp. 30 – 31.

在能源等领域签订了 13 亿美元的合作协议，进一步提升了两国在油气领域的伙伴关系。①

中美俄在中东既有共同利益，又存在战略博弈。阿联酋为规避风险，选择与上述三大国同时保持战略关系，通过议题联系分别建立军事、政治和能源合作关系，使大国在中东的张力得以相互消解，对阿联酋的负面影响降到最低限度。

除增加朋友外，阿联酋对冲战略付诸实施的第二个层面是减少地区敌人。2010 年"阿拉伯之春"的爆发使阿联酋一度陷入紧张。突尼斯、利比亚、埃及、也门发生政权更迭，巴林、叙利亚发生严重的街头政治，更是让阿联酋统治高层提高警惕。阿联酋政府未雨绸缪，将叙利亚内战、伊朗插手阿拉伯国家事务、政治伊斯兰势力的崛起等均视为安全威胁，并通过培养代理人、提供军事和经济援助等，试图塑造有利的权力关系。但阿联酋对外安全战略处处受阻。2018 年以来，阿联酋对外用兵和经济援助更加有节制，重新回归冷静与温和，恢复了通过外交手段解决争端的外交传统。

第一，在叙利亚问题上，阿联酋从对美"一边倒"转向"动态平衡"。叙利亚内战爆发初期，阿联酋与美国密切合作，积极支持温和的伊斯兰反政府武装、支持阿盟终止巴沙尔政府的席位。2012 年 4 月，在"叙利亚之友"大会上，阿联酋和其他海合会国家承诺向叙利亚反政府武装提供 1000 亿美元的援助。2014 年"伊斯兰国"崛起后，阿联酋与美国合作多次派战机袭击叙利亚境内的"伊斯兰国"据点。② 2018 年以来，阿联酋在叙利亚问题上奉行对冲战略，在叙利亚政府与各种反对派力量之间两面下注，向叙利亚重新派驻大使，支持叙利亚重返阿盟，降低对反对派的支持力度，提升了在叙利亚问题上的外交自主性。

---

① "Russian President Vladimir Putin's Visit to UAE Seals Big Deals", The Khaleej Times, October 15, 2019, https：//www.khaleejtimes.com/uae/abu-dhabi/russian-president-vladimir-putins-visit-to-uae-seals-big-deals.

② Kenneth Katzman, *The United Arab Emirates（UAE）：Issues for U. S. Policy*, New York：Nova Science Publishers, 2015, pp. 307 - 308, 326.

第二，在伊朗核问题上，阿联酋从"战略攻势"转向"战略缓和"。2011年，"阿拉伯之春"向海湾地区蔓延，阿联酋认为伊朗是背后的主要推手，于是同沙特果断采取行动，向巴林派出联合部队，镇压巴林的街头政治。沙特1000人、阿联酋500人以及卡塔尔和科威特的军队形成"半岛之盾"联合部队，干预巴林的国内游行示威。2013年，海合会形成了联合军事司令部，计划组建10万人的联合部队，试图将海合会打造成"海湾版北约"，干预也门、巴林和其他阿拉伯热点问题。阿联酋还向巴林和阿曼2015年提供200亿美元一揽子援助，以阻止街头政治在伊朗的推波助澜下向其他海湾阿拉伯国家扩散，演变为政权更迭的政治运动。①

2015年伊朗核协议签订后，阿联酋和沙特一道反对伊核协议，认为伊朗以此为掩护，发展弹道导弹，同时为研制核武器争取时间。受伊朗积极推动核计划的刺激，以沙特、阿联酋、巴林和埃及为代表的阿拉伯国家决心采取"战略跟进"，沙特、阿联酋和埃及宣布启动各自的民用核能计划，以应对国内不断增加的电力需求，增强海水淡化能力和防范伊朗"拥核崛起"。② 同年，阿联酋在厄立特里亚阿萨卜部署海军基地，以预防伊朗和土耳其向非洲之角渗透。2015年3月，除阿曼外，其他五个海合会国家发起"决断风暴行动"，出兵打击也门胡塞武装。当年8月，阿联酋向也门派出3000名地面部队。③

2015年9月，也门胡塞武装发动反攻，打死50多名阿联酋士兵，使阿联酋朝野一片震惊。于是，2018年开始，阿联酋调整思路，与也门胡塞武装和伊朗关系均出现了积极改善的信号，包括伊朗外长扎里夫据称与阿联酋外交与国际合作部长阿卜杜拉·本·扎耶德·阿勒

---

① Adam Ward, "Nuclear Energy Expansion in the Middle East: Reactions to Iran?", *Journal of Strategic Comments*, Vol. 12, Issue 9, November 2006, pp. 1 – 2.

② Adam Ward, "Nuclear Energy Expansion in the Middle East: Reactions to Iran?", *Journal of Strategic Comments*, Vol. 12, Issue 9, November 2006, pp. 1 – 2.

③ Gülşah Neslihan Akkaya, "How the Gulf Cooperation Council Responded to the Arab Spring", in Cenap Çakmak and Ali Onur Özçelik eds., *The World Community and the Arab Spring*, London: Palgrave Macmillan, 2019, p. 126.

纳哈扬会晤，讨论伊朗将阿布穆萨岛归还阿联酋、换取伊朗开发附近海床的权利等问题。[①] 2019 年特朗普政府对伊朗实施"极限施压"，给阿联酋与伊朗贸易造成严重的困难，2010 年开始两国贸易额从原先的 230 亿美元锐减至 40 亿美元。[②] 尤其是迪拜与伊朗保持密切经贸关系，拥有众多伊朗公司和 40 多万伊朗商人，更不愿意看到其与伊朗的贸易受到美国"长臂管辖"的影响，故不主张美国对伊朗的全方位经济制裁。2019 年 5 月，阿联酋富查伊拉沿岸油轮遇袭，美国指责伊朗是背后黑手，阿联酋在美国与伊朗之间开展了有限的斡旋外交，并发表声明称：没有证据证明是哪一种势力策划了此次袭击。2019 年 8 月，阿联酋海军高级将领访问伊朗，讨论促进地区局势降温的机制建设问题。当年 9 月，沙特阿美石油设施遇袭起火，美国指责伊朗是幕后黑手；2020 年 1 月美国用"无人机"暗杀伊斯兰革命卫队圣城旅指挥官苏莱曼尼，阿联酋不愿意卷入军事冲突中，公开呼吁各方保持克制，避免紧张局势升级[③]，进一步体现出阿联酋政府的对冲战略。

第三，在对卡塔尔政策上，阿联酋从"立体封锁"转向"适度接触"。"阿拉伯之春"爆发后，阿联酋认为什叶派政治伊斯兰代表——伊朗以及逊尼派政治伊斯兰代表——土耳其、卡塔尔和穆兄会分支机构形成的网络对其安全构成了威胁。阿联酋强调，伊朗的威胁是外部的，处于明处；穆兄会及其分支机构的威胁则是内部的，处于暗处。穆兄会在阿联酋的分支机构——"改革党"早在 20 世纪 90 年代遭取缔。"阿拉伯之春"爆发后，"改革党"死灰复燃，阿联酋指责卡塔尔利用半岛电视台帮助土耳其传播政治伊斯兰极端思潮，颠覆阿联酋国家政权。2014 年，阿联酋将穆兄会、黎巴嫩真主党以及

[①] Kenneth Katzman, "The United Arab Emirates (UAE): Issues for U. S. Policy", *Current Politics and Economics of the Middle East*, New York: Nova Science Publishers, 2015, p. 323.

[②] Kenneth Katzman, "The United Arab Emirates (UAE): Issues for U. S. Policy", *Current Politics and Economics of the Middle East*, New York: Nova Science Publishers, 2015, p. 324.

[③] Peter Salisbury, "Risk Perception and Appetite in UAE Foreign and National Security Policy", Middle East and North Africa Programme, Chatham House, July 2020, https://www.chathamhouse.org/sites/default/files/2020-07-01-risk-in-uae-salisbury.pdf, p. 15.

"基地组织"分支机构等共 85 个政治组织列为"恐怖组织"。[①] 2014 年埃及军方废黜穆尔西政权后,阿联酋在 2015 年发起召开了"埃及经济发展大会",海合会国家纷纷表示将加大对埃及塞西政府的援助力度,其中阿联酋承诺投资 140 亿美元,占埃及获得的外援总额的 70%。[②] 阿联酋积极向埃及"输血",大规模投资埃及小麦生产、金融和基础设施产业,支持埃及建立新首都,一方面增强了对塞西政府外交政策的影响能力,另一方面借助塞西政府打击暴力恐怖主义活动和穆兄会分支机构。[③]

因此,卡塔尔危机的背后是以沙特和阿联酋为代表的传统伊斯兰势力,同以土耳其和卡塔尔为代表的现代伊斯兰势力的较量。2017 年,沙特、阿联酋、巴林和埃及一道与卡塔尔断交,要求卡塔尔停止支持穆兄会。在卡塔尔强硬外交路线面前,阿联酋和沙特等国的"极限施压"政策乏善可陈,故 2018 年以来阿联酋开始采取软化措施,对卡塔尔实施接触政策,阿联酋由对沙特"一边倒"转向在沙特和土耳其之间实施对冲战略。2019 年底,沙特和卡塔尔举行高官会谈,阿联酋也释放与卡塔尔改善关系的信号,包括 2020 年 2 月与卡塔尔恢复邮政业务;阿联酋和沙特还一致同意卡塔尔国防大臣参加海合会年度安全会议。[④]

第四,在利比亚问题上,阿联酋从"军事介入"到"适度超脱"。2011 年,美英法对利比亚政府发动空袭,决心推翻卡扎菲政府。阿联酋与北约步调一致,向利比亚海域派出了 12 架战斗机,阿

[①] Peter Salisbury, "Risk Perception and Appetite in UAE Foreign and National Security Policy", Middle East and North Africa Programme, Chatham House, July 2020, https://www.chathamhouse.org/sites/default/files/2020-07-01-risk-in-uae-salisbury.pdf, p. 16.

[②] Kristian Coates Ulrichsen, *The United Arab Emirates: Power, Politics and Policymaking*, London and New York: Routledge, 2017, p. 201.

[③] Karen E. Young, "A New Politics of GCC Economic Statecraft: The Case of UAE Aid and Financial Intervention in Egypt", *Journal of Arabian Studies*, Vol. 7, No. 1, June 2017, pp. 131 - 132.

[④] Kenneth Katzman, "The United Arab Emirates (UAE): Issues for U. S. Policy", Congressional Research Service, RS21852, June 24, 2015, https://digital.library.unt.edu/ark:/67531/metadc700662/m1/1/high_res_d/RS21852_2015Jun24.pdf, p. 8.

联酋与西方大国在推翻卡扎菲政权方面存在共识和共同利益。① 此后，利比亚沦为"代理人战争"的丛林，阿联酋、法国、埃及和俄罗斯支持东部的利比亚国民军，土耳其和卡塔尔支持利比亚民族团结政府。2014 年，阿联酋和埃及塞西政府联合对卡塔尔支持的穆兄会在利比亚的分支机构发动空袭。西方称，阿联酋多次违反武器禁运协定，向利比亚交战方——哈夫塔尔将军领导下的利比亚国民军输送武器。② 2018 年以来，土耳其加大对利比亚民族团结政府的军事支持，甚至通过私人安保公司——萨达特（Sadat）向利比亚派出 5000 多名参与地面作战的叙利亚雇佣军，并部署数百名土耳其正规军从事防空系统的部署与维护。作为反制，俄罗斯也通过私人安保公司——瓦格纳集团（Wagner Group）向利比亚派出 3000 名俄罗斯雇佣兵和 2000 名叙利亚雇佣兵，支持利比亚东部的国民军。③ 埃及站在俄罗斯一边，坚决反对土耳其向利比亚增兵。2020 年 7 月，埃及议会通过决议，允许政府出兵利比亚，并强调不会在利比亚安全问题上坐视不管。④ 2020 年 11 月 30 日，希腊、塞浦路斯、埃及、法国和阿联酋五国在地中海地区首次举行联合海上军事演习，但阿联酋保持低调，否认此次军演针对第三方。鉴于法国与埃及同土耳其的矛盾上升为主要矛盾，阿联酋开始奉行超脱政策，从"冲突方"变成了"超脱者"，在土耳其与法国和埃及之间"玩平衡"。

第五，在巴以问题上，阿联酋从"阿拉伯整体利益"转向"阿联酋个体利益"。从冷战时期到冷战后，阿联酋与以色列从未直接交战。从第一次中东战争到 1967 年第三次中东战争，阿联酋处于英国

---

① Kristian Coates Ulrichsen, *The United Arab Emirates: Power, Politics and Policymaking*, London and New York: Routledge, 2017, p. 140.

② Kenneth Katzman, "The United Arab Emirates (UAE): Issues for U. S. Policy", Congressional Research Service, RS21852, June 24, 2015, https://digital.library.unt.edu/ark:/67531/metadc700662/m1/1/high_ res_ d/RS21852_ 2015Jun24. pdf, p. 9.

③ Samy Magdy, "US: Turkey-sent Syrian Fighters Generate Backlash in Libya", AP News, September 3, 2020, https://apnews.com/article/679a6d6fc549bda59f8627d91d9a363c.

④ Sam Magdy, "Egypt Approves Libya Deployment, Risking Clash with Turkey", ABC News, July 21, 2020, https://abcnews.go.com/International/wireStory/egypts-lawmakers-vote-deploying-troops-libya-71873091.

委任统治之下，不是交战方。阿联酋成立两年后爆发了第四次中东战争。阿联酋从阿拉伯—伊斯兰世界的整体利益出发，同沙特和其他阿拉伯产油国一道，对美国和荷兰两个支持以色列的国家实施石油禁运，同时向巴勒斯坦、埃及、叙利亚等抵抗以色列的"前线国家"提供经济援助。此后，阿联酋反对召开有以色列代表参加的中东和平国际会议，也拒绝参加美国发起的中东开发银行。然而，阿联酋人，尤其是青年一代，对阿以五次战争以及以色列对巴勒斯坦人的驱逐并无历史记忆，阿联酋与以色列发展关系缺少历史包袱。2007年，阿联酋、沙特、埃及和约旦成立阿拉伯四方会谈机制，阿联酋参与巴以问题的解决，并于当年参加了美国安那波利斯中东和平峰会。2014年1月，阿联酋举办国际可再生能源机构大会（Conference of the International Renewable Energy Agency），以色列基础设施、能源与水资源部长西尔万·沙洛姆出席会议，体现出双方心照不宣的关系。[①] 2018年以来，阿联酋与以色列关系正常化加速推进。2019年6月，以色列外长伊斯拉尔·卡茨访问阿布扎比，出席联合国气候变化大会，向外界释放了重要信号。

以色列和阿联酋都是人口和面积小国，同时又是中东地区的经济强国。2019年阿联酋国内生产总值排全世界第31位，以色列排第32位，两国人均国内生产总值在中东地区遥遥领先，分别成为东地中海与波斯湾地区的"明珠"。阿联酋国内基础设施发达，商业环境宽松，法律制度健全，是中东地区贸易和投资最具吸引力的国家之一。在世界经济论坛发布的《2019年全球竞争力报告》中，阿联酋的全球竞争力指数（Competitiveness Index）居世界第25位，在中东地区仅次于以色列，居第2位，居阿拉伯世界第1位。在该指数的次级指标方面，阿联酋在宏观经济稳定方面居全球第1位。[②] 2019年，在流

[①] Kenneth Katzman, *The United Arab Emirates (UAE): Issues for U. S. Policy*, New York: Nova Science Publishers, 2015, p. 328.

[②] World Economic Forum, "Global Competitiveness Report 2019", October 8, 2019, http: //www3. weforum. org/docs/WEF_ TheGlobalCompetitivenessReport2019. pdf, xiii, pp. 20, 577.

入中东地区的外商直接投资同比下降7%的整体形势下,阿联酋因为大规模的油气投资交易,吸引了140亿美元的国外直接投资,同期增幅近1/3,成为西亚地区最大的FDI接收国。① 2019年,阿联酋又成立了阿布扎比投资办公室来促进FDI。在世界银行"营商便利度"排名中,阿联酋的排名从2008年的第47位上升至2020年的第16位。② 从上述指标来看,阿联酋和以色列,都是中东地区营商环境最好的国家。在新冠肺炎疫情和低油价双重压力下,阿联酋从国家现实利益需要出发,寻求与以色列关系正常化,旨在通过创新驱动和经济转型,使以色列与海湾阿拉伯国家分别在东地中海和海湾地区成为经济增长"新引擎"。

第六,阿联酋以调解人身份参与中东以外地区事务,实践对冲战略。在巴尔干地区,阿联酋一直是阿尔巴尼亚、波斯尼亚、黑山共和国、塞尔维亚和科索沃的重要援助国。一方面,阿联酋大规模投资塞尔维亚航空业、市政建设、军工产业和农业,成为该国最大的投资国;另一方面,阿联酋不顾塞尔维亚政府的反对,积极支持科索沃建国,并于2008年承认科索沃独立,成为第一个承认科索沃主权独立的海湾和阿拉伯国家,也是联合国会员国中第51个承认科索沃独立的国家。③ 阿联酋对塞尔维亚和科索沃政策也体现出对冲战略——通过对冲战略,阿联酋可以发挥"四两拨千斤"的作用,在冲突方之间左右平衡,并促成2020年以色列同时与塞尔维亚和科索沃改善关系。

四 阿联酋对冲战略的影响

阿联酋外交政策的调整将对阿联酋发展环境、中小国家对外战

---

① United Nations Conference on Trade and Development, "World Investment Report 2020: International Production Beyond the Pandemic", May 30, 2020, https://unctad.org/en/PublicationsLibrary/wir2020_en.pdf.

② World Bank Group, "Doing Business 2020 Indicators: Economy Profile of United Arab Emirates", October 24, 2019, https://www.doingbusiness.org/content/dam/doingBusiness/country/u/united-arab-emirates/ARE.pdf.

③ Florian Bieber and Nikolaos Tzifakis eds., *The Western Balkans in the World: Linkages and Relations with Non-Western Countries*, New York: Routledge, 2020, pp.241-259.

略、外交理念、权力关系和"新中东"格局产生深远影响。

第一，阿联酋对冲战略将为本国经济发展和产业升级营造良好的外部环境。国际低油价、中东局势的不确定性，尤其是美国与伊朗、沙特与伊朗、土耳其与以色列、土耳其与沙特等地缘政治争夺升级，使阿联酋不得不调整以往强硬的地区政策。通过对冲战略政策，阿联酋旨在探索自己的发展模式，即强化强有力的国内领导权，维护联邦政府权威，并通过强政府推动经济社会改革，建立充满活力的多元经济，防范两类政治伊斯兰意识形态，一类是以伊朗为代表的什叶派伊斯兰，第二是以穆兄会为代表的逊尼派政治伊斯兰。[①] 在对外政策上，阿联酋与沙特既有联合又有分歧，尤其是两国在也门发动针对胡塞武装的军事行动，不仅未能击溃胡塞武装，反而造成严重的人道主义危机。2018年以来，阿联酋和沙特在对伊朗、也门内战等问题上的分歧也日益明显。[②] 未来，阿联酋会继续在伊朗和沙特之间实施对冲战略，不会充当沙特对抗伊朗的"马前卒"。

从经济的角度来看，尽管阿联酋创造了经济增长奇迹，但是受限于自身体量和对外部资本和市场的依赖性，阿联酋经济也具有难以克服的脆弱性。2009—2010年，迪拜经历了前所未有的金融危机，阿布扎比、沙特等提供紧急援助，才避免了其出现衰退。阿联酋通过建立多元平衡，实现增加朋友、减少敌人的目的，通过减少外部财力的消耗和推动国内经济社会的改革，把自己打造成"海湾地区的以色列"和地区和平与繁荣的枢纽。通过对冲战略，阿联酋扩大了军事、政治和能源合作"朋友圈"。例如，随着阿联酋和以色列关系正常化的推进，美国政府也在不断放松对阿联酋的武器交易限制：2020年5月，美国国务院批准以5.56亿美元向阿联酋出售4569辆使用防地雷

---

① Peter Salisbury, "Risk Perception and Appetite in UAE Foreign and National Security Policy", Middle East and North Africa Programme, Chatham House, July 2020, https：//www.chathamhouse.org/sites/default/files/2020-07-01-risk-in-uae-salisbury.pdf, p. 5.

② Yoel Guzansky and Moran Zaga, "Trouble in Paradise: Cracks are Forming in the Saudi-Emirati Relationship", *The National Interest*, August 7, 2019, https：//nationalinterest.org/blog/middle-east-watch/trouble-paradise-cracks-are-forming-saudi-emirati-relationship-71921.

第六章　海湾国家对中东地区国际关系的塑造

伏击保护车辆；10月，特朗普政府向美国国会提出计划向阿联酋出售总价约104亿美元的50架F-35战斗机。①

第二，阿联酋对冲战略会产生辐射效应，越来越多的中东地区中小国家将步阿联酋后尘，由制衡战略转向对冲战略。冷战结束后，从1991年海湾战争到2003年伊拉克战争，美国在中东地区的战略目标几乎全部实现。但是2010年底爆发的"阿拉伯之春"并没有沿着西方预设的"自由""民主"的轨道发展。不仅如此，中俄连续使用否决权，使西方国家干预叙利亚局势的计划失败。② 以美国为代表的西方国家解决中东热点问题的能力和意愿下降，以俄罗斯、伊朗和土耳其为主的非西方大国登上中东地缘政治的舞台，三国不仅在叙利亚形成政治联姻，而且在其他中东热点问题上也主动出击，打破了西方国家对中东安全事务的垄断。随着美国的战略收缩与"退居二线"，非西方大国开始跃跃欲试，战略自主性日益增强，"一超多强"让位于"多极并存"。中东是大国安全博弈的主战场，中东秩序是全球秩序的有机组成部分。从1948年第一次阿以战争的爆发，到2010年底"阿拉伯之春"横扫西亚北非，域外大国谋霸与反霸的斗争成为第一组矛盾，阿拉伯—伊斯兰世界与以色列的对抗成为第二组矛盾，上述两组矛盾贯穿始终，成为中东"双重权力平衡"的主要特征。2010年底以来，中东地区格局由美国独霸到多强林立，地区强国从战略依附走向战略自主，阿拉伯世界加速碎片化，中东联盟分化组合，阿联酋、伊拉克、苏丹、吉布提等国意识到，"制衡威胁"成本高昂，且风险较大，在冲突方之间左右逢源风险更低。在域外大国和中东地区大国地缘政治博弈升级的情况下，一大批中小国家会步阿联酋后尘，在大国之间进行周旋，实施对冲战略。

---

① "Israel-UAE Deal could Open Up U. S. Weapons Sales to Gulf Kingdom, Experts Say", Reuters, August 5, 2020, https://www.reuters.com/article/us-israel-emirates-usa-arms-idUSKCN25A2VI; "United States Decides to Sell F-35 Aircraft to Emirates", Atalayar, October 30, 2010, https://atalayar.com/en/content/united-states-decides-sell-f-35-aircraft-emirates.

② Jo Inge Bekkevold and Bobo Lo eds., *Sino-Russian Relations in the 21st Century*, Cham, Switzerland: Palgrave Macmillan, 2019, pp. 141-158.

第三，受阿联酋外交理念调整的影响，中东国家外交普遍从意识形态主导转向以国家利益优先。冷战结束后，尽管阿拉伯世界政治制度、经济发展阶段差异甚大，但在维护巴勒斯坦人民正义事业、实现阿拉伯世界的团结与统一方面，具有目标一致性。过去十年里，作为中东主体民族的阿拉伯世界普遍面临高人口增长率、高失业率、高物价、货币加速贬值、经济增长乏力等问题。尽管大多数阿拉伯国家提出了经济振兴计划和中长期发展战略，如沙特"2030愿景"和埃及"经济振兴计划"等，但执行力弱、国家治理能力不足。[①] 2020年新冠肺炎疫情暴发以来，全球经济复苏缓慢，能源需求不旺，加上低油价，使中东国家雪上加霜，甚至被称赞为"和平绿洲"与"经济增长火车头"的海合会六国也面临有史以来最严峻的经济挑战。[②] 面对经济和安全双重挑战，中东国家奉行"以我为主、以国家利益为重"的务实政策，淡化意识形态因素，冲破了塞缪尔·亨廷顿提出的所谓"文明冲突论"。阿联酋打破僵局，实现与以色列关系正常化，与以色列、沙特等构建"中东科技创新联盟"，助力国家转型，打破了"先巴以和平再阿以和平"的前后顺序，颠覆了"以土地换和平"以及"阿拉伯和平倡议"等理念。阿联酋对冲战略体现出以本国现实利益为导向的外交政策，可能会带动更多的阿拉伯国家从本国利益出发，与以色列实现建交。

第四，阿联酋对冲战略的实施将使中东地区强国之间出现一个"中间地带"。从2010年底发生的"阿拉伯之春"，到2020年以色列与阿联酋关系正常化，阿拉伯世界的内部问题积重难返，叙利亚、利比亚、也门、索马里等热点问题长期得不到解决，伊拉克、黎巴嫩和巴勒斯坦等危机潜伏。以色列抓住机会，借助美国的威逼利诱政策，各个击破，与多个阿拉伯国家改善关系。同时，土耳其与以色列却从昔日的准盟友变成今日的竞争对手。埃尔多安政府反对以色列恃强凌

---

① 参见 Ali Kadri ed., *Development Challenges and Solutions After the Arab Spring*, London: Palgrave Macmillan, 2016.

② "COVID-19 Impact: GCC Faces Biggest Economic Challenge in History", Gulf News, June 6, 2020, https://gulfnews.com/business/banking/covid-19-impact-gcc-faces-biggest-economic-challenge-in-history-1.71900296.

弱、吞并巴勒斯坦人土地政策，故在叙利亚问题上同以色列最大敌人——伊朗开展合作，在东地中海油气资源划界问题上与以色列产生了新的矛盾。此外，近年来土耳其与阿拉伯国家关系也持续恶化。在利比亚，土耳其与埃及、沙特、阿联酋等阿拉伯国家支持不同的代理人，土耳其成为以色列和上述阿拉伯国家在地中海的"假想敌"。伊朗既反对以色列的地区霸权主义，又反对阿拉伯国家牺牲巴勒斯坦人权益，成为阿、以在海湾地区的"假想敌"。土耳其与伊朗"合纵"，以色列、沙特和埃及"连横"，以色列与主要阿拉伯国家从不共戴天的敌人变成了心照不宣的"准盟友"。未来，在土耳其、伊朗、沙特、以色列和埃及等地区大国的战略博弈过程中，将出现以阿联酋、伊拉克、苏丹、吉布提、摩洛哥等为代表的"中间地带"国家，这些国家不愿意充当地区霸主的"代理人"，而更倾向于在各大力量之间保持一种动态的均衡，充当"第三种力量"。

第五，阿联酋对冲战略的实施将推动"新中东"格局的形成。"阿拉伯之春"的第一波和第二波解构了原有的地区秩序，集团政治死灰复燃，中东地区无论是弱国还是强国都陷入集体焦虑，产生了强烈的不安全感。中东国家曾经是"不结盟运动"的积极倡导者，但在百年未有之大变局下，各国被迫对"不结盟"的内涵加以与时俱进的解读，开始与域外大国、地区国家甚至非国家行为体建立特殊关系。"新中东"格局下，中东国家和阵营加速分化，阿盟与海合会功能弱化，敌人和盟友关系开始易位。土耳其、以色列、伊朗、埃及、沙特等登上中东地缘博弈的舞台，其通过政治、军事、经济和战略传播等综合手段整合国内外各种力量，通过"组合拳"应对不确定性。以阿联酋、伊拉克、苏丹、摩洛哥和吉布提为代表的中东地区中小国家面临国内与国际、经济与安全、民主与民生等多重挑战，故在大国地缘政治博弈的夹缝中左右逢源，积极规避风险，对冲战略将成为这些国家开展多元平衡、维护利益最大化的重要举措。

五 结语

外交是内政的延续。"阿拉伯之春"爆发后，埃及、叙利亚、阿尔及利亚等中东传统大国陷入内部纷争，影响力下降;① 中东产油国近年来因油价大跌也入不敷出，面临潜在的社会危机。以伊朗为代表的什叶派政治伊斯兰，以穆兄会为代表的逊尼派政治伊斯兰，和以"伊斯兰国"组织为代表的恐怖主义对阿联酋构成了三重挑战。从阿富汗到利比亚，从伊拉克、也门、叙利亚到巴勒斯坦，到处可以看到阿联酋的身影，阿联酋也被称为好斗的"斯巴达"。2018 年"阿拉伯之春"第二波以来，阿联酋从"新中东"格局发展的大势出发，树立了"经济繁荣、政治稳定"的标杆，及时调整外交政策，通过增加朋友和减少敌人，避免战略透支，以"对冲"减少外交资源的消耗，为其国内社会改革和向后石油经济转型奠定基础。具体来说就是和敌人做"减法"，和盟友和伙伴做"加法"。前者旨在缓和同伊朗、土耳其、也门胡塞武装、叙利亚巴沙尔政府、以色列和卡塔尔的竞争关系，减少在也门、叙利亚、利比亚和巴勒斯坦的军事和财政投入，实现与以色列的关系正常化、形成科技合作伙伴；后者指阿联酋加强同美国的安全伙伴关系，提升同俄罗斯的能源伙伴关系和中国的全面战略伙伴关系。

阿联酋由"冒进"到"守成"，从依靠"军事干预和经济援助硬实力"，转向"依靠外交巧实力"。阿联酋外交实践证明，实施对冲战略、在冲突方之间左右逢源、两面下注，比制衡威胁风险更小，比单纯追随大国自主性更强。阿联酋对冲战略以减少对外交资源的消耗为出发点，为建设创新性强国营造良好的国际环境。通过一系列政策调整，阿联酋避免成为中东矛盾和冲突的焦点，避免在外交上咄咄逼人和树敌过多，通过巧实力趋利避害，为国内的经济社会改革和产业转型服务，在后石油时代与后工业化时代建立创新社会，跻身世界高科技强国的行列，从而与东南亚的新加坡、地中海地区的以色列和欧洲的瑞士并驾齐驱，从体量微不足道的中小国家变成能量超群的地区强国。

---

① Will Bartlett, James Ker-Lindsay, Kristian Alexander and Tena Prelec, "The UAE as an Emerging Actor in the Western Balkans: The Case of Strategic Investment in Serbia", *Journal of Arabian Studies*, Vol. 7, No. 1, June 2017, p. 96.

第六章 海湾国家对中东地区国际关系的塑造

阿联酋对冲战略也有其限度和消极的一面。在海湾地区乃至整个中东地区，美俄争夺主导权，沙特、伊朗、土耳其、以色列争夺地区霸权。阿联酋选择对冲战略，外交理念从威胁平衡转向多元平衡，是在国际环境变化和实力透支的情况下被迫做出的调整。阿联酋暂时摆脱了外交困局，但其战略目标和政策取向仍有短视性和局限性。一方面，阿联酋仍有大国抱负，希望继续在海湾、中东乃至伊斯兰世界扩大影响力；另一方面，阿联酋为保持国内社会稳定和国际竞争优势而忽视巴勒斯坦的核心利益、实现与以色列关系正常化，对其软实力也是一种损害。故阿联酋对冲战略是一种消极的"规避问题"而非积极的"解决问题"举措，阿联酋的对冲战略与其说是一种战略，不如说是一种机会主义策略，其利用中东地区的紧张局势左右逢源，并不能从根本上解决其周边环境恶化的问题。只要中东地区地缘政治博弈的结构性矛盾不改变，阿联酋对冲战略所能取得的效果就会大打折扣。所以，在未来一段时期内，实施对冲战略的阿联酋虽然会以减少敌人的方式来增强外交韧性，但这种规避风险的方式体现出它缺乏能力和意愿化解中东的整体冲突。当地区矛盾激化、阿联酋核心利益受到威胁时，不排除其放弃对冲战略，回归制衡战略，再度卷入中东地区的地缘政治博弈的可能。

结　　论

阿联酋在 1971 年的建国是通过联合方式解决了 7 个酋长国在英国撤离后的生存问题；1981 年海合会的成立是 6 个海湾君主国家以集体的方式对抗萨达姆治下的伊拉克和经历过伊斯兰革命后政权更迭的伊朗；而 2003 年伊拉克战争结束至今，伊拉克仍反复陷入大规模武装冲突，成为海湾地区 8 国 3 方中实力最薄弱的一方。进入 21 世纪，海湾地区仍然是发展中世界最具战略价值的地区之一，虽然该地区发生的重大武装冲突的数量在冷战结束后呈下降趋势，但因为该地区被其他长期冲突地区所包围，再加上外界出于地缘政治和国际能源安全等原因对该地区予以高度重视，导致该地区被解读为"冲突缠身"的。

海合会成立后，尤其是伴随着该组织在冷战后的快速发展，在地区研究和国际关系学对海湾地区国际关系的研究中，都出现了以海合会为界的，冲突与合作研究的割裂。这种割裂不是指学界在研究海合会及其成员国，以及伊朗、伊拉克时，完全忽视了前者内部存在的矛盾、冲突，或者完全忽视了前者与后者之间的合作；而是学者们把海合会等同于海湾地区合作或海湾地区一体化，而在讨论包括伊朗、伊拉克在内的海湾地区的冲突与合作时，更多地只谈了冲突。冷战结束至今，海湾 8 国之间仍存在着从差异、分歧，到一般冲突、国际危机的初级阶段，以及武装冲突和重大武装冲突的多种冲突形式，具体表现为该地区的宗教、民族、部落冲突，和政治、经济、社会冲突以及外部国家造成的冲突等。但差异和分歧的存在，本身并不一定会导向冲突；即使国家间不相容目标发展到了国家外交政策层面，仍然有可

◆ 结 论 ◆

能通过协商来解决；甚至在国家间冲突的最高形式——重大武装冲突中都能找到曾经敌对国家间的协调，甚至妥协。因此，与其把海湾地区理解为被"不可解决的冲突缠身"的地区，不如同时关注该地区与冲突相伴的地区合作意愿和现实。

海湾国家间地缘相近性高，一直保持着相对高水平的社会、文化和宗教同质性和频繁的政治、经济和军事互动，但该地区内国家在长期的历史互动中，出现了阿拉伯民族和波斯民族的民族矛盾夹杂着什叶派和逊尼派的宗教对立，具体表现为伊朗和其他7个海湾阿拉伯国家间的矛盾；同时，海湾地区是当今世界君主政体最集中的地区，6个海湾君主国家通过联合的形式防范实行共和制的伊朗和伊拉克对其政体安全的威胁。而且海湾地区从二战结束至今没有一个占绝对主导地位的地区中心大国，海湾国家间的权力斗争既受历史遗留问题和复杂的宗教、民族问题相交织的影响而呈现一定的延续性，比如伊朗和其他海湾阿拉伯国家的关系；也受到不同历史时期的国际形势和地区内国家相对实力对比的影响，比如萨达姆政权在海湾战争开始后主动向伊朗示好，以及沙特在不同时期对伊朗、伊拉克的态度变化等。该地区内3方的互动，还受到海合会各成员国与伊朗、伊拉克双边关系的影响，例如阿曼、科威特等国的对伊朗政策等。冷战结束至今，伊朗、伊拉克和海合会三方在一定程度上达到了海湾地区内的局部均势。这种局部均势有助于维持地区内国家的独立地位，确保它们不被一个地区主导国家所兼并或统治。

海湾地区在1981年就已经形成以海合会、伊朗、伊拉克三方8国三角关系的地区战略格局，并延续至今。这一战略格局使得冷战后海湾地区的经济和安全合作呈现出以海合会作为地区合作主导力量，并吸引伊朗申请加入海合会的经济合作框架，表现出更多的安全合作意愿。但海合会在已有的外扩计划中，将共同的君主政体置于现实战略、地缘文化相似性和经济结构互补等考虑之前，主动邀请约旦和摩洛哥这另外两个中东君主国家加入。

海湾地区合作在起始和发展阶段有来自区域外的结构压力，以及美国、欧盟等主要区域外大国的影响，但主要还是地区内国家发起，并由成员国大致掌控合作进程的地区合作。海湾地区内国家都带有较为明显的发展中国家属性，也有自己独特的地区特点，这些特征直接反映在海湾地区合作中国家和非国家行为体的作用上，并将继续影响该地区合作的未来走向。现有的海湾地区合作，尤其是海合会国家发挥的能动作用已经促进了地区政治、安全，巩固了多数海湾国家的对外发展战略，并创建了整体相对稳定的地区环境。

作为冷战后海湾地区最重要的地区外利益攸关方，美国通过伊拉克战争推翻了萨达姆政权，加大在海湾地区驻军，随后主导建立了海湾地区遏制伊朗的安全形势。当海合会国家建立货币同盟将影响美国利益时，美国通过与巴林签署自贸区协定的方式分化海合会。整体而言，美国的海湾地区政策是力图在安全、经济等领域继续主导海湾地区形势，并用海合会与以色列一起支撑其在中东地区的霸权。

欧盟的海湾地区政策整体比较积极：欧盟和海合会建立了欧共体—海合会联合委员会，两个地区组织间每年举行定期政治对话，协同了双方在保持海湾地区稳定、避免整体地区局势进一步恶化的共同立场。在对伊朗政策上，欧盟国家出于自己利益的考虑与美国对伊朗的遏制政策逐步拉开了距离。欧洲国家在经济方面继续和伊朗展开合作，并借机扩大了自己在中东地区的政治影响。在伊朗核问题上，欧盟都始终强调要通过外交努力解决该问题，并在危急关头充当了伊朗与国际社会的斡旋者。欧盟积极的海湾地区政策，再加上欧洲地区合作的样板示范效应使得欧盟被海湾国家认为是能与美国抗衡的最强有力的政治力量。但同时，欧盟与海湾国家的合作侧重影响和规范该地区的国家，强调责任、义务和利益的对等，并一定程度上希望甚至要求海湾国家，尤其是海合会国家向欧盟看齐。俄罗斯在21世纪初正在"重返中东"，其政策基调是强调联合国和多边协调机构的作用，利用各种矛盾形成各方相互制衡机制，以凸显其存在和世界大国的地位；同时也积极发展和所有海湾国家的经济合作。俄罗斯倡议将伊朗纳入海湾安全机制的多边主义合作总体上是积极的。

在21世纪初，尤其是2010年底开始的"阿拉伯之春"后，海合会及其成员国和伊朗都获得了进一步扩大其地区影响力的新契机。除

◆ 结　论 ◆

了当前学界、政策界高度关注的伊朗和沙特间通过"代理人战争"影响中东局势外，还有一系列值得关注的动态变化：海合会通过邀请约旦、摩洛哥这另外两个中东地区的君主国家加入，来实现成立后的首次扩员；沙特、阿联酋等国通过大量国际援助在中东地区"购买"影响力；卡塔尔利用半岛电视台在阿拉伯世界开展了卓有成效的公共外交，参与塑造了"阿拉伯之春"；阿联酋奉行"威胁平衡"政策，与沙特形成二元领导结构，利用军事硬实力干预地区冲突，以经济援助为杠杆影响埃及、海湾国家、非洲之角乃至巴尔干地区的地缘政治。海湾国家上述以集体或单个国家名义展开的地区实践对当前中东地区局势的发展起了重要的推动作用，也是中东地区外的国际行为体与该地区内国家展开互动时不能忽视的关键因素。

　　作为海湾国家的重要合作伙伴，中国一直主张用谈判协商的方式和平解决相关争端。例如在伊朗核问题上，中国始终坚持三条基本原则：伊朗不应该坚持开发核武器；国际社会不应谋求以武力解决伊朗核问题；应通过谈判、沟通和平解决伊朗核问题。在很长一段时间里，中国始终反对把伊朗核问题交给安理会处理，主张由欧盟在美伊之间进行外交斡旋，并努力争取伊朗核问题在国际原子能机构内部得以解决。中国通过双边途径斡旋，敦促伊朗采取措施，加强与国际原子能机构合作，谋求通过对话解决问题。[①] 在伊拉克武器核查问题上，中国政府主张伊拉克问题应在联合国框架内通过政治手段解决，支持继续对伊武器核查；伊拉克必须全面、切实执行安理会有关决议，充分与联合国配合，更主动地向核查人员提供更多、更实质性的合作。[②] 2003年5月，联合国安理会通过第1483（2003）号决议，取消了对伊拉克除武器禁运外所有的经济制裁，伊拉克开始进行战后重建。中国坚持伊拉克人拥有重建的自主权，他国参与伊战后重建应以伊合法政府为主导或在联合国领导下进行；中国以能源合作为主要内容，同时和伊拉克在民生领域深化务

[①] 刘中民：《中国中东外交三十年（下）》，《宁夏社会科学》2009年第1期。
[②] 中华人民共和国驻沙特阿拉伯王国大使馆：《中国在伊拉克问题上的立场》，http://sa.chineseembassy.org/chn/xwdt/xw2003n3y/t153706.htm，2004年8月26日。

实合作。① 中国政府在伊朗核问题、伊拉克武器核查问题上的态度和立场符合中国在国际场合的一贯主张。

中国在中东外交中采用的是"不选边、不站队、不结盟"的平衡外交理念。具体到海湾地区，中国已经和7个海湾国家建立了不同类型的伙伴关系。2016年1月，中国和沙特把战略友好关系提升为全面战略伙伴关系，同年中国和伊朗建立了全面战略伙伴关系。2018年，中国和阿联酋也建立了全面战略伙伴关系。中国还分别和卡塔尔、伊拉克、科威特、阿曼建立了战略伙伴关系。而且中国在开展伙伴外交时，会从地区力量的平衡出发，照顾世界主要地区国家的舒适度，避免"厚此薄彼"、拉帮结派。中国通过"等距离"的伙伴外交充分展现了自身"不选边、不站队、不结盟"的平衡外交理念。②

2015年3月28日，中国国家发展和改革委员会、外交部、商务部联合发布的《推动共建丝绸之路经济带和21世纪海上丝绸之路的愿景与行动》（下文简称《愿景与行动》）提出：一方面要建立和加强沿线各国互联互通伙伴关系，同时致力于开展更大范围、更高水平、更深层次的开放性区域合作。这一蓝图具体到中东地区，除了要打造"中国—中亚—西亚"国际经济合作走廊之外，还涉及强化中阿合作论坛、中国—海合会战略对话等多边合作机制的作用，并继续发挥中国—阿拉伯博览会以及沿线各国区域、次区域相关国际论坛、展会的作用等内容。③ 上述内容都涉及中国参与设计的合作机制，而在处理与既有双边、多边和区域合作机制框架的关系上，则强调通过合作研究、论坛展会、人员培训、交流访问等多种形式，促进沿线

---

① 喻珍：《中国参与伊拉克战后经济重建与"一带一路"倡议的对接》，《湘潭大学学报（哲学社会科学版）》2020年第5期。

② 孙德刚：《论21世纪中国对中东国家的伙伴外交》，《世界经济与政治》2019年第7期。

③ 《愿景与行动》的英文版把机制译为mechanism，详见中国人民共和国国家发展与改革委员会，"Vision and Actions on Jointly Building Silk Road Economic Belt and 21st-Century Maritime Silk Road", March 2015, http://www.sdpc.gov.cn/gzdt/201503/t20150330_669392.html.

◈ 结 论 ◈

国家对共建"一带一路"内涵、目标、任务等方面的进一步理解和认同。[1]

《愿景与行动》谈及的开放性地区合作的目标或行动纲领表明了中国积极的合作意愿，并可能给中东自二战结束以来一直在蜿蜒前进的地区合作注入新的前进动力；但合作是通过互动，而不是简单地线性相加来产生结果。[2]《愿景与行动》中提及的中国已经参与的主要中东多边合作机制，实际上是中国分别在2004年和2010年，在阿拉伯国家联盟和海合会的基础上，与这两个地区合作组织建立的直接对话渠道。而具体到中国发展与海湾地区的合作，可以以中国在21世纪初与海湾国家建立的一系列伙伴关系为依托，继续发展与海湾国家的国际合作。

中国和所有海湾国家的政治、经济、文化等各领域的合作都在扩展、深化中。考虑到海湾地区地缘政治危机频发，地区内国家还时常陷入对抗的地区特点，中国政府可以考虑和欧盟、俄罗斯一起推动建立一个涵括海湾8国的海湾地区安全机制。因为中国在海湾国家中"不选边，不站队"，所以除了需要关注在该地区的地缘政治风险外，在分析海合会和伊朗的关系时也可以超越单纯的冲突视角。从20世纪90年代开始，放弃了"输出革命"的伊朗和作为一个整体的海合会，乃至沙特都保持了战略克制：双方都避免发生直接的军事冲突；而且伊朗和阿联酋、卡塔尔、阿曼等海合会成员国间有密切的双边经济合作。中国参与构建海湾地区安全机制可以考虑先从搭建一个地区多边安全合作对话平台开始，让海合会、伊朗和伊拉克可以在非敌意对话氛围中协商争端，以促成合作。当前国际油价的剧烈波动，再加上新冠肺炎疫情对全球经济和海湾国家经济、社会的冲击，海合会国家现有的长期和伊朗对峙、大幅扩充军备的地区政策将难以持续；而

---

[1] 商务部综合司：《〈推动共建丝绸之路经济带和21世纪海上丝绸之路的愿景与行动〉发布》，http://zhs.mofcom.gov.cn/article/xxfb/201503/20150300926644.shtml，2015年3月30日。

[2] 线性涉及的两个命题是（1）系统输出的变化与输入的变化是成比例的；（2）系统的两个输入和所对应的输出等于单个输入所产生之输出的总和。

且如果海合会国家在伊朗一再表现出缓和态度，提出合作倡议的情况下，继续遏制、孤立伊朗，可能导致海湾地区乃至中东地区局势的进一步恶化。上述趋势再加上阿曼、卡塔尔、科威特和阿联酋等海合会成员国改善与伊朗关系的意愿，中国可以考虑在构建海湾地区新安全架构中发挥一定的建设性作用。

参考文献

一 英文参考文献

Aarts, Paul, "The Middle East: A Region Without Regionalism or the End of Exceptionalism?", *Third World Quarterly*, Vol. 20, No. 5, October 1999.

Abuelghanam Debbie and Naser Tahboul, "Mixed Messages: Iran versus Saudi Arabia and GCC", *Contemporary Review of the Middle East*, Vol. 5, No. 4, December 2018.

Abusharaf, Rogaia Mustafa and Dale F. Eickelman eds., *Africa and the Gulf Region: Blurred Boundaries and Shifting Ties*, Berlin: Gerlach, 2015.

Acharya, Amitav, "The Emerging Regional Architecture of World Politics", *World Politics*, Vol. 59, July 2007.

Akbarzadeh, Shahram, ed., *Routledge Handbook of International Relations in the Middle East*, Abingdon and New York: Routledge, 2019.

Alajmi, Abdulhadi, "The Gulf Crisis: An Insight into Kuwait's Mediation Efforts", *International Relations and Diplomacy*, Vol. 6, No. 10, October 2018.

Al-Mawali, Nasser, "Intra-Gulf Cooperation Council: Saudi Arabia Effect", *Journal of Economic Integration*, Vol. 30, No. 3, March 2015.

Al-Saud, Faisalbin Salman, *Iran, Saudi Arabia and the Gulf: Power Politics in Transition 1968–1971*, London and New York: I. B. Tauris, 2003.

Alsultan Fahad M. and Pedram Saeid, *The Development of Saudi-Iranian Relations since the 1990s: Between Conflict and Accommodation*, Abingdon and New York: Routledge, 2017.

Amiri, Reza Ekhtiari, KuHasnitaBinti KuSamsu and Hassan Gholipour Fereidouni, "Iran's Economic Considerations after the War and its Role in Renewing of Iran-Saudi Diplomatic", *Cross Cultural Communication*, Vol. 6, No. 3, September 2010.

Amour, Philipp O. ed., *The Regional Order in the Gulf Region and the Middle East: Regional Rivalries and Security Alliances*, London and New York: Palgrave Macmillan, 2020.

Arshin Adib-Moghaddam, *The International Politics of the Persian Gulf: A Cultural Genealogy*, Abingdon and New York: Routledge, 2006.

Axelrod, Robert and Robert O. Keohane, "Achieving Cooperation under Anarchy: Strategies and Institutions", *World Politics*, Vol. 38, No. 1, October 1985.

Axline, Andrew W., ed., *The Political Economy of Regional Cooperation: Comparative Case Studies*, London: Pinter Publishers, 1994.

Balassa, Bela, *The Theory of Economic Integration*, New York: Routledge Revivals, 2013.

Barash, David P. and Charles P. Webel, *Peace and Conflict Studies (Third Edition)*, Los Angeles, London, New Delhi, Singapore, Washington DC: Sage, 2014.

Barnett, Michael N., *Dialogues in Arab Politics: Negotiations in Regional Order*, New York: Columbia University Press, 1998.

Barnett, Michael N., "Sovereignty, Nationalism, and Regional Order in the Arab States System", *International Organization*, Vol. 49, No. 3, Summer 1995.

Barr, James, *Lords of the Desert: Britain's Struggle with America to Dominate the Middle East*, London: Simon& Schuster, 2018.

Bearce, David H., Kristen M. Flanagan and Katharine M. Floros,

"Alliances, Internal Information, and Military Conflict among Member-States", *International Organization*, Vol. 60, No. 3, Summer 2006.

Beeson, Mark and Richard Stubbs, eds., *Routledge Handbook of Asian Regionalism*, New York: Routledge, 2012.

Bengio, Ofra and Meir Litvak, *The Sunna and Shi'a in History: Division and Ecumenism in the Muslim Middle East*, New York and Basingstoke: Palgrave Macmillan, 2011.

Berti Benedetta and Yoel Guzansky, "Saudi Arabia's Foreign Policy on Iran and the Proxy War in Syria: Toward a New Chapter?", *Israel Journal of Foreign Affairs*, Vol. 8, No. 3, July 2014.

Blaydes, Lisa, "Rewarding Impatience: A Bargaining and Enforcement Model of OPEC", *International Organization*, Vol. 58, No. 2, Spring 2004.

Boughanmi, Houcine, "The Trade Potential of the Arab Gulf Cooperation Countries (GCC): A Gravity Model Approach", *Journal of Economic Integration*, Vol. 23, No. 1, March 2008.

Bradshaw, Tancred, *The End of Empire in the Gulf: From Trucial States to United Arab Emirates*, London: I. B. Tauris, 2019.

Browers, Michaelleand and Charles Kurzman eds., *An Islamic Reformation?*, Lanham, Maryland: Lexington Books, 2004.

Börzel, Tanja A. and Thomas, Risse eds., *The Oxford Handbook of Comparative Regionalism*, New York: Oxford University Press, 2016.

Buzan, Burry and Ana Gonzalez-Pelaez eds., *International Society and the Middle East: English School Theory at the Regional Level*, New York and Basingstoke: Palgrave, 2009.

Cain, Michael and Kais S. Al-Badri, "An Assessment of the Trade and Restructuring Effects of the Gulf Co-operation Council", *International Journal of Middle East Studies*, Vol. 21, No. 1, February 1989.

Camilleri, Joseph A., *Regionalism in the New Asia-Pacific Order*, Cheltenham: Edward Elgar Publishing Limited, 2003.

Cantori, Louis. J., and Steven L Spiegal, *The International Politics of Regions: A Comprehensive Approach*, Eaglewood Cliffs: N. J. Prentice-Hill, 1970.

Çarkoğlu, Ali, Mine Eder and Kiriğ ci Kemal, *The Political Economy of Regional Cooperation in the Middle East*, London, New York: Routledge, 1998.

Carlsnaes, Walter, Risse-Kappen Thomas and Beth A Simmons eds., *Handbook of International Relations*, London, Thousand Oaks and New Delhi: Sage, 2002.

Casier Tom, "From Logic of Competition to Conflict: Understanding the Dynamics of EU-Russia Relations", *Contemporary Politics*, Vol. 22, Issue 3, July 2016.

Chandler, Daniel and Rod Munday, *A Dictionary of Media and Communication*, Oxford and New York: Oxford University Press, 2011.

Cherribi, Sam, *Fridays of Rage: Al Jazeera, the Arab Spring, and Political Islam*, New York: Oxford University Press, 2017.

Cohen, Michael J., "From 'Cold' to 'Hot' War: Allied Strategic and Military Interests in the Middle East after the Second World War", *Middle Eastern Studies*, Vol. 43, Issue 5, July 2008.

Commins, David, *The Gulf States: A Modern History*, London: I. B. Tauris, 2012.

Dareini, Ali Akbar, *The Rise and Fall of the Pahlavi Dynasty: Memoirs of Former General Hussein Fardust*, Delhi, India: Molital Banarsidass Publishers, 1999.

Drezner, Daniel W., "Bargaining, Enforcement, and Multilateral Sanctions: When is Cooperation Counterproductive?", *International Organization*, Vol. 54, No. 1, Winter 2000.

Droz-Vincent, Philippe, *Military Politics of the Contemporary Arab World*, Cambridge and New York: Cambridge University Press, 2021.

Dudley, Leonard and Claude Montmarquette, "A Model of the Supply of

Bilateral Foreign Aid", *The American Economic Review*, Vol. 66, No. 1, March 1976.

Duignan, Peter and Lewis H. Gann, *The Middle East and North Africa: The Challenge to Western Security*, Stanford, California: Hoover Institutional Press, 1981.

A. A. Duri, translated by Lawrence I. Conard, *The Historical Formation of the Arab Nation: A Study in Identity and Consciousness*, Abingdon: Routledge, 2012.

Ehteshami, Anoushiravan, "Iran's International PostureAfter the Fall of Baghdad", *The Middle East Journal*, Vol. 58, No. 2, Spring 2004.

Eissa, Noura Abdel Maksoud, "The Analysis of EU-GCC Potential Free Trade Area AgreementsThrough EU-GCC Actual Steps (1995 – 2012)", *World Review of Political Economy*, Vol. 5, No. 3, Fall 2014.

Farrands, Chris, Iamd El-Anis, Roy Smith and Lloyd, Pettiford eds., *A New A-Z of International Relations Theory*, London and New York: I. B. Tauris, 2015.

Farrell, Mary, Björn Hettne and Luk van Langenhove, *Regionalism in World Politics: Regional Organization and International Order*, New York: Oxford University Press, 1995.

Fathollah-Nejad, Ali, *Iran in an Emerging New World Order: From Ahmadinejad to Rouhani*, Singapore: Palgrave Macmillan, 2021.

Fawcett, Louise and Andre Hurrell eds., *Regionalism in World Politics: Regional Organization and International Order*, New York: Oxford University Press, 1995.

Fawcett, Louise ed., *International Relations of the Middle East (Third edition)*, Oxford: Oxford University Press, 2013.

Fraihat, Ibrahim, "Superpower and Small-State Mediation in the Qatar Gulf Crisis", *The International Spectator: Italian Journal of International Affairs*, Vol. 55, Issue 2, May 2020.

Frazier, Derrick and Robert Stewart-Ingersoll, "Regional Powers and

Security: A Framework for Understanding Order Within Regional Security Complexes", *European Journal of International Relations*, Vol. 16, Issue 4, December 2010.

Friedman, Brandon and Bruce Maddy-Weitzman eds., *Inglorious Revolutions: State Cohesion in the Middle East after the Arab Spring*, Tel Aviv: Moshe Dayan Center for Middle Eastern and African Studies, 2014.

Friedman, Brandon, *The End of Pax Britannica in the Persian Gulf*, 1968–1971, London: Palgrave Macmillan, 2020.

Frye, R. N. ed., *The Cambridge History of Iran (Volume IV)*, Cambridge and New York: Cambridge University Press, 1975.

Fuller, Graham E. and Rend Rahim Francke, *The Arab Shi'a: The Forgotten Muslims*, New York: St. Martin's Press, 1999.

Galal, Ahmed and Bernard M. Hoekman, *Arab Economic Integration: Between Hope and Reality*, Washington, D. C.: Brookings, 2003.

Gallarotti, Giulio M., "The Limits of International Organization: Systematic Failure in the Management of International Relations", *International Organization*, Vol. 45, No. 2, April 1991.

Garcia, Maria, "Resources and Trade: Linking the Pacific through Bilateral Free Trade Agreements (FTA)", *Journal of World Trade*, Vol. 47, April, Issue 2, 2013.

Gause, F. Gregory III, "Why Middle East Studies Missed the Arab Spring: The Myth of Authoritarian Stability", *Foreign Affairs*, Vol. 90, No. 4, July/August 2011.

Gilboa, Eytan, "The CNN Effect: The Search for a Communication Theory of International Relations", *Political Communication*, Vol. 22, No. 1, February 2005.

Glaser, Charles L., *Rational Theory of International Politics: The Logic of Competition and Cooperation*, Princeton and Oxford: The Princeton University Press, 2010.

Grieco, Joseph M. , "Anarchy and the Limits of Cooperation: A Realist Critique of the Newest Liberal Institutionalism", *International Organization*, Vol. 42, No. 3, Summer 1988.

Griffiths, Ann, *Handbook of Federal Countries*, Montreal: McGill-Queen's University Press, 2005.

Guaaybess, Tourya ed. , *National Broadcasting and State Policy in Arab Countries*, Basingstoke and New York: Palgrave Macmillan, 2013.

Gupta, Ranjit, Abubaker Bagader, Talmiz Ahmad and N. Janardhan eds. , *A New Gulf Security Architecture: Prospects and Challenges for an Asian Role*. Berlin: Gerlach, 2014.

Guzansky, Yoel, *The Arab Gulf States and Reform in the Middle East: Between Iran and the "Arab Spring"*, Basingstoke: Palgrave Macmillan, 2014.

Haas, Ernst B. , "Why Collaborate?: Issue-Linkage and International Regimes", *World Politics*, Vol. 32, No. 3, April 1980.

Halabi, Yahub, *US Foreign Policy in the ME: From Crises to Change*, Surrey: Ashgate Publishing Limited, 2009.

Harders, Cilja, and Matteo Legrenzied eds. , *Beyond Regionalism? Regional Cooperation, Regionalism and Regionalization in the Middle East*, Aldershot: Ashgate Publishing Limited, 2008.

Harrison, Robert T. , *Britain in the Middle East*, 1619 – 1971, London and New York: Bloomsbury, 2016.

Hawley, Donald, *The Trucial States*, London: George Allen& Unwin Ltd, 1970.

Haykel, Bernard, Thomas Hegghammer and Stéphane Lacroix eds. , *Saudi Arabia in Transition: Insights on Social, Political, Economic and Religious Change*, New York: Cambridge University Press, 2015.

Heard-Bey, Frauke, "Conflict Resolution and Regional Cooperation: The Role of the Gulf Cooperation Council 1970 – 2002", *Middle Eastern Studies*, Vol. 42, No. 2, March, 2006.

Held, David, and Kristian Ulrichsen eds. , *The Transformation of the Gulf: Politics, Economics and the Global Order*, New York: Routledge, 2012.

Hinnebusch, Raymond and Jasmine Gani eds. , *The Routledge Handbook to the Middle East and North African State and States System*, Abingdon and New York: Routledge, 2020.

Hjorth, Ronnie and Hedley Bull, "Paradox of the Balance of Power: A Philosophical Inquiry", *Review of International Studies*, Vol. 33, No. 4, October 2007.

Hobbs, Christopher and Matthew Moran, *Exploring Regional Responses to a Nuclear Iran: Nuclear Dominoes?*, Basingstoke and New York: Palgrave Macmillan, 2014.

Hoekman, Bernard and Khalid Sekkat, "Arab Economic Integration: Missing Links", *Journal of World Trade*, Vol. 44, Issue 6, December 2010.

Hoffmann, Stanley, *The European Sisyphus: Essays on Europe, 1964 – 1994*, Boulder, CO, and Oxford: Westview Press, 1995.

Holt, P. M., Ann K. S. Lambton and Bernard Lewis, *The Cambridge History of Islam Volume 1A*, Cambridge: Cambridge University Press, 1970.

Hook, S. and Tim Niblock eds. , *The United States and the Gulf*, Berlin: Gerlach, 2015.

Hossein, Askari, *Conflicts in the Persian Gulf: Origins and Evolution*, New York: Palgrave and Macmillan, 2013.

Hudson, Michael C. ed. , *Middle East Dilemma: The Politics and Economics of Arab Integration*, New York: Columbia University Press, 1999.

Hunter, Shireen T. , *Iran's Foreign Policy in the Post-Soviet Era: Resisting the New International Order*, Santa Barbara, CA: Praeger, 2010.

Ichimura, Shinichi, TsuneakiSato and William James, *Transition From Socialist to Market Economies: Comparison of European and Asian*

Experiences, New York: Palgrave Macmillan, 2009.

Jackson, Peter and Laurence, Lockhart eds., *The Cambridge History of Iran (Volume 5)*, Cambridge and New York: Cambridge University Press, 1986.

Jenaibi, Badreya Al, "New Age of Press Democracy in the Middle East: Arabic News Channels: Al-Jazeera", *International Journal of Academic Research*, Vol. 2, No. 4, July 2010.

Jervis, Robert, "Force in Our Times", *International Relations*, Vol. 25, No. 4, December, 2011.

Joseph, Kostiner, ed., *Conflict and Cooperation in the Gulf Region*, Wiesbaden: VS Veriag fur Sozialwossenschaften, 2009.

Joseph, Kostiner, ed., *The GCC Country and the Security Challenge of the 21 Century*, Ramat Gan: The Begin-Sadat Center for Strategic Studies, 2010.

Joyner, Christopher C., *The Persian Gulf War: Lessons for Strategy, Law, and Diplomacy*, Westport: Greenwood Press, 1993.

Kamrava, Mehran, *International Politics of the Persian Gulf*, New York: Syracuse University Press, 2011.

Kark, Ruth and Seth J. Frantzman, "Empire, State and the Bedouin of the Middle East, Past and Present: A Comparative Study of Land and Settlement Policies", *Middle Eastern Studies*, Vol. 48, No. 4, November 2012.

Katzenstein, Peter J. and Takashi Shiraishi, *Network Power: Japan and Asia*, New York: Cornell University Press, 1996.

Katzenstein, Peter J., Robert O. Keohane and Stephen D. Krasner, "International Organization and the Study of World Politics", *International Organization*, Vol. 52, No. 4, Autumn 1998.

Keating, Michael, *Regions and Regionalism in Europe*, Cheltenham: Edward Elgar Publishing Limited, 2004.

Kechichian, Joseph A., *Iran, Iraq and the Arab Gulf States*, New York:

Palgrave, 2001.

Kennedy, Charles R. Jr., "Multinational Corporations and Political Risk in the Persian Gulf", *International Journal of Middle East Studies*, Vol. 16, No. 3, August 1984.

Khashan, Hilal, "The New Arab Cold War", *World Affairs*, Vol. 159, No. 4, Spring 1997.

King, John Mark, "Media, Branding and Controversy: Perceptions of Al Jazeera in Newspaper Around the World", *Journal of Middle East Media*, 2008.

Kostiner, Joseph, "The Arab States of the Gulf before and after the Second Gulf Crisis", *Middle Eastern Studies*, Vol. 33, No. 4, October 1997.

Kraig, Michael, "Assessing Alternative Security Frameworks for the Persian Gulf", *Middle East Policy*, Vol. 11, Issue 3, September 2004.

Krasner, Stephen D., *International Regime*, New York: Cornell University Press, 1983.

Krasner, Stephen D., *Structural Conflict: The Third World Against Global Liberalism*, California Berkeley, EA: University of California Press, 1985.

Kratochvíl, Petr, and Zdeněk Sychra, "The End of Democracy in the EU? The Eurozone Crisis and the EU's Democratic Deficit", *Journal of European Integration*, Vol. 41, Issue 2, 2019.

Kösler, Ariane and Martin Zimmek eds., *Elements of Regional Integration: A Multidimensional Approach*, Baden-Baden: Nomos, 2008.

Kumar, Ashwani, Jan Aart Scholte, Mary Kaldor et al., eds., *Global Civil Society Yearbook* 2009: *Poverty and Activism*, London: SAGE Publication Ltd, 2009.

Lake, David A and Patrick M. Morgan eds., *Regional Orders: Building Security in a New World*, University Park Pennsylvania: Pennsylvania State University Press, 1997.

Lawson, Fred H., *Transformations of Regional Economic Governance in the*

Gulf Cooperation Council, Qatar: Center for International and Regional Studies Georgetown University School of Foreign Service, 2012.

Lea, David and Annamiaric Rowe eds., *A Political Chronology of the Middle East*, London: Europa Publications, 2001.

Leffler, Melvyn P. and Odd Arne Westad eds., *The Cambridge History of The Cold War (Volume Ⅲ)*, New York: Oxford University Press, 2010.

Legrenzi, Matteo, *The GCC and the International Relations of the Gulf: Diplomacy, Security and Economic Coordination in a Changing Middle East*, London and New York: I. B. Tauris, 2014.

Lewis, Bernard, *Islam and the West*, New York: Oxford University Press, 1993.

Lewis, Bernard, *The Middle East: 2000 Years of History from the Rise of Christianity to the Present Day*, London: Phoenix Press, 2000.

Lipset, Seymour Martin, "Some Social Requisites of Democracy: Economic Development and Political Legitimacy", *The American Political Science Review*, Vol. 53, No. 1, March 1959.

Lombaerde, Philippe De, Antoni Estevadeordal and Kati Suominened eds., *Governing Regional Integration for Development: Monitoring Experiences, Methods and Prospect*, Aldershot: Ashgate Publishing Limited, 2008.

Long, David E., and Christian Koch eds., *Gulf Security in the Twenty-first Century*, Abu Dhabi: The Emirate Center for Strategic Studies and Research, 1997.

Looney, Robert E., "Structural and Economic Change in the Arab Gulf after 1973", *Middle Eastern Studies*, Vol. 26, No. 4, December 1990.

Looney, Robert E., "The GCC's Caution Approach to Economic Integration", *Journal of Economic Cooperation*, Vol. 24, No. 2, September 2003.

Mabon Simon, "Muting the Trumpets of Sabotage: Saudi Arabia, the US and the Quest to Securitize Iran", *British Journal of Middle Eastern Studies*, Vol. 45, Issue 5, July 2017.

MacDonald, Charles G., "Regionalism and the Law of the Sea: The Persian Gulf Perspective", *Naval War College Review*, Vol. 33, No. 5, September-October, 1980.

Mafinezam, Alidad and Aria Mehrabi, *Iran and Its Place Among Nations*, Westport: Praeger Publisher, 2008.

Majeski, Stephen J. and Shane Fricks, "Conflict and Cooperation in International Relations", *Journal of Conflict and Resolution*, Vol. 39, No. 4, December 1995.

Manning, Richard, "Will 'Emerging Donors' Change the Face of International Co-operation?", *Development Policy Review*, Vol. 24, Issue 4, July 2006.

Mansfield, Edward and Helen Milner eds., *The Political Economy of Regionalism*, New York: Columbia University Press, 1997.

Marschall, Christin, *Iran's Persian Gulf Policy: From Khomeini to Khatami*, London and New York: Routledge Curzon, 2003.

McCants, William, "Gulf Charities and Syrian Sectarianism", *Foreign Policy*, September 30, 2013.

Milner, Helen, "Review: International Theories of Cooperation among Nations: Strengths and Weaknesses", *World Politics*, Vol. 44, No. 3, April 1992.

Miniaoui, Héla, *Economic Development in the Gulf Cooperation Council Countries: From Rentier States to Diversified Economies*, Singapore: Springer, 2020.

Mirakhor, Abbas and Hossein Askari, *Islam and the Path to Human and Economic Development*, New York: Palgrave Macmillan, 2010.

Mitrany, David, *A Working Peace System*, London: Royal Institute of International Affairs, 1946.

Modelski, George, "International Relations and Area Studies: The Case of South-East Asia", *International Relations*, Vol. 2, Issue 3, April, 1961.

Mojtahed-Zadeh, Pirouz, *Security and Territoriality in the Persian Gulf: A*

Maritime Political Geography, London and New York: Routledge-Curzon, 2003.

Momani, Bessma, "The Oil-Producing Gulf States, the IMF and the International Financial Crisis", *World Economics*, Vol. 10, No. 1, January-March 2009.

Morgenthau, Hans, "A Political Theory of Foreign Aid", *The American Political Science Review*, Vol. 56, No. 2, June 1962.

Morrow, James, "Modelling the Forms of International Cooperation: Distribution Versus Information", *International organization*, Vol. 48, Issue 3, Summer 1994.

Mottaki, Manouchehr, "Iran's Foreign Policy Under President Ahmadinejad", *Discourse: An Iranian Quarterly*, Vol. 8, No. 2, Winter 2009.

Motta, Sara C. and Alf Gunvald Nilsen, *Social Movements in the Global South: Dispossession, Development and Resistance*, New York: Palgrave Macmillan, 2011.

Mousavian, Seyed Hossein, *A New Structure for Security, Peace, and Cooperation in the Persian Gulf*, Kirjastus: Rowman & Littlefield Publishers, 2020.

Mueller, Chelsi, *The Origins of the Arab-Iranian Conflict: Nationalism and Sovereignty in the Gulf Between the World Wars*, New York: Cambridge University Press, 2020.

Nadalutti, Elisabetta and Otto Kallscheuer eds., *Region-Making and Cross-Border Cooperation-New Evidence from Four Continents*, Abingdon and New York: Routledge, 2018.

Nasr, Sara ed., *Academic Research About Al Jazeera: 1996 – 2012*, Doha, Qatar: Al Jazeera Center for Studies, 2013.

Nesbitt-Larking, Paul, *Politics, Society, and the Media (Second Condition)*, Ontario: Broadview Press, 2007.

Niblock, Timothy and Monica Malik eds., *Asia-Gulf Economic Relations in the 21st Century*, Berlin and London: Gerlach, 2012.

Niblock, Timothy and Yang Guang eds., *Security Dynamics of East Asia in the Gulf Region*, Berlin: Gerlach, 2013.

Niblock, Timothy, Sun Degang and Alejandra Galindo eds., *The Arab States of the Gulf and BRICS*, Berlin: Gerlach, 2016.

Noam, Eli M., *The International Media Concentration Collaboration, Who Owns the Worlds Media?: Media Concentration and Ownership around the World*, Oxford and New York: Oxford University Press, 2016.

Nonneman, Gerd, *Development, Administration and Aid in the Middle East*, London and New York: Routledge, 1988.

Nye, Joseph S., "Comparative Regional Integration: Concept and Measurement", *International Organization*, Vol. 22, No. 4, January 1968.

Nye, Joseph S., "East African Economic Integration", *Journal of Modern African Studies* Vol. 1, Issue 4, December 1963.

Nye, Joseph S., *Peace in Parts: Integration and Conflict in Regional Organization*, Boston: Little Brown & CO, 1971.

Nyrop, Richard F. etc., *Area Handbook for the Persian Gulf States*, Washington, D. C.: American University, 1977.

Page, Sheila, *Regionalism among Developing Countries*, London: Macmillan Press Ltd, 2000.

Partrick, Neil ed., *Saudi Arabian Foreign Policy: Conflict and Cooperation*, London and New York: I. B. Tauris, 2016.

Platter, Adele G. and Thomas F. Mayer, "A Unified Analysis of International Conflict and Cooperation", *Journal of Peace Research*, Vol. 26, No. 4. November 1989.

Pollack, Kenneth M., "Security in the Persian Gulf: New Frameworks for the Twenty-first Century", *Middle East memo*, No. 24, June 2012.

Posusney, Marsha Pripstein and Michele Penner Angrist eds., *Authoritarianism in the Middle East: Regimes and Resistance*, Boulder:

Lynne Rienner Publishers, 2005.

Potter, Lawrence G. ed. , *The Persian Gulf in Modern Times: People, Ports, and History*, New York: Palgrave Macmillan, 2014.

Qassemi, Sultan Al, "The Brothers and the Gulf", *Foreign Policy*, December 14, 2012.

Rabi, Uzi ed. , *International Intervention in Local Conflicts: Crisis Management and Confict Resolution since the Cold War*, London and New York: Tauris Academic Studies, 2010.

Rajaee, Bahram, "The Politics of Refugee Policy in Post-revolutionary Iran", *The Middle East Journal*, Vol. 54, No. 1, Winter 2000.

Rajaee, Farhang, *The Iran-Iraq War: The Politics of Aggression*, Gainesville: University of Florida, 1993.

Rinnawi, Khalil, "Cyber Uprising: Al-Jazeera TV Channel and The Egyptian Uprising", *Language and Intercultural Communication*, Vol. 12, No. 2, May 2012.

Rosenbaum, H. Jon and William G. Tyler, "South-South Relations: The Economic and Political Content of Interactions among Developing Countries", *International Organization*, Vol. 29, No. 1, Winter 1975.

Sadig, Haydar Badawi, ed. , *Al Jazeera in the Gulf and in the World: Is it Redefining Global Communication Ethics?*, Singapore: Springer Singapore, 2019.

Saeid, Naji, Jayum A. Jawan and Ma'rof Redzuan, "Research Methodology in Geopolitics: Application of Qualitative Content Analysis in Studying the Geopolitical Codes Case: The Role of the Persian Gulf's Oil in the Iraq War", *Geopolitics, History and International Relations*, Vol. 3, No. 2, 2011.

Samuel-Azran, Tal, *Al-Jazeera and US War Coverage*, New York: Peter Lang, 2010.

Samuel-Azran, Tal, "Al-Jazeera, Qatar, and New Tactics in State-Sponsored Media Diplomacy", *American Behavioral Scientist*, Vol. 57,

Issue 9, September 2013.

Samuel, Barkin J., *International Organization: Theories and Institution* (*Second Edition*), New York: Palgrave Macmillan, 2013.

Savran, Scott, *Arabs and Iranians in the Islamic Conquest Narrative: Memory and Identity Construction in Islamic Historiography, 750 – 1050*, Abingdon and New York: Routledge, 2018.

Schmitter, Philippe C., "A Revised Theory of Regional Integration", *International Organization*, Vol. 24, No. 4, Winter 1970.

Seznec, Jean-François and Mimi Kirk, *Industrialization in the Gulf: A Socioeconomic Revolution*, Abingdon and New York: Routledge, 2011.

Shahram, Chubin and Charles Tripp, *Iran-Saudi Arabia Relations and Regional Order*, Abingdon and New York: Routledge, 2014.

Shaun, Breslin and Richard Higgott, "Studying Regions: Learning from the Old, Constructing the New", *New Political Economy*, Vol. 5, No. 3, August 2000.

Shayan, Fatemeh, *Security in the Persian Gulf Region*, London: Palgrave Macmillan, 2017.

Singer, David J., "The Level-of-Analysis Problem in International Relations", *World Politics*, Vol. 14, No. 1, October 1961.

Solingen Etel, *Regional Orders at Century's Dawn: Global and Domestic Influences on Grand Strategy*, Princeton, New Jersey: Princeton University Press, 1998.

Sørli, Mirjam E., Nils Petter Gleditsch and Håvard Strand, "Why Is There So Much Conflict in the Middle East?", *The Journal of Conflict Resolution*, Vol. 49, No. 1, February 2005.

Sunik, Anna, *Middle Eastern Monarchies: Ingroup Identity and Foreign Policy Making*, Abingdon and New York: Routledge, 2021.

Suwaidi, Jamal S., *Iran and the Gulf: A Search for Stability*, Abu Dhabi: The Emirate Center for Strategic Studies and Research, 1996.

Tarling, Nicholas, *Regionalism in Southeast Asia: To Foster the Political*

Will, Abingdon and New York: Routledge, 2006.

Tarock, Adam, *The Superpowers' Involvement in the Iran-Iraq War*, New York: Nova Science Publishers, Inc., 1998.

Teti, Andrea, "Bridging the Gap: IR, Middle East Studies and the Disciplinary Politics of the Area Studies Controversy", *European Journal of International Relations*, Vol. 13, No. 1, March 2007.

Townshend, Charles ed., *The Oxford History of Modern War*, New York: Oxford University Press, 2000.

Ulrichse, Kristian Coates, *The Gulf States in International Political Economy*, Basingstoke and New York: Palgrave Macmillan, 2016.

Ulrichsen, Kristian Coates ed., *The Changing Security Dynamics of the Persian Gulf*, New York: Oxford University Press, 2017.

Ulrichsen, Kristian Coates, *Qatar and The Arab Spring*, New York: Oxford University Press, 2014.

Ulrichsen, Kristian Coates, *Qatar and the Gulf Crisis*, New York: Oxford University Press, 2020.

Ulrichsen, Kristian Coates, "South-South Cooperation and the Changing Role of the Gulf States", *Austral: Brazilian Journal of Strategy & International Relations*, Vol. 1, No. 1, May 2012.

Ulrichsen, Kristian Coates, *The United Arab Emirates: Power, Politics, and Policymaking*, Abingdon and New York: Routledge, 2017.

Warren, David H., *Rivals in the Gulf: Yusuf al-Qaradawi, Abdullah Bin Bayyah, and the Qatar-UAE Contest Over the Arab Spring and the Gulf Crisis*, Abingdon and New York: Routledge, 2021.

Wenden, Anita L., "The Politics of Representation: A Critical Discourse Analysis of an Al Jazeera Special Report", *International Journal of Peace Studies*, Vol. 10, No. 2, Autumn/Winter 2005.

Wiarda, Howard J., *American Foreign Policy in Regions of Conflict: A Global Perspective*, New York: Palgrave Macmillan, 2011.

Wilcox, Joseph D., *A Middle East Primer for Students*, Lanham: Rowman

& Littlefield, 2004.

Willett, Thomas D. , "Conflict and Cooperation in OPEC: Some Additional Economic Considerations", *International Organization*, Vol. 33, No. 4, Autumn 1979.

Winckler, Onn, "The Immigration Policy of the Gulf Cooperation Council (GCC) States", *Middle Eastern Studies*, Vol. 33, No. 3, July 1997.

Woo-Cumings, Meredith, *The Developmental State*, Ithaca and New York: Cornell University Press, 1999.

Woods, Ngaire, "Whose Aid? Whose Influence? China, Emerging Donors and the Silent Revolution in Development Assistance", *International Affairs*, Vol. 84, No. 6, November 2008.

Wright, J. W. and Laura Drake eds. , *Economic and Political Impediments to Middle East Peace: Critical Questions and Alternative Scenarios*, Basingstoke, Hampshire, London and New York: Palgrave Macmillan, 2000.

Yom, Sean L. , and F. Gregory Gause III, "Resilient Royals: How Arab Monarchies Hang on", *Journal of Democracy*, Vol. 23, No. 4, October 2012.

Zartman, William and Saadia Touval eds. , *International Cooperation: The Extents and Limits of Multilateralism*, New York and Cambridge: Cambridge University Press, 2010.

Zdanowski, Jerzy, "The Manumission Movement in the Gulf in the First Half of the Twentieth Century", *Middle Eastern Studies*, Vol. 47, No. 6, November 2011.

二 中文参考文献（专著、译著、论文）

陈玉刚：《国家与超国家——欧洲一体化理论比较研究》，上海人民出版社2001年版。

成红编著：《中国的中东文献研究综述（1949—2009）》，社会科学文献出版社2011年版。

戴扬：《东北亚区域合作的历史制度分析》，中国经济出版社 2009 年版。

邓正来编译：《布莱克维尔政治学百科全书》，中国政法大学出版社 1992 年版。

樊莹：《国际区域一体化的经济效应》，中国经济出版社 2005 年版。

胡正荣、关娟娟主编：《世界主要媒体的国际传播战略》，中国传媒大学出版社 2011 年版。

金宜久：《伊斯兰与国际政治》，中国社会科学出版社 2013 年版。

李福泉：《海湾阿拉伯什叶派政治发展研究》，生活·读书·新知三联书店 2017 年版。

李少军：《国际关系学研究方法（第二版）》，中国社会科学出版 2016 年版。

李少军：《国际关系学研究方法》，中国社会科学出版社 2008 年版。

李意：《海湾安全局势与中国的战略选择》，世界知识出版社 2010 年版。

刘彬：《海湾合作委员会集体身份构建研究》，浙江工商大学出版社 2020 年版。

刘强：《伊朗国际战略地位论：一种全球多视角的解析》，世界知识出版社 2007 年版。

刘月琴：《冷战后海湾地区国际关系》，社会科学文献出版社 2002 年版。

卢光盛：《地区主义与东盟经济合作》，上海辞书出版社 2008 年版。

倪世雄等：《当代西方国家关系理论》，复旦大学出版社 2006 年版。

庞中英：《全球治理与世界秩序》，北京大学出版社 2012 年版。

蒲宁、陈晓东：《国际冲突研究》，时事出版社 2007 年版。

秦亚青：《关系与过程——中国国际关系理论的文化构建》，上海人民出版社 2012 年版。

秦亚青：《国际关系理论：反思与重构》，北京大学出版社 2012 年版。

秦亚青：《权力·制度·文化国际关系理论与方法研究文集》，北京大学出版社 2005 年版。

斯德哥尔摩和平研究所编,中国军控与裁军协会译:《SIPRI 年鉴:军备·裁军和国际安全》,时事出版社 2015 年版。

宋秀琚:《国际合作理论:批判与建构》,世界知识出版社 2006 年版。

宋玉华:《开放的地区主义与亚太经济合作组织》,商务印书馆 2001 年版。

孙承熙:《阿拉伯伊斯兰文化史纲》,昆仑出版社 2001 年版。

孙德刚:《多元平衡与"准联盟"理论研究》,时事出版社 2007 年版。

孙德刚:《准联盟外交的理论与实践:基于大国与中东国家关系的实证分析》,世界知识出版社 2012 年版。

唐世平:《制度变迁的广义理论》,沈文松译,北京大学出版社 2016 年版。

唐志超:《中东库尔德民族问题透视》,社会科学文献出版社 2013 年版。

田文林:《困顿与突围:变化世界中的中东政治》,社会科学文献出版社 2016 年版。

汪波:《美国中东战略下的伊拉克战争与重建》,时事出版社 2007 年版。

汪波:《欧盟中东政策研究》,时事出版社 2010 年版。

汪波:《中东库尔德问题研究》,时事出版社 2014 年版。

汪波:《中东与大国关系》,时事出版社 2013 年版。

王京烈:《解读中东:理论建构与实证研究》,世界图书出版社 2011 年版。

王丽萍:《联邦制与世界秩序》,北京大学出版社 2000 年版。

王玮:《跨越制度边境的互动:国际制度与非成员国关系研究》,上海人民出版社 2012 年版。

王新刚等:《现代叙利亚国家与政治》,人民出版社 2016 年版。

王新中、冀开运:《中东国家通史:伊朗卷》,商务印书馆 2003

年版。

王正伟:《伊斯兰经济制度论纲》,民族出版社 2004 年版。

魏玲:《规范、网络化与地区主义:第二轨道进程研究》,上海人民出版社 2010 年版。

肖欢容:《地区主义:理论的历史演进》,北京广播学院出版社 2003 年版。

肖洋:《非传统威胁下的海湾国家安全局势研究》,时事出版社 2015 年版。

新华通讯社译名室编:《世界人名翻译大辞典》,中国对外翻译出版公司 1993 年版。

邢瑞磊:《比较地区主义:概念与理论演化》,中国政法大学出版社 2014 年版。

许树伯:《实用决策方法——层次分析法原理》,天津大学出版社 1988 年版。

杨洁勉:《大整合:亚洲区域经济合作的趋势》,天津人民出版社 2007 年版。

中国大百科全书出版社编辑部编:《中国大百科全书(世界地理)》,中国大百科全书出版社 1992 年版。

中国社会科学院西亚非洲研究所编:《中国的中东非洲研究(1949—2010)》,社会科学文献出版社 2011 年版。

钟志成:《中东国家通史:海湾五国卷》,商务印书馆 2007 年版。

朱杰进:《国际制度设计:理论模式与案例的分析》,上海人民出版社 2011 年版。

[澳]大卫·布鲁斯特主编:《印度之洋:印度谋求地区领导权的真相》,杜幼康、毛悦译,社会科学文献出版社 2016 年版。

[澳]克雷格·A.斯奈德等:《当代安全与战略》,徐纬地等译,吉林人民出版社 2001 年版。

[德]赫尔戈·哈夫滕多恩、[美]罗伯特·基欧汉、[美]西莱斯特·沃兰德主编:《不完美的联盟:时空维度的安全制度》,尉池港、范秀云、韩志立译,世界知识出版社 2015 年版。

[德] 克劳塞维茨：《战争论》，钮先钟译，广西师范大学出版社 2003 年版。

[德] 马克斯·韦伯：《韦伯作品集 I：学术与政治》，钱永祥等译，广西师范大学出版社 2004 年版。

[德] 米歇尔·加斯纳、菲利普·瓦克贝克：《伊斯兰金融：伊斯兰的金融资产与融资》，严霁帆、吴勇立译，民主与建设出版社 2012 年版。

[法] 法布里斯·拉哈：《欧洲一体化史（1945—2004）》，彭姝祎等译，中国社会科学出版社 2005 年版。

[法] 夏尔·菲利普·戴维：《安全与战略：战争与和平的现时代解决方案（第二版）》，王忠菊译，社会科学文献出版社 2011 年版。

[加] 罗伯特·杰克逊、[丹] 乔格·索伦森：《国际关系学理论与方法（第四版）》，吴勇、宋德星译，中国人民大学出版社 2012 年版。

[加拿大] 安德鲁·F.库珀、[波兰] 阿加塔·安特科维茨主编：《全球治理中的新兴国家：来自海利根达姆进程的经验》，史明涛、马骏等译，上海人民出版社 2009 年版。

[加] 纽曼纽尔·阿德勒、文森特·波略特主编：《国际实践》，秦亚青、孙吉胜、魏玲等译，上海人民出版社 2015 年版。

[美] 阿米塔夫·阿齐亚、肖欢容：《地区主义和即将出现的世界秩序：主权、自治权、地区特性》，《世界经济与政治》2000 年第 2 期。

[美] 埃尔顿·丹尼尔：《伊朗史》，李铁匠译，商务印书馆 2010 年版。

[美] 彼得·卡赞斯坦：《地区构成的世界：美国帝权中的亚洲和欧洲》，秦亚青、魏玲译，北京大学出版社 2007 年版。

[美] 彼得·卡赞斯坦、罗伯特·基欧汉：《谁在反对美国》，朱世龙、刘利琼译，中国人民大学出版社 2015 年版。

[美] 查尔斯·霍顿·库利：《社会过程》，洪小良等译，华夏出版社 2000 年版。

[美] 德鲁拉·希尔、彼得·卡赞斯坦：《超越范式：世界政治研究中的分析折中主义》，秦亚青等译，上海人民出版社 2013 年版。

[美] 海伦·米尔纳：《利益、制度与信息：国内政治与国际关系》，曲博译，上海人民出版 2015 年版。

[美] 加利·克莱德·霍夫鲍尔等：《反思经济制裁》，杜涛译，上海人民出版社 2019 年版。

[美] 肯尼思·N. 华尔兹：《人、国家和战争》，倪世雄等译，上海译文出版社 1991 年版。

[美] 肯尼思·奥耶编：《无政府状态下的合作》，田野、辛平译，上海人民出版社 2010 年版。

[美] 肯尼思·华尔兹：《国际政治理论》，信强译，上海人民出版社 2008 年版。

[美] 莉萨·马丁、贝思·西蒙斯编：《国际制度》，黄仁伟、蔡鹏鸿等译，上海人民出版社 2006 年版。

[美] 罗伯特·基欧汉：《霸权之后：世界经济政治中的合作与纷争》，苏长和、信强、何曜译，上海人民出版社 2006 年版。

[美] 罗伯特·基欧汉编：《新现实主义及其批判》，郭树勇译，北京大学出版社 2002 年版。

[美] 罗纳德·英格尔哈特：《现代性与后现代性：43 个国家的文化、经济与政治变迁》，严挺译，社会科学文献出版社 2013 年版。

[美] 塞缪尔·亨廷顿：《变化社会中的政治秩序》，王冠华等译，上海人民出版社 2008 年版。

[美] 斯塔夫里阿诺斯：《全球通史：1500 年以后的世界》，吴象婴、梁赤民译，上海社会科学院出版社 1999 年版。

[美] 塔比特·A. J. 阿卜杜拉：《伊拉克史》，张旭鹏译，商务印书馆 2013 年版。

[美] 维克托·戴维斯·汉森：《杀戮与文化：强权兴起的决定性战役》，傅翀、吴昕欣译，社会科学文献出版社 2016 年版。

[美] 希提：《阿拉伯简史》，马坚译，商务印书馆 2013 年版。

[美] 小阿瑟·戈尔德施密特、劳伦斯·戴维森：《中东史》，刘志华

译，商务印书馆 2010 年版。

［美］约翰·伊肯伯里：《大战结束后：制度、战略约束与战后秩序重建》，门洪华译，北京大学出版社 2008 年版。

［美］詹姆斯·多尔蒂、小罗伯特·普法尔茨格拉夫：《争论中的国际关系理论（第 5 版）》，阎学通、陈寒溪等译，世界知识出版社 2002 年版。

［美］詹姆斯·温布兰特：《沙特阿拉伯史》，韩志斌、王泽壮、尹斌译，商务印书馆 2009 年版。

［美］詹森·汤普森：《埃及史：从原初时代至当下》，郭子林译，商务印书馆 2014 年版。

［瑞典］彼得·瓦伦斯滕主编：《和平研究：理论与实践》，刘毅译，北京大学出版社 2014 年版。

［意］福尔维奥·阿迪纳等：《全球政治体系中的欧洲联盟》，刘绯、张宓、徐映等译，中国社会科学出版社 2009 年版。

［英］安特耶·维纳、［德］托马斯·迪兹主编：《欧洲一体化理论》，朱立群等译，世界知识出版社 2009 年版。

［英］巴里·布赞、［丹］奥利·维夫：《地区安全复合体与国际安全结构》，潘忠岐、孙霞等译，上海人民出版社 2010 年版。

［英］巴里·布赞：《人、国家与恐惧——后冷战时代的国际安全研究议程》，闫健、李剑译，中央编译出版社 2009 年版。

［英］巴瑞·布赞等：《新安全论》，朱宁译，浙江人民出版社 2003 年版。

［英］彼得·罗布森：《国际一体化经济学》，戴炳然译，上海译文出版社 2001 版。

［英］赫德利·布尔：《无政府社会：世界政治秩序研究》，赵小明译，世界知识出版社 2003 年版。

［英］克里斯托弗·希尔：《变化中的对外政策政治》，唐小松、陈寒溪译，上海人民出版社 2007 年版。

［英］帕特里克·贝尔福：《奥斯曼帝国六百年——土耳其帝国的兴衰》，栾力夫译，中信出版社 2018 年版。

[英]熊·布思林：《国际关系学、区域研究与国际政治经济学：关于使用 IPE 批评理论研究中国的问题》，《世界经济与政治》2003 年第 3 期。

蔡玉民：《半岛电视台：镜头对准中东热点》，《西亚非洲》2002 年第 1 期。

陈杰：《卡塔尔国家形象的构塑》，《阿拉伯世界研究》2008 年第 4 期。

陈万里、李顺：《海合会国家与美国的安全合作》，《阿拉伯世界研究》2010 年第 5 期。

陈万里、汝涛：《海湾合作委员会决策机制研究》，《阿拉伯世界研究》2008 年第 4 期。

陈万里、杨明星：《海合会一体化中的优势与困境》，《西亚非洲》2006 年第 6 期。

陈岳：《冲突与合作：国际一体化对国家间关系的影响》，《教学与研究》1999 年第 3 期。

仇发华：《结构性地区主义与开放性地区主义——西欧与东亚的比较》，《当代亚太》2011 年第 2 期。

丁隆、赵元昊：《卡塔尔的外交政策及其实践》，《阿拉伯世界研究》2010 年第 1 期。

范鸿达：《20 世纪阿拉伯人和伊朗人的思想冲突》，《世界民族》2006 年第 6 期。

冯怀信：《试析中东地区主义及其发展前景》，《西亚非洲》2005 年第 6 期。

高祖贵：《中东大变局与海湾合作委员会的崛起》，《外交评论》2012 年第 2 期。

宫承波、王维砚：《半岛电视台阿语新闻频道的成功策略探析》，《当代传播》2013 年第 4 期。

海文：《当前的海湾经济与区域合作发展趋势》，《阿拉伯世界》1997 年第 4 期。

汉斯·W. 莫尔、郎平：《地区主义和全球主义：相互矛盾还是相互推动的进程?》，《世界经济与政治》2000年第9期。

赫特，索德伯姆、袁正清：《地区主义崛起的理论阐释》，《世界经济与政治》2000年第1期。

黄范章：《东亚经济的发展、合作前景及中国的战略考虑》，《亚太研究》1993年第4期。

金熙德：《东亚合作的进展、问题与展望》，《世界经济与政治》2009年第1期。

李少军：《"冲突—合作模型"与中美关系的量化分析》，《世界经济与政治》2002年第4期。

李绍先：《伊核全面协议的影响评估》，《西亚非洲》2015年第5期。

李巍：《国际秩序转型与现实制度主义理论的生成》，《外交评论》2016年第1期。

李意：《试析中东国家的非传统安全挑战》，《阿拉伯世界》2005年第3期。

梁柱：《海湾合作委员会经济与货币一体化进程及其经济趋同性分析》，《亚太经济》2010年第2期。

刘彬：《海湾国家非传统安全现状评析》，《阿拉伯世界研究》2010年第1期。

刘昌明、宋超：《东亚地区合作研究综述》，《中共济南市委党校学报》2008年第1期。

刘辰：《卡塔尔穆斯林兄弟会与政府的特殊关系及其影响》，《西亚非洲》2019年第3期。

刘冬：《海湾货币一体化经济基础分析》，《西亚非洲》2009年第2期。

刘建平：《东亚的中国：地区政治经验与地区主义思想》，《世界经济与政治》2011年第6期。

刘中民：《中东地区格局的冷战化趋势及其影响》，《当代世界》2018年第2期。

迈尔斯·卡勒、王正毅：《从比较的角度看亚太的区域主义》，《世界经济与政治》1997年第6期。

敏敬：《海湾区域经济合作的进展与挑战》，《阿拉伯世界研究》2006年第1期。

莫盛凯：《没有地区主义的东亚合作》，《当代亚太》2014年第2期。

穆罕默德·伊麦迪、唐宇华：《阿拉伯国家对发展中国家的援助》，《世界经济评论》1985年第10期。

庞中英：《地区化、地区性与地区主义——论东亚地区主义》，《世界经济与政治》2003年第11期。

庞中英：《地区主义与民族主义》，《欧洲》1999年第2期。

庞中英：《东亚地区主义的进展与其问题——能否打破现实主义的思维牢笼》，《东南亚研究》2003年第3期。

钱学文：《论海湾六国安全防卫三轴心》，《阿拉伯世界》1998年第2期。

秦亚青：《层次分析法与国际关系研究》，《欧洲》1998年第3期。

秦亚青、魏玲：《结构、进程与权力的社会化——中国与东亚地区合作》，《世界经济与政治》2007年第3期。

秦治来：《准确理解地区主义的"开放性"——以东亚地区合作为例》，《世界经济与政治》2008年第12期。

孙德刚、安然：《"同质化联盟"与沙特—卡塔尔交恶的结构性根源》，《西亚非洲》2018年第1期。

孙德刚：《大国海外军事基地部署的条件分析》，《世界经济与政治》2015年第7期。

孙德刚、邓海鹏：《美国调整海湾地区军事基地探析》，《现代国际关系》2010年第5期。

孙杰：《不对称合作：理解国际关系的一个视角》，《世界经济与政治》2015年第9期。

汪波：《海湾地区"什叶派新月带"兴起的宗教政治影响》，《阿拉伯世界研究》2009年第1期。

汪波：《美国与伊朗构想的海湾安全秩序之争》，《西亚非洲》2009年第9期。

王成娟：《阿拉伯人是一个民族吗》，《阿拉伯世界》2001年第2期。

王军:《民族主义与地区主义的竞争共生关系》,《世界经济与政治》2008年第10期。

王学玉:《新地区主义——在国家与全球化之间架起桥梁》,《世界经济与政治》2004年第1期。

王震宇:《试论利他主义在地区主义中的作用》,《亚太经济》2013年第3期。

肖欢容:《泛化的地区主义与东亚共同体的未来》,《世界经济与政治》2008年第10期。

熊谦、田野:《国际合作的法律化与金融制裁的有效性:解释伊朗核问题的演变》,《当代亚太》2015年第1期。

徐秀军:《地区主义与地区秩序构建:一种分析框架》,《当代亚太》2010年第2期。

杨建荣:《阿拉伯海湾国家经济一体化及面临的挑战》,《国际商务:对外经济贸易大学学报》2007年第1期。

杨建荣:《也门与海湾合作委员会关系探究》,《阿拉伯世界研究》2009年第1期。

杨建荣:《中国与海湾六国的经贸合作》,《西亚非洲》2006年9期。

杨力:《从欧元看海合会国家金融货币一体化趋势》,《阿拉伯世界研究》2009年第1期,

姚大学、李芳洲:《全球化与中东国家的经济改革》,《西亚非洲》2005年第4期。

姚大学:《全球化与中东区域经济一体化》,《西亚非洲》2006年第5期。

于海洋:《地区概念的引入与地缘政治学的中观层次研究的加强》,《学术论坛》2012年第3期。

雨思:《沙特人口、劳力结构和就业状况》,《阿拉伯世界》2004年第2期。

张宏:《阿拉伯海湾国家合作委员会的影响与作用》,《阿拉伯世界》2000年第3期。

张谨:《海合会国家主权财富基金的发展及其影响》,《阿拉伯世界研

究》2010 年第 1 期。

张玫：《海湾六国的可持续发展及其对中国的启示》，《阿拉伯世界研究》2008 年第 3 期。

周华：《伊朗与海合会成员国关系研究》，《阿拉伯世界研究》2011 年第 5 期。

周鑫宇：《公共外交的"高政治"探讨：权力运用与利益维护》，《世界经济与政治》2015 年第 2 期。

周玉渊：《地区间主义的两种形式——基于欧盟与中国对非地区间合作经验的分析》，《世界经济与政治》2011 年第 7 期。

朱杰进：《崛起国改革国际制度的路径选择》，《世界经济与政治》2020 年第 6 期。

程永林：《区域整合、制度绩效与利益协调》，博士学位论文，暨南大学，2007 年。

崔守军：《中东地区安全复合体》，博士学位论文，外交学院，2006 年。

刘彬：《建构主义视角下的海湾六国安全共同体研究》，博士学位论文，上海外国语大学，2013 年。

王昕：《全球化背景下海湾阿拉伯国家现代化进程研究》，博士学位论文，上海外国语大学，2008 年。

赵建明：《伊朗国家安全战略的动力学分析（1953—2007）》，博士学位论文，复旦大学，2007 年。

赵广成：《从合作到冲突：国际关系的退化机制分析》，博士学位论文，外交学院，2010 年。

致 谢

本书是我在博士论文的基础上进行多次修订、最终出版的成果。在这本著作的撰写过程中，以及在我的学术生涯和研究工作中，我都受益于诸多良师益友的帮助。

首先，感谢我的硕士生导师付菊辉教授引领我步入国际关系学科殿堂，使我有幸从事国际关系专业的学习和研究，奠定研究基础。感谢我的博士生导师汪波教授。汪波老师的著作《美国中东战略下的伊拉克战争与重建》启发了我，使我立志把中东地区国际关系作为博士阶段的研究目标。汪老师学高为师，身正为范。我在博士求学期间有幸得到汪老师和师母的悉心关怀，每次与汪老师和师母相聚都倍感幸福。

感谢复旦大学中东研究中心主任孙德刚研究员在我的博士学习阶段和工作中提供的诸多帮助，感谢他一直给予的学术指点。本书有幸被收录入"复旦大学中东研究系列丛书"，还要感谢复旦大学中东研究中心的邹志强研究员、张楚楚副研究员、廖静博士、张屹峰副研究员、杜东辉博士等老师的帮助。

感谢上海外国语大学中东研究所刘中民教授、丁俊教授、李意副研究员、余泳副研究员、章远研究员、韩建伟副研究员、包澄章副研究员、潜旭明副研究员、舒梦博士等老师一直以来对我的关心和帮助。感谢朱杰进师兄和黄超师姐从我博士求学时期开始对我的鼓励和帮助，每次和他们交流都令我获益匪浅。感谢钮松研究员、赵军副教授、蒋灏博士、邢新宇副教授、黄琳博士等同门在我学习、工作和生活的每个阶段对我的照顾和帮助。感谢郑已东副教授一直给予我的关

致　　谢

心和鼓励；感谢樊冰博士、李立副教授、王佳尼博士、王宝龙博士、许超博士、姚全博士、穆春唤博士、黄晓虎博士、厉晶晶博士、伍睿博士等对我的鼓励和帮助。每次和他们相聚、探讨学术问题都很快乐而充实。

我在以色列特拉维夫大学的联合培养期间完成了这本书的选题论证、提纲拟定和部分初稿写作，感谢阿隆·古特菲尔德（Arnon Gutfeld）教授和布兰登·弗里德曼（Brandon Friedman）博士在阅读材料、选题论证等多个方面的指点和帮助。我在牛津大学中东中心访学期间完成了本书的修改工作，感谢访学导师尤金·罗根（Eugene Rogan）对我的启发，使我进一步发现中东研究的乐趣；感谢蒂莫西·尼布洛克（Timothy C. Niblock）教授和他的家人在新冠肺炎疫情时期对我的热情款待和关怀，非常怀念到访埃克塞特期间每天傍晚和尼布洛克教授进行的天马行空但启发我静心思考的谈话。感谢王霆懿博士、周燕博士和我一起度过的愉快的牛津和埃克塞特时光。

我从到湘潭大学工作开始就一直得到了诸多领导、同事的亲切关怀和帮助。感谢葛飞教授、肖冬梅教授、陈旭部长、王协舟教授给予我的鼓励、关怀、理解和帮助。非常感谢颜佳华教授、周琦教授、宋银桂教授、黄显中教授、唐检云教授、朱陆民教授、周锦涛教授、罗玉明教授、李健美教授给予我的指导、关怀和帮助。感谢一路给予我支持和帮助的蒋波副教授、焦徽博士、邝倩老师，许善品副教授、郑鹏副教授、李珍珍博士、瞿亮博士、宁彧博士，也感谢所有给予我帮助的同事们。

感谢吴思科大使、高有祯大使、杨光研究员、王林聪研究员、朱凯教授、唐志超研究员、王健研究员、李伟建研究员、余建华研究员、李少军教授、罗林教授、马晓霖教授、安春英研究员、韩志斌教授、王新刚教授、魏敏研究员、成红研究员、陈沫副研究员、刘彬副教授、孙霞副研究员、章波博士等前辈和同仁给予的鼓励、帮助和支持。

感谢我的博士同窗好友翟石磊副教授、卢昌鸿博士、丛霞博士、任嘉博士等从求学时期开始对我的大力支持和帮助，非常高兴有机会和陈默博士一起实时分享我们的求学和工作经验。

我在研究、教学工作中都得到了诸多学生的帮助。感谢潘凤仪、赵旭磊、肖奔、蓝宏锐、梅丽安、沈东霞在我积累当导师经验时，对我的信任、关心和理解，这些都是我在教学工作中重要的情感养分，也感谢上述同学在教辅工作上给予我的帮助。感谢肖奔、蓝宏锐和杨捷帮助完成了本书的校对工作。

感谢中国社会科学出版社赵丽老师对本书的专业、一丝不苟的编辑。没有赵老师的细致、耐心工作，这本书就无法面世。本书部分章节已公开发表，感谢《湘潭大学学报（哲学社会科学版）》、《西亚非洲》、《阿拉伯世界研究》、《复旦国际关系评论》、*Asian Journal of Middle Eastern and Islamic Studies* 等国内外学术期刊提供的成果发表平台。感谢各位合作发表的作者。

最后，感谢我的爱人王梓林十几年如一日的爱和无微不至的照顾，很幸运可以和他一起度过我们的青春岁月，一起成长、历练，感谢我们家人的默默坚守和对我从事学术研究的大力支持。请允许我引用部分改编自卡里·纪伯伦《沙与沫》中的一段话，"我总是困扰于自己所知，所能表达的局限性，但可能这种有限本身也是学习和探索的乐趣之一。毕竟我们永远将无法抵达知识的终点，我们也将永远置于感知与智慧的起点，就像我们在海岸漫步，漫步于细沙和泡沫之间。高涨的潮汐将抹去我们的足迹，海风也终将吹散泡沫。但是，海与岸将会永恒，而我们何其幸运曾漫步其间"。

喻 珍

2022 年 5 月 12 日